colección **vitral**

El arte de la transición

Francine Masiello

El arte de la transición

Traducción de Mónica Sifrim

Grupo Editorial Norma
Buenos Aires Barcelona Caracas Guatemala Lima México Panamá
Quito San José San Juan San Salvador Bogotá Santiago

Grupo Editorial Norma
San José 831 (1076) Buenos Aires
República Argentina
Empresa adherida a la Cámara Argentina del Libro

Diseño de tapa: Magali Canale
Impreso en la Argentina por Impreco Gráfica
Printed in Argentina

Primera edición: agosto de 2001

CC: 22250
ISBN: 987-545-030-8

Hecho el depósito que marca la ley 11.723
Libro de edición argentina

Introducción

¿Cómo nombrar en este mundo con esta sola boca
en este mundo con esta sola boca?

OLGA OROZCO, *Eclipses y fulgores*

En el documental *Fernando ha vuelto,* dirigido por Sergio Caiozzi en 1998, un grupo de científicos forenses intenta identificar un esqueleto, exhumado unos años antes de una fosa común perteneciente a víctimas del régimen de Pinochet. Después de examinar fotografías, placas dentales y muestras comparativas de ADN, el equipo médico pudo demostrar de modo fehaciente que los restos pertenecían al joven Fernando, un activista del MIR desaparecido en 1973. A continuación, presentaron el esqueleto reconstruido a la esposa de la víctima. La escena fue impactante. Estaba filmada desde una perspectiva que inducía al espectador a evocar al Cristo de Mantegna o la inolvidable foto del cadáver del Che Guevara. El cuerpo de la viuda se acercó a los huesos de su marido, el primer encuentro de la pareja después de más de veinte años. La materialidad del cuerpo –¿y qué podía darle más densidad a la representación de un cadáver que su propio peso en huesos?– fue inequívoca. Los huesos y la identidad personal, el pasado histórico y el presente, todo se condensó en una sola imagen que amalgamaba el aspecto visual del esqueleto con los aspectos altamente irrepresentables del dolor físico y emocional. Sólo el drama familiar –inaugurado por la mirada de la mujer– produjo una transición del hecho histórico al relato. Éste ofreció un entramado argumental conocido, señalando la unión y separación de la pareja; al mismo tiempo, instigaba al melodrama para distraer a los espectadores de la desnuda evidencia de la muerte.

Vi este documental en Chile en noviembre de 1998, como parte de un programa conmemorativo en honor a la Casa de la Mujer la Morada, una ONG dedicada al activismo feminista desde los años de la dictadura. La Morada había invitado a los miembros de la Agrupación de Familiares de Detenidos-Desaparecidos al estreno de la película. Ellos, junto a muchos representantes de la comunidad intelectual, tanto de Chile como del exterior, se conmovieron al ver la película, sobre todo por el momento histórico especial, que coincidía con el arresto de Pinochet en Londres. La conjunción fortuita de estos hechos puso a prueba muchos debates sobre la memoria y el olvido, la injusticia y la rectificación. Uno de ellos, y no el menos importante, es el de la relación entre la verdad y la representación, el horror perteneciente a una familia en particular y su espectáculo revelado al público. Pero la reunión de espectadores también nos recordó un problema intelectual al que voy a referirme frecuentemente en las páginas de este libro, a fin de que reflexionemos sobre las intervenciones que ofrecen los practicantes de una estética formal al anotar la experiencia ajena. ¿Los que nos dedicamos al trabajo intelectual y venimos de regiones geográficas diversas pudimos compartir el mismo registro de percepción con los familiares de los desaparecidos al ver el documental de Caiozzi? ¿Existen acaso caminos artísticos a través de los cuales una sola pérdida individual pueda ayudarnos a comprender el conjunto de la sociedad?

Propongo estos temas para abrir la discusión sobre las interrelaciones entre experiencia y lenguaje, entre imagen y representación, pero también para reflexionar acerca de la relación entre los intelectuales y sus objetos de estudio. Esas tensiones son, por supuesto, la base de numerosas aproximaciones a la sociedad y la cultura, pero en el Cono Sur, en los años de la posdictadura, presentan un tipo de problema especial. Primero, surge una tensión preponderante que, en el campo de la representación, da cuenta de un conflicto entre el rostro y la máscara, entre la identidad y su oclusión, siempre registrado a través de las metáforas de la subalternidad y del género. También despierta una conciencia crítica sobre el quehacer de la democracia, sus puntos ciegos y sus exclusiones. Como en la película sobre los huesos de Fernando, la investigación que conduce a probar su identidad vuelve a colocar frente a la mirada pública las cuestiones de clase social. Y, como si esto fuera poco, también dirige la atención a la presencia del género sexual como elemento imprescindible de enfoque. Como un gesto que reemplaza el gran interés por la subalternidad que ocupó la atención de los intelectuales en las décadas anteriores, el género sexual hace su ingreso ahora para afirmar el poder del margen; permite proponer una doble lectura en el campo de la política e introduce un conflicto en el campo de la representación. Cuestiona a los intelectuales como espectadores relacionados con objetos distantes de estudio, y reclama, aun cuando sea en forma problemática, una conexión entre mundos que hoy se ven separados por la apatía y la indiferencia.

El arte de la transición procurará ocuparse de estos temas en Chile y en la Argentina en los años de la posdictadura. Buscará saber cuáles fueron las estrategias culturales para nombrar lo "real", trazando las tácticas de ocultamiento y revelación que ocurren en la política y en la cultura. A través de una miríada de ejemplos, este libro se basa en la posición específica que la literatura adopta para manejarse con estos problemas cruciales. Enfrentada a la lógica entumecida de los regímenes neoliberales, la literatura ofrece su intervención para considerar la identidad y la voz, para examinar la idea de "representación" en los dos sentidos de la palabra, el artístico y el político. Si el proyecto neoliberal, como celebración del libre mercadismo, da una pátina de aparente neutralidad en lo que respecta a las contradicciones sociales –borrando la memoria común que hubiera relacionado a los individuos con su pasado y suprimiendo la discusión sobre la ética–, la literatura y el arte, en cambio, cultivan la contradicción, revelando las tensiones entre el pasado no resuelto y el presente, lo oculto y lo visible. Muestran las dualidades de la cara y la máscara que hoy dejan su huella sobre los problemas de identidad. De ese modo, los textos culturales interrumpen el fluir confortable de los regímenes posdictatoriales, que suelen ser tan proclives a la "venta de la diferencia" y sin embargo se mantienen tan indiferentes con respecto a la profundidad de la experiencia. La literatura se complace en el amplio abanico de identidades posibles con el fin de cuestionar la ceguera implícita de la sociedad. A la vez, hace hincapié en las prácticas mutantes de una estética formal para dar cuenta del conflicto del individuo frente a la historia oficial. La transición como arte se nutre de la dualidad y el movimiento: una transición en la estrategia política de la dictadura a la democracia neoliberal; una transición en las prácticas culturales centradas en la cuestión de la clase social y desplazadas ahora hacia los asuntos de la sexualidad y el género; una transición en los estilos de representación que oscilan entre un deseo por una totalidad modernizante y la celebración del pastiche posmoderno.

En todas estas cuestiones, tomar a la Argentina y a Chile como objetos paralelos de estudio no es casual, por supuesto, aunque estos dos países no sean habitualmente asociados en estas materias. La cultura argentina, al registrar las prácticas autoritarias estatales que datan del siglo XIX, ha provocado incontables polémicas intelectuales acerca de la crisis del pensamiento liberal y de los fracasos de la historia. En consecuencia, generó, como expresión dominante, una narrativa peculiarmente masculina sobre la propia búsqueda de autenticidad y la consiguiente desilusión del intelectual frente a su investigación fallida. El resultado es una historia textual del tipo que Ricardo Piglia una vez denominó, citando a Borges, como una demostración de la "prolijidad de lo real" (1980); más recientemente, los abusos del gobierno militar y la corrupción de la democracia neoliberal han generado entre los escritores y artistas el deseo de recuperar una historia abarcadora que pueda dar cuenta del destino de una nación, utilizando así los detalles menores para alegorizar sobre el dilema nacional. Chile, por el contrario, parece haber truncado su fe en los "grandes relatos", esas fábulas totalizantes que explican las aspiraciones de los intelectuales respecto del triunfo y el éxito deseados, incluso de las dudas de los intelectuales acerca de la veracidad de los hechos históricos. En lugar de eso, el desmembramiento y la violencia se convirtieron en el foco del relato nacional de Chile, bajo la forma de la micronarración truculenta, la que se observa a partir del siglo XIX en la escritura de Lastarria y Vicuña Mackenna o en las innumerables leyendas sobre la Quintrala.[1] En esta tradición, la ficción y la historia chilena están sembradas de imágenes de cadáveres mutilados y fragmentos corporales, metáforas grotescas de la descomposición de la comunidad social que los chilenos hubieran anhelado. Tal vez el contraste entre las ansias argentinas por alcanzar el *grand récit* y el minucioso trabajo de los chilenos con los violentos detalles menores, sea lo que separa, luego de una primera lectura elemental, los abordajes de ambos países con respecto a un percepción de lo real. Aun así, ambos pueden encontrar un denominador común en su atracción hacia los marginales de la sociedad y las figuras abandonadas, ésas que plantean el dilema acerca de la representación de la otredad. De ese modo anuncian el problemático lugar del *outsider*, una presencia que aquí aparece feminizada en relación con la mirada del Estado patriarcal. Los abordajes duales para resolver la tensión entre los deseos particulares y los universales, y la reaparición de las figuras subalternas, son fenómenos marcados –en este período, bajo la mirada pos-

1. Esto altera la leyenda pública del exitismo político de Chile y su reputación de país estable. Bajo esta mirada, y especialmente para los que querían ignorar el turbulento trasfondo de la historia chilena, el golpe de 1973 llegó como sorpresa. Sin embargo, los muchos relatos sobre la disección y el desmembramiento en la historia cultural nacional son omnipresentes; van en contra de todos los mitos estabilizadores que defienden una versión propicia del pasado de Chile.

dictatorial– por el inconfundible sello del género. La emergencia deliberada del género (con sus obvios desplazamientos), como metáfora de las luchas identitarias, carga con un peso especial en los textos culturales de los años de la posdictadura. A menudo aportan una dinámica al proceso de la representación que la subalternidad ya no puede sostener por sí misma. Así como Chile "heredó" el milagro de la reforma económica y la Argentina (a pesar de su inicio propiciatorio bajo el gobierno de Raul Alfonsín) rápidamente se encontró empantanada en el fango de la corrupción, los sujetos populares, desarraigados de su definición esencialista anterior como miembros de una clase social particular, absorbieron el enfoque de los nuevos debates producidos en democracia. Su lucha por la identidad ahora está mediada por las metáforas ofrecidas por el género sexual y por los impulsos del mercado.

El "milagro" chileno acerca del cual nos hablaron los sociólogos,[2] brilla a partir de su logrado consenso, y fue –hasta el reciente escándalo en torno a Pinochet– fruto de un esfuerzo concertado para "perdonar y olvidar".[3] La democracia en la Argentina, en cambio, ha tomado un camino menos apacible, con cinco golpes militares abortados entre 1987 y 1992 y una tradición permanente de protesta pública en la que, a los ciudadanos dispuestos a denunciar la corrupción del gobierno, se les responde con coartadas y mentiras. No resulta muy sorprendente, entonces, que la metáfora de la máscara represente la cara de la democracia neoliberal, haciendo hincapié en la teatralización del Estado nacional en un momento en que el gobierno tiene mucho que ocultar y los ciudadanos están compelidos a disimular a fin de proseguir en

2. Véase, por ejemplo, el análisis de Tomás Moulián (1997).

3. Una cadena excepcional de hechos continúa develándose desde el regreso de Pinochet a Chile. En el momento en que esto se escribe, por ejemplo, los chilenos son testigos no sólo del juicio de los oficiales militares responsables por los asesinatos y desapariciones, sino también de una rueda sin precedentes de censura en los medios y en las editoriales.

el camino hacia el consenso. Si en Chile los disidentes recurren a identidades ocultas y disfraces que pueden protegerlos de la vigilancia, en la Argentina se describe al Estado como el mayor impostor posible. Ambos casos nacionales nos recuerdan que el pasado autoritario no ha sido totalmente desmantelado y también que las estrategias culturales básicas para explicar esta disyuntiva permanecen todavía intactas: los argentinos continúan refiriéndose a su dilema nacional a través de un deseo narrativo que abarca la historia completa, mientras que los chilenos aíslan pequeños segmentos de verdad local para descalificar la versión más amplia y generalizadora de los hechos. Sin embargo, en los dos países, se reconoce la imposibilidad de encontrar un pasado auténtico que pueda acallar de una vez y para siempre sus ansiedades sobre los equívocos en el campo de la representación. Del centro de estas preocupaciones surge a menudo una tensión narrativa entre la mentira y la verdad, entre una oferta de identidades disidentes que circulan en la sociedad civil y los disfraces que el Estado fraudulento exige a los ciudadanos. El descubrimiento de los restos de Fernando no es más que un elemento de una historia mucho más vasta sobre los esfuerzos por descubrir un cuerpo y vincularlo, inequívocamente, a un nombre.

Estas tensiones emergen en los sucesos políticos recientes de los dos países. El pedido de extradición a Pinochet, por ejemplo, condujo a un debate sobre la represión de la verdad adoptada por el gobierno democrático. Las audiencias en Londres incitaron a una renovación del interés en la ética de la representación, obligando así a los individuos a preguntarse por las conexiones entre memoria y justicia, incitando al pueblo chileno a revivir la experiencia de la dictadura y su legado en la democracia. Hace algunos años, Ariel Dorfman se refirió a este tema en *La muerte y la doncella* (1992), una obra dramática cuya primera puesta en escena en Chile coincidió con la publicación del informe de la Comisión Rettig sobre los horrores del régimen militar. Mientras exponía la fragilidad del equilibrio entre el orden civil y las demandas de justicia, Dorfman señaló la movilidad de las fronteras entre verdad y ficción, entre la experiencia de la tortura y las consecuencias de su re-presentación, y preguntaba si la verdad de una persona contaba más que la de otra, si la historia de un individuo debía ser suprimida para que la ilusión de armonía social se impusiera. El abismo entre verdad y representación, que puede observarse de manera ejemplar en esta obra de teatro, depende asimismo de los estereotipos de género y de poder que los espectadores sostengan. Pone de relieve la contradicción interna de todas las representaciones políticas en el arte, las cuales, para llegar a un público internacional más amplio, deben simplificar una serie de posiciones bastante complejas. Esto también puede verse en los debates más recientes sobre el caso Pinochet, e igualmente respecto de esos oficiales militares responsables de las "Caravanas de la Muerte" de los años de la dictadura, que todavía hoy requieren una defensa legal.

En la Argentina, las narraciones sobre "los vuelos de la muerte" tejieron también un tapiz donde se cruzaron la verdad y la mentira. La revelación del capitán de navío retirado Adolfo Scilingo en 1995 confirmó las sospechas públicas que habían circulado durante mucho tiempo con respecto a los cuerpos que habían sido arrojados desde helicópteros al mar. Esas operaciones practicadas a modo de rutina por los miembros de la Escuela de Mecánica de la Armada condujeron a un horrible fin a las víctimas; sin embargo no habían sido confirmadas antes de la confesión formal de Scilingo, a la que luego le siguieron las autocríticas de otros oficiales de las Fuerzas Armadas.[4] Las autoinculpaciones, traumáticas para la conciencia pública, despertaron poderosos recuerdos del enredo de mentiras oficiales y de la larga tradición de ignorancia fingida por parte de muchos argentinos. Estoy particularmente interesada en dos clases de respuestas a este as-

---

4. Acerca del caso Scilingo, véanse el análisis general de Marguerite Feitlowitz (1998) y el relato de Horacio Verbitsky (1995), cuando se conocieron por primera vez las confesiones de Scilingo.

pecto del pasado oculto, indudablemente doloroso. La primera nos lleva a pensar en la existencia de un *mercado* para la memoria social colectiva; la segunda hace funcionar a la memoria como un estímulo para acciones sociales futuras. Ambos problemas alteran la discusión posible y nos exigen tener en cuenta algunos temas aun más intrincados con respecto a la ética de la representación.

En febrero de 1999, la estrella de rock Charly García tenía programado dar un recital al aire libre en un estadio cerca del Río de la Plata. Su plan eran poner en escena una *performance* de rock cuyo inicio fuera la llegada de helicópteros desde los cuales se arrojarían al río maniquíes con forma humana de tamaño natural. Se trataba de un espectáculo cuyo objeto era el de imitar los "vuelos de la muerte" durante los años de la guerra sucia. Pero algunos observadores, como Hebe de Bonafini, líder de las Madres de Plaza de Mayo, interpretaron ese gesto como una comercialización del dolor y de la pérdida, un modo de orientar el espectáculo no hacia la memoria, sino hacia el lucro. "No se puede hacer un *show* con la muerte", protestó ella.[5]

La cancelación del simulacro de muerte provocó un suspiro de alivio entre varias figuras reconocidas del mundo progresista. Sin embargo, el episodio expresa algunos elementos importantes con respecto a la relación ambigua entre el arte y el beneficio material que puede obtenerse de la memoria. ¿Quién está autorizado a evocar el pasado? ¿Puede la mediación del arte respetar la memoria del horror? Y, a la inversa, ¿deberían imponerse restricciones a los proyectos de arte vanguardista? Nuestras culturas están muy marcadas por interrogantes de ese tipo. Nos recuerdan que es delicada la línea que divide la innovación experimental en el arte y un abuso potencial del pasado, como también nos recuerdan las fuertes demandas impuestas sobre los narradores para que relaten su propia experiencia, una insistencia en el valor testimonial de quienes vieron los hechos con sus propios ojos.

---

5. Citado en Mariano del Mazo (16 de febrero de 1999).

Generalmente, esta demanda tiende a excluir lo estético. Es decir, en circunstancias en las que el dolor personal afronta la prueba del arte, este último aparece súbitamente como enemigo de la verdad, violador de la autenticidad de las experiencias singulares y traidor de los valores éticos, a la luz de los cuales deberíamos leer los hechos del pasado.

Por debajo de ese modelo, las intervenciones del grupo HIJOS, que señalan la identidad de los torturadores y otros cómplices de la dictadura, invitan a un pensamiento diferente, aunque igualmente inquietante, para la interpretación de los sucesos. "Los escraches", tal como se denomina este movimiento independiente protagonizado por los hijos de desaparecidos, han despertado las esperanzas entre los mayores de un pacto transgeneracional, un modo de encontrar un lugar para los más jóvenes dentro del amplio espectro de movimientos sociales dedicados a los derechos humanos en la Argentina. Su exposición de los agentes militares responsables de las violaciones de los derechos humanos en los años de la guerra sucia lleva implícita una defensa de la memoria libre, una que se niega a responder a las costumbres del orden político. Contra las habituales estrategias de la cita que reconoce una línea de continuidad con el pasado, los escraches dejan sus inesperadas marcas frente a las prácticas escriturarias que estaban atadas a una clara genealogía y una visión política disciplinada. En lugar de apoyarse en los gestos tradicionales del testimonio para construir un movimiento social, los escraches encuentran un sistema de citas alternativo para hacer evidente su oposición a los que habían encubierto el acceso común a la verdad. Ellos producen, por lo tanto, una versión de la memoria pública por medio de una vía independiente y propia[6] y, en ese proceso, sobrepasan los esfuerzos insuficientes de los políticos para rectificar las violaciones a los derechos humanos bajo las medidas provistas

---

6. Paradójicamente "los escraches" recuerdan los gestos de Sarmiento, el primer artista argentino de graffiti –por decirlo así– que dejó su denuncia en las paredes de los baños públicos, tal como relata en el *Facundo*.

por la ley.[7] Al ampliar los límites del sistema de citas, los nombres de los agentes de la muerte salen a la vista. Como tal, un osado movimiento artístico de clara raíz juvenil propone nuevas formas del saber y arrastra al público a la acción. Reclama para sí, por medio de los graffiti, una voz autónoma y específica.

Estas iniciativas nos recuerdan un hecho paradójico. Cuando las dictaduras –y también los regímenes democráticos– controlan estrechamente nuestra comprensión de lo real, las prácticas culturales subvierten de modo constante ese orden discursivo: desregulan lo que parecía una interrelación fija entre lo real y sus simulacros; reconstituyen campos de identidad y diferencia; ponen a prueba las llamadas representaciones auténticas de la "verdad" frente a las reconstrucciones creativas. Así, estas intervenciones construyen comunidades alternativas de conocimiento que sobrepasan los propuestas más habituales de la cita. La cita convencional, por supuesto, tiende a aniquilar las posibilidades de una crítica cultural. Anula los espacios de libre oposición de modo que las citas aparentan remedar una forma anterior, reforzando la estabilidad del orden temporal, la genealogía y el acceso al futuro. La cita tradicional fija establece una relación entre el Estado y sus opositores, entre el Norte y el Sur, el Este y el Oeste, la ciudad y el campo, las mujeres y los hombres. Frente a esta línea de análisis, cada vez que los escritores interrumpen la relación esperada, desmembrando el binarismo reinante de toda lógica social, se cuestionan a la vez las homologaciones convencionales de la verdad. Se disloca el eje de la inteligibilidad creado por tensiones culturales globales y locales. Irrumpen así nuevos lenguajes y codificaciones, otras escrituras, al punto que los mapas culturales deben ser reescritos y se altera la cartografía de saberes.

Un último ejemplo nos ayuda a pensar en las prácticas

---

7. Entre los que han hecho comentarios con respecto a este movimiento de jóvenes, Hugo Vezzetti (1998) hizo hincapié en la discrepancia entre la memoria y el compromiso directo; critica la ausencia de un movimiento político autónomo capaz de incorporar la protesta de los jóvenes.

disruptivas de los textos culturales, cada vez que actúan como mediadores para salvar la distancia entre verdad y mentira, y modificar las jerarquías de la cita. *Un espacio al olvido*, un video argentino dirigido por Sabrina Farji y filmado por Marcelo Brodsky, y que forma parte de la instalación más vasta que hizo Brodsky de fotografías de graduados del Colegio Nacional Buenos Aires,[8] manipula dos formas de la memoria, dos citas opuestas del pasado. La película rastrea la experiencia de un padre cuyo hijo ha sido secuestrado por las Fuerzas Armadas durante los años de la dictadura. Ensambla las imágenes de la vida del joven a través de fotografías y viejas filmaciones caseras. Sobreimpuestas a esa narración, los realizadores dirigen las cámaras hacia las turbulentas aguas del océano, presumiblemente la tumba del hijo desaparecido. El océano se vuelve el fondo visual de un entrecruce de clips en Super-8 que muestran al hijo como un niño chapoteando en el mar. La filmación satura a los espectadores con recuerdos de redención y muerte. El agua propone dos hilos de reflexión: por un lado, la película en Super-8 revive la nostalgia por la infancia, por las actividades de tiempo libre y diversión en la playa; por otro lado, el trasfondo más amplio del film enfoca el mar silencioso y señala el lugar de descanso final para las víctimas de la guerra sucia. "Las imágenes del padre son las que nos permiten rescatar el pasado; el trabajo del hijo permite el ejercicio de la memoria", dice el texto que se sobreimprime en las imágenes del agua, recordándonos la inversión paradójica del tiempo y el orden habitual de la cita. Así como el Río de la Plata fue el punto de llegada y esperanza para los inmigrantes a América, también es, en el caso de los "vuelos de la muerte", un destino final y una tumba para los jóvenes. Este sistema doble de la cita revela lecturas alternativas de la historia que desafían el transcurso cronológico del tiempo. No sin ciertas ironías bastante obvias, el padre, el mayor de los dos, construye una memoria futura para un tiempo de justicia social,

8. *Buena memoria* (1997) de Marcelo Brodsky, una instalación de fotografías y películas que incluyen el video realizado en colaboración con Sabrina Farji.

pero es el hijo el que ha guiado al padre, enseñando al adulto cómo leer el pasado, cómo abrirse a un futuro posible. Más importante aún, la colaboración entre el padre y el hijo gana espacio contra el olvido para derrotar la pérdida y la falta de memoria, para interrumpir el avance incuestionable de la historia e insistir sobre la fuerza de la interpretación para devolverle el sentido a la vida.

Ejemplos como éste apuntan a la manera en que los textos culturales intervienen para alterar la confianza que pudiéramos tener en cualquier *sensus communis*, para señalar la contradicción entre la capacidad de "buen sentido común" perteneciente al ciudadano y aquel sentido común que torna insípido el debate y la crítica, adormece nuestro juicio e inhibe el poder de la voz. El riesgo del arte se expone aquí para señalar la circulación de múltiples verdades y mentiras. De ello deriva una lucha por el control social sobre el campo simbólico; marca la importancia de la representación para todo el cuerpo social. Podría pensarse, por supuesto, que la tensión entre verdad y mentira, entre nuestra absoluta confianza en los "hechos" y la naturaleza precaria del acto de nombrar son la máquina de lo posmoderno, el motor que propulsa nuestro oficio crítico y creativo a través de las aguas a menudo turbias de este fin de siglo. Pero la experiencia del Cono Sur bajo la dictadura hizo que esa tensión fuera trágicamente seria, alejando los aspectos frívolos de la posmodernidad global. El pastiche y la parodia, el intercambio juguetón entre el original y la copia, la exaltación del régimen de signos por sobre los referentes aludidos, son algunas de las numerosas técnicas que aceitan la máquina narrativa posmoderna; sin embargo, cuando se aplican a aquella literatura que ofrece una reflexión sobre la ley autoritaria, los términos adquieren sentidos nuevos e insospechados. El libre juego gratuito de los signos se pierde e indica otra dimensión más seria de la experiencia. En un ejemplo que pertenece a *Novela negra con argentinos*, de Luisa Valenzuela, un personaje emite comentarios ácidos sobre los placeres que ofrecen los salones sadomasoquistas en la ciudad de Nueva York: "¿Cómo quiere que me guste la tortura sexual consentida cuando vengo de un país donde se torturaba dizque por razones políticas, por el puro horror, con víctimas desesperadas y para nada complacientes?" (1990: 151). Mientras el juego libre del placer y dolor atraviesa las fronteras nacionales, el ejemplo nos recuerda además el compromiso ético que se puede encontrar en la literatura del Cono Sur y la cultura de los noventa, una respuesta clara a aquellos postestructuralistas que hubieran despreciado el potencial político del texto literario. También permite recuperar un interés por el género sexual que trasciende las visiones y aspiraciones de la primera ola feminista. Ligado a los problemas de la memoria y el mercado, así como a la articulación del valor estético, las lecturas de género de la cultura posdictatorial nos conducen deliberadamente a un escenario crítico en el que las cuestiones éticas se cruzan con la elección artística.

En medio de esta discusión, una pregunta obsesiona a todas las búsquedas de las crítica: ¿por qué es tan difícil hablar de la relación entre la ética y los textos de la alta cultura? La aguda disyuntiva entre los dos ha llegado a ser considerada como un hecho irresoluble, un axioma para esa corriente de la teoría cultural que equipara la presencia de la literatura con el último suspiro de una burguesía triunfante en el pasado, pero ya sin peso en la economía descentralizada de hoy, en la que predominan las nuevas tecnologías y la práctica de los medios masivos. Se ha convertido en un abordaje tipo *ars non grata* entre quienes podrían considerar que el arte está separado de la acción social y ubican la política más allá del alcance de la alta cultura.[9] Desde una perspectiva esteticista, el arte y la literatura están aislados en su propio territorio, sin ningún propulsor moral. El contenido, el interés político y el campo de lo "social" están separados de esta mirada panorámica sobre del arte.[10]

---

9. Para este abordaje, véase especialmente John Beverley (1993).

10. Sobre la evolución de la ideología del "arte por el arte" y para la historia de una estética sin compromisos en Europa y América Latina, véase Gene H. Bell-Villada (1996).

En este punto, me propongo llevar la discusión a un terreno específicamente literario. Por cierto, la literatura no puede reemplazar a la actividad política del modo en que lo hacían esos textos narrativos que cimentaban la construcción de las nacionalidades en el siglo XIX, con los claros ejemplos de *La cabaña del tío Tom* de Harriet Beecher Stowe, la poesía y las crónicas de José Martí o el *Facundo* de Sarmiento. Aun así los debates más modernos nos recuerdan que existe todavía una clase de poder especial que reside en la conjunción de literatura y ética. La discusión se centra con más fuerza en torno a la capacidad de los trabajos estéticos para impulsarnos nuevamente a vincular los intereses particulares a los universales. Anthony Cascardi (1999), por ejemplo, exponiendo sus lecturas de la tercera *Crítica* de Kant, nos recuerda que existe una clase de pensamiento crítico que surge cuando nos rendimos ante el aura de lo estético. En sus argumentos en contra de la posición de la "autonomía del arte", plantea la posibilidad de que lo político se formule en el momento mismo del encuentro con la obra de arte. En esta instancia (y de acuerdo con Kant), nuestra estructura conceptual no se acomodará a la naturaleza irrepresentable del placer o el dolor; más bien, nos otorgará una conciencia de la distancia entre la imagen y la ética. Ese abismo aparentemente insalvable es reconquistado a través del ejercicio de la conciencia crítica, que a su vez estimula las cuestiones de agenciamiento y luego ofrece la posibilidad conceptual sobre la cual construir la acción futura (1999: 82).[11]

Esa clase de brecha provocadora nos recuerda las dislocaciones que se producen entre el mundo de la "apariencia" y la propia búsqueda de lo real, el uso masivo de la ironía ampliado bajo el ala de la influencia posmoderna, los encuentros forzados y constantes en el arte entre la representación de lo abyecto y las alusiones a lo siniestro o a lo absurdo. To-

---

11. En este punto difiero de Cascardi, que encuentra la política en el hecho estético en sí mismo; por oposición, creo que el problema estético plantea los conflictos que conducen eventualmente a una conceptualización de la acción política.

do esto exige otra mirada a nuestra ruta de acceso al conocimiento, la manera de constituirnos como lectores o pensadores, la importancia del agenciamiento propio para iniciar una respuesta a los desfases entre la realidad y la representación. En ese aspecto, el vínculo entre ética y estética nos incita a trasladarnos de un particular interés individualista a una lógica más amplia de comunidad y alianza, de las visiones desmembradas del pasado a un posible futuro colectivo. Es aquí, en este punto, donde deberíamos ir más allá del *sensus communis logicus* de Kant.

Muchos defensores de la crítica cultural, cansados de las continuas aproximaciones de la cultura letrada, se han negado a reconocer esta línea de discusión y, en cambio, dirigen una fuerte denuncia contra la propuesta estética. Entre ellos, los que se han dedicado a defender la autenticidad del testimonio frente a la literatura (pienso en la polémica nacida en torno al caso de Rigoberta Menchú), encuentran en la propuesta estetizante muchas contradicciones.[12] George Yúdice, por ejemplo, siguiendo la línea de Terry Eagleton, insiste en que la vuelta a la estética refuerza la ilusión de libertad del individuo propia de una necesidad burguesa. Además, dice Yúdice, el arte que se separa de las prácticas vitales no puede pensar en la posibilidad de representar al "otro" excepto para reprimirlo (1996: 48-50). Observando las crisis de los modelos de la "alta cultura", Alberto Moreiras comenta la reducción del campo literario en un momento histórico en que la elite pretende seguir dictando las normas del gusto literario (1996: 92). También nota la ilusión redentora de aquellos intelectuales progresistas que pretenden encontrar en la literatura una manera de vincular a los distintos grupos sociales. El efecto de la literatura, dice, no puede ser el de la alianza, dado que el pacto queda más allá de las posibilidades de la representación. En el mejor de los casos, el testimonio es sólo

12. La colección de ensayos de Georg M. Gugelberger (1996), dedicada al debate testimonial, es especialmente instructiva para considerar las críticas más corrientes sobre la representación y la estética.

capaz de producir una "poética de la solidaridad", la que deja a los lectores en un espacio autocomplaciente (198). Al responder a estos planteos, Santiago Colás pregunta de manera directa: "¿Dónde reside el mal de la representación?" (1996: 161-171). Y, desde el campo literario, Juan Gelman escribe: "¿Y si la novela, en vez de ser, según se ha prescrito, un género literario propio del clima espiritual creado por la burguesía en ascenso, fuera más bien la expresión de la antigua necesidad humana de relatar lo inquietante de la crisis como forma de conocerlo y apropiárselo?" (1999). De este modo, el texto literario se vuelve móvil, en diálogo con nuestros tiempos. En otros terrenos, este proyecto se realiza como una defensa de pacto discursivo, donde el ágil encuentro entre lo particular y lo universal constituye la actividad el arte. Propulsa el conocimiento entre los espectadores, inicia la crítica a la cultura, repara el tejido social dañado.

En América Latina, Beatriz Sarlo y Nelly Richard han sido dos de las principales defensoras del giro estético. Al cabo de treinta años de compromiso constante en los debates políticos y culturales de la Argentina (particularmente a través de su revista *Punto de Vista*), Sarlo ha ganado por derecho propio el título de intelectual pública. Sus incursiones en la teoría son prolíficas, pero, en cuanto al propósito de este libro, estoy especialmente interesada en su comprensión del nexo entre política y arte. Preocupada por las dificultades que la inestabilidad de la democracia en la Argentina impone al armado de una agenda social en común, Sarlo a menudo protesta por la ausencia de cualquier *sensus communis*. Sin embargo, ella misma encuentra con frecuencia soluciones para ese dilema por medio de la búsqueda de los valores estéticos que prometan vincular los juicios de individuos aislados (1997: 32-38). Se inclina, por lo tanto, a una sensibilidad basada en los principios que recuerdan a la de T. S. Eliot cuando éste celebra el "talento individual", pero que también se dirige a restaurar la confianza en la esfera pública. Sarlo interviene para detener el curso de una política sin sentido y para combatir el aura del falso sentido común. Así llega a proponer un modo alternativo de inteligibilidad, reclamando la *diferencia* como base necesaria para la formación de un "buen" juicio político y estético. Su perspectiva se sostiene en la fe basada en la polis democrática. Su confianza parte de la imposibilidad de obtener un consenso genuinamente universal, aun cuando éste permita un espacio intersubjetivo a través del cual los partidos podrían aceptar un acuerdo con respecto a criterios y juicios reconocibles. A pesar de que la diferencia es un efecto deseado de la práctica democrática, aun así Sarlo desconfía de lo particular, sobre todo cuando amenaza los aspectos más apreciados de la tradición social reconocida, los que enfatizan la reconciliación y la unión.

Su teoría enfrenta una serie de problemas residuales que la han vuelto recientemente blanco de muchas críticas (retomaré el tema en el primer capítulo); por el momento, quisiera adentrarme en las maneras en que Sarlo concibe el rol del arte como vehículo de interrupción, destruyendo el tipo de autoridad política que a menudo obtiene un acuerdo ciego y desganado del público en general. Para Sarlo, la interrupción de la mediocridad en la acción política está fundada, paradójicamente, en un retorno a los *principios ordenadores de la estética*, un valor que exalta la diferenciación interna entre los textos, jerarquías que obedecen a un código de méritos universalmente reconocidos, un *nescio quid* levemente irónico con respecto al modo de pensar democrático. La *diferencia*, por lo tanto, se revela a sí misma no necesariamente por las fuerzas internas, pulsionales, de un texto dado, sino por los valores relativos y la evaluación de un texto en contraste con otro. Esta posición, por supuesto, evoca un tipo de pedagogía iluminista que utilizó la identificación estética para educar a obedientes ciudadanos en temas relacionados con la ética y el juicio común.[13] Como base ideológica para la fundación de un país, la práctica estética se orientaba hacia el establecimiento de una serie de parámetros universales para el manejo de la vida política y cultural. Sarlo

---

13. Sobre esto, véase David Lloyd y Paul Thomas (1998).

también cultiva lazos similares entre la práctica democrática y la comprensión de la diferencia artística, ya que ambas suponen la percepción de los efectos perturbadores aparentes en el proceso cultural.

Nelly Richard ofrece otra perspectiva de lo estético (1998). Una teórica cultural de agudo dinamismo que ha adquirido cierta celebridad entre los pensadores posmodernos, una reputación apuntalada por la publicación que ella fundó, la *Revista de Crítica Cultural*, Richard es un puente entre los críticos de los Estados Unidos, Europa y América Latina, aunque su compromiso con los debates específicos originados en Chile es ineludible. A pesar de que parecería ser un movimiento en la dirección de un discurso universal, transnacional, Richard se inspira en la celebración deleuziana de lo "menor", haciéndose eco de los argumentos de los defensores de la democracia radical como Ernesto Laclau y Chantal Mouffe. De esta manera, ella busca el ataque al poder a través de la resistencia local. Traducido al mundo de la literatura y el arte, la fragmentación de cualquier visión totalizadora aparece como una forma convincente de rebelión contra el poder del Estado y sus modelos rígidos de representación. Por extensión, el conflicto local logra mostrar las exclusiones de la democracia neoliberal.

Igual que Richard, otros teóricos, aparentemente ansiosos en los últimos años por eludir los relatos macrohistóricos, se han volcado al poder del fragmento y han celebrado el poder de lo local. De esta manera, privilegian el *microespacio* (Deleuze, Foucault, Perlongher), el *entrelugar* (Homi Bhabha, Silviano Santiago); elogian la *intersticialidad* y la *disyunción* (Achugar, Appadurai, Hopenhayn), o se dirigen a los poderes de los *sujetos no gobernables* (el grupo de los estudios de la subalternidad en la India o los latinoamericanistas que se dedican al mismo campo en los Estados Unidos). A través de estas imágenes, los críticos intentan explorar las fuerzas opositoras que resultan contrahegemónicas. Se trata de vislumbrar la posibilidad de rebelión desde abajo, con el objetivo de alterar los discursos monolíticos que dominan desde el poder.

Y aun así, nos preguntamos si el fragmento resulta suficiente. Tal como se desprenderá de las páginas de este libro, mi intención es presentar las condiciones necesarias para reflexionar sobre la posibilidad de una alianza a través de la lectura. El objetivo es discutir los modos en que el arte y la literatura no sólo cultivan el margen y subrayan las resistencias del género sexual con el fin de desafiar al Estado, sino, también, cómo utilizan estas representaciones para reconsiderar nuestra crisis contemporánea y llegar a repensar el conjunto de la sociedad. Quisiera aclarar, con respecto a esto, que el fragmento o microespacio defendido por algunas voces de la filosofía continental no es en sí mismo lo suficientemente fuerte como para permitir alcanzar el objetivo deseado. Por el contrario: nos impulsa, y con gran vigor, un deseo constante de completud, una lógica totalizadora que amalgame las fuerzas universales y particulares dentro del texto cultural por medio de los registros simbólicos del conjunto de la sociedad.

A partir de la aporía –aquel "agujero negro" que sirve de vórtice para posibles significantes cuyo significado no ha sido establecido todavía– se nos alienta a practicar un acto de sutura. Despertamos así a la interpretación y al deseo de trabajar con miras a una totalidad conceptual. No se trata de la alegorización de una problemática nacional, al estilo de las novelas del *boom*; pero es más verosímil como respuesta a los efectos de una época dominada por el mercado, la así llamada "pérdida de afectividad" que ha sido identificada con nuestro fin de siglo. Se podría asimilar mi fe en la literatura y el arte a la pasión modernista por la vanguardia (o a una fe en la hermenéutica, basada en lo que antes se identificaba como la "respuesta del lector"), pero en esta ocasión estoy especialmente interesada en las formas en que esas estrategias se hacen obvias en una época en la que los individuos se sienten sistemáticamente incapacitados a la luz del mandato neoliberal. En consecuencia, el arte y la literatura nos obligan a pensar en estrategias de resistencia interpretativas, útiles para interrogar el pasado y conducir a un futuro posible. Nos impulsan a rechazar el paquete de productos culturales ya ensamblados, *ready-made*, y las ideas que el neoliberalismo pone a nuestro alcance. Así, la experimentación cultural provoca formas de pensar que llegan a encuadres alternativos para aprehender las formas sociales.

En ese aspecto, tomo un camino propio que no se identifica ni con el de Sarlo ni con el de Richard, aunque resulta evidente que sus proyectos han alcanzado gran resonancia en el espíritu de las argumentaciones que esgrimo en las páginas de este libro. Más aún, resulta indispensable rastrear los vínculos entre el orden y la diferencia, sus superposiciones y sus puntos de confluencia, para mostrar de qué manera una sensibilidad crítica adquiere su forma a partir del entorno de textos literarios, y ofrece, de ese modo, el potencial para un futuro político. La literatura y el arte abren el camino a lectores y espectadores para dar los saltos conceptuales que sean necesarios para la práctica de la política, pero también señalan las *impasses* que los viajeros encuentran en su camino.

Como seguramente se desprenderá de los capítulos siguientes, el mecanismo de la traducción también ofrece otro escalón en este proceso del conocimiento. En su máxima expresión, construye esa posibilidad de puente tan anhelado entre los individuos y la cultura. En su expresión mínima, muestra lo inadecuado de cualquier exigencia de un lenguaje universal. La traducción, por lo tanto, pone en evidencia la multiplicidad y la irreductibilidad de las lenguas que pertenecen al conjunto de la sociedad. Llama la atención la *performance* incansable del lenguaje. Al mismo tiempo, las odiseas de los viajeros de Norte y Sur, que hablan muchos idiomas pero que no se hacen entender, nos recuerdan una larga práctica de la exclusión que aísla a los sujetos de la posdictadura y los priva del acceso a las expresiones globales, suprimiendo su registro simbólico particular y descartando las modalidades lingüísticas que utilizan para autodefinirse. La traducción, como eje de la práctica interpretativa, anuncia esta crisis; señala el abismo entre la experiencia y el lenguaje, entre el orden tradicional y el caos. A partir de los posibles equívocos, la traducción nos induce a repensar el conjunto de la sociedad.

Quisiera destacar las maneras en que las tensiones o "líneas de fuga" definen caminos para reconsiderar el arte y las formas sociales (cito a Walter Benjamin, quien una vez se refirió a las líneas de fuga como las líneas que separan el presente y el pasado).[14] Por extensión de esa metáfora, considero que esas líneas de fuga están estructuradas por pulsiones artísticas de deseos globales y locales, tensiones entre Norte y Sur, y reclamos de identidades que se establecen en el paisaje posdictatorial. Estas tensiones también trazan un mapa de los conflictos entre la autoridad intelectual y las voces populares, delinean las construcciones retóricas que separan a "hombres" de "mujeres", bosquejan la pelea subyacente entre la expresión "auténtica" y la supuesta derivación o la copia, y, finalmente, diseñan la lógica tutelada por el mercado que dirige el "negocio" de la literatura en contra de la lenta circulación de las ideas propuestas por los textos experimentales. Estas polaridades fueron anunciadas durante los años de la dictadura y, por cierto, se puede alegar que son tan viejas como la literatura misma, pero quisiera hacer hincapié en el modo en que el campo cultural se redefine a la luz de los regímenes neoliberales. A partir de las condiciones sospechosas de la cultura en la época posdictatorial emergen las dos caras de Jano, imagen emblemática del doble modo de hacer cultura: la insistencia en la doble mirada. Para los ciudadanos y los artistas que viven bajo esta bandera, la duplicidad no es sólo una obligación de la vida social, sino el principio conductor de la estética. Sin embargo, me propongo demostrar que, a partir de estas tensiones, pueden emerger las condiciones de posibilidad que permitan imaginar una política de nuevas alianzas.

Este libro está organizado en tres secciones principales: máscaras, mapas y mercados. La primera apunta a los debates desarrollados por los críticos durante la dictadura y que

---

14. Sobre este tema, véase la colección de ensayos de Martin Jay, que comienza con un homenaje a Benjamin (1993).

han sido continuados durante el gobierno democrático, muy especialmente en relación con la representación de *lo popular*. En primera instancia, bajo los años del régimen militar, se articuló un anhelo de democracia a través de la figura popular (una categoría que incluye la subalternidad, así como una conceptualización de las figuras marginales y delictivas). Los sujetos populares ingresaron en la crítica cultural para dar nombre a una oposición al Estado, a menudo expresándose a través de la nostalgia por el populismo. Sin embargo, en una segunda instancia y con la transición a la democracia, los críticos comenzaron a mirar estas figuras con suspicacia. A pesar de que el apetito por *lo popular* responde globalmente al fetiche posmoderno y permite a los intelectuales construir un campo de diferencia –facilitando el tránsito entre los discursos canónicos y emergentes, o la conexión entre lo "alto" y lo "bajo"–, en la democracia en la Argentina y en Chile, la subalternidad (pese a ser el producto de una pasión esencialista) se convierte en el foco de la desconfianza. Lo popular, que viene a ocupar el lugar de los grupos marginales de la sociedad, está considerado como el elemento perturbador que atenta contra el conjunto social. En reemplazo de este enfoque, los temas de género han logrado despertar nuevamente el interés crítico y han dado pie a un campo de "diferencias" artísticas novedosas. Es decir, el terreno del género ahora ofrece las posibilidades de diferencia política y estética que antes habían ofrecido los sujetos populares; nos permiten examinar la distancia crítica entre la experiencia y la representación a través de las metáforas y prácticas sexuales. Como introducción a las discusiones sobre literatura y arte, el primer capítulo se ocupa de los usos políticos y sociales del género que, en el marco de la investigación crítica, llevan a establecer alianzas y pactos insospechados, negociaciones sorprendentes de la identidad frente al desplazamiento del deseo. Así se dispone el escenario para la discusión que se desarrollará (en los capítulos subsiguientes) sobre los modos en que el género puede crear una conciencia crítica sobre la formación política y estética.

En el segundo capítulo, me concentro en la cuestión de la *representación,* tomada en su doble sentido: como un problema relativo a la ilusión teatral de representar algún tema distante, y como una promesa de representación dentro de la esfera política. Al operar entre la afirmación de las identidades individuales y las expectativas de consenso que el cuerpo social impone sobre los ciudadanos, entre el teatro en sí y la metáfora para crear ilusión, y como entrada estratégica de los individuos en la escena política, me dirijo a los modos en que la *máscara* permite tener en cuenta la brecha entre la verdad y la mentira, cuestionando el tipo de identidad impuesta por el Estado y por el mercado: "La máscara era la apuesta más elevada de cada uno", escribe la novelista chilena Guadalupe Santa Cruz (1997a: 182). La máscara llama la atención sobre nuestras identidades duales en la esfera política, pero también sirve como metáfora de la diferencia sexual. Articula así la lucha entre lo masculino y femenino, entre las identidades privilegiadas y las marginales. Un argumento principal conecta las diferentes máscaras e identidades presentadas en este capítulo: si durante la dictadura los textos literarios revelaron un espectro de identidades "desviadas" y opositoras frente al Estado patriarcal, bajo la democracia la conciencia del mercado frecuentemente reconduce estas representaciones de lo rebelde, asimilando las identidades sexuales a las políticas de mercado y venta. Mientras el mercado se convierte en un nuevo escenario para la promoción y venta de la "diferencia", las identidades de género alternativas pierden su impacto político y muchas veces se las considera monedas de cambio en el tráfico del mercado. Tengo en cuenta la evolución de este problema a través de una serie de textos argentinos y chilenos, pero en la segunda mitad de este capítulo, me dirijo especialmente a la escritura de Manuel Puig y César Aira: el primero, porque se adelantó a su época al desenmascarar las ilusiones de la construcción de género y expuso las declaraciones vacías que antes habían sostenido la normatividad sexual; y el segundo, porque es un formidable posmoderno, heredero posible de los proyectos de Puig en la medida en que altera las economías sexuales que regulan el mercado de las letras.

Gran parte del debate sobre las identidades se bosqueja, entonces, no simplemente en el escenario público local, sino a través de una reconceptualización del eje Norte/Sur y de las metáforas de la traducción. "Mapas", la segunda parte de este libro, se dedica a explorar esas cartografías. En la película *Buenos Aires viceversa* (dirigida por Alejandro Agresti, en 1996), un personaje asegura: "Hay que terminar con esta locura de que el Norte sea el Norte y el Sur sea el Sur. Hay que dar vuelta el mapa".

El comienzo del tercer capítulo explora las formas en que la teoría crítica de América Latina responde a estas declaraciones. Es más: también examina en particular la manera en que el género sexual, tal como se manifiesta en la cultura de América Latina, llega al Norte, donde aparece como objeto exótico en las páginas de la crítica académica y en el enfoque de los medios masivos, en especial como fenómeno del *best seller*. El debate gira en torno a los usos del sujeto sexualizado latinoamericano y las maneras en que atraviesa un mapa arbitrario de fronteras inciertas. "Dime, ¿acaso no has pensado que Occidente podría estar en la dirección opuesta?", pregunta Diamela Eltit al respecto, con una observación sutil de las fronteras artificiales que separan a las culturas (1994: 65). Por contraste, Diana Bellessi propone un gesto de apropiación: "¿Es sur una ilusion? / Por decisión de la tierra vuelta / una voz de la fe se alza... / es sur / el continente entero" (1998: 122). *Feminaria* (Argentina) y la *Revista de Crítica Cultural* (Chile) despliegan el debate sobre el mapa cultural, junto a una investigación penetrante de las marcas del género. Se trata de dos prestigiosas revistas dedicadas a teorizar las líneas divisorias que separan las culturas de ambos hemisferios, usando la lente del género para poner a prueba la teoría que recubre la producción literaria local o enrarece su pensamiento crítico. Contra una ventriloquia que refuerza la subordinación, los que contribuyen a estas revistas proponen respuestas culturales internas para dar cabida a las realidades del Sur. Estas propuestas se activan, finalmente, en la obra literaria en sí misma y muestran cómo el Sur responde al Norte. Aquí me refiero tanto a las novelas que disfrutan del status de *best sellers*, como a las que asumen una práctica decididamente minoritaria y vanguardista.

En el capítulo cuatro, las preocupaciones geopolíticas se vuelven a analizar a través de las relaciones entre el género y la traducción. En lugar de aceptar la cartografía Norte/Sur que ha predominado en la cultura de América Latina, muchos escritores vuelven a trazar el mapa, otorgando protagonismo al eje Este/Oeste. La recuperación del "orientalismo" entre los escritores latinoamericanos contemporáneos ofrece, paradójicamente, un desafío para el imaginario establecido por el modernismo europeo y angloamericano. De un modo similar, logran destacar los modos en que la cultura se filtra –y se modifica– por medio de la lente de la traducción. Así se altera la mecánica de la "máquina de traducir" –de gran prestigio entre las vanguardias de los años veinte– y se abre a otra dinámica que se burla de la autoridad del Norte. En muchos casos, el género sexual es la moneda de cambio que da inicio al juego. A partir del significado global, mostrando las equivocaciones del nombrar, la arbitrariedad de la cita alerta a los lectores de los peligros de detener el flujo de las diferencias a fin de transportarlas –traducidas– a través de las fronteras geográficas. Esas articulaciones en la literatura marcan el sentido de exclusión y revancha que los escritores latinoamericanos –tanto los hombres como las mujeres– experimentan en relación con los discursos impuestos desde el exterior y con las propuestas estéticas distantes, pero también indican la posibilidad de un pacto ético y estético que no ha sido puesto a prueba, un pacto que debería ser enunciado por una comunidad de intelectuales más allá de las fronteras nacionales. El capítulo se desliza a través de un campo sembrado de imágenes sobre Asia como un modo de abrir el contenido geográfico y alterar las prácticas de la cita que tanto dependen de la centralidad del Norte. Procuro mostrar los puntos en los que los cuerpos sexuados se resisten a ser absorbidos por las lenguas de la traducción, a la vez que señalan la futilidad de la expresión monolingüe.

Teniendo en cuenta que buena parte de este libro está dedicada a la distancia entre la política y la representación, será necesario también llevar a cabo una discusión sobre los modos de hacer política desde la literatura y las maneras en que el texto cultural se opone al mercado. Los conflictos éticos y estéticos evocados por los textos literarios –entre ellos, las *crónicas* de Pedro Lemebel o las últimas novelas de Ricardo Piglia y Diamela Eltit– estructuran el quinto capítulo de este libro. Me refiero en particular a la representación de *lo popular* en la literatura, en tanto permite a los escritores oponerse a las demandas homogeneizantes del mercado, pese a que, paradójicamente, satisface el apetito voraz del mercado por la novedad y la "diferencia". El dilema nos obliga a reconsiderar la validez de los conceptos de cultura que solemos utilizar y la limitación de los lenguajes con los que contamos para dialogar con *los otros*; nos muestra el modo en que la literatura articula una crisis en nuestra comprensión de lo "real". El proyecto asumido por estos escritores no es el de representar una alegoría del neoliberalismo, sino el exponer las posibilidades de lenguajes alternativos que se nutran de la materialidad de la voz popular. De este modo, el sujeto subalterno que los escritores construyen se resiste a ser asimilado por los valores canónicos de la ficción realista, y también ofrece una manera de cuestionar los valores éticos de la literatura y los proyectos sociales en los tiempos contemporáneos. Así como el capítulo quinto explora el tema relacionado con las convenciones de la prosa, el capítulo final se dedica a las políticas de la voz que emergen principalmente de la poesía escrita por mujeres. Nuevamente, en esta franja de la producción cultural tan rechazada por el mercado –el margen del margen, por llamarlo así–, la escritura de las poetas argentinas y chilenas, cuyos trabajos comenzaron a circular en la década del ochenta, configuran nuevamente el paisaje de la representación. Reivindican un lugar y un lenguaje, e introducen una dinámica que resuelve la ética de las alianzas a través de la materialidad de la palabra. Como movimiento hacia el logro de una ética abarcadora, la cual logra juntar las premisas dispares de lo universal y lo particular, la poesía experimental funciona como un *puente* por sobre las islas de la no correspondencia.

Abundan en este libro ejemplos de escritores que quisieron explorar el abismo entre la experiencia y el lenguaje. Encontraron modos de reintegrar la diferencia, buscando un lugar común por fuera del pacto neoliberal. Se trata, por lo tanto, de un arte producido desde la transición, mejor dicho, *El arte de la transición*, que se dirige hacia un pensamiento crítico nuevo y hacia la posibilidad de tender una alianza a través de la comprensión de las formas estéticas. Nos muestra de qué modo las políticas de la cultura se afirman vigorosamente en los comienzos del nuevo milenio.

Máscaras

Capítulo I

En busca de un sujeto

Tiene que ser posible escuchar, en esta isla de tiempo en la que vivimos, las voces que llegan desde atrás; nadie carece de responsabilidad y la responsabilidad no se ejerce sólo sobre las acciones futuras. Somos tan responsables del pasado como del futuro.

BEATRIZ SARLO, *Escenas de la vida posmoderna*

El pensar desde América Latina requiere un instrumental teórico-conceptual que recupere las resistencias culturales, las manifestaciones políticas de masas, las gestas, la literatura, el ensayo, las formas de conocimiento y las mentalidades populares; los testimonios, las microhistorias, las fiestas, los pequeños o grandes episodios de dignidad; los saberes que están en las "orillas de la ciencia".

ALCIRA ARGUMEDO, *Los silencios y las voces*

Aun cuando la historicidad global aparece congelada, hay por debajo un oscuro y lento trabajo de reconstrucción del tejido social, de constitución de sujetos. Incluso puede decirse que el peso de la actual neblina histórica indica la necesidad de buscar en el nivel de lo local un espacio de rehistoricización molecular.

TOMÁS MOULIÁN, *Chile actual: Anatomía de un mito*

El argentino Guillermo Kuitca, una de las figuras más lúcidas del arte internacional, nos da una valiosa lección introductoria sobre los conflictos entre el arraigo local y popular y la indiferencia del sistema global, entre la memoria y el olvido, entre la experiencia y su representación. En una de sus instalaciones dedicadas a "las camitas", en 1991, Kuitca cubrió cinco colchones pequeños, puestos en fila y manchados, con copias ampliadas de mapas de rutas y caminos. La yuxtaposición de las camas sucias a la nítida precisión de los mapas evoca poderosamente un doloroso dilema de nuestro tiempo: ¿cómo podemos vivir nuestras condiciones locales bajo el peso de la cartografía global? ¿Qué significa la dimensión de la experiencia y el sentimiento frente a los cálculos de un ojo distante? ¿De qué modo puede ser recreado por intelectuales y artistas el lado popular de una escena? La obra de Kuitca destaca el espacio más íntimo de nuestras vidas privadas –el dormitorio, donde descansamos en cuerpo y alma, lugar del eros y del sueño–, pero también el ámbito que evoca nuestros orígenes y anuncia nuestro deceso. Kuitca lo asocia con la representación impersonal de un mapa, una abstracción del significado local que simultáneamente nos recuerda la ficción de toda cartografía y nuestra ilusión de pertenencia a un lugar. Como estructura visual, la instalación coordina el ojo y la experiencia, y asimismo une los códigos públicos y privados, los significados universales y particulares, permitiéndonos navegar a través de la complejidad del paisaje posmoderno de nuestros tiempos. Cuando el mapa y la cama se juntan, el espacio se define nuevamente; la identidad adquiere forma en el punto donde se cruzan la gran tradición homogeneizante y las diferencias locales. La cartografía del plan global cubre literalmente el conocimiento intuitivo; la figuración abstracta del *en otra parte*, el *elsewhere*, del espacio geográfico lejano se une a una instancia tomada de la esfera doméstica, a una vida íntima vinculada a la posible experiencia de *lo popular*. Pero hay una ironía latente en su alegato: así como todo mapa es una distorsión, una falsificación de la realidad que rápidamente se torna hueca, la representación de lo que llamo "orígenes humildes" también despierta suspicacia.

Menciono este trabajo de Kuitca a fin de reflexionar sobre los dilemas con los que se enfrentan los intelectuales latinoamericanos en torno a los temas de autenticidad y al uso de citas, especialmente porque en éstos confluyen el conocimiento local y el importado, las opciones colectivas e individuales. A través de estas preferencias, se definen las alternativas éticas para la democracia, así como el sentido de lo que constituye una estética. La confabulación de las narrativas originadas en estas tensiones particulares depende en gran parte de la fantasía de los intelectuales acerca de un sujeto popular inscrito ya sea en la nostalgia por el hogar o en la angustia provocada por la modernización. En efecto, quisiera abordar en estas páginas la construcción del sujeto popular en su función de pivote, de modo que nos permita aproximarnos a diferentes formatos del discurso crítico reciente; tanto más cuanto que la transición a los regímenes democráticos coloca al sujeto popular en un lugar problemático dentro los debates públicos alrededor de las opciones políticas disponibles. Así, el sujeto popular encuentra su curso en los programas culturales que articulan ideales particulares o comunitarios, y determina a menudo la posibilidad de una estética nueva.

Esta figura popular se introduce en el campo del debate en calidad de moneda de cambio. Y, dentro del contexto global, si bien la imagen de las sujetos marginales permite a los intelectuales de América Latina reclamar para sí una teoría original (por ejemplo, la originalidad de América Latina radica en lo popular), en los contextos locales, y especialmente bajo la mirada de los regímenes neoliberales, este sujeto no es más que un arcaísmo vergonzante: una figura retrógrada que impide el avance del progreso. En consecuencia, el lazo entre los intelectuales y las masas aparece hoy indefectiblemente dañado. Es reemplazado, en el ámbito local, por un proyecto que define la igualdad en términos del consumismo. En esta nueva polémica, la figura marginal es enemiga del poder de los intelectuales; la antigua promesa redentora de las masas populares aparece ahora como un fantasma incorpóreo. Se ha perdido la posibilidad narrativa sobre la coalición y los derechos humanos; la base material de los ideales comunitarios se ha disuelto. En su lugar, una visión del futuro avanza sin una clara concepción de acuerdo, espacio o lugar.

Refiriéndose con mordacidad a las construcciones artificiales que gobiernan este tipo de pensamiento utópico, el cineasta chileno Raúl Ruiz observó: "[Las utopías] no parecen excluir a nadie en general, aunque de hecho excluyen a cada uno en particular" (1995: 25). Los comentarios de Ruiz sirven para establecer adecuadamente el escenario de gran parte del debate intelectual contemporáneo con respecto a los sujetos populares. Sin duda, con la desaparición de las luchas de clase dentro de la agenda política y civil, y con la ansiedad de fin de siglo provocada por las tecnologías de la realidad virtual, el rol de los sectores populares es visto cada vez más con suspicacia y a la distancia; peor aún, estos grupos pierden el apoyo de los intelectuales, porque perturban la ilusión de tranquilidad pública identificada con la democracia. Atrapados en este atolladero, frente a la pérdida de un discurso alternativo con el cual construir los términos del debate, los voceros del liberalismo que antes defendían los proyectos sociales alternativos, ahora los observan con inquieta desconfianza. Sin embargo, los sectores populares siguen siendo esenciales para el imperativo artístico que emerge en vísperas del milenio; son el "otro" necesario sobre el cual está basada gran parte de la representación cultural. Más aún, mientras se redefine el interés por el sujeto popular, a menudo es traducido, en los textos artísticos y literarios, en términos de género y sexualidad. Las reflexiones siguientes rastrean la trayectoria de estos cambios en la representación, tanto en el campo crítico como en los panoramas estéticos de la cultura latinoamericana.

Los usos de lo popular

Luego de los años de dictadura y "guerra sucia" en la Argentina y Chile, los intelectuales enfrentaron la tarea de reconstruir una esfera pública: se preguntaron cómo recuperar la memoria, cómo trazar puentes de conexión con el pasado, cómo entender la democratización sin percibirla como una empresa global regida por el mercado. Pronto se hicieron evidentes las inflexiones posmodernas de este problema, provocando una crisis en el campo de los saberes que también puso en tela de juicio el status del trabajo intelectual. Con frecuencia, los intelectuales se sintieron incapaces de conciliar los diferentes regímenes de conocimiento pertenecientes al fin de siglo. ¿Era la crítica cultural el espacio indicado para articular un proyecto emancipatorio, o, fiel a la lógica del mercado, servía sólo de trampolín para gozar de mayores privilegios y aumentar el prestigio individual? Por eso, cuando Beatriz Sarlo se preguntaba, en *Punto de Vista,* si los intelectuales se habían vuelto "arcaicos o marginales" (1993), expresaba la incomodidad de una generación de críticos huérfana, desposeída de la función política que antes le había sido concedida. Despojados del apoyo del pensamiento liberal del siglo XIX, los intelectuales de nuestro tiempo soportan una aguda crisis de identidad, provocada tanto por los límites internos de la panorámica nacional, como –desde lejos– por los horizontes globales. Su deteriorada relación con las masas contribuye al malestar.

Una breve genealogía de los vínculos entre los sujetos populares y los intelectuales, tal como ha evolucionado en las últimas décadas, puede ayudar a establecer los términos de la discusión. En su primera etapa, los intelectuales percibían un sujeto popular capaz de sugerir un relato redentor sobre el poder creativo de América Latina y de devolverle la dignidad de un proyecto cultural nacido en las naciones periféricas. Este caso fue puesto en evidencia con brutal honestidad por el crítico cubano Roberto Fernández Retamar, quien, hace treinta años y en su ya clásico ensayo sobre la relación entre las naciones metropolitanas y el Tercer Mundo, reflexionó sobre una pregunta básica a menudo planteada por los extranjeros: "¿Existe una cultura latinoamericana?" (1971: 3). Retamar continuó explorando las suposiciones subyacentes en la naturaleza de esta pregunta y sugirió, irónicamente, que si se niega el componente cultural, también cabe preguntarse por la existencia misma de América Latina. Pero igualmente señaló que los intelectuales, ansiosos por hacer una contribución original a esta causa, pusieron en escena una *performance* con el sujeto marginal en el papel protagónico –el campesino, el subalterno, la minoría racial y étnica–, con el fin de darle visibilidad a América Latina en el mapa global. Lejos de resolver la búsqueda de prestigio de América Latina, la estrategia puso en evidencia el gran atractivo de lo exótico, en perjuicio de la necesidad urgente del intercambio crítico y del debate.

Desde la metrópoli, donde los ávidos lectores han colocado las novelas de Isabel Allende y Laura Esquivel en las listas de *best sellers*, donde Rigoberta Menchú es *cause célèbre* y su autobiografía (aunque cuestionada ahora por la veracidad del horror allí narrado) sigue siendo lectura obligatoria en muchos ámbitos universitarios, los críticos académicos norteamericanos lamentan la pobreza de la reflexión intelectual proveniente de América Latina. Aunque algunas materias primas –el realismo mágico y las memorias– extiendan sus raíces desde los huertos del Sur para dar fruto en las viñas académicas del Norte, otros productos acabados, como la teoría y el pensamiento crítico, rara vez logran viajar, salvo para servir de ejemplo de un fracasado experimento social o para corroborar el gusto por lo "raro" latinoamericano, síntoma de un comportamiento perverso o una manifestación de lo decididamente extraño. En consecuencia, para el Norte, América Latina es un bloque homogéneo, unificado por un misterioso exotismo o pasión por la turbulencia política. También es vista como un lugar donde los artistas carecen de la capacidad para el pensamiento abstracto y para la lógica "occidental". De esta manera, a los intelectuales latinoamericanos se les excluye de un círculo hermenéutico de investigación mientras las imágenes de la marginalidad son mantenidas como signos de esa experiencia enrarecida procedente del Sur.[1] Como el movimiento infinito de la banda de Moebius, el juego entre culturas universales y locales persiste en la imaginación de los críticos, reforzando la inferioridad de América Latina, denigrando sus impulsos hacia una conceptualización teórica independiente.

1. George Yúdice pone de relieve astutamente los límites del paradigma posmoderno, que sostiene un nuevo tipo de capital cultural dependiente de la marginalidad; en esta instancia, el marketing de los productos "marginales" por parte de los intelectuales de la metrópoli continúa colonizando las actividades de los intelectuales en los países dependientes. Yúdice, acaso el observador más sensible de este dilema, también alerta a sus lectores sobre los peligros de celebrar una "diferencia" de modo tal que, cuando se la mira desde afuera, las diferencias se homogeneizan y aplanan (1994: 44-50). Desde otra perspectiva, Arjin Appadurai se refiere al "primordialismo construido" que identifica a los sujetos marginales desde la mirada "occidental" (1996: 28).

El crítico chileno José Joaquín Brunner (1991) ha señalado el pasaje a través del cual ciertos pensadores de prestigio internacional confirman este caso contra la autonomía intelectual de América Latina. Tomando los escritos de Octavio Paz como ejemplo clave, Brunner rastrea los modos en los que la cultura latinoamericana es representada como un "déficit", una tradición que, carente de las bases filosóficas del Iluminismo, no será capaz de acceder a los estrados del pensamiento continental. Por faltas de este tipo, América Latina jamás podrá superar sus imagen de continente fracasado ni podrá ingresar en la modernidad, salvo en los momentos en que realiza una débil y tardía mimesis de los logros europeos. El *novum* de la modernización de América Latina –escribe el filósofo chileno Pablo Oyarzún– es visto como una relación cercana y reproductora de los modelos de la metrópoli; y si la imitación es la regla de la modernización, la *traducción* es su humilde sirviente (1988: 293). Percibida de esta manera, América Latina siempre está retrasada con respecto a Europa y los Estados Unidos, asincrónicamente perdida en un carnaval de máscaras y perversiones caníbales, detrás de las cuales yace el temor de una identidad falsa y primitiva.

Curiosamente, la metáfora de la *máscara*, tomada con frecuencia como sinónimo de las búsquedas posmodernas, prevalece en las descripciones de la mentalidad latinoamericana; se convierte en la proyección de un sentido de identidad básico (una voz natural u "original") sometido a múltiples distorsiones. Años atrás, Ángel Rama señaló esta ironía cuando se refirió a las "máscaras democráticas" propias de la experiencia de la modernización (1985); Rosalba Campra describió la identidad enmascarada que ostenta toda la América Latina (1987). Desde una perspectiva diferente, Roberto Schwarz observó que la copia cultural parece dominar a los intelectuales brasileños; más aún, esta conducta forma parte importante de la cultura nacional, compensando la falta de un puente entre los sectores populares y la elite. La mimesis, por lo tanto, expresa la incomodidad de la clase dominante atrapada en las tensiones (temporales e ideológicas) de la modernidad y la tradición.[2] En una línea similar, el crítico chileno Bernardo Subercaseaux notó que los paradigmas conceptuales de Europa fueron siempre trasladados a América Latina con el propósito de preservar el poder de las elites con respecto a sus poblaciones locales (1991: 223). Subercaseaux también insiste en el rol primordial del gesto de apropiación como la esencia misma del proyecto nacionalista, un modo de sobreponerse al dualismo cultural que despertó terror en la mente de las elites.[3] Horacio González da otra versión de esta historia cuando ubica esta conducta mimética como parte de la "picaresca latinoamericana", una estrategia para tender un puente entre el sentido común público y las demandas individuales no satisfechas (1992: 90). Esta representación de la cultura, que depende en gran parte de la experiencia de la traducción, del eco y del simulacro, aparece como deliberadamente improvisada (y en consecuencia, ¿vanguardista?) en oposición a alguna versión "pura y folklórica" de lo que es posible imaginar como la experiencia local. A manera de pensamiento crítico, coloca también en oposición conceptos como la *genealogía* y el *disfraz*. De este modo, mientras las huellas de la herencia local –estampadas en la memoria, el arraigo, el sentido de pertenencia– siguen estando identificadas con lo arcaico (lo que ya no es vigente en la sociedad moderna ni, con toda probabilidad, deseable), la máscara adquiere su propia fuerza contestataria. Desde el ámbito de la copia, donde triunfa el disfraz, se sueña con asumir el lugar estable ocupado por el otro y, más aún, se pasa por fuerza a la posmodernidad

2. Roberto Schwarz escribe: "Éstas [la original y la copia] son oposiciones irreales que nos impiden ver lo extranjero en lo específicamente nacional, de lo imitativo en lo original, y de lo original en lo imitativo" (1992: 16).

3. Subercaseaux describe la apropiación cultural como el resultado de una visión dual inherente a la cultura latinoamericana (1991: 231). *Cf.* también Ricardo Piglia, quien se refiere a la mirada estrábica de Sarmiento como un modo de definir la doble temporalidad creada por la propia conciencia con respecto a las contradicciones de las culturas europeas y argentina (1994: 130).

global. Incluso el *teatro* se convierte en una metáfora de la política actual.

Eduardo Rinesi, por ejemplo, enfatiza las identidades teatralizadas que definen a los regímenes neoliberales (1993). En este caso, la puesta en escena, que tanto nutre el lado frívolo de la posmodernidad (y lleva hacia la ahistoricidad y el disimulo), es evocada para reflejar el pensamiento latinoamericano en un juego de imágenes en el espejo, lo que siempre cuestiona cualquier reivindicación de una verdad auténtica. Asimismo, el predominio de este entorno massmediático ha llevado a Néstor García Canclini a situar todas las prácticas culturales como actos de *performance.* Dice García Canclini:

> Las prácticas culturales son, más que acciones, actuaciones. Representan, simulan las acciones sociales, pero sólo a veces operan como una acción... Son actuaciones más comprensibles para la mirada teatral que para la del político "puro" (1992: 327).[4]

Teniendo en cuenta el limitado número de opciones en este *teatrum mundi,* la historia contemporánea de América Latina es comparada a menudo con el melodrama, que paradójicamente fija los roles para los actores y limita su movimiento.[5] No resulta sorprendente, pues, que los intelectuales latinoamericanos se vean atrapados en una red de demandas contradictorias. Como la yuxtaposición de Kuitca de la cama y el mapa, estas imágenes colocan al intelectual entre dos mundos: a partir del deseo de producir una alternativa original a la teoría metropolitana, se teme caer en el exceso

---

4. García Canclini también traslada esta imagen teatral a una indagación de los orígenes cuando escribe, "La teatralización del patrimonio es un esfuerzo por simular que hay un origen" (1992: 152).

5. Sobre la importancia del melodrama en América Latina, veánse Barbero (1987), Bartra (1987) y Monsivaís (1986). Desde una perspectiva más radical, sin embargo, la puesta en escena también se utiliza para repudiar las tradiciones y la costumbre; volveré sobre este tema en el próximo capítulo.

teatral o, peor aún, en las trampas armadas por la nostalgia, propulsadas por la fantasía de un pasado armónico pero ahora inalcanzable.

La tensión requerida por el escenario global a menudo obliga a una reflexión sobre el valor de la diferencia. Así, mientras se arma un debate entre los centros nacionales y los metropolitanos, la misma polémica sobre la autenticidad y la copia nos vuelve a ubicar en un teatro de contención entre actores *locales*. En este caso, el mito de un pacto social auténtico que debe ser recuperado a través de un proceso democrático es visto como un momento perdido de asociación entre la palabra y la idea, una ilusión sobre la pureza de la acción social y su representación, un momento perdido irremediablemente, que nunca podrá recuperarse. Algunos intelectuales de América Latina han llevado este debate a dos proyectos casi obsesivos sobre los problemas de la autorrepresentación; uno, ligado a la ansiosa reconstrucción de las líneas genealógicas que pudieran emparentarlos con las elites globales; y el otro, consagrado a la marcación de las diferencias nacionales a través de la figura del sujeto popular. Además de que esta figura ofrece la posibilidad de demostrar la originalidad de América Latina, puede también incluir una agenda progresista en la discusión cultural.[6] Así, la representación del sujeto popular genera una rica vertiente de investigaciones que conduce hasta el presente, aunque pocas veces se encuentre libre de conflictos.

La trayectoria de un deseo

Con los movimientos sociales emancipatorios y las reflexiones emergentes sobre la posmodernidad, la década de los setenta ofrece un momento especialmente propicio para el ingreso de los sujetos populares en la imaginación crí-

6. William Rowe y Vivian Schelling (1991) esgrimen diferentes argumentos cuando dicen que el rol del Estado está formateado por la cultura popular. Alegan que los encuentros violentos entre los funcionarios del Estado y las figuras populares dan forma a la agenda y al control del Estado.

tica. Desde la época del gobierno de la Unidad Popular en Chile, que tomó el legado indígena como eje de la reforma agraria e introdujo los estudios mediáticos con el fin de reivindicar el valor de la cultura de masas,[7] el sujeto popular fue interpelado como parte del proyecto hegemónico del Estado y también sirvió como señal de resistencia frente a la metrópoli del Norte. Eran tiempos en que los estudios culturales (por supuesto, *avant la lettre*) llevaban la impronta del régimen de Salvador Allende y hacían hincapié en las manifestaciones de la canción popular, en los trabajos de los medios de comunicación masiva y en el valor de las voces alternativas en el conjunto social. Esta dirección, ciertamente, marcaba un paradójico vuelco con respecto al desprecio que sentían los intelectuales de Chile por el *roto*, aquella figura marginal que recordaba a las elites locales su inadecuación para alcanzar los estándares europeos y borrar las diferencias de clase que la nación chilena había querido disimular durante tanto tiempo. En gran medida, el gobierno de Allende albergaba la esperanza de reconciliar estas oposiciones, atrayendo a los sectores populares hacia el centro de la conciencia nacional. Este proyecto difiere mucho histórica y socialmente de la situación cultural en la Argentina, donde *lo popular* respondió a otros llamados, como en el caso notable de la herencia peronista. A favor o en contra de esta tradición, los intelectuales vieron la resistencia popular como un signo del fervor nacionalista y de la práctica revolucionaria.

En un esquema cultural más amplio, el sujeto popular es-

---

7. Recuérdese, por ejemplo, la obra de Dorfman y Mattelart, los diálogos sostenidos en *Comunicación y Cultura*, la atención que se otorgaba a los medios de comunicación masivos, la televisión y la prensa, las críticas a la influencia disciplinaria de las "ciencias duras" del imperialismo en la educación latinoamericana. Durante la dictadura, cuando la cultura popular se volvió opositora al Estado, *lo popular* como categoría de análisis sirvió como un modo de iniciar una crítica al régimen de Pinochet. Esto fue puesto en funcionamiento a través del CENECA, fundado en 1978 y también a través de la FLACSO (sobre este tema, véase Subercaseaux, 1991: 205).

taba destinado a demostrar la heterogénea originalidad de América Latina y a atraer la atención sobre el rol subversivo del *outsider* frente al Estado. La figura del subalterno fue un incentivo para estimular un discurso contrahegemónico. Este trabajo también fue fomentado en otras regiones de América Latina y se sustentó en el área cultural. Desde los años setenta, algunos intelectuales, como Ángel Rama, Antonio Cornejo Polar y David Viñas –para mencionar a los más destacados–, revitalizaron en la escena del debate literario una agenda cultural y social que persistió a lo largo de una generación. Rama, por ejemplo, en *La transculturación narrativa de América Latina* (1982), cuyos primeros capítulos fueron publicados en 1974, nos persuadió de que el momento de conflicto entre la tradición popular y la elite había producido un nuevo modelo de cultura; y posteriormente, en *La ciudad letrada* (1984), demostró cómo la ciudad letrada, acostumbrada a mantener un orden paternalista y a legitimar la política republicana, fue desafiada por la multiplicidad de las voces pertenecientes a la *ciudad real* (1984).[8]

Antonio Cornejo Polar, que comparte la visión de Rama, insistió en la heterogeneidad de la cultura andina como concepto crucial para la construcción de una visión de América Latina. En su última obra, *Escribir en el aire: ensayo sobre la heterogeneidad sociocultural en las literaturas andinas* (1994), Cornejo se explayó sobre la deuda de la cultura con la presencia étnica e indígena. Se ocupó en particular de las intersecciones constantes entre la tradición oral y la escrita, y las maneras en que esos préstamos e intercambios expandieron el proceso creativo. Para Cornejo, la traducción en especial se transformó en el proceso más importante para acortar la distancia entre la elite y las culturas populares, introduciendo la

---

8. Hay que comparar esto con la perspectiva de Jesús Martín Barbero (1993) que explica que el status de la escritura es igual al de la nación, en tanto ambos están atravesados por identidades locales o regionales; Julio Ramos, por contraste, insiste sobre el margen como el principio ordenador y fundamental de la nación (1996).

figura del marginal en el campo de las tradiciones canónicas. Sus argumentos estaban dirigidos a suministrar un *intercambio* entre diferentes sujetos sociales, suprimiendo así cualquier tendencia a construir narrativas de *victimización*.

A estas alturas debería ser obvio que la representación de figuras marginales, subalternas o *malandras*, proporcionó durante muchos años un capital simbólico a los intelectuales, como también les permitió hablar de sus propios dilemas frente al Estado. Quisiera detenerme un momento en la evolución de este proyecto, en particular en el Cono Sur, donde el sujeto popular presenta un amplio espectro de debate y polémica. Sugiere también algunas soluciones interesantes y algunos problemas sin resolver.

No se trata aquí simplemente del tema que Mabel Moraña describió no hace mucho como "el *boom* del subalterno" (1997: 48), sino de una lucha genuina de los intelectuales frente a las tradiciones de izquierda o el legado populista. Es decir, no se refiere únicamente al resurgimiento del interés por el tema de la alteridad en general, sino a una interacción planificada con una herencia muy discutida de populismo y una preocupación análoga por el status del intelectual como un "desaparecido" más entre muchos. David Viñas, por ejemplo, insistió reiteradamente en las voces de los subalternos y preguntó en la introducción de *Indios, ejércitos y fronteras*, "¿Dónde están las indias?" (1982: 8).[9] Su argumento es un ataque contundente al liberalismo clásico de fines del siglo XIX, que llevó a cabo la "desaparición" de los grupos indígenas del mismo modo que el último gobierno militar, el cual a su vez creó su propia categoría de "desaparecidos". Sin dejarse arrastrar por el deseo de demostrar la originalidad de América Latina a través de sus figuras marginales, Viñas insiste, por el contrario, en la constante necesidad del Estado de apropiarse de una teoría de la diferencia;

9. Con una posición bastante diferente de la mía, pero con propuestas que a pesar de todo atraviesan esta lectura, véase William Rowe sobre los discursos críticos creados por Viñas y más tarde por Josefina Ludmer (1991: 28-29).

la teoría de la raza proporciona el fundamento para la separación y la dominación de los otros. Este binarismo básico fortalecerá, para Viñas, el pensamiento oficial sobre los subalternos y, posteriormente, propiciará un plan nacional para su restricción o exterminio. En otras palabras, el Estado institucionaliza el pensamiento binario que crea al delincuente y eventualmente lo condena. Viñas, a quien se puede considerar como uno de los intelectuales más formidables de la Argentina, trazó una reflexión sobre la marginalidad que sigue teniendo peso entre aquellos que buscan explicar el imaginario social en términos de una crítica de la diferencia.

La caída del subalterno

Estas observaciones son necesarias para señalar la importancia de los subalternos como el *focus* de la teoría intelectual. Sin embargo, a fines del siglo XX, en que los regímenes neoliberales afectan en todas partes nuestro entendimiento de la cultura, la relación entre los intelectuales y los sujetos populares, tan fundamental para la teoría latinoamericana, muestra signos de agotamiento.[10] Las figuras populares tan celebradas anteriormente quedaron relegadas, cada vez más, a los márgenes; de hecho, en algunos casos se los ve como una fuente de irritación. El sociólogo chileno Tomás Moulián observa, por ejemplo, los modos en los que los regímenes neoliberales reinventan la categoría de *delincuente* en un esfuerzo por romper cualquier tipo de alianza entre las clases medias y los sectores marginales; estos últimos ahora son identificados con un imaginario populista perdido, con una serie de pasiones equivocadas, ligadas a los triunfos de Allende y a la violencia que se hizo necesaria posteriormente para

10. Véase Carlos Altamirano, quien observa la separación de las elites y el pueblo no como un síntoma de los regímenes neoliberales, sino como un tema de debate constante a lo largo del siglo XX en la Argentina (1999). Véase también Graciela Montaldo (1999), quien estudia esta dicotomía desde su evolución en el siglo XIX.

su supresión.[11] Como parte de la lógica del olvido que suprime las atrocidades del pasado, la atención vira hacia los atractivos del mercado y se focaliza en las infracciones cometidas por aquellos que se desvían de las reglas del consumismo. La invención del sujeto popular como un delincuente moderno no sólo pertenece a las confabulaciones de las autoridades del Estado, sino que es parte de un discurso apocalíptico organizado por muchos intelectuales progresistas. Denota una transición en la expresión ideológica y una reformulación de las opciones críticas. Tal vez, como afirmó Samuel Zaidman, el viaje democrático del hombre de letras que va en busca del *pueblo* sólo puede terminar como un gesto suicida (1999: 17). Anunciado *a priori* como un fracaso, el encuentro imposible entre los intelectuales y el sujeto popular también revela una crisis en la teoría y marca una decisiva aporía de fines del siglo XX entre la permanencia y el desorden, la experiencia y la representación.

Para esclarecer esta crisis de la representación resulta muy útil realizar una breve exploración del itinerario intelectual de Beatriz Sarlo. Sus planteamientos teóricos con respecto al sujeto popular nos permiten comprender las inquietudes de toda una generación de críticos culturales contemporáneos. A través de los trabajos de su primera época, Sarlo expresó firmemente su preocupación por el destino de las figuras populares e intentó introducirlas en el debate como un *puente* entre distintos sectores de la sociedad civil. Posteriormente, redefinió ese puente, depositando su confianza en la eficacia de los partidos políticos, que para Sarlo fueron la garantía del éxito de la democracia y la demostración de la existencia de una esfera pública activa. Esa transición de

11. Tomás Moulián ofrece una discusión interesante con respecto a la mirada neoliberal sobre la figura del delincuente y explica que en Santiago de Chile, una ciudad con una cifra relativamente baja de homicidios y crímenes agresivos, es ahora definida como una ciudad en peligro. Es decir, a partir de las estadísticas que sostienen el mito del asedio de los sectores populares a la capital chilena, se produce un discurso del miedo (1997: 129-143).

su pensamiento crítico se expresa en el conjunto de estudios que van desde *La imaginación técnica* (1992) y *Escenas de la vida moderna* (1994) hasta *La máquina cultural* (1998). Si el primer libro expresa su interés por lo que ella llama "los saberes del pobre" (una expresión que toma prestada de Roberto Arlt), en el segundo trabajo se dedica al saber empobrecido, no de las clases bajas, sino de sus compañeros de generación en el campo intelectual; el tercer libro rastrea los conflictos que emergen cuando, a partir de un aparato institucional, se construye un puente (violento pero hegemonizador) entre los intelectuales y las masas.

En *La imaginación técnica*, Sarlo nos recuerda que América Latina reclama una posición en el orden mundial a través de su interés particular en los proyectos sobre la alteridad; nos muestra en especial de qué manera los pobres son usados por las elites de América Latina para transformar sus relaciones con el poder. Esto resultó obvio –observa Sarlo– en las primeras décadas del siglo, cuando la tecnología, como herramienta de las clases dominantes, fue usada para impulsar a América Latina a la modernidad y capturar la imaginación de los humildes trabajadores, que fueron estimulados por las dimensiones simbólicas de este hecho. Los usos que hace el pobre de la imaginación tecnológica, su fascinación por las maquinarias y las invenciones en el estilo del *bricoleur*, constituyen el tema principal del estudio de Sarlo. En este caso, la elegancia de su razonamiento se sustenta en una definición flexible del conocimiento no institucional, en la medida en que éste circula por una red de pequeñas publicaciones y se distribuye entre la población urbana sin tener en cuenta su status social. La tecnología, aun cuando había sido distribuida por las elites, fue rápidamente absorbida por las masas; y en ese sentido, prometía un futuro democrático, la base para una cultura común.

En *Escenas*, sin embargo, Sarlo abandona este optimismo. Ahora la tecnología –bajo la forma de los medios masivos y los videos, junto con los destellos de efímero significado producido por técnicas como el *zapping*– es la responsable de dañar la integridad de la vida social y de desmantelar el silencioso espacio de reflexión requerido por los intelectuales. Sarlo lanza una imprecación a los que controlan la república electrónica, cuyos simulacros pueden llegar a destruir eventualmente nuestra relación con lo que entendemos como lo "real". Quienes más han padecido sus efectos son los intelectuales, pues los hábitos de la vida posmoderna y la supresión del análisis y el debate los han hecho poco menos que inservibles. Sarlo parece decirnos que si la tecnología ofreció a los latinoamericanos la fantasía de una experiencia *original* en las primeras décadas de este siglo, en la actualidad prenuncia ruidosamente la pérdida y la derrota. En otras palabras, los intelectuales han sido marginalizados, debido, sobre todo, a la indiferencia del Estado con respecto al arte y la cultura, pero también gracias a los crecientes poderes de los medios de comunicación y del mercado.[12]

El pronóstico pesimista de Sarlo se funda no sólo en su desconfianza con respecto a la tecnología global, sino también en la estructura cambiante de la sociedad misma. Aunque busca una cultura en común (1994: 136), no encuentra una base para la alianza universal. En este contexto, los pobres, que habían sido celebrados en *La imaginación técnica*, son tratados, en *Escenas de la vida posmoderna*, como si se encontraran fuera del campo de influencia de los intelectuales. Exponen sus demandas en los nuevos espacios públicos, sin respetar ni al Estado ni a los análisis realizados por las voces institucionales. Esta característica, a la que Sarlo llama el "particularismo" de los grupos de interés especial, es la que plantea el mayor desafío al trabajo intelectual:

> ¿Necesitamos de los intelectuales?... ¿Es necesario que haya gente que hable de aquello que no la concierne directamente? ¿De Vietnam siendo argentino; de los judíos o los árabes, siendo cristia-

---

12. Contra el punto de vista de Sarlo, algunos ven los aspectos ventajosos de los medios para abrir un diálogo entre los intelectuales y las masas. Véanse, por ejemplo, Silviano Santiago (1993) y Jesús Martín Barbero (1987).

> no; de los negros siendo blanco; de los homosexuales siendo heterosexual; de los pobres aunque se viva en la abundancia; de los ricos, aunque sus riquezas no afecten nuestro bienestar? ¿Es mejor que de Cuba hablen sólo los cubanos, de los campos de concentración solamente los judíos, de las mujeres únicamente las mujeres? ¿Esos discursos específicos tienen mayor propiedad o mayor fuerza o mayor autenticidad? ¿Son preferibles los guetos, en los que cada cual habla de lo suyo, a los espacios abiertos donde cada cual habla desde su saber y su interés, pero tomando en cuenta otros saberes y otros intereses? (1994: 186).

Por supuesto, la intensa reflexión de Sarlo tiene enorme importancia para la supervivencia de los intelectuales. Los grupos de interés especial, los lenguajes fracturados de la experiencia local, relegan a los intelectuales a puestos secundarios, ya sea como sujetos "arcaicos", o como "marginales" (1993). Irónicamente y de modo desproporcionado, dado el propio éxito de Sarlo como intelectual pública en los años de la reapertura democrática de la Argentina, el miedo a la marginalidad intelectual se manifiesta también en sus trabajos posteriores. Sin embargo, estos estudios contemplan la posibilidad de que las alianzas globales se realicen más allá de las iniciativas populares. Proponen, además, un cambio radical a través de las prácticas de una vanguardia preocupada por cuestiones del mérito en una escala de valores establecidos.[13]

En estos tiempos que anuncian un presunto "fin de la historia", los críticos tienden a verse a sí mismos como héroes expulsados del Paraíso, exiliados del universo de los valores de la alta vanguardia que alguna vez les había reconocido su voz

13. Como ejemplo, véase la discusión de Sarlo (1997) en la cual vuelve a la cuestión del valor estético y una defensa de la "cultura selecta" para poner en duda los proyectos de los estudios culturales y el relativismo cultural que ahora parece dominar el campo intelectual. Más que nada, Sarlo lamenta la pérdida del impacto social que ha ejercido la crítica literaria en épocas anteriores. De esta manera, continúa la indagación abierta en *Escenas de la vida posmoderna.*

y su lugar. A Sarlo le han criticado sobremanera esta tendencia, acusándola de traicionar las causas populares por su defensa de los valores estéticos.[14] Sin embargo, sería demasiado simplista anular los esfuerzos de Sarlo al acusarla de abandonar la fe en la posibilidad de una esfera pública que incluyera las voces populares. Hacer eso es perder de vista la angustiada preocupación de los intelectuales como ella por encontrar un proyecto coherente de acción en los años posteriores a la dictadura. De hecho, las inquietudes más recientes de Sarlo revelan una preocupación subyacente por unificar las múltiples voces que pertenecen a la comunidad democrática. Articulan la necesidad de un pluralismo que a menudo es suprimido por la cultura massmediática. En "Basuras culturales, simulacros políticos" (1990), Sarlo manifestó por primera vez esta preocupación en una protesta contra la homogeneidad impuesta por los medios sobre los diferentes sectores del conjunto de la sociedad; reiteró esta ansiedad en *La máquina cultural* (1998), donde muestra cómo las demandas de una cultura unívoca a menudo han sido impuestas por la fuerza. En el primer capítulo de esta obra, brinda el testimonio de una maestra de escuela que comenzó su carrera en las primeras décadas del siglo XX. Ansiosa por asimilarse a los valores culturales nacionales, la maestra busca lograr en sus alumnos la homogeneidad, y un sentido único y parejo de la ciudadanía y el deber nacional. Sin embargo, su deseo de asimilación es tan fuerte, que la maestra recurre a tácticas autoritarias frente a sus alumnos. Y por cierto, el deseo de la maestra de disciplinar a sus alumnos en los hábitos de la confraternidad la deja, como Sarlo observó astutamente, "insensible a la diferencia" (77). Nos enfrentamos, por lo tanto, con un interrogante sobre los límites del accionar individual para cumplir objetivos de integración y lograr la alianza deseada. El episodio es también instructivo para el

---

14. Entre los que critican las posiciones de Beatriz Sarlo, véanse Horacio González (1997) y Alberto Moreiras (1999), y la reflexión de Judith Podlubne en cuanto a la polémica sostenida entre González y Sarlo (1998).

dilema de los intelectuales. Al debatir las opciones de permanencia y desorden, los pensadores contemporáneos se encuentran con varias alternativas con respecto a sus abordajes: ¿debemos trabajar dentro de los proyectos culturales del Estado para alcanzar una pluralidad de voces?, ¿o nos asentamos en las actividades del margen, lejos de las instituciones y las tácticas disciplinarias? La solución requiere un equilibrio entre *la continuidad y el riesgo*, un puente que vincule las diferentes culturas y que permita la reconciliación entre la sociedad civil y el Estado.

Para Sarlo, esta ambivalencia fue articulada no sólo en su escritura académica, sino también en sus recientes aproximaciones y alejamientos de los partidos políticos organizados –me refiero a su compromiso (al que renunció luego) con el partido liberal de la Alianza, que logró asegurar la elección de Graciela Fernández Meijide en octubre de 1997–. Aunque el proyecto prometía, en un principio, una fuente de coherencia ética, vinculando, al menos para Sarlo, la práctica intelectual y la política, se transformó después en la fuente de una gran desilusión; el "sentido común" como consigna para la acción política era insuficiente para propiciar el cambio democrático.[15] Esta modificación de las ideas de Sarlo sugiere una profunda incomodidad con la articulación actual de la sociedad política; define un deseo por una política radical, pero también la falta de fe en la teoría emergente de los márgenes de la sociedad. Por ende, las expectativas utópicas que alguna vez estuvieron encuadradas en las políticas electorales se ven frustradas nuevamente; al mismo tiempo, las alternativas generadas por la sociedad civil no logran reunir suficiente apoyo.

La amenaza de la otredad

La trayectoria de los intereses expresados por Beatriz Sarlo

---

15. Véase: AA.VV., "Debate sobre política e ideas", en *Punto de vista,* Nº 61, agosto 1998: 18-30. Aquí, Sarlo y los colaboradores de la revista expresan su profundo desacuerdo con el programa de la Alianza.

sobre la orientación de la sociedad civil es similar a la de muchos de los que suscriben una crítica cultural. De un modo más directo que Sarlo, éstos denuncian los fracasos de la micropolítica para rearmar el conjunto social, atribuyen a los grupos micropolíticos los malentendidos de la política corriente y se centran específicamente en las fáciles decepciones de los movimientos sociales. Tomás Abraham, por ejemplo, desconfía de las actividades de la nueva esfera civil y, si bien era un discípulo de Foucault, descarta la importancia de la microrresistencia local:

> Cualquier cosa puede llenar un vacío o vaciar un llenado, no necesariamente las estrategias locales. Pero existe una cierta dificultad en vender nuevos paraísos, al menos para los intelectuales, porque si vemos la cantidad de gente que congregan los evangelistas, parecería que existe una gran clientela para los paraísos, o las consolaciones (1992: 75).

Sin embargo, el problema va más allá del ataque a los presuntos fundamentalismos de estas coaliciones informales. Mario Wainfeld, de UNIDOS, un grupo de intelectuales argentinos progresistas, también rechaza el rol de las ONG en la vida cultural de la Argentina.

> Las ONG no han conseguido forjar una alternativa política "macro" al sistema vigente, con el que interactúan permanentemente. Las únicas ONG perdurables y antiestadistas de nuestra historia fueron los movimientos de derechos humanos; seguramente fue una exageración "exigirles" o pensarlas como virtuales gestoras de una respuesta política al modelo. Los movimientos sociales que deben asumir tamaña responsabilidad reflejan un alto grado de desestructuración. Justifican su presencia por las finalidades inmediatas más que por su posible evolución hacia una nueva globalidad política (1993: 10).

Los sociólogos han dedicado un amplio espacio a la reflexión acerca de los límites y los fracasos de los movimientos sociales en las últimas décadas, criticando con frecuencia la imaginería fundamentalista como parte de su argumentación.[16] No nos sorprende, por lo tanto, que Emilio de Ípola explique los conflictos locales de la actualidad como un efecto residual de los proyectos identitarios de épocas anteriores. Todos ellos –opina– fueron dominados por un clima de "amenazas y creencias" (1997: 66).

Esta forma de poner en duda la actividad de la micropolítica, fundamental para el imaginario progresista, puede explicarse, esencialmente, de tres maneras: en primer lugar, corresponde a una crisis de ideales, marcando el momento en que la "nación" ya no es un proyecto posible; dada la fuerza de esta desilusión, los sectores disidentes también están exiliados del espacio de la imaginación.[17] A falta de una narrativa del progreso, los intelectuales descartan asimismo a los sujetos marginales que se involucraron en una lucha por el cambio.

Segundo, surge una paradoja, ya que la negativa a reconocer los logros de los movimientos sociales llega precisamente en el momento de la restauración democrática, cuando se renueva la fe en los partidos políticos formales y la representación electoral. En este proceso, el debate sobre la identidad se diluye; el valor de los particularismos se cuestiona dentro de la cultura capitalista tardía.[18] Ya sin seguir ese modelo en que la sociedad civil se enfrenta con el Estado (un paradigma predominante en las mentes de los intelectuales progresistas durante los años del autoritarismo), muchos consideran ahora que la sociedad civil como proyecto es poco viable. Más aún, a esos grupos que permanecen fuera de la política electoral (por ejemplo, el movimiento de las Ma-

---

16. Sobre este tema, véase, por ejemplo, Marcos Novaro (1997), quien pregunta por el poder de los sectores populares en el futuro.

17. Sobre esto, *cf.* las ideas de Renato Ortiz (1996: 37).

18. Véase Oscar Landi, quien lamenta que la entrada al proceso democrático haya ocurrido, necesariamente, a través de los partidos políticos (1987: 40).

dres, el grupo HIJOS, los que hacen huelgas de hambre, los defensores de los derechos gay y lesbianos), se los ve, en la medida en que se apartan de los intereses del conjunto de la sociedad, como obstáculos para el triunfo de la democracia. Esta línea de pensamiento (que, ruego noten, no es exclusiva de los intelectuales del Cono Sur)[19] revela también el status problemático de los movimientos sociales, sobre todo porque carecen de estrategias para producir un discurso contrahegemónico.

Ante la ausencia de un proyecto abarcador, las fuerzas populares se disuelven ante la crítica, y las microprácticas son vistas como elementos divisorios: no poseen la capacidad para el análisis de los temas que les incumben, separan a América Latina de las metrópolis y, más aún, marcan su diferencia. Por último, se dice de ellas que intervienen en un espacio conocido por su superficialidad cultural.[20] Esta táctica borra su potencial político y la habilidad de los participantes para dialogar con los otros. Pero también corresponde al recelo que suscita la política identitaria en general; y dentro de la escena política del Cono Sur, revela también el miedo de los intelectuales al populismo nacional, temor que recuerda los primeros tiempos de Perón o los fracasos de Allende. De es-

---

19. Para una crítica de los movimientos sociales como arcaicos o residuales, véase, por ejemplo, Alberto Moreiras, quien insiste en la *impasse* libidinal de los intelectuales en la época de la dictadura y también en el fracaso de los movimientos sociales a la hora de brindar alguna posibilidad razonable para el futuro. Esto se debe, alega Moreiras, a la ausencia de un enfoque teórico válido en los movimientos sociales y a su insistencia regresiva en la identidad y la agencia social con el fin de defender sus roles como sujetos de una historia social; Moreiras identifica esto como una "neurosis de representación" (1993: 34). Véase también Neil Larsen, para un escepticismo parecido acerca de los movimientos sociales (1995). Desde una perspectiva marxista aunque no latinoamericanista, Todd Gitlin considera que los movimientos sociales son especialmente destructivos para las causas revolucionarias (1995).

20. Judith Butler ha observado los peligros de tomar las protestas de las minorías como una zona de lo "meramente cultural", relegando el análisis material solamente al terreno del marxismo tradicional (1997: 265-277).

ta situación emerge otra paradoja: por un lado, la sociedad civil depende de la ilusión de la "diferencia" como una de sus bases constitutivas, tanto que se llega a pensar que la mera existencia de facciones que compiten entre sí organiza la lógica del debate político; por otro, el estatuto de la democracia no puede soportar las peticiones excesivas por miedo a traicionar su compromiso con el orden.

Los años de la posdictadura crean una especie de diglosia que separa los términos del debate intelectual de otros lenguajes menos incorporados a la praxis social. Respecto a esto, la pérdida sentida por los críticos contemporáneos, la melancolía y la nostalgia por un pasado imaginado, se vuelve un lugar común que sostiene el argumento de muchos escritos sobre la memoria y el recuerdo, el olvido y el fracaso de la comunidad.[21] Sugiere también una crisis del pensamiento utópico condicionada por el mercado mismo.

El tema del escepticismo respecto de la lucha del subalterno ha sido tratado de modo convincente por Néstor García Canclini, quien vincula los movimientos sociales y el sueño por una acción popular a una especie de nostalgia folklórica por un pasado heroico. Refiriéndose a esos sectores que apoyan a los movimientos autónomos, Canclini anota, con ciertas reservas, lo siguiente:

> Pero su acción política suele ser de corto alcance, con dificultades para edificar opciones efectivamente alternativas, porque reinciden en los equívocos del folklorismo y el populismo. Como ambos, eligen objetos empíricos particulares o "concretos", absolutizan sus rasgos inmediatos y aparentes, e infieren inductivamente –a partir de esos rasgos– el lugar social y el destino histórico de las clases populares. Imaginan que la multiplicación de acciones microgrupales engendrará algún día transformaciones del conjunto de la sociedad, sin considerar que los grandes constituyentes de las formas de pensamiento y sensibilidad populares –las industrias cultu-

21. Sobre este aspecto de la melancolía y el duelo, véanse los argumentos de Idelber Avelar (1997, 1999) y Eduardo Rinesi (1994a).

> rales, el Estado– sean espacios en los cuales haya que hacer presente los intereses populares o luchar por la hegemonía. Aíslan pequeños grupos, confiados en reconquistar la utopía de relaciones transparentes e igualitarias con el simple artificio de liberar a las clases populares de los agentes siempre externos (los medios, la política burocratizada) que los corrompen, y dejar entonces que emerja la binaridad intrínseca de la naturaleza humana (1992: 251).

Pesimista con relación a las energías de los movimientos sociales, desilusionado por el sueño de la lucha popular, García Canclini enfatiza las contradicciones de estas utopías debidas especialmente a la economía de mercado (no por casualidad, el primer capítulo de *Culturas híbridas* lleva por título "De las utopías al mercado") y a un incómodo sentido crítico respecto de la modernidad misma. El escepticismo reemplaza a la fe, y la desidia, al compromiso político. Desde su punto de vista, la posible autonomía de la acción popular está perdida.

García Canclini continúa el argumento de *Culturas híbridas* en *Consumidores y ciudadanos* (1995), donde la definición de ciudadanía se halla formulada estrictamente por el consumo. Mecanismo regulatorio de identidades y diferencias, esta economía regida por el mercado desplaza cualquier signo de distinción que haya podido ser adquirido por los subalternos o promovido por los intelectuales. Incluso el concepto de *hibridez* deja de significar la posible convergencia de lo popular y la elite, y pasa a ser, en cambio, la redistribución de imágenes en las zonas públicas de compra y venta. En otras palabras, la diferencia es, hoy en día, definida por grados de notorio consumo; y mientras *lo popular* se sitúa al final de la fila, representando al comprador y nunca al productor, de manera similar, el capital cultural de los intelectuales es masificado, reordenado por los vectores temporales y espaciales del mercado. Las reservas de García Canclini se ubican decididamente más allá de los modelos de integración; más bien, propone un sistema monolítico de inteligibilidad, instalado por el mercado mismo, para dar cuenta de todas las diferencias y comportamientos. En este contexto, se puede incluso argumentar que el concepto de hibridez es un constructo administrado por la empresa global y enteramente inserto en la lógica del provecho comercial.

¿Pero no hay ningún discurso, entonces, que supere este omnipresente lamento? ¿No se avizora ningún futuro que pueda recuperar el rol de los sujetos populares? Lo más probable es que esta separación provenga del pensamiento neoliberal en sí mismo, en la medida en que pone el énfasis en la erótica de la diferencia y proclama el pluralismo como la condición primera para ingresar en el campo regido por el mercado. Aquí, el consenso reemplaza a las estrategias de confrontación y debate; y el sujeto marginal, antes identificado con formas populistas de resistencia, es posteriormente expulsado de la escena de discusión intelectual debido a la desorganización que conlleva.[22]

Esos textos parecen decirnos que el potencial emancipatorio de los actores sociales populares está destinado a ser absorbido en el espacio del mercado como parte de los efectos de la modernización; de hecho, incluso el concepto de diversidad, como los fragmentos del activismo social, se presta para esta clase de sujeción al mercado y, de manera correspondiente, encuentra su lugar en los circuitos globales de distribución. Lo que queda a la vista, arcaico y casi como un excedente de significado, es un desplazamiento en el discurso global, como aquel que proclama que los subalternos latinoamericanos existen como objeto de cambio *fuera* de su ambiente local –desde la perspectiva foránea, como exotizadas víctimas o héroes, muchas veces con sus figuras estampadas en remeras o como tema de películas de Hollywood–. La tarea de la imitación, tan frecuentemente asignada a los

---

22. Quisiera hacer una advertencia acerca de los peligros de las generalizaciones en el contexto de América Latina. El fenómeno descrito se refiere al Cono Sur; el caso de México se ha desarrollado en un escenario diferente. Véase, por ejemplo, la defensa de los movimientos sociales que ofrece Carlos Monsivaís (1987).

sujetos del Tercer Mundo, se transforma aquí en parte de una visión utópica del Primer Mundo que busca su espejo en lugares lejanos.[23] Mientras tanto, los poderes emancipatorios de las predilecciones populares locales son habitualmente silenciadas y consideradas como formas residuales de la política confrontacional del pasado.

El debate identitario

En este marco poco alentador emerge una paradoja esencial: la democracia, que depende de la ilusión de la diferencia dada por la sociedad civil y sin la que, de hecho, no puede sobrevivir, condena las expresiones de diversidad que ella misma provee. Su exceso de identidades representables no puede ser manejada o asumida por el Estado. En *El poder de la identidad* (1997: 30), Manuel Castells llama la atención sobre formas de construcción de identidad que pueden ser provechosas para nuestra discusión. Tomando en cuenta los tipos de identidad articulados no por las instituciones sociales, sino por los actores que se nombran a sí mismos, observa tres grandes tipos de formación:

–*identidades legitimatizantes* que le permiten al Estado racionalizar su proyecto a través de ciertos actores que construyen una aceptable versión de la sociedad civil;

–*identidades resistentes* que fomentan la coalición entre grupos marginales; e

–*identidades en proyecto* donde la posición de los sujetos es reinventada para alterar a toda la sociedad en su conjunto.

Si bien las dos primeras sugieren estrategias de contención, manteniendo los márgenes separados del centro, la tercera ca-

23. Me recuerdan una experiencia, durante una visita a Santiago de Chile, en un mercado de artesanías para turistas. En los puestos, se podían encontrar telares de Ecuador, flautas del Perú, esculturas talladas en maderas del sur de Chile. Más impresionantes eran, sin embargo, las remeras que llevaban la imagen del Che Guevara y Allende, presumiblemente una atracción para los turistas extranjeros en busca de *souvenirs* relacionados con la cultura local. Aunque las imágenes circulaban en el bazar de turistas, hasta la detención de Pinochet en Londres, en 1998, este tipo de iconografía había desaparecido del resto de la ciudad de Santiago.

tegoría propone algo nuevo, transformando tanto el código de la democracia como la posibilidad de una estética. Esta práctica, mucho más allá de la reproducción de *roles sociales*, avanza de hecho hacia la reinvención del *significado* en un plano simbólico. Produce, por lo tanto, nuevos registros de alianzas posibles, ampliando así el campo de la representación.[24] De este modo, en lugar de ver al Estado y a la sociedad civil como dicotómicos, aparecen más bien como mutuamente dependientes de una nueva estrategia de codificación.[25]

Este deseo de convergencia atraviesa algunos circuitos del debate intelectual y producción artística, donde los exponentes celebran las microprácticas como un modo de plantear un desafío a los valores existentes y a los roles de identidad fijados con antelación. Horacio González, por ejemplo, pregunta cómo disolver, a través de nuevos proyectos sociales, la autoridad patrimonial sobre los saberes. La alianza, el contacto y la conversación le sirvieron como modos de reformular las identidades y sobreponerse a la fragmentariedad impuesta por los administradores del diseño neoliberal (1992: 13).[26] Otros se hacen eco de este mismo deseo. Eduardo Rinesi, al comienzo de los años de la democracia, buscaba formas de coalición colectiva más allá de las habituales constricciones de la ley y las obligaciones a menudo engendradas por la culpa (1993: 67).[27] Los saberes se producen no por *las reglas* sino por una dialéctica de formas sociales que construyen una teoría de la acción. Tomás Moulián,

---

24. Castells muestra que la estructura de dominación en la era de la información está marcada indudablemente por la emergencia de identidades políticas y la formación de redes. Más allá de eso, insisto, el debate es sobre *la representación* en las dos esferas, la política y la estética.

25. Los que apoyan este proyecto buscan una empresa común de representación, repudiando en consecuencia la brecha entre sociedad civil y Estado. Para la superación de ese cisma, véase Evelina Dagnino (1998).

26. Véanse también los diversos debates en *El Ojo Mocho*, la revista cultural dirigida por González y Rinesi.

27. Su proyecto responde, obviamente, al esquema de Habermas con respecto a la interacción. Véase especialmente su obra, *Seducidos y abandonados* (1993).

tomando prestado el concepto de "revolución molecular" propuesto por Guattari, nos insta a mirar más allá de los paradigmas neoliberales para descubrir formas alternativas de comprensión del proceso histórico y del cambio (1996). Y al diseñar un proyecto social para recuperar la integridad moral perdida, propone un "reformismo radical" fuera de las políticas partidistas (1998: 119-121). Esta propuesta que es una crítica al neoliberalismo, favorece a los actores sociales populares y fomenta la conciencia crítica. El énfasis está puesto aquí sobre el *puente*. No se trata simplemente de un plan contrahegemónico; más bien, es una forma de conectar a los sujetos populares con el campo intelectual. De hecho, Martín Hopenhayn, lamentado la falta de estímulos comunitarios, busca lo que el denomina la "utopía intercultural", la que surge de la heterodoxia de un mestizaje de culturas e ideas (1994: 277). El propósito en este caso es extender los conceptos de solidaridad hacia un espectro más amplio de sujetos, con el fin de alcanzar una forma directa de participación democrática. Para Hopenhayn, el proyecto implica una nivelación en el campo de la representación a través del cual el modelo idealizado de mestizaje permita la aparición de un ambiente social "capaz de negar la negación del Otro" (280). Aquí la intención es ir en contra de la teoría totalizante, hacer una defensa del "entre lugar". Pero Hopenhayn, como los críticos ya mencionados, no encuentra los ejemplos que puedan promover estas colectividades deseadas;[28] los actores sociales

28. La urgencia de la investigación de Hopenhayn se articula de una manera más clara cuando él se pregunta: "¿Cómo acude la solidaridad a este nuevo imaginario de mundo secularizado, si es que acaso acude; o qué imágenes y qué *estrategias* rediseñan una eventual pulsión solidaria para encontrar satisfacción en este mundo emergente? ¿Dónde se manifiesta claramente el ímpetu de solidaridad dentro del arco discursivo de la *secularización;* qué imágenes colectivas buscan tentativamente sintetizar una afinidad *poética* (estética y productiva) en una opción ética?" (79). El proyecto de Hopenhayn para la democracia, aun cuando no se articula con casos específicos, se mueve en torno al intercambio dialógico (habermasiano en su modelo) y a la revalorización de los movimientos sociales con el fin de cuestionar el control hegemónico (148-149).

necesarios para estas apuestas en el proceso democrático están fuera de su alcance.

Tal vez sea Néstor Perlongher quien mejor halla un potencial político y social en lo que él llama el "devenir mujer" (1991). Tomando prestados constantemente conceptos de Deleuze y Guattari, Perlongher rechaza una definición esencialista de la mujer y el hombre, el homosexual o el heterosexual, y, en cambio, defiende una lectura del conflicto cultural a través del género sexual que permita el surgimiento de posibilidades de debate en los espacios creados por los regímenes neoliberales. Perlongher comienza su reflexión observando el ascetismo de Brasil durante los primeros años de la redemocratización. El autor intenta comprender la aparente ausencia de acción social –la pérdida de voces disidentes en la plaza pública a pesar de la apertura política– y propone un análisis que intente abarcar un compromiso futuro de los actores sociales (71). Su solución descansa en una teoría antifundacional que lo lleva a leer desde los márgenes –desde los intersticios, desde un privilegio radical del "entre lugar", desde los límites de los discursos formalmente constituidos– para, en vez de reducir las dimensiones espaciales a mapas limitados, multiplicar las posibilidades de lectura, ampliar la escena de acción y expandir el número de fuerzas que desafíen la integridad de cualquier centro social. Una conclusión importante es que lo "menor" a la vez altera y da fuerzas a las alternativas colectivas de poder. Es precisamente del margen, con frecuencia invisible –el lugar de lo no incorporado, lo irreductible, de lo que constantemente se desplaza y se mueve–, desde donde la teoría de la práctica democrática emerge para llenar el horizonte vacío. Perlongher se refiere a esto como el "devenir mujer" en oposición a la masculinidad reclamada por el Estado autoritario, una presencia femenina que no está necesariamente fijada por la identidad biológica o la preferencia sexual, pero que constantemente se autoestablece en términos de alternativas disponibles y, por lo tanto, nunca excluye las posibilidades de significado que surgen en la política o los discursos.[29] Su reflexión introduce un tema con frecuencia omitido en la teoría general de la experiencia social y democrática en América Latina. Aquí, la cuestión del género (y, específicamente, la condición de lo femenino o del *otro* sexualizado) es más que una práctica de la diferencia: encuentra su inserción en un terreno discursivo desierto, rompe los congelados sedimentos de la representación, pone a prueba los límites de la sociedad civil y la ley. De manera más importante aún, el status de lo "femenino" (es decir, pervertido, marginal u "otro") nos permite comenzar a pensar una serie de problemas que van desde un realineamiento del campo simbólico a un llamado a la coalición y la alianza.

Es necesario aclarar dos puntos: primero, algunos podrían alegar que esta propuesta carece de estructura teórica (en la medida en que las microprácticas de lo femenino nunca poseen la fuerza suficiente para vencer a los proyectos hegemónicos). En segundo lugar, también podría decirse que la atención hacia el género esconde los triunfos populares obtenidos años antes, usualmente en nombre de la clase social; el interés en el género desplaza la atención por el subalterno. Volveré sobre ello más adelante, pero, por ahora, quisiera examinar primero el desorden impuesto por el tropo del género tanto en el área de la política como en la del arte.

Disputando los principios fundacionales de una democracia insuficiente (e inadecuada), las intervenciones del género dan paso a un debate necesario; exigen una rearticulación de la razón hegemónica y la ética, así como el reclamo de otro sentido de la cultura. Más que las ventajas del "entre lugar" que sugiere Perlongher, las consideraciones de género están *en camino* de una transformación, *en tránsito* hacia sitios de una práctica anticipada, futura. Se abren así a las posibilidades teóricas que bien podrían vincular el análisis de la normatividad sexual al ejercicio de la democracia. De este modo,

---

29. Perlongher escribe: "Devenir no es transformarse en otro, sino entrar en alianza (aberrante), en contagio, en *inmersión* con lo diferente. El devenir no va de un punto a otro sino que entra en el 'entre' del medio, es ese 'entre'" (1997a: 68).

el género se convierte en un detonante de lo que ha sido largamente suprimido y ofrece una conexión crucial con la conciencia crítica en formación. En segundo lugar, habrá que tener en claro las limitaciones metafóricas de las figuras producidas en el campo del género sexual. No se trata de que la presencia o el análisis del género brinde la *única* fuente de inserción en la lógica de los regímenes neoliberales. Es posible, sin duda, tomar el caso de los zapatistas, las marchas de protesta contra el neoliberalismo realizadas en varios países, las huelgas de hambre que arrastraron a los sectores medios a una alianza con los trabajadores pobres, la demanda indígena por la restitución de la tierra o las luchas de los trabajadores temporarios de la agricultura a lo largo de la cordillera. Pero al centrarnos en las formas en las que el género y los cuerpos específicamente sexualizados se inscriben en el debate cultural, ubicamos un modo de modificar la difícil relación entre los intelectuales y los sujetos populares. Una consideración del género y la sexualidad lleva a una interrupción de las miradas totalizantes de la teoría universal; abre caminos hacia una percepción diferente de la totalidad. Finalmente, como se argumentará en los capítulos siguientes, las luchas de género actúan como enlace entre la teoría social y las estéticas. Si se rastrean las figuras de género y las pulsiones del así llamado acto de *devenir mujer*, podremos retornar a las políticas activas del texto.

Los intelectuales que centran sus trabajos en las representaciones de género muestran a menudo un gran interés por el devenir político. Su atención se dirige a la especificidad de lo que se entiende por "margen" y, en un espectro más amplio, cuestionan la distribución de espacios políticos concedidos. Finalmente, a través de los cuerpos y los tropos del género, se desarrollan algunas de las teorías culturales más radicales de la actualidad y se crea un espacio para articular los conflictos y los puntos de convergencia compartidos por los actores sociales y sus voceros en el campo intelectual. El cuerpo es la principal imagen de la diferencia y la semejanza: abre el debate sobre el yo y los otros, y marca los puntos en común entre las elites y los subalternos; articula las tensiones entre el Norte y el Sur, entre el lengua materna y su traducción; sostiene el conflicto entre la genealogía y la diferencia, entre la permanencia y el desorden.

En suma, la presencia desestabilizadora de los cuerpos sexualizados proyecta la ansiedad de los intelectuales con respecto a la representación. Pero también es posible encontrar, en esta presencia, una causa para renovar el compromiso con la acción pública.[30] No estoy sugiriendo que las cuestiones de género puedan cerrar la brecha epistemológica entre los sujetos intelectuales y subalternos, para producir así una romántica ilusión de solidaridad entre personas altruistas (para algunos intelectuales esta identificación es, sin duda, más autoindulgente que real y en ese aspecto sugiere limitaciones genuinas); más bien, grupos de poder desigual pueden encontrar, a menudo, puntos de unión a través de la reivindicación compartida de sus derechos a la representación. Como tal, el género como asunto público nos ofrece una visión en primer plano de los procesos de negociación y de disidencia. Introducen en la escena las tensiones entre visibilidad y opacidad que determinan la lógica del conjunto social.

Fabricio Forastelli, que historizó la emergencia de los movimientos por los derechos de los homosexuales en la Argentina desde la década del setenta, nos recuerda que el disfraz del carnaval puede volverse una herramienta de sabotaje. Pasar inadvertido permite establecer conexiones con grupos diferentes; perturba los principios de organización estatal (1999: 117);

30. En este contexto, no puedo evitar el recuerdo de la prosa sugerente de Adrienne Rich, que escribió: "Me pregunto realmente si las mujeres podrán comenzar alguna vez a pensar a través del cuerpo, a conectar lo que ha sido desorganizado con tanta crueldad" (1976: 284). También los trabajos de Zillah Eisenstein (1994), Anne Philips (1991) y Carol Pateman (1989) que abordan el campo de la teoría política de los Estados Unidos, son fundamentales para mis ideas sobre estos temas. Zillah R. Eisenstein ubica la cuestión del aborto como argumento esencial para la democracia en la medida en que esgrime problemas de los derechos de los cuerpos y la privacidad, mientras Anne Philips y Carol Pateman usan el género como un modo de radicalizar las prácticas de la democracia.

ataca la base misma de la formación de la identidad dentro del Estado democrático. Como tal, las peticiones por los derechos vinculados al género pueden formar parte de cualquier debate; obligan a que los asuntos de interés público se reacomoden para incluirlos. Estas protestas funcionan a partir de una tensión entre la discriminación (impuesta desde afuera) y la exclusión (vista desde el interior del campo del sujeto marginal). O, como escribe Forastelli: "La 'restitución' funda en el territorio de las mayorías y de la política la posibilidad de una demanda de justicia para los sectores minoritarios" (124). Las minorías, una vez que aparecen en la esfera pública, desestabilizan la totalidad; descubrimos que el gueto constituido por la ilusión de especificidad se desintegra rápidamente. Así se reordena el centro, se altera la periferia; los juegos entre la invisiblidad del margen y su súbita aparición en el espacio civil, donde se lo ve al lado de grupos disímiles, cuestiona los particularismos, rechaza la idea de un sistema cerrado. Los sistemas identificatorios previos quedan, por lo tanto, irremediablemente afectados. Percibidas de esta manera, las cuestiones del género en la esfera pública alteran los términos de la práctica democrática; también interrumpen las narrativas habituales del pensador de elites en conflicto con el actor popular. Finalmente, la cuestión del género nos lleva a reformular las prácticas de la representación.

El paradigma del género

Por el momento, llevemos adelante una doble acción: ir *hacia* el margen y tomarlo como punto de partida para desplazarnos hacia un concepto diferente de lo que se entiende por el centro. A partir de esta práctica móvil, es posible ampliar una investigación que, por un lado, nos alerta sobre los grandes temas fundamentales para el funcionamiento de la democracia y, por el otro, nos señala sus exclusiones. Aludiendo al famoso dibujo del uruguayo Torres García –una representación cartográfica de los hemisferios en la que América Latina ocupa el espacio convencional del Norte, mientras que el Norte llena el espacio conocido como el Sur–, tal vez nos sea posible, a nosotros también, manipular un cuadro invertido de debate intelectual dentro del marco social si comenzamos por enfocar el problema del género. De este modo, ganaremos acceso a conversaciones posibles (ya sea en el sentido de Habermas o Rorty, o en la línea de los proyectos más radicales de pensadores como Chantal Mouffe) que podrían dilucidar los términos de la coalición democrática y el poder de una estética revitalizada. Esta presencia nos lleva, en el análisis final, a una discusión sobre los derechos y obligaciones que los ciudadanos reclaman bajo la ley democrática, pero también ofrece la base para una interacción social que tiende un lazo entre los sectores populares y las elites; y sobrepasa a la separación estricta entre el crítico que habla y su objeto de estudio. Si comenzamos por lo que Perlongher llama "el devenir mujer" reconfiguramos la experiencia de "nombrar".

A través de esta discusión me he referido a una serie de preocupaciones sobre el nombrar, producidas en gran parte por las tácticas de los regímenes neoliberales y por las estrategias extremas de apropiación que se activan sobre el espacio ajeno, la identidad y la propiedad. La acción de citar, invocar, llamar y delimitar, para imponer nuestra personalidad sobre el conjunto de la sociedad y fijar los nombres de los otros, nos permite alentar una ilusión de atemporalidad, un conocimiento autosatisfactorio que delimita el territorio de nuestros propios intereses. Esto fue evidente en la mirada del colonizador sobre los paisajes del Nuevo Mundo. Esa visión continúa vigente en la medida en que los individuos se apropian de los nombres de los otros con dos objetivos principales: procurar un valor en el mercado global y contener posibles puntos de erupción. Los medios electrónicos aprovechan aun más este proyecto manipulando las identidades cuya inestabilidad potencial es extrema. Basta con mirar los foros televisados mundialmente que explotan los melodramas de violencia familiar. Alimentando esas oscuras pasiones, nutren los deseos del público de penetrar en las vidas ajenas.

Simultáneamente, y pese a los planes mejor controlados,

los efectos de estas imágenes ocasionalmente tejen redes de alianza y exponen la indignación colectiva. Cuando emergen los conflictos no anticipados, varias temporalidades entran en colisión, provocando lesiones en el tejido social y superando la defensa de clase y de territorio propio: desmantelan el edificio del razonamiento anterior. El género es muchas veces el límite real contra el cual un sistema es puesto a prueba, y produce, en estos oscuros tiempos de la pospolítica, nuevos términos de identificación, formas inéditas de conocimiento así como distintas expresiones de duda. Las identidades normativas son interrumpidas, emergen horizontes de solidaridad; y el peso de la autoridad, en última instancia, se desplaza de un solo lugar de origen hacia múltiples locaciones sobre el mapa. Las marcas del género activan la redistribución de las varias formas y dimensiones de la acción social. La experiencia se vuelve a la vez arraigada y móvil, recupera para la democracia un componente socialmente tangible y produce también, como expondré en los próximos capítulos, la posibilidad de una percepción diferente de la cuestión del arte.

Quisiera dar un ejemplo reciente en el que se vinculan sucintamente los puntos de discusión que se presentan aquí: me refiero al caso de María Soledad Morales, una estudiante de escuela secundaria rural en la Argentina que fue secuestrada y violada en septiembre de 1990. La tragedia de María Soledad atrajo rápidamente la atención de todo el país. Esta historia brutal no sólo evocó simpatía y demandas de justicia, sino que las atrocidades cometidas (y las subsiguientes coartadas, falsificaciones de informes de autopsia y casos de perjurio) implicaron a Ramón Saadi, jefe provincial electo por Catamarca y caudillo de una familia política tradicional de gran poder en la región desde la década del cuarenta. Saadi se vio forzado a renunciar por la presión de la protestas públicas.

De este modo, las cuestiones de derechos, cuerpo y justicia fueron simultáneamente manejadas para desafiar en conjunto la historia nunca reconstruida del terrorismo de Estado y el autoritarismo en la Argentina. Estos problemas se articularon en una protesta pública en la que los fracasos con respecto al sistema de género sirvieron para dar a conocer las iniquidades que reinaban en la nación. A partir de la muerte de María Soledad, Catamarca fue testigo del comienzo de una ronda de "Marchas del Silencio", protestas semanales organizadas por una monja que era también la directora del colegio de la joven. La convocatoria, que reunió a cientos de manifestantes en la ciudad provincial, y que inspiró igualmente reuniones similares a lo largo de todo el país, les recordó a los ciudadanos la limitación de sus derechos para protestar contra la injusticia. Desde la perspectiva de género que originalmente dio impulso a las marchas de estos seres sin voz, los problemas de corrupción judicial e impunidad del Estado se convirtieron en un tema central. Más aún, en una etapa posterior, cuando el público no estaba autorizado a seguir por televisión los procedimientos de la investigación, y los ciudadanos sentían que nuevamente se les había impedido hacer justicia, las marchas de protesta resurgieron. El derecho a *ver*, un derecho del que se privó a los argentinos durante los años de la dictadura (y que fue, sin embargo, llamativamente manipulado por la explosión mediática posterior al retorno de la democracia), se transformó en una demanda primordial para aquellos que deseaban observar los pormenores del proceso judicial. Los ciudadanos insistieron en que el trabajo de la justicia debía ser "transparente" para todos.[31] Se trataba de algo más que voyerismo; y se apoyaba, sin duda, en reclamos de ética en la representación. Al cabo de siete años de investigaciones, manifestaciones públicas extraordinarias y la caída del gobierno de Saadi en la provincia de Catamarca, los asesinos fueron encontrados culpables y condenados en febrero de 1998.

El caso es ejemplar en cuanto a los modos en que la violación y encubrimiento del cuerpo sexuado precipitó la indignación colectiva e inspiró una forma específica de

---

31. Véase, por ejemplo, "La justicia cuestionada", en *Clarín*, 2 de marzo de 1998 (sin firma).

protesta masiva. Evoca cuestiones de corrupción y abuso como un reto para el régimen democrático y, por otro lado, emplaza la demanda de respeto a los cuerpos en la agenda nacional de la justicia. A partir de las tensiones entre la protesta verbal y el silencio, entre la evidencia de los crímenes ejercidos sobre un cuerpo visible y las coartadas de la no representación, la historia vuelve a conectar la presencia del género con temas de fondo en el régimen democrático. "A partir del sacrificio de María Soledad, la historia será diferente", escribió María Elena Walsh.[32] Con grandes manifestaciones públicas –muchas de ellas cargadas de devoción religiosa para expresar la inmoralidad del Estado–, la cuestión de la ciudadanía y las demandas de derechos civiles fueron difíciles de ignorar. Igual que en el caso de las Madres de Plaza de Mayo –que redefinieron los términos de participación pública para no centrarse en una política partidista, sino en las dimensiones éticas de la democracia–, todos los involucrados en las protestas en nombre de María Soledad buscaron ocupar espacios públicos y presionar a los medios para que se divulgara su causa. De este modo, el hecho forzó a una deconstrucción del campo simbólico de las imágenes oficiales pertenecientes a la democracia. El Estado paternalista, supuestamente protector de la niñez y la juventud, expuso la vulnerabilidad de los cuerpos femeninos bajo la vigilancia oficial. Finalmente, en el fondo de estas preocupaciones recientes, estaba la especificidad del cuerpo de la mujer, elevado a la categoría de metáfora de ausencia de derechos civiles en general. Esta "re-lectura" de la democracia no sólo comprometió a amplios sectores de la población; también relacionó a intelectuales urbanos, como Ernesto Sabato, David Viñas y Pérez Esquivel, con los intereses de una familia de provincia. El pacto permitió a los individuos de un amplio espectro geográfico y cultural reformular *juntos* sus lecturas de la democracia desde una perspectiva

---

32. María Elena Walsh, citada en "El crimen de María Soledad", *Clarín*, 28 de febrero de 1998 (sin firma).

decididamente "descentrada", y acabar con el legado de corrupción que amenazaba a la expresión civil.[33]

Entre la alianza y la indignación

No quiero apresurarme a festejar el éxito de los debates sobre el género bajo el neoliberalismo ni el efecto de su enfoque político. De hecho, el género en los países del Cono Sur sirve a menudo como moneda de canje en varios frentes de negociación: por un lado, las intrusiones no planificadas de la identidad feminizada bajo el Estado masculino han causado trastornos sorprendentes en los programas democráticos; por el otro, la credencial del género ha servido también para legitimar los regímenes neoliberales. En consecuencia, en los orígenes de los años de la democracia, los nuevos líderes tomaron los derechos del género como una señal de modernización. Sólo en la Argentina, por ejemplo, el retorno a la democracia en 1983 alentó numerosas demandas desde el ámbito de la política partidista para modificar la ley familiar y la representación de las congregaciones: el treinta por ciento de las bancas del Parlamento corresponde ahora a las mujeres; la ley de *patria potestad*[34] fue revisada para permitir que las mujeres compartiesen el gobierno económico de la familia; la igualdad de derechos de herencia fue establecida tanto para los hijos legítimos como para los naturales; el divorcio fue formalmente sancionado. En Mendoza,

---

33. Se puede alegar que estos temas se contradicen ampliamente porque muchas fuerzas que están en competencia se interesan en los escándalos generados por los medios sobre el sexo y el género, en perjuicio del avance de la causa de la justicia en el terreno legal. Sin embargo, el enfoque de los medios nos recuerda los modos en que el neoliberalismo produce nuevas formas de oposición a través de la convergencia de la tecnología y las demandas por reconocer los derechos corporales. Pese al clima de conservadurismo generado por el medio televisivo, los abusos de las mujeres aparecen en la superficie como parte de una alianza para poner a prueba los límites de la democracia y la justicia.

34. La *patria potestad* se refiere a una regulación proveniente del siglo XIX que formaba parte del código civil argentino y que se mantuvo vigente hasta hace poco.

en 1998, una corte de justicia reconoció los derechos legales de las parejas homosexuales para sostener y formar una relación doméstica. Teniendo en cuenta el espectro de estos avances, un columnista de *La Nación* escribió: "Un siglo de reclamos femeninos se había condensado en apenas ocho años".[35]

Otras narrativas tomadas del debate sobre el género confirman la imagen de una democracia abierta, lo cual se presta siempre a lecturas ambiguas. En consecuencia, mientras muchos notaron la marca del silencio durante la "década perdida" de los años ochenta (designada apropiadamente como tal por la CEPAL), los científicos sociales registraron el número creciente de mujeres que participaron activamente en las formaciones sociales, mientras trataban, a través de abordajes micropolíticos, de manejar proyectos de política alternativa para afrontar las demandas de la vida bajo el ajuste estructural. Esto a menudo se tradujo, a través de la cordillera, en comedores populares en los barrios, sindicatos de amas de casa y trabajadoras agrícolas temporarias en Chile, piqueteras que bloquearon las principales rutas de la Argentina, maestras de escuela que acamparon en la plaza pública de Buenos Aires para protestar contra los salarios congelados y las condiciones degradadas de la educación pública, y en la persistencia de las ONG, que entrenaron a mujeres para la participación civil.[36] Algunos alegan, incluso, que la democracia misma fue inaugurada por el auge de los movimientos de mujeres que se iniciaron con la presencia de las Madres de Plaza de Mayo. En su conjunto, continúan alterando cualquier sentido predeterminado de espacio y tiempo puesto en funcionamiento por la

---

35. Gabriel Pasquini (8 de marzo de 1998: 1). Junto con otros (entre ellos, Beatriz Sarlo e Hilda Sabato) este autor reconoce que la política en la Argentina sigue siendo un *affaire* de hombres pese a los logros legales obtenidos por las mujeres.

36. Para una excelente discusión sobre los efectos de la conferencia de Pekín para el feminismo de América Latina y la continuación de las ONG, véase el informe del Comité de América Latina y el Caribe para la Defensa de los Derechos de la Mujer (1996).

economía y la memoria "oficial" del Estado; ligan la experiencia local a la global, e insisten en la importancia de las redes de mujeres para continuar el diálogo transnacional.[37] De este modo, y sin atribuirle ningún mérito al neoliberalismo en su totalidad, muchos señalan la presencia de las mujeres como agentes de la democracia. También el Estado neoliberal incrementa su poder y su alcance por el hecho de tomar al género como una moneda de cambio.

Al mismo tiempo, los críticos de la democracia señalan los profundos fracasos en los proyectos de las minorías sexuales y las mujeres: la causa sustentada contra el divorcio en Chile (una de las pocas naciones del mundo donde el divorcio está legalmente prohibido), la alerta del Banco Internacional de Desarrollo a América Latina por la magnitud de la violencia doméstica que afecta a por lo menos al cuarenta por ciento de la población femenina;[38] la continua

---

37. Véanse, por ejemplo, las recomendaciones de las organizaciones feministas y las ONG en las regiones andinas en las que el ajuste estructural como tópico fue el principal tema de interés. Como modo de entablar una crítica y la resistencia a la crisis global, los talleres del "Grupo mujer y Ajuste" (un grupo fundado en Lima en 1992 para responder al "fujishock" de las imposiciones neoliberales, pero que más tarde incorporó el análisis de la situación de las mujeres en América Latina en su totalidad) insistieron en la importancia de una red latinoamericana: "Crear redes amplias. Generalmente los grupos de trabajo se mueven a nivel local. Hay que pensar globalmente y actuar globalmente. Se tiene que pensar en nuevas formas de cooperación. Crear una red autónoma de mujeres frente a la contradicción trabajo productivo/trabajo cotidiano... Pensar en una transformación de la teoría económica que tenga en cuenta las necesidades y sobre todo los aportes de las mujeres". El encuentro de feministas en Lima insistió en la necesidad de una red internacional para organizar una respuesta a los modelos neoliberales. Éste era el enfoque principal de la contribución latinoamericana a Pekín y continuó siéndolo en las reuniones siguientes de feministas latinoamericanas. Véase *Ajuste estructural: debate y propuestas* (sin firma, 1996).

38. Editorial: "Mujer y violencia, problema social", en *Clarín*, 30 de octubre de 1997. Véanse también los trabajos más extensos de Eva Giberti y Ana María Fernández (1989) sobre la Argentina; y sobre Chile, Olga Grau para Casa de la Mujer la Morada, y Guadalupe Santa Cruz (1997b) para el Instituto de la Mujer.

prohibición del aborto en la franja territorial que va desde México hasta el Cono Sur;[39] y el decreto de Carlos Menem, firmado en diciembre de 1998, declarando "Día del Nonato" el 25 de marzo, en una clara defensa de la política del Vaticano. Se trataba de una reivindicación de Menem, quien años antes había querido ganar el control de los grupos antiabortistas, al punto de silenciarlos a través de las medidas de la reforma constitucional. Incluso la campaña presidencial de Chile en 1999, armada por Lavín contra Lagos, llevó el tema de los derechos reproductivos al centro del debate. "El útero de Estela", una referencia irónica a la esposa de Lavín, quien hizo gala de su octavo embarazo como prueba de la defensa de su marido de los valores de la familia, puso en evidencia el deseo de restringir los derechos de la mujer en el foro político de Chile. Muchos utilizan esta clase de ejemplos para recordarnos los fracasos del neoliberalismo a la hora de responder a los reclamos de las mujeres.

La crítica feminista Raquel Olea (2000), a su vez, relata los modos en que la democracia en Chile impuso a las mujeres gestos disciplinarios que ni siquiera la dictadura pudo llevar a cabo. El consenso, los modelos del "sentido común", los valores del consumismo como una marca de progreso, todo eso sirvió para inhibir el progreso de las mujeres y la expansión de las voces populares bajo el régimen neoliberal. La Iglesia, los partidos políticos y el Estado, las comisiones electas para tratar temas relativos a la mujer y a los más necesitados, negociaron los derechos de género en perjuicio de las mujeres mismas, excluyéndolas de las

39. Véanse, por ejemplo, los escritos de Marta Lamas en su diario *Debate feminista*, acerca de las campañas locales y nacionales de la Iglesia católica sobre los "valores familiares" en México como una ofensiva que lanzó una nueva ronda de activismo en torno a los derechos sexuales para las mujeres y los homosexuales. Lamas ofrece una historia reciente de esos conflictos en "Scenes from a Mexican Battlefield" (1998).

deliberaciones.[40] Más aún, bajo el régimen neoliberal, las mujeres perdieron lo que había sido su recurso más poderoso contra el autoritarismo: la capacidad para la subversión antiinstitucional en el campo de la representación.

Ironías aparte, la promesa de democracia ha quedado demostrada en las heridas del cuerpo sexualizado. Se puede decir también que cuando a los movimientos marginales se les ofrece la oportunidad de consolidar su posición y formalizar sus operaciones, emergen los conflictos más profundos, polarizando a sus miembros.[41] Las políticas económicas neoliberales incentivan a menudo estas crisis. A este respecto, aunque las feministas hayan presentado casos instructivos para la democracia contemporánea, también recalcan las relaciones fallidas entre las intelectuales y las mujeres marginales a quienes pretenden representar. El séptimo encuentro de las feministas de América Latina y el Caribe realizado en 1996 en Cartagena, Chile, despertó una serie de conflictos sobre las estrategias de negociación y la representación de los cuerpos de las mujeres, lo cual llevó a las expositoras a concentrarse en un punto fundamental para nuestra discusión: ¿qué fuerzas bajo la democracia logran hablar en nombre de las mujeres? Y ¿cómo pueden las mujeres hablar por sí mismas? Los debates en Cartagena señalaron una crisis de fin de siglo acerca de los conflictos entre el feminismo autónomo y

---

40. Olea (2000) destaca en el ejemplo de Chile los casos principales que atentaron contra la causa de las mujeres: la colaboración del SERNAM (Servicio Nacional de la Mujer) con políticas neoliberales; las declaraciones del Arzobispo de Santiago en contra del aborto y el divorcio; y los hechos que anticiparon la Conferencia Internacional sobre las Mujeres en Pekín, a través de los cuales el Senado de Chile declaró públicamente que el género era una construcción sociológica y no biológica, obviando de esta manera cualquier otra discusión sobre los derechos reproductivos de las mujeres.

41. Véanse, por ejemplo, las concesiones hechas por las mujeres en la Argentina en octubre de 1997, con las candidaturas de Graciela Fernández Meijide e Hilda de Duhalde, tal como las analiza María del Carmen Feijoo (1997: 3).

el institucional.[42] Y, entre los principales temas de debate, las participantes preguntaron de qué modo la práctica feminista (en los barrios, los distritos urbanos y las áreas rurales) se ve comprometida por su relación con el poder estatal y el de las fundaciones que le ofrecen fuentes de apoyo. Dicho de otro modo, ¿cómo un impulso que alguna vez fue emancipatorio podía ser domesticado y aplastado por las exigencias del dinero?

Como resultado de la exposición de estos temas, se inició una fuerte polémica sobre la viabilidad de los movimientos autónomos bajo los regímenes neoliberales. El simposio planteó una cuestión de vital importancia: ¿debería el debate estar estructurado por una economía regida por un mercado que separa el feminismo "institucional" del "activista", y que ignora y pasa por alto, en consecuencia, la cuestión de los derechos o de las privaciones de la mujer?, ¿acaso debería la política local de género ceder a las demandas impuestas por las instituciones financieras que imponen agendas traídas del extranjero?[43] El debate se centró en la situación vivida en Chile después de la dictadura, cuando las organizaciones gubernamentales creadas para el estudio de las mujeres fueron acusadas de haber suavizado su crítica y apartado de las luchas institucionales a las feministas independientes. A pesar de las desagradables interrupciones, el debate ataca el punto central de una negociación característica de nuestros tiempos: no solamente quién habla por quién, sino qué se pierde en el proceso de absorción. Aun así, surge otro problema: si los espacios se denominan en términos binarios (es decir, el feminismo autónomo en relación con el feminismo institucional), ¿cuál es entonces la

---

42. Le agradezco a Mercedes Roffé por los folletos informativos que puso a mi disposición acerca de los procedimientos de la Conferencia de Cartagena. Véase también el dossier especial sobre los conflictos de Cartagena por Diana Bellessi *et al.* (1997).

43. Sobre los reclamos por un feminismo autónomo en Chile, *cf.* Sandra Lidid y Kira Maldonado (1997).

posibilidad de establecer formas de alianzas alternativas? ¿Podemos anticipar caminos insospechados para actores todavía innombrados? Esto trae a la mente una advertencia de Julieta Kirkwood, una de las voces más destacadas del feminismo de Chile y de América Latina durante los años de la dictadura:

> El feminismo contemporáneo reaparece con fuerza en momentos en que impera una tremenda dislocación ideológica, una inquietante pérdida de perspectiva; donde ya no puede explicarse todo sólo por la razón únicamente y donde además se sospecha la necesidad de explicaciones más subjetivas por parte de grandes cantidades de masas humanas (1982: 7).

La defensa de Kirkwood de la vida interior de las mujeres todavía es vigente; también su respeto por la convergencia de las minorías y las figuras intelectuales.[44] Sin duda, su idea no era encontrar una voz singular que uniera a las mujeres, sino multiplicar los proyectos posibles en el futuro, evitar no sólo la amenaza de inmovilidad sino también la amenaza del

---

44. Este tema tuvo mucha resonancia entre las activistas del Cono Sur. Por ejemplo, Marta Fontenla y Magui Bellotti, directoras de *Brujas*, una publicación feminista argentina, escribieron: "Comprender y poder sistematizar las distintas opresiones que atraviesan las vidas de las mujeres y buscar los puntos de unión entre ellas, nos ayudaría a elaborar estrategias y políticas feministas que nos involucren a todas. Más allá de la diversidad, el pluralismo y las diferencias, se trata de enfatizar todo aquello que nos une" (1996: 9). Como Kirkwood, nos recuerdan la necesidad de hablar no simplemente por la diversidad y el pluralismo, sino también por la urgencia de sentar las bases materiales para una práctica común. Aun así, en el movimiento hacia nuevas alianzas, es preciso estar atento, tal como hace notar Gayatri Spivak: "Ninguna dosis de trabajo de campo esgrimido puede siquiera alcanzar la dolorosa labor de establecer una singularidad ética con el subalterno" (citado en Buell, 10). En ese aspecto, el proyecto de género se desplaza menos hacia la búsqueda de una química profunda entre sujeto y objeto, que hacia la identificación de lugares desde los cuales renovar el debate sobre la justicia y los derechos, forzar cuestionamientos acerca de la representación moral, y reactivar sensibilidades para abordar los compromisos políticos en marcha.

folklore que con frecuencia limita, aun dentro del campo feminista, la posibilidad de movimiento.[45]

Esto estuvo especialmente presente en el encuentro de Cartagena, en el que las mujeres tuvieron la oportunidad de evaluar las realidades económicas impuestas por los mercados neoliberales. Percibieron la identidad como una herramienta útil para la realización de proyectos ajenos al mero interés individual. Hasta hoy no dejan de sorprendernos, al igual que a muchos científicos sociales que critican los proyectos institucionales (por ejemplo, Schild, 1998), el poder que ostentan los que utilizan "la identidad" como tema de investigación para justificar sus pedidos de financiamiento a entidades internacionales y, más aún, los intelectuales que se dedican a los estudios de la marginalidad para proyectar sus propios deseos.[46] En un mercado cada vez más salvaje, también es válido preguntarse

45. Para prevenirnos sobre estos peligros, Diamela Eltit y Sonia Montecino, aconsejando a La Oficina Nacional de las Mujeres muy poco tiempo después de la redemocratización de Chile, alertaron a sus constituyentes para que evitaran la celebración folklórica del arte de las mujeres. Al mismo tiempo, sin embargo, marcaron la necesidad de pluralizar el trabajo feminista representado mientras no se ocluyeran las especificidades culturales del orden social: "El proyecto contempla como eje central el concepto de diferencia, es decir, pluralizar en el interior de lo femenino las especificidades de orden social y por ende cultural, con el fin de evitar globalizaciones unívocas que no corresponden a la realidad. Este concepto de diferencia, en primer término, alude a la mujer habitante de sectores populares (campesinas, indígenas, pobladoras, etc.) en relación con la mujer habitante de espacios medios, puesto que en ambos sectores operan distintos modos de percibir y actuar en lo social. Más al interior de cada grupo se pueden establecer diferencias de acuerdo con su emergencia histórico social" (1990: 101).

46. Buscando fundamentar el apoyo gubernamental, las ONG con frecuencia fuerzan a las mujeres hacia categorías de identidad que carecen de base en la vida cotidiana. Veronica Schild (1998), por ejemplo, señala el modo en que las categorías de "empresaria" o "jefa de hogar" son manipuladas para rendir cuenta estadística de éxito en los informes de las ONG. A su vez, estas categorías crean nuevas expectativas también en la comunidad a la que sirven. Al mismo tiempo, junto con las obligaciones de las ONG de enviar un "producto final" (a menudo instrumentadas por categorías inventadas en el extranjero), surgen nuevas normas acerca del éxito de las negociaciones sobre el género.

cómo podrán sobrevivir los movimientos autónomos que dependan de recursos que corrompen la integridad de los procesos sociales, especialmente en una época en que la negociación (como concepto) se encuentra sumergida en el caos. Por último, continúa en pie la pregunta sobre la identidad a través de la cual se hace necesario hablar. Estos temas señalan conflictos iniciados por una economía de mercado y trae a colación ese deseo aún no realizado y distante de Néstor Perlongher, cuando elogiaba el concepto de "devenir mujer" como un desafío al Estado nacional.

El ejemplo de Cartagena es instructivo. A la vez que combatía la complacencia y el estancamiento, se apartaba de las afirmaciones que en principio habían dado sentido al debate sobre género. La poeta y feminista Diana Bellessi observó, refiriéndose a la crisis que provocó este encuentro chileno: "Cuando los *pactos* se rompen, los códigos se reconstruyen" (1997: 28). El comentario responde no sólo a un concepto discursivo de la democracia, sino también a la irreprimible circulación de símbolos de género en el campo cultural. Esto nos obliga a reconsiderar las relaciones sociales con referencia a los espacios y distancias, en lugares donde se cruzan los diferentes vectores de la experiencia y donde, con capacidades ilimitadas, la posibilidad de una alianza entre clases florece a pesar de la rigidez del Estado.[47] Esta reordenación de los símbolos promueve nuevas lecturas de la política, destaca la presencia del género en los debates, superando las fronteras nacionales. Con igual importancia, exige una línea de interacción entre los que trabajan con la cultura; evoca lo que Gayatri Spivak denominó

47. Los geógrafos y antropólogos culturales produjeron un rico corpus sobre este tema. Véanse, por ejemplo, Massey (1994), sobre las relaciones temporales y espaciales; o Radcliffe y Westwood, quienes dijeron que la afiliación emerge del lugar como una "estructura de sentimientos" y produce lo que ellos llaman una "geografía de la identidad" (1996: 108). Desde una perspectiva más escéptica, Raquel Olea (1991: 29-30) inquirió si el posmodernismo podía permitir suficiente *espacio crítico* a las mujeres de América Latina o si el tema de la inclusividad posmoderna es en sí una cuestión legítima. Para profundizar esta discusión sobre el vínculo entre posmodernidad y feminismo, *cf.* Jane Flax (1990) y Seyla Benhabib (1995).

nuestro sentido de "responsabilidad" en el mundo (1998).[48]

A través de la exigencia de una redefinición semántica y sintáctica en el debate político, el campo del género plantea varias peticiones de principio: ¿qué es la inclusión democrática?, ¿qué queremos decir cuando decimos "el pueblo"?, ¿de qué modo queda implicado el discurso sobre el cuerpo en la imaginación simbólica nacional? La crítica argentina Mabel Bellucci (1996) se pregunta incluso si las identidades de género permiten una nueva conceptualización del mercado.[49] Son preguntas que vale la pena desarrollar. Más aún, nos recuerdan que la interpretación de las subjetividades individuales y de la experiencia privada, como preocupaciones entrelazadas, está siempre asociada al reconocimiento en la esfera de la representación. El problema, entonces, no es sostener la "diferencia" sólo por el gusto de la diferencia.[50] Ni

---

48. Véase también la obra de Jean Franco, que presenta una reflexión sobre la práctica responsable en América Latina (1998).

49. También puede argumentarse que la fragmentación característica de este fin de siglo permite una apertura provisional y emancipatoria de espacios políticos no anticipados. Sobre esto escribe Mabel Bellucci: "En efecto, lo que está en juego no es solamente el cuestionamiento a un modelo determinado de dirigencia política con sus rasgos tan propios (populismo en el trato con la gente, personalismo en la conducción, fractura entre su retórica y procedimiento), sino básicamente un modo histórico de organizar la relación Estado-Sociedad civil-Mercado. La ofensiva de las políticas neoliberales rompe dicho esquema decimonónico, lo cual desarticula las tres piezas, que a su vez se desploman unas sobre otras. Por lo tanto, cabría preguntarse, ¿cuáles son los lugares que la política tiende a ocupar, aunque no sea más que de modo provisorio en este marco histórico de tensiones?" (1996: 13). El género, insisto, ocupa uno de esos lugares posibles.

50. Sobre los peligros de defender las diferencias sin crítica ni pensamiento político, véase el enérgico ataque de Marta Lamas a lo que ella denomina "mujerismo", esa visión que defiende la autoridad exclusiva del discurso feminista (1990). Laclau y Mouffe ofrecen una reflexión válida para pensar la necesidad de sostener múltiples intereses simultáneamente: "Una democracia radical, y no plural, será un mundo constituido por un espacio único de igualdad, basada en la operación ilimitada de la equivalencia, una que no reconozca el momento irreductible de la pluralidad de los espacios... No es posible que los derechos del individuo se definan en aislamiento, sino en el contexto de relaciones sociales que marcan las posiciones de los sujetos. Como resultado, será siempre una cuestión de derechos que involucran a otros sujetos que participan en la misma relación social" (1985: 184).

siquiera se trata de alcanzar una base común a través de la *impasse* ética o a través de la sensación de derrota,[51] sino de buscar los lugares donde emergen expectativas diferentes, rastreando las demandas por una política de representación específica opuesta a cualquier "verdad universal". En ese contexto, más que reforzar la distancia que separa la teoría de los intelectuales de sus sujetos subalternos (del tipo que preocupa a los críticos culturales mencionados en la primera mitad de este capítulo), llegamos a reconocer nuestro compromiso como actores sociales mientras entramos en contacto unos con otros.

En *Masculino/Femenino* (1993), Nelly Richard insiste en que las microprácticas y las demandas activadas por las representaciones de género pusieron a prueba al gobierno de Chile en los años posteriores a la dictadura. Richard se las arregla astutamente para posicionar las prácticas de género –y el reconocimiento de las subjetividades marcadas por la "diferencia"– como un modo de señalar los discursos contradictorios de la democracia y, al mismo tiempo, desafiar las prácticas de la metrópoli. Esta observación conduce a una manera de extender los límites de la teoría posmoderna más allá de un contexto específico: garantiza un lugar no sólo para las mujeres sino también para *todos los latinoamericanos* frente a la demanda universal. A su modo, todos y cada uno desafían las leyes de la uniformidad reguladora de las representaciones culturales. De ahí se deduce que el problema del género *instiga una crisis* en las certezas epistemológicas presentes en la etapa global.

Muchos críticos como Richard llegan incluso a proponer que "lo femenino" y "lo latinoamericano" se planteen como imágenes emancipatorias dentro de los paradigmas contrahegemónicos para la libertad (Richard, 1994b; Kirkwood, 1983;

---

51. Hay que notar que esta *impasse* intersubjetiva es un lugar desde el cual algunos críticos, como Jeffrey Nealon (1998) y pidiendo apoyo a Levinas y Zizek, esperan resolver el dilema ético señalado.

Trevisán, 1997).[52] Estas imágenes funcionan como un modo de ampliar las definiciones estrechas de identidad que se despliegan ante la mirada extranjera. Producen un modelo cultural alternativo que no sólo responde a las demandas de mercado o a la fragmentación del poder oficial; promueven, además, la posibilidad de una *alianza* entre latinoamericanos y a lo largo del eje Norte/Sur. En ese sentido, las intervenciones de las mujeres y las minorías sexuales desarman las construcciones analíticas disponibles. Ensanchan el paradigma de las ciencias sociales y desmantelan el rango de imágenes que pertenecen a los centros metropolitanos. Transgreden los límites de un proyecto de modernización que afecta a todos los latinoamericanos en su totalidad. En suma, estos deseos antiutópicos prometen una reordenación del poder entre los críticos locales y los cosmopolitas. Queda abierta la posibilidad de movilizar un proyecto cultural que cuestione la hegemonía de la metrópoli; se da también la oportunidad de interrumpir las ya conocidas narrativas que niegan espacio para la alianza, y reaparece la perspectiva de volver a pensar proyectos de representación. En su aspecto más atractivo, la crítica que integra el género y la sexualidad establece un punto de contacto entre el crítico y el objeto de estudio, e impide así separar los conflictos de identidad de los objetivos globales más amplios.

La cultura del Cono Sur absorbe esta problemática expresando los múltiples juegos de identidades propuestas por el género. Es útil recordar aquí las lecciones de los geógrafos posmodernos, quienes afirmaron que las relaciones sociales definidas por el género se inscriben en forma espacial.[53] Estos espacios no deben

---

52. Liliana Trevisán, por ejemplo, vincula la "diferencia" latinoamericana con un rango de "diferencias específicas" generadas por la presencia femenina. Los márgenes así fomentan una incomodidad con respecto a la manera de manejar el concepto de América Latina en su totalidad.

53. Con respecto a la conciencia del *hogar* y la raza, Bell Hooks escribe: "El significado del *hogar* cambia con la experiencia de la descolonización y con las prácticas políticas más radicales. A veces, el hogar no existe en ninguna parte. A veces, el individuo sólo conoce la alienación y el distanciamiento. Entonces, el hogar no es un solo lugar. Se constituye en sus múltiples localidades. El hogar es aquel sitio que promueve varias perspectivas cambiantes, un sitio donde uno descubre nuevas maneras de ver la realidad y las fronteras de la 'diferencia'" (1990: 148).

ser entendidos en términos de un *origen* o un *hogar*, sino como lugares en los que se cruzan los diferentes *vectores de la experiencia*. Vistos de esta manera, esos lugares de encuentro rara vez están predeterminados. En efecto, su inestabilidad se dirige al *flujo* de todas las relaciones de modo que el espacio y la identidad se vuelven libres.[54] En este contexto, lo que liga a los individuos a un lugar en particular es el ideal compartido con respecto al tiempo de la experiencia, a menudo anclada en los múltiples sentidos que recorren el cuerpo. La presencia de lo corporal sobrepasa cualquier referencia estable de origen; ya sea por los abusos ejercidos contra él o por las necesidades inscritas en su superficie, el cuerpo sexualizado arma una red de significados que van más allá de lo meramente performativo. A través de estas odiseas y reterritorializaciones, por medio de las colisiones y encuentros espontáneos con los otros, apela a las demandas colectivas de derechos y representación. El *movimiento* constituye el marco de la representación corporal. El cuerpo multiplica las posibilidades de debate sobre los derechos de autodesignación.[55] Debido a su inevitable materialidad, rechaza los estereotipos y las reducciones, apartándose también de lo que Nancy Fraser llamó "la injusticia de la identificación errónea" (1997). De hecho, como desarrollaremos en los próximos capítulos, las figuras proteicas, las voces impostoras de dobles discursos, los tramposos y delincuentes, llenan los textos literarios para obligarnos a reconocer nuestros equívocos constantes en la práctica de nombrar al otro. Señalan

---

54. Esta falta de estructura no es siempre celebrada por los críticos. Leonor Calvera, por ejemplo, viendo la fragmentación del espacio con cierta suspicacia, escribe: "La quiebra en la unión de los distintos tiempos y lugares, con la consiguiente abolición de la facultad evocadora, ha sido una de las principales características del terrorismo de los grupos de dominación, especialmente el Estado" (1992: 6).

55. Véase, por ejemplo, Isabel Barranco Lagunas, quien escribe sobre la experiencia de Cartagena: "El cuerpo es la síntesis y el punto de partida del hacer existencial y político". Y continúa: "Nuestra legitimidad se da en los hechos, no en el reconocimiento periódico a partir del Estado" (1997: 35). Esta perspectiva contradice los argumentos de las que defenderían el feminismo sólo en términos de los derechos alcanzados. También cuestiona el papel legitimador del Estado y sus propuestas universalistas.

la brecha entre la teoría universal y los actores particulares; marcan la distancia entre la alta cultura y la cultura popular; denuncian el cisma entre los intelectuales y las masas. Recuerdan también, por supuesto, la irresoluble cuestión de los roles asignados al hombre y a la mujer. La metáfora del género nada, indecisa, entre contradicciones, a la vez que subvierte la monocromía de la historia.

La representación de Kuitca de los colchones cubiertos con mapas de rutas pone de relieve nuevamente estos temas. Su obra inspira, a primera vista, una reflexión sobre el lazo entre el hogar y la cartografía distante, entre las percepciones locales y el discurso abstracto y global. Me pregunto si en el contexto de una discusión más amplia, en vez de fijar la atención únicamente en los mapas de naciones extranjeras, no deberíamos contemplar también la red de ausencias observables en la escena armada por el artista en su propio país. Al volver la mirada sobre las camas paralelas, se podrían formular teorías y conjeturas acerca de los sujetos ausentes, tal vez succionados por los mapas globales, o "desaparecidos" por la políticas locales. La ausencia también evoca la posible experiencia de conexión entre los cuerpos perdidos y la sensación de deseo frustrado en la vida personal de los espectadores. Crea un anhelo no ligado simplemente a la erótica futura, sino a las posibles acciones comunitarias que aún yacen en reposo, *en route*, por lo tanto, hacia un posible encuentro entre individuos de diferentes mundos de experiencia, no sólo intelectuales y actores populares, sino también hombres y mujeres. Del mismo modo que las figuras suprimidas del debate contemporáneo, las camitas vacías de Kuitca provocan el deseo acucioso de hacer visibles las líneas de contacto entre los actores sociales ausentes. Como para recordarnos que estamos perdidos en el laberinto contemporáneo, despiertan el ansia de ver a los cuerpos en acción, de establecer las solidaridades del porvenir.

Capítulo II

El espectáculo de la diferencia

Desde la revolución cultural de mi impostura...
GONZALO MUÑOZ, *La estrella negra*

El delirio resplandece en la copia.
MARÍA NEGRONI, *La jaula bajo el trapo*

En agosto de 1994, el artista plástico Juan Dávila provocó un escándalo internacional cuando hizo circular en Chile reproducciones postales de su cuadro de Simón Bolívar. El "Libertador" de Hispanoamérica estaba retratado con las mejillas y los labios pintados. Debajo de una capa floreada y un uniforme militar, exponía los pechos de una mujer. Esta representación *camp* de uno de los padres fundadores más reverenciados de América del Sur atrajo de inmediato las protestas de los diplomáticos venezolanos y colombianos e irritaron a los oficiales chilenos. Y cuando FONDART, la organización patrocinante de ayuda para los artistas chilenos, rechazó la petición de fondos de Dávila, la comunidad intelectual de Santiago expresó su repudio a viva voz, como se lee en la recopilación armada por Nelly Richard en su *Revista de Crítica Cultural*.[1]

---

1. Nelly Richard, tanto en su *Revista de Crítica Cultural* ("El 'caso' Simón Bolivar", 1994a) como en su libro *Residuos y metáforas* (1998), traza el significado del episodio Dávila con gran detalle. Richard hace hincapié en la movilidad que otorga el formato de postal, que escapa al control institucional y por ello repolitiza el arte en localidades imprevistas. Difiero de la interpretación de Richard sobre este escándalo cultural, pero sin embargo comienzo con la anécdota sobre Dávila para llegar a la cuestión de la duplicación *comercial* de identidades en estos tiempos. Ya me había referido al episodio de Dávila en un trabajo anterior (1997a).

Este episodio evoca las contradicciones entre la recepción y la interpretación del fenómeno *drag* en la cultura latinoamericana. ¿Acaso el énfasis posmoderno sobre el vaivén del género sexual conduce siempre a las mismas conclusiones? ¿Es la transgresión de la imagen travestida codificable en símbolos universales o responde a un contexto específicamente local? Finalmente, ¿de qué manera dejan su marca en el foro político los cuerpos intencionalmente sexuados o travestidos?

Dávila pone de relieve el papel que desempeña la sexualidad a la hora de definir lo latinoamericano. Cuestiona las nociones fijas de identidad transmitidas por los padres de la patria, y obliga a reformular la concepción de "lo popular". Cuando pregunta sobre la gramática del cuerpo organizadora de la memoria y la historia, también pregunta sobre la voz autorizada para dar nombre a las añoranzas de lo nacional. A este respecto, escribe Pedro Lemebel: "¿Quién puede impedir que la loca imagine esos bacanales patrios acercándonos al cuerpo real y sexuado de la historia?" (1996: 136).[2] De hecho, el Bolívar travestido sugiere a los espectadores que aun los ciudadanos marginales tienen el derecho de interpretar a su héroe nacional. Así, ellos alteran los legados simbólicos corrientes que han excluido las consideraciones de género para defender la normatividad.

Esta obra de arte contempla a los que tienen el poder de dictar la operación de la copia y a los espectadores que están allí para juzgarla. Más aún, plantea un interrogante sobre *quién* ejerce el control sobre la "diferencia" en la sociedad civil moderna. En 1994, los intelectuales hablaron mucho de la pintura de Dávila e iniciaron discusiones sobre la censura del Estado democrático y la libertad individual. Yo, guiada por supuesto por esta estrategia crítica, también quisiera iniciar una segunda ronda de lecturas que, en el análisis final, tal vez no demuestre ser completamente secundaria para las políticas de género, tal como emergen bajo el régimen neo-

---

2. Citado en el ensayo de Lemebel dedicado al episodio Dávila: "Juan Dávila (la silicona del libertador)" (1996: 135-136). Véase también Raquel Olea (1994a).

liberal. En este caso, me refiero al modo en que *el espectáculo de la diferencia es sintomática del mercado.*

Más allá de estas primeras observaciones, los cuadros de Dávila presentan el patriotismo como una fabricación comercial, basada en el *packaging*, el intercambio de poses, gestos, estilos y vestimenta que se ofrecen para la venta. De hecho, si volvemos a colocar el retrato de Bolívar en la instalación más vasta donde había estado originalmente, podremos llevar a cabo un análisis significativamente diferente. En ese trabajo más amplio, titulado "Utopía", 1988, Dávila desafía los conceptos de género o nación gracias a una serie de imágenes ensambladas, provenientes de reliquias religiosas, tarjetas postales turísticas y objetos de la cultura de masas. A través de esta yuxtaposición, pone de relieve las divisas de intercambio prefabricadas de las que nacen los símbolos nacionales. La obra también evoca el exceso de mercancías circulantes, mientras se burla del tráfico de nostalgias nacionales. Por último, el Bolívar travestido, inscrito en esa escena más vasta, nos recuerda que las aventuras estéticas son siempre parte de un sistema de citas, forjado por las tensiones entre los íconos fundacionales y su subsiguiente distorsión, las lecturas elitistas y populares de la cultura, la preocupación genuina por la identidad y el aprovechamiento de este tema con fines de intercambio comercial. En el salón de ecos y de espejos sugerido por este modelo, lo femenino responde a la masculinidad dominante, pero las convenciones de género también descubren otro valor en la demanda del mercado.

Comienzo con el ejemplo de Dávila para reflexionar sobre la política de representación del régimen neoliberal, su estilo para negociar sistemas de diferencia a favor de los intereses del comercio y el intercambio. A través de las aberraciones particulares activadas en el campo del género, el neoliberalismo descubre una moneda de cambio; explota el valor de mercado del escándalo y tienta por medio de las imágenes de la desviación. Más aún, cuando los desvíos de las pautas normativas del género surgen en el escenario de la polémica nacional, adquieren la naturaleza de un espectáculo. Aquí los detalles superficiales –los cosméticos, el vestido y la pose– son tratados como mercancías puestas al servicio de la producción de imágenes de la nación. También podemos invertir el paradigma y ver la ropa desde otra perspectiva: el vestido –como la cultura misma– a menudo encubre una de las luchas más cruciales de la sociedad. Puede ser visto como un discurso sin un significado fundamental; sólo activado por los efectos que se producen en un contexto en particular. Expone tanto el poder del sistema de representación como sus limitaciones. El enigma de las identidades sexuales, disimulado entre los pliegues de la moda, encuentra un llamativo paralelo en los misterios de Estado ocultos detrás de la máscara. Evoca una serie de conflictos entre la elite y las culturas populares, las estéticas tradicionales y las de vanguardia; ubica en primer plano la conciencia política y artística sobre la dinámica de la "diferencia".

El material que abarca este capítulo pone la desviación del género sexual, el travestismo y el transformismo en relación con las identidades valorizadas por el Estado nacional durante y después de la dictadura. La identidad sexual, como metáfora principal de la diferencia, es claramente manipulada por el Estado y por los medios de comunicación; se trata, a la vez, de una expresión de la identidad que se presta fácilmente a la retórica del enmascaramiento. En relación con el discurso oficial, la máscara permite al Estado manipular a los ciudadanos y activar el impulso finisecular de comercializar las "diferencias" a escala global. De parte de la sociedad civil, la máscara protege a los ciudadanos del ojo intrusivo del Estado, actúa como parodia y como desafío espontáneo. La impostura, por lo tanto, es ambivalente: sirve tanto al Estado como a sus disidentes.

Permítanme complejizar más aún este tema alegando que el juego de la identidad varía según los proyectos ideológicos. Si en una primera etapa, bajo regímenes autoritarios, la máscara propicia la movilidad en los individuos que se oponen a los mandatos de un Estado inequívocamente masculino, en una segunda etapa, con el retorno a la democracia, el conflicto para controlar u ocultar la identidad está a menudo condicionado por deseos expresamente corporativos. La fuerza de lo estético consiste en enfrentarse al mismo tiempo con los dos extremos. En ese sentido, la estética adopta la mascarada como un modo de poner a prueba los límites del arte. Estas posiciones contradictorias trazan el mapa de la vida intelectual y política en nuestro fin de siglo pero, como intentaré demostrar sumariamente, su origen se remonta al momento inaugural de la consolidación de la república liberal.

Impostores y agentes dobles

La presencia de impostores y agentes dobles ciertamente no es nueva para la política latinoamericana ni para los proyectos literarios. De hecho, les permite tanto a los intelectuales como a los sectores populares moldear el rostro necesario para acceder a la ciudadanía. La cuestión de las identidades duales fue el punto clave de los debates de las repúblicas decimonónicas y de las bases del pensamiento liberal; puso a prueba los límites de los derechos y de la representación en la política, y el ejercicio de la autoría en el campo cultural. Presentó, por lo tanto, un amplio registro de lenguajes políticos en conflicto y de incesantes discordias, y reveló grandes desacuerdos entre los padres de la patria sobre los conceptos del bienestar común. El siglo XIX también registró múltiples debates sobre la libre circulación de identidades y voces en el medio republicano y, a la inversa, una serie de preocupaciones sobre la duplicidad y el ocultamiento de sujetos sociales no legitimados. Si, por un lado, estas discusiones dependían de modo inextricable de varios conceptos de la "diferencia", tanto para la construcción de la ciudadanía como para las operaciones prácticas de la democracia, por el otro, revelaban las inquietudes de un Estado que había admitido la existencia de obvias brechas entre la representación y la expresión, y, asimismo, la incapacidad para conciliar los intereses individuales con los ideales colectivos y universales. La falta de sincronía, punto clave en todas las discusiones sobre la fundación de la república liberal, fue la base de las discrepancias entre el Estado y la sociedad civil.

Este clase de ambigüedad lleva a lo que tal vez haya sido la cuestión dominante en la filosofía del siglo XIX, y sigue siendo hoy un tema de preocupación: la formación de la "república liberal". ¿Qué es una república de este tipo? Desde su lado liberal, sugiere la autonomía de una sociedad civil, la circulación de intereses particulares y el ejercicio de la libre voluntad; en su aspecto republicano, propone un proyecto común y colectivo, la fe en el consenso y la negociación de un ideal universal estándar. Como tal, la república liberal reorienta el poder de las creencias populares y establece modelos de memoria nacional. Paradójicamente, también construye un espacio semiótico basado en principios de exclusión. El proyecto evoca una multitud de contradicciones, especialmente con respecto a los que quedaron fuera de la autoridad del Estado. ¿De qué modo, en efecto, podrían ser incluidos o representados?

El dualismo, la impostura, un giro hacia el disfraz o el velo –incluso la enfermedad y la automutilación– fueron imágenes clave para el imaginario cultural del siglo XIX. La ópera, el melodrama y las aventuras de capa y espada nacieron de la conjunción de la máscara y su revelación. También nos invitan a reconsiderar la gramática de las identidades masculinas y femeninas en el proceso de representación, y a reformular la relación de sujetos sexuados con los proyectos universalizadores del Estado liberal. Tal como el medio estrictamente literario se vio inmerso en un tira y afloja en torno a los dramas de la identidad, la república liberal de América Latina quedó atrapada en una ambigüedad irresoluble sobre el tema. En lugar de un lenguaje cohesivo y regulador, Babel floreció en sus múltiples prácticas e impidió la manifestación de una lógica única para nombrar a sus ciudadanos.

Las transgresiones en los códigos de la vestimenta, el énfasis en el habla bilingüe, la asombrosa atención prodigada a los textos traducidos que resaltaban más los defectos del proyecto nacional que las bondades de la homogeneidad, lograron descentrar el proyecto fundador de la república liberal, en la medida en que cuestionaban simultáneamente la naturaleza de la experiencia colectiva y la autoridad de la representación. La historia de la formación del Estado estuvo marcada por estas intrusiones. Dado que el Estado sólo podía reconocer voces autorizadas, la responsabilidad de asumir un registro alternativo para ingresar en la esfera pública recayó sobre los ciudadanos disidentes. El peso de este problema se hizo sentir, reiteradamente, en el campo del género y la identidad sexual.

Basta con recordar la voz transgénerica de Sarmiento tal como aparece en las páginas de *El zonda* (1839), o el disfraz femenino de Alberdi en *La Moda* (1837-1838), en la época en que ambos estaban comprometidos en la lucha contra Rosas. Las mujeres, por su parte, asumían identidades alternativas cuando accedían al mundo del trabajo o se acercaban a los debates públicos; tal el caso de la exiliada Juana Manuela Gorriti, quien se vistió de varón para regresar a Salta durante los tiempos rosistas. Tampoco debemos olvidar la renovada curiosidad en Chile –por parte de Lastarria y Barros Arana– respecto de las leyendas coloniales de la monja alférez, Catalina de Erauso, una religiosa que vestía ropas de hombre para unirse a los conquistadores en su marcha de México a Chile.[3] El nuevo interés en su historia durante el siglo XIX se debe a la preocupación de los liberales por la identidad de sus ciudadanos, para no mencionar la idea de una sexualidad desviada nacida en los confines de la Iglesia.

Todos estos ejemplos centran la atención en el contrato social deficitario que ha aceptado a ciertos ciudadanos a costa de la exclusión de otros; también dan acceso a diferentes registros de experiencia aún no codificados por la ley. Al mismo tiempo, presentan tanto la imagen positiva como negativa de los requisitos ambiguos de ciudadanía, los cuales promueven la singularidad del sujeto universal mientras aparentan

3. Véase Masiello (1997a, 1997b) sobre la "monja alférez", y también sobre la cuestión de agentes dobles y el disfraz como estrategias femeninas para oponerse al Estado.

respetar la pluralidad de voces que coexisten en la nación. Igualmente, a través de los requerimientos exigidos a los ciudadanos –homogeneidad en la vestimenta y reglas aplicadas a la apariencia–, el Estado reconoce implícitamente la necesidad de una máscara pública. En este sentido, las muestras de travestismo y de impostura, sugeridas en exquisito detalle por las figuras políticas y las leyendas literarias de la época, nos permiten pensar que el gesto más extremo de teatralidad es, realmente, el que sostiene el Estado.

David Lloyd y Paul Thomas (1998), con respecto al período de la Revolución Francesa, ofrecen una perspectiva diferente de este problema cuando alegan que el Estado administra una suerte de puesta en escena visual para controlar a los espectadores; el teatro genera un concepto de ciudadanía configurada en el rol de los observan el espectáculo. Estos autores opinan que el espectador es clave para la construcción de una subjetividad explícitamente política, necesaria para el Estado moderno. El espectador facilita la ilusión de un ciudadano desinteresado, un sujeto que defiende la universalidad y reconoce los derechos de intereses contrapuestos.[4] En otras palabras, a través de la metáfora del teatro, surgen diversas prácticas de representación política por medio de la cual un sector maneja los términos de inclusión y el otro aprende a observar a distancia. Pero este argumento tiene un interesante aspecto que puede resultar provechoso. Lloyd y Thomas aseguran que a los espectadores les gusta "sentirse capaces de ser representados" (33); ésta es sin duda su garantía para ingresar en la vida política. La metáfora del teatro permitió a los individuos creer que formaban parte de un diálogo abierto en la sociedad civil: "Aprender a ser representados garantizó, si no el acceso al poder, al menos el derecho a hacerse oír" (33-34).

---

4. Para un punto de vista diferente, véase Eduardo Rinesi, quien sostiene que el modo teatral establecido por el Estado requiere una audiencia pasiva; el palco es para el aislamiento y la sumisión. "Las máscaras no eran puentes, sino velos", escribe Rinesi (1994a: 140).

En cuanto a los latinoamericanos del siglo XIX –especialmente los grupos marginales que consideraban que los términos de la representación oficial no respondían de modo suficiente a sus intereses–, la historia puso en evidencia su profundo malestar bajo la forma de desafíos explosivos contra las reglas aceptadas del decoro. La ropa exagerada, los trajes del carnaval, los hábitos del *dandy*, se inscribieron en el imaginario del siglo XIX como un reto al buen gusto y a las buenas costumbres de la gente decente. La mayoría de las veces, estas imágenes sirvieron para protestar contra la propia exclusión de los valores normativos.[5] Por su parte, el Estado respondió con una contrainiciativa de vigilancia y control creciente. Así, la metáfora de la moda dio forma reiteradamente a las tensiones de finales del siglo XIX.[6] El deseo de inclusión fue absorbido por una especie de tráfico de estilos.

Cerca del fin de siglo, la "diferencia" había adquirido un mercado y también servía al Estado liberal como un vehículo para modernizar la cultura. La indumentaria y la moda crearon la ilusión de cambio y progreso. Con este discurso a su disposición, Latinoamérica podía competir con el estilo europeo y estar *à la page* con las nuevas tendencias provenientes del extranjero. De esta manera, la moda fortaleció los proyectos de modernización; también abogó por un modelo de ciudadanía relacionado con las ventas y el comercio. La persona moderna, sin embargo, debía someterse a comportamientos prefijados y a convenciones aceptables en el vestir y en las formas de hablar, aunque las diferencias individuales eran toleradas como signos de innovación. Ambas cosas crearon la ilusión de pluralidad necesaria para la imagen de una democracia incipiente.

Señalo el legado del siglo XIX para establecer parámetros

---

5. Sobre la moda y el buen gusto, véase Masiello (1997a, 1997b). También Jorge Salessi (1995b).

6. Sobre la tensión entre la moda y el estilo, Roberto Echavarren (1998b) ofrece un argumento valioso. Volveré a él más adelante en este capítulo. Véase también Masiello (1994a).

de comparación con la historia reciente y la problemática del Cono Sur desde los años de la dictadura hasta el período del gobierno neoliberal regido por el mercado.[7] En este caso, los efectos transformadores de la indumentaria y la identidad de género (con su colateral identificado en los actos de impostura, imitación y disfraz) permiten hablar de cierto modo sobre la transición democrática, e indagar sobre las identidades alteradas que primero responden a la autoridad del Estado y, más tarde, se involucran en un espectáculo de libre mercado donde se explota la "diferencia identitaria" como táctica de compra y venta. Es decir, bajo la dictadura, cuando el Estado mostraba una necesidad de subjetividades fijas y posiciones estables en cuanto a los significados, como una manera de controlar los movimientos de los ciudadanos, los escritores y los artistas se volcaban a las máscaras como parte de una práctica contestataria, una propuesta de acción antiautoritaria. Sin embargo, con la redemocratización, tal como fue configurada bajo la agenda neoliberal, estas figuras adquirieron otro valor, ligado al espectáculo y al comercio del mercado. Con la globalización del capital, los movimientos constantes de la mano de obra, el avance de proyectos massmediáticos que resitúan nuestros análisis de la cultura local, la moda, las ventas y la lente de la cámara crean una política peculiar de la identidad; la ciudadanía se define como una *performance*. Este modelo predominantemente visual, que bajo la dictadura fue iniciado en respuesta a las tácticas de vigilancia del Estado, es inherente al negocio de los medios masivos. Para ampliar su radio de influencia, orienta nuestra comprensión de las dimensiones públicas y privadas de la vida, da forma a las campañas electorales y a las preferencias del consumidor. Nos

7. El siglo XIX es un terreno fértil en el cual transcurren muchos textos literarios contemporáneos sobre las identidades cruzadas: piénsese solamente en los poemas de Perlongher dedicados a la época de Rosas, las novelas de Juan José Saer ubicadas en el último siglo, "El Campo" de Griselda Gambaro y *La Liebre* de César Aira, para no hablar del entusiasmo actual por las novelas históricas escritas por mujeres que transcurren en esa centuria.

condiciona para una gratificación inmediata. La vestimenta y el estilo cuentan más que cualquier otro programa de bienestar general orientado hacia las necesidades primarias. No pretendo ignorar el proyecto estético independiente que la máscara y el disfraz proporcionan (me extenderé sobre este punto más adelante), pero por ahora quisiera concentrarme en el dilema social que la identidad dual –como una tensión entre un modelo auténtico y su derivación o copia– produce tanto para los críticos como para los autores.

La copia y la cita

Consideremos dos posiciones acerca de la copia que han gozado del favor de los lectores en los últimos años, y que han surgido como señales de peligro dentro el campo de los estudios culturales latinoamericanos: tengo en mente textos que pertenecen a Nelly Richard y a Roberto Schwarz. Desde la época de la publicación de su libro, *La estratificación de los márgenes* (1989), Nelly Richard nos ha alertado sobre las ironías implícitas en el discurso de la "otredad" latinoamericana, que priva a América Latina de todo sentido de una voz auténtica: "[N]os arrebata la posibilidad de ser actores, y no sólo figurantes, de nuestra propia reformulación de discursos" (49); la otredad impulsa la relación entre la copia y el modelo y nos recuerda el posicionamiento secundario de América Latina con respecto a la teoría metropolitana.[8] Nunca destinada a alcanzar el mismo status que la producción teórica angloeuropea, la legitimidad intelectual de América Latina está siempre amenazada, relegada a una categoría menor. La venganza o represalia se hace oír a menudo en el *estilo* de la imitación. En otras palabras, las prácticas derivativas identificadas con la producción cultural latinoamericana conllevan un elemento de sabotaje, una contrainiciativa que corroe la validez de cualquier modelo "original". Germán García también sostiene

8. Véase especialmente el capítulo "Latinoamérica y la posmodernidad: la crisis de los originales y la revancha de la copia", incluido en *La estratificación de los márgenes* (1989).

que prácticas como el pastiche o la imitación cultural constituyen una forma de "revancha" contra los centros metropolitanos dominantes; nos recuerda que la palabra "*parodiar*" reaviva la connotación de *para odiar*.[9] En esta misma línea, Richard encuentra que la copia devalúa la autenticidad fundacional de los modelos metropolitanos, insiste en un acto de sabotaje iniciado desde la periferia.

Por el contrario, Roberto Schwarz en "Nacionalismo por sustracción" (1986) muestra cómo la apropiación y la transformación de las ideas de Europa (en el Brasil del siglo XIX) obedecen a iniciativas de diferente orden. Pese a que los intelectuales latinoamericanos insistían en el régimen de la copia con respecto al "original" europeo, la adaptación resultaba siempre inadecuada. Al igual que la ropa prestada, el original es, como suele suceder, varios talles más grande. Aun así, las prácticas de la copia cultural responden asimismo a un proyecto propio, íntegramente regional en su conceptualización. Para Schwarz, ofrece a las clases privilegiadas un modo de evitar el compromiso con los sectores populares en su propio medio. De esta manera, la copia cultural de las metrópolis permite a las elites locales purgar su entorno de conflictos clasistas y buscar su identidad en otra parte.

La perspectiva de Schwarz nos pone sobre aviso acerca de los peligros de usar términos tales como "inauténticos" o "secundarios" en los debates sobre identidad. Más que subrayar la relación de los intelectuales de América Latina con una fuente metropolitana extranjera, dirige la atención al contexto local de los conflictos. Más allá de su lúcido comentario, quisiera llevar la discusión sobre la autenticidad y su copia al terreno de las comunidades marginales y establecer que la metáfora de la máscara, los simulacros que confunden la copia y el modelo en nuestras culturas posmodernas, son parte de una dinámica *interna* derivada de los conflictos producidos en el *interior* de las comunidades opositoras. En este contexto, el

---

9. García se refiere aquí a los escritos de Osvaldo Lamborghini. Citado en Perlongher (1993: 12).

género también ingresa en la narrativa de la copia cultural y debilita los roles tradicionales femeninos y masculinos que fueron determinados por las prácticas identitarias del Estado. Éstos desmantelan las expresiones autoritarias del conocimiento e impugnan la certeza en el acto de nombrar. A la vez, crean un desafío para las formas convencionales de la representación. Ni voz paródica ni deferencia servil ante el modelo foráneo, los desvíos de género –junto con el carnaval bajtiniano, que constituye una parte muy importante de nuestro debate crítico– emergen de los sectores populares en forma de resistencia frontal a las políticas locales dominantes y a los circuitos cerrados en el manejo de la literatura y el arte.

Esta experiencia es sintetizada, de modo humorístico y eficaz, en la *performance* de Pedro Lemebel y Francisco Casas, dos activistas sociales gay que asumieron la identidad de "Las Yeguas del Apocalipsis", supuestamente un juego de palabras basado en la novela de Blasco Ibáñez (*Los 4 jinetes del Apocalipsis*) o en la alusión al poder masculino que Tyrone Power hizo famoso en la adaptación cinematográfica. Esas *performances* travestidas fueron especialmente elocuentes en su protesta contra el régimen militar con el fin de llamar la atención sobre las duplicidades del Estado chileno y hacer una advertencia respecto del control que éste ejercía sobre la identidad de los ciudadanos. Su trabajo posterior, con la transición a la democracia, apuntó a una crítica de los efectos aplastantes del mercado.[10] Aunque el *tableau vivant* de "Las dos Fridas" es tal vez más conocido por el público,[11] quisiera referirme, mientras

---

10. Véanse, por ejemplo, los videos preparados por Pedro Lemebel en colaboración con Carmen Berenguer. Estos videos, titulados "Postales Norte/Sur", 1990, muestran los efectos de la economía manejada por el mercado sobre la subjetividad individual. En uno de los videos de la serie, subtitulado"MU", los artistas crean la sensación de que los ciudadanos chilenos son llevados en grupo al mercado, un acto muy parecido al arreo de ganado para la venta y el matadero. El comentario de Lemebel sobre el neoliberalismo también está registrado en sus primeros libros, *La esquina es mi corazón* (1994) y *Loco afán* (1996).

11. Sobre "Las dos Fridas", véase Jean Franco (1996, 1998).

tanto, a la *performance* de protesta escenificada en la puerta de un teatro, el cine Normandie de Santiago, evento que fue realizado durante los primeros días del retorno a la democracia, y grabado en video. "Lo que el sida se llevó" (dirigido por Francisco Casas y Pedro Lemebel, en 1991) recrea un entorno con reminiscencias de la ceremonia hollywoodense de los Oscar, con gran despliegue de luces y reflectores, cámaras móviles y reporteros fervorosos y excitados, actores posando frente a las cámaras –todos con los consabidos anteojos de sol, yendo al encuentro de la gente con enormes sonrisas– y Lemebel y Casas entre ellos, vestidos como las divas del cine local. La parodia apuntaba al glamour y a la agitación en la noche de entrega del Oscar, televisada para millones de personas.[12] Pero, tras el brillo de Hollywood, surge el

---

12. En *Loco afán*, Lemebel cuenta la historia de un travesti llamado Madonna que se modeló a sí mismo, por supuesto, basándose en las estrellas de la música de Norteamérica y desafió las presunciones de la dictadura y de la democracia con sus presentaciones públicas. Sus protestas para la concientización del sida requerían las imágenes visuales de Hollywood como parte necesaria de los efectos de fondo. La puesta en escena que Lemebel describe para estas funciones es similar al acto del cine Normandie; juntos y nos recuerdan el peso simbólico de Hollywood no solamente como afirmación de la identidad del travestido a través del estilo, sino también para tratar la divisoria Norte/Sur. Con este fin, Lemebel escribe: "Seguramente entonces, por allá en los años ochenta, cuando el arte corporal era el *boom* de la cultura chilena. Cuando el cuerpo expuesto podría representar y denunciar los atropellos de la dictadura. Quizás en ese marco cultural cercado con alambres, nadie hubiera imaginado que la metáfora LO QUE EL SIDA SE LLEVÓ se coagularía en varios de los personajes que participaron de aquella acción de arte en la calle San Camilo [...] La intervención escenografiaba un homenaje, una estrellada nocturna desplegada en el cemento sucio. Una parodia de Broadway en el barro de la sodomía latinoamericana [...] las estrellas, pintadas en positivo y negativo, reafirmaban la poética del título de la acción LO QUE EL SIDA SE LLEVÓ. El montaje hollywoodense de los focos y las cámaras de filmación, los travestis más bellos que nunca, engalanados para la premier, posando para la prensa alternativa, mostrando la silicona recién estrenada de sus pechos. Todo el barrio estaba deslumbrado por el fulgor de los flashes. Y toda la resistencia cultural en la dictadura, políticos, artistas, teóricos del arte, fotógrafos y camarógrafos sapeando la *performance* de 'Las Yeguas del Apocalipsis', que recargaron de estrellas el paseo comercial del sexo travesti" ("La muerte de Madonna", 1996: 35-36).

lamento por la indiferencia del neoliberalismo con respecto al arte. En efecto, el video es un homenaje a la última noche del Normandie, un pequeño teatro que exhibía películas extranjeras y uno de los poco lugares que permitían la reunión de intelectuales durante los años del régimen de Pinochet. El cine Normandie fue clausurado para dejar su lugar a un moderno *shopping center.*

Lemebel y Casas, junto a una multitud de intelectuales y artistas chilenos que asistieron a la última función, articulan una crisis del sistema regido por el mercado. Dos fenómenos exigen especial atención: en primer lugar, los videastas responden al alineamiento del gobierno chileno con el neoliberalismo destacando la dependencia cultural subyacente bajo el nuevo orden económico. Para poder triunfar, Chile debe copiar a su vecino del Norte. Encerrado en su prescrito papel de imitador, lo que reina es el simulacro. En este sentido, la copia de Hollywood resume el poder de la modernización. Sin embargo, nunca logrará encontrar un cómodo equivalente en Santiago de Chile; demasiado espectacular para lo que es el ritmo local, la celebración de Hollywood anuncia el fracaso de una copia que jamás podrá competir con su modelo. En segundo lugar, el video lamenta el fin de un estilo propio de cultura intelectual. Casas y Lemebel eligen el ícono de Hollywood –que disemina las fantasías de una vida al estilo norteamericano en Chile–, para poder interrogarse sobre el futuro empobrecimiento del diálogo y del arte. El precio a pagar por introducir el modelo hollywoodense en Chile es la reducción del espacio intelectual, el control del análisis y del debate, el sacrificio de la crítica permanente en función del triunfo del glamour. Luego de haber sido limitada durante los años de la dictadura, la vida intelectual sigue sin tener un espacio de disenso en la democracia.

El video presentado por Lemebel y Casas nos recuerda las pérdidas sufridas en beneficio de las importaciones comerciales reguladas por el mercado. Hoy, el cine Normandie ha sido refaccionado y transformado en una lujosa sala destinada a exhibir films convencionales. Irónicamente, el video es mudo, salvo cuando reproduce los murmullos de los pasillos. No se oye ninguna conversación, no hay voz en *off* que narre lo que ocurre. El espectáculo bloquea el diálogo y el debate, paraliza el flujo de las ideas. La comunidad de hablantes presentada en el film carece de nombre en el orden neoliberal.

Es obvio que la exhibición de imagen y copia se conecta con una crítica del control de la ideología y de los medios. En efecto, la tensión entre estos extremos produce una poderosa reflexión sobre la apertura de los espacios locales y globales. Al mismo tiempo, se respira en el video la nostalgia modernista de una clausura ontológica fija y cerrada. Habría que recordar que el travestismo de la identidad política no se dirige únicamente contra la metrópoli. Más bien, la impostura que vemos se mueve dentro de la dinámica *interna* de Estado y comunidad, lugares donde los individuos ya están obligados a usar múltiples máscaras para eludir las imposiciones de nombre y clasificación. Paradójicamente, este problema surge en el momento en que la sociedad civil encuentra la gran ventaja de explotar la "diferencia".

El intercambio de la "diferencia"

Siguiendo el camino trazado por varios filósofos políticos, Norberto Lechner (1990) enfatiza la posición central en que se encuentra la política para forjar la identidad colectiva e individual. Al adoptar como tarea primordial la articulación de los intereses plurales y colectivos, la democracia construye tres ficciones fundamentales: primero, la ficción del campo político como determinante de la identidad nacional; segundo, la construcción de una identidad histórica limitada y cerrada que pertenece a una nación específica; y tercero, la definición interna de identidad nacional determinada en oposición a una amenaza externa. A pesar de los esfuerzos por proteger y controlar el imaginario público, la política siempre se queda corta a la hora de satisfacer las necesidades identificatorias de sus sujetos particulares. Al fallar en la búsqueda de representación, los ciudadanos excluidos pierden la fe en la continuidad temporal, en la estabilidad del nombre y del lugar. En ese sentido, Lechner escribe: "Se borra el pasado y, en consecuencia, la distancia histórica que daba relieve a la actualidad. Condensando el tiempo en un solo presente, la vida social deviene una superficie plana, un *collage* [...] La identidad sucumbe al vértigo" (1990: 115). El Estado se niega a incorporar los intereses individuales y los componentes históricos de sus sujetos. Por el contrario, la esfera pública queda abierta a las fuerzas controladas por el mercado. "Todo cae bajo sospecha –observa Lechner–. ¿Quién es el *otro* y quién uno mismo?" (121).

Ernesto Laclau ofrece otra perspectiva para este aplastamiento de las identidades cuando sostiene que la confrontación entre exigencias universales y particulares siempre queda sin resolver. El continuo antagonismo constituye la precondición de lo que hoy conocemos como democracia (1996: 35). El sentido emerge de la necesidad de los grupos particulares de representarse simbólicamente para ganar *visibilidad* en el campo de lo público. En cambio, el Estado busca significarse por medio de definiciones universales. No puede respetar intereses particulares en la medida en que siempre habla más allá de cuerpos, contenidos y ubicaciones precisas. Sin embargo, la categoría de totalidad necesita de los particularismos para poder imponerse, el centro necesita de sus márgenes. Actualizado a los tiempos que corren, podemos decir que el neoliberalismo también permite la proliferación de la diferencia como una manera de demostrar su legitimidad. La tolerancia de la diferencia crea la ilusión de un Estado no coercitivo. Y en la medida en que la naturaleza universal y abstracta del Estado *depende* de la corporeidad específica de sus demandas particulares, podemos sostener que la diferencia es, en realidad, funcional bajo el gobierno de la democracia.[13]

13. La interpretación que Etienne Balibar hace sobre la producción de diferencias es mucho menos generosa. Al manifestar que la identidad de los actores depende directamente del mantenimiento de la hegemonía (1991: 4), Balibar sostiene que la ideología dominante *necesita* sostener un lenguaje de universalidad que se disemina sobre un mundo constituido por diversos agentes siempre en conflicto. En otras palabras, las divisiones de la sociedad –por raza, género o clase– están lejos de disminuir; de hecho, los programas del Estado liberal las acentúan.

Hablando directamente de la cuestión del género, Monique Wittig ofrece una visión pesimista de este problema cuando escribe que "la función de la diferencia es enmascarar en todos los niveles los conflictos de intereses, incluidos los ideológicos".[14] Cualquier afirmación de la autonomía grupal es percibida como una especie de servidumbre al servicio de un proyecto que va más allá de las intenciones puramente emancipatorias. Al igual que el espectáculo producido por Lemebel y Casas, la reivindicación de la diferencia está siempre encastrada en un programa de ideologías fuertemente estructurado, que evidencia una tensión entre el estancamiento y el cambio. De ese modo, por lo tanto, quedamos atrapados –como observa Judith Butler– en una "duda tropológica", un interminable sube y baja entre necesidades universales y particulares(1997a: 4).

La puesta en acto de esta polémica depende de una metáfora de espacialización, un realineamiento de las culturas de elite y las populares, un conato de desplazamientos territoriales. En realidad, la tensión entre original y copia, entre autenticidad y disfraz, entre la normativa heterosexual y sus alternativas, es realmente una cuestión de *movimiento entre lugares*, llevado a cabo –como señala Néstor Perlongher, con fuerte resonancia deleuziana–[15] por lo general fuera de la ley, a través de las iniciativas del malandra o malhechor. Por medio del movimiento, surgen los significantes bilingües para desplazar a los significados singulares; la multiplicidad supera la uniformización. Esta clase de expansión espacial rechaza las ataduras sociales habitualmente

14. Citado en Bersani, *Homos* (1995: 39).

15. Nótese, sin embargo, que el sentido de territorio de Deleuze no está definido tanto por el espacio físico como por el código lingüístico, el lugar donde el flujo se interrumpe por medio de un nudo de significados insospechados. En este ensayo, Perlongher estaba en realidad interesado en el aspecto físico del lugar, aunque su poesía, por supuesto, transforma esta discusión en los registros lingüísticos de lugar y movimiento. Véase Perlongher (1993: 72).

impuestas por el Estado.[16] En este sentido, el Estado es el equivalente de un "ojo" siempre vigilante del que constantemente huimos.

El ojo del Estado

Fredric Jameson (1993), en su revaloración del régimen escópico, explica la historia de la mirada en tres fases distintas: en un primer momento, relacionado con el conflicto colonial, la vista funciona como un instrumento de dominación; en una segunda etapa, correspondiente a la fase burocrática del poscolonialismo, la mirada sugiere una forma de opresión –aquí, las tácticas de dominación heredadas del gobierno colonial se transforman en una epistemología que une conocimiento y poder en un único instrumento visual–. El sujeto del poder debe ser *visto* para demostrar la validez del Estado. Por último, Jameson identifica una tercera fase del régimen escópico vinculada al posmodernismo, que transforma tanto al espectador como a la imagen a través de la hegemonía del simulacro. La copia degrada y empequeñece cualquiera sea el vínculo con la historia y el análisis; toda experiencia queda registrada en un presente intemporal en apariencia, en el cual la originalidad y la memoria cuentan menos que el espectáculo de las imágenes observadas.[17] Los escenarios descritos por Jameson se encuentran fácilmente condensados en las prácticas del Cono Sur durante los años entre la dictadura y el régimen neoliberal. En la literatura, esos años quedaron consignados, en primer lugar, en el temor a quedar expuestos al ojo vigilante del Estado y, luego,

16. En este aspecto, Perlongher explica que la proliferación de categorías de géneros está relacionada con la colisión de diferentes modelos clasificatorios: una estructura jerárquica (marica/macho) y una que tiende hacia relaciones igualitarias (*gay/gay*) (1993: 71).

17. Baudrillard entiende este problema de modo distinto, enfatizando varias fases de simulación, que van desde la adhesión a una imagen original hasta la "copia de la copia" tan sólo, a través de la cual se impide nuestra comprensión del "original" (1983).

en la angustia ante la mercantilización de la conducta bajo el mandato de la "república mediática".[18] El sistema de géneros ocupó frecuentemente la escena para ventilar estas preocupaciones ideológicas en la literatura y el arte.

En *Máscaras* (1988), Ariel Dorfman propone una alegoría política sobre la dominación y la identidad que sirve como ejemplo para ampliar esta discusión. Estableciendo una tensión entre un narrador sin rostro y un cirujano plástico, la novela inserta una fábula política entre historias de dominación. Así, el cirujano, cuyas características físicas nunca conoceremos, es una figura autoritaria que detenta el poder para transformar el rostro de los demás mientras se protege a sí mismo de la mirada pública. Tiránica en extremo, esta habilidad se ve acompañada de una igualmente siniestra habilidad para borrar la memoria individual. Evocando los modelos médicos promovidos en los campos de concentración instalados en los años de la dictadura, el cirujano y el narrador son expuestos como villanos que extirpan la historia de los demás mientras suprimen su propia verdad. Definidos como camaleónicos, cambiando su forma física para adecuarse a su entorno, estos personajes se unen para un proyecto comercial por el cual se compran y venden almas. Pese a que, en 1988, estaba lejos de imaginar las dimensiones que estas segundas imágenes adquirirían para Chile en los años de la posdictadura, Dorfman señala claramente un punto crucial en la transición entre la dictadura y el régimen neoliberal: pasa de una discusión de identidad como objeto de vigilancia, a la noción de identidad como una prenda comercializable con fines de lucro.

---

18. En el primer capítulo me refiero a Eduardo Rinesi (1993, 1994), que brinda una lectura obligatoria del Estado neoliberal como un juego de representaciones. Si pensamos en la prominencia emergente de los *talk-shows*, las repetidas referencias a la "república mediática", las actuaciones televisadas de los funcionarios electos, y el costo de una sociedad mediatizada, podemos coincidir con las percepciones de Rinesi. Una vez más, el espectáculo sirve como base del Estado democrático.

Aquí, el escalpelo, el fotógrafo y las lentes de la cámara son los instrumentos técnicos del cirujano y narrador; articulan los modos de ejercer control y vender caras femeninas. También permiten la yuxtaposición de discursos opuestos. Si el cirujano transfigura estéticamente el aspecto físico de los personajes –alterando su apariencia con el bisturí–, el ojo errante del narrador transforma a su vez a los sujetos que ve, y los reduce a imágenes en la lente de la cámara. Así los amenaza con exponerlos en público o, alternativamente, con difundir su historia. Son distintas aproximaciones a la revelación y al ocultamiento, pero asimismo señalan modos de reconocimiento armados por el Estado. Toda la historia es proyectada de un modo visual, modificando las relaciones entre el observador y los sujetos, en remedo de lo que Deleuze llamó el "poder creativo de lo falso" (1989).

Los sujetos sexuados son víctimas de esa autoridad, en especial los que se pronuncian contra los roles masculinos convencionales. Con razón, pues, Carmen Berenguer, una destacada poeta cuya obra apareció en los ochenta, introduce su volumen de poesía, *A media asta* (un texto dedicado a la representación de Chile bajo el gobierno dictatorial), con una observación acerca del todopoderoso ojo del Estado: "El ojo vigila y comparte el conjuro / de las seminales trompas / esculpidas en la frontera / La difama" (1987: 9). Y la crítica literaria Eugenia Brito, otra poeta chilena que comenzó también a escribir en los años ochenta, se describe así en *Vía pública*: "Yo, la perdida / la que generalmente surge / como un recuerdo, un número / siempre fracción de mí... Borrado de mí misma mi cuerpo está tendido" ("Obscuro", 1984: 72).[19]

---

19. En mi opinión, las discusiones críticas de Brito sobre la literatura chilena durante los años de la dictadura no tienen rival. Brito expresa con agudeza: "Durante los primeros años de dictadura emerge una zona de barricada hasta entonces impensable en Chile: será el cuerpo, escenario de protesta o de acción histriónica. El cuerpo como un doble del pensamiento, tomado por la neurosis o bien parcelado en pulsiones fragmentarias. Muchas de ellas son letales; otras, están animadas por un impulso de restauración. En todo caso, el cuerpo como significante de transgresión al sistema" (1990: 11).

En estos trabajos, las poetas se perciben como sujetos enajenados del lenguaje, alienados del Estado que los nombra. Frecuentemente, *los desvíos de la identidad genérica* aparecen como condición para la rebelión. Esta práctica abarca una multitud de estilos e involucra a hombres y mujeres de una generación particular de escritores. Basta con recordar los actos públicos escenificados de Raúl Zurita, ciertamente el poeta más radical de Chile durante los años de la dictadura y hoy aclamado como el bardo nacional. Zurita se cortó la cara como desafío a las normas ciudadanas en Chile, protestando de este modo contra las violaciones físicas que avasallaban a los individuos y a todo el ámbito nacional. Su *Purgatorio* (1979) es un testimonio de su experiencia de angustia. Deformado y mutilado, la piel de su cuerpo registra el dolor.[20] Está duplicado en masculino y femenino, en humano y figura deificada: es tanto una totalidad como partes atomizadas. Estas metonimias están vinculadas a la percepción de la fragmentariedad de su Chile nativo, que sufre similares violaciones bajo el gobierno militar. En este sentido, la herida autoinfligida es una alegoría del desastre nacional.

La máscara es usada para engañar a la presunta autoridad del ojo que ejerce la vigilancia sobre los individuos en una nación. Juan Luis Martínez, un poeta muy respetado por sus innovaciones vanguardistas, también expresa su ansiedad por eludir los patrones habituales de significación, atacando los vínculos lógicos que construyen la coherencia narrativa de la nación, y socava los planteos sostenidos por el Estado sobre la veracidad de la experiencia. En la portada de su libro *La nueva novela* (1985), su nombre aparece tajeado, para señalar la mutilación de su autor. Como ha observado Gwen Kirkpatrick, su texto poético, sin referirse nunca directamente a la dictadura militar, destruye las categorías de propiedad propagadas por el discurso autoritario. De esta manera, los nombres pierden su historia y las cosas no son lo que aparentan ser. La experiencia resultante lo lleva a interrogar tanto la identidad se-

20. Sobre la automutilación de Zurita, véase Nelly Richard (1986).

xual (por ejemplo, "¿Qué es una muchacha?") como las identidades literarias (por ejemplo, "¿Cuál es la función del *bateau ivre*?"). Los escritos de Martínez desestabilizan la fe en una representación primaria de lo "real" y maniobran, como explica Eugenia Brito, para escapar de la sensación de naturalidad con la que se suele abordar la forma literaria (1990: 32). El desplazamiento es el principio de su obra.

Otro poeta chileno de la misma generación, Gonzalo Muñoz, se vuelca hacia un proyecto andrógino, y su voz lírica alterna entre formas masculinas y femeninas. En *Exit* (1981), la androginia sirve para tantear los límites de la libertad política, tanto como para interrogar las imposiciones formales del régimen chileno sobre los sujetos individuales. Al igual que los otros poetas mencionados en estas páginas, Muñoz apuesta a la identidad descentrada para interrumpir el poder institucional. El Estado siempre impondrá su propia visión de la realidad, agrega en *La estrella negra* (1987). Con tan omnipresente autoridad ("Su retrato en cada esquina", 14) la única respuesta es nuestra propia desaparición, o la búsqueda de una máscara monstruosa que nos oculte al tiempo que nos proteja. Con motivo, escribe en la parte final de uno de sus poemas: "Somos nuestro propio Frankenstein" (21); inventamos un fantasma viviente en la literatura para poder rechazar el dominio exterior. Muñoz termina *La estrella negra* con una deseada reconciliación con las masas: "El alma de Chile reside hoy en el espacio turbulento de las poblaciones" (117). Este proyecto involucra a muchos poetas experimentales –¿una herencia de Mistral y de Neruda?–, ansiosos por estrechar vínculos entre una vanguardia estética y los deseos populares imposibles de definir con precisión. Es extraño, pero cuando el neoliberalismo expulsa del debate público la representación de los disidentes y de los pobres, las figuras populares perduran en la poesía como estímulo a la imaginación.

La ansiedad por la representación toma forma en los modos visuales de expresión. Más aún, los sujetos olvidados por el Estado se convierten en actores dentro el escenario poético. Su presencia parece provocar una fatal borrachera que lleva a todos los ciudadanos a confesar su sometimiento bajo el gobierno militar y, en una fase posterior, a generar una crítica del mercado. *Lumpérica* de Diamela Eltit (1991a), escrita durante los tiempos de Pinochet –y sin duda uno de los textos vanguardistas más radicales de América Latina–, relaciona ambos puntos y trata el tema de la representación como una crisis de la mirada autoritaria. Ubica el principio del poder en la vista; la visión es el privilegio epistemológico básico para controlar a ciudadanos y a subalternos.[21] Además, todo esto es desarrollado en términos de una tensión de género. En *Lumpérica*, la luz de un cartel publicitario ilumina una plaza pública de la zona pobre de Santiago y, por azar, llega hasta el cuerpo de una mujer. Esta persona adquiere significado social por la fuerza de un signo eléctrico; su resultado es que ella existe como una imagen fragmentada, no como un todo autoconstituido. Incluso su nombre en la novela, "L. Iluminada", es una función de la lámpara mecánica. De esta manera, la luz afecta la economía simbólica de identidad, valor, lenguaje; es la fuente de todo poder discursivo y, a pesar de su irracionalidad, regula las relaciones de intercambio y el valor de mercado de todo lo observado.

Esta mirada ejerce una particular violencia sobre los seres humanos y sus sentimientos, mientras reduce a los individuos al status de objeto y disminuye el peso de sus interacciones. Más importante aún: aísla a los individuos, disolviendo los vínculos entre ellos. En este sentido, la novela de Eltit recuerda las observaciones de Guy Debord: "La separación es el alfa y omega del espectáculo" (1995: 20).[22]

Eltit intentará revelar las tensiones de aislamiento y asociación entre los individuos de la plaza, entre el tráfico de

21. Laclau y Mouffe (1985: 59) se refieren a este proceso de representación como el mecanismo político básico del Estado. Aquí el texto de Eltit parece hacer que ambas líneas de pensamiento corran paralelas.

22. Cristian Ferrer también hace notar que el espectáculo va en contra de los movimientos de una comunidad activista que desea retener el pasado histórico en la memoria (1996: 48).

identidades y el efecto paralizante de la estandarización de personas e ideas.

Las figuras que atraviesan la plaza son iluminadas como productos comerciales: "...están aquí lamiendo la plaza como mercancías de valor incierto" (11). Específicamente, el poder anónimo del foco de luz se centra en los rasgos femeninos de L. Iluminada; el poder de la mirada se acentúa alrededor de la materialidad de su cuerpo. Eltit juega con la dominación tecnológica e ideológica del foco en tanto determina la identidad, manipula la apariencia y el sentido, y crea las condiciones para una estandarización de la forma. Leído de modo alegórico, el foco representa el ojo vigilante del Estado, que valida a cambio los tipos de personas y objetos que pueden incluirse dentro de la visión pública. Con esta estrategia, Eltit anticipa la democracia dominada por el mercado que habría de funcionar en Chile siete años después de la primera publicación de su novela. La promoción de ciertos productos por sobre otros, el desmembramiento y reconstrucción del deseo de consumo, tan evidente en su novela, luego caracterizaría a Chile bajo el sistema neoliberal. Sin embargo, más allá de los regímenes, la pregunta central de Eltit sigue vigente: "¿Cuál es la utilidad de la plaza pública?" (45). Separada de su función originaria de sitio de festejos, la plaza está hoy a merced de un aparato de representación. Sin embargo, hay deslizamiento: el caos entra en la escena de la plaza por intervención del azar, tal como las múltiples permutaciones de la luz revelan insospechadas visiones de las personas y las cosas. Al final de la novela, la focalización narrativa se desplaza y, por un hecho fortuito, L. Iluminada llega incluso a exceder el poder del foco de luz. En un intento de hacerse cargo de su cuerpo, altera su apariencia física: con tijeras y espejo en mano, propone un modo de autopercepción más allá del foco luminoso. Por otra parte, interviene la luz natural del amanecer para otorgar una visión diferente mientras ilumina el tráfico de peatones por la ciudad: "La gente era ahora heterogénea, mujeres, hombres, estudiantes" (208). Esto no significa que la naturaleza libere a los sujetos –en realidad, la fila de trabajadores también sugiere regulación y orden–, pero en la medida en que Eltit enfrenta entre sí estrategias de focalización radicalmente opuestas, anuncia la posibilidad de eludir un único y vigilante ojo. Teniendo en cuenta el poder desigual de los regímenes visuales, poder que alterna entre la luz dominante y sus zonas oscuras, entre el dominio mecánico y la naturaleza, también atisbamos formas alternativas de comunidad, la posibilidad del acción genérica y la esperanza del cambio político. Por último, el estilo siempre autoconsciente de Eltit nos recuerda que el ojo artístico (y no el ojo del Estado) tiene el poder de cambiar la historia.

¿Incorporeidad o desplazamiento?

Los artistas y escritores contemporáneos insisten en vincular la experiencia de la modernización a la experiencia visual. Mostrando que la política jamás resulta un proceso incorpóreo, sino una serie de enmascaramientos y clausuras, incisiones y pliegues en las tensas superficies, tanto de la forma del texto como del cuerpo, insisten en una *exhibición* de la diferencia como el punto clave del discurso de estos tiempos. En particular, el espectáculo de la representación depende, para su despliegue, de un análisis del género y de sus vínculos con la cultura popular.

En *La prostitución masculina*, Néstor Perlongher (1993) echa una mirada a la cultura callejera del Brasil para poder reflexionar sobre la sexualidad y la diferencia. En particular, la prostitución masculina en San Pablo le ofrece material para observar el tráfico de cuerpos que reordena el espacio de la ciudad. Incluso, le permite abordar un interesante conjunto de problemas que recuerdan aquellos presentados por Diamela Eltit. Ambos escritores nos invitan a detenernos en la espacialización de los discursos, pues vuelven a colocar la cultura de elite y la popular en la materialidad del cuerpo humano, e intentan un desplazamiento territorial que pone a prueba tanto la autoridad del Estado como el deseo utópico de los individuos de resistir comunitariamente. Sin embargo, lo más importante es que ambos establecen la especificidad de las políticas identitarias, a través de un urgente llamado a la reterritorialización del espacio físico (en el sentido deleuziano), mediante las posibilidades del arte.

La investigación de Perlongher nos permite acercarnos a ese material en términos de las diversidades internas creadas dentro de una sola comunidad. Además, el fetiche de la plaza (la plaza o la calle), una vez dividido en sus partes constitutivas, pone en tela de juicio el binarismo público/privado. E igualmente importante: multiplica los sitios donde convergen los distintos miembros de la comunidad. Como interrupción que rechaza los lugares específicos pertenecientes a identidades fijas, el movimiento en el espacio desencadena circulaciones en la historia y en la narrativa. Este rediseño es sentido más significativamente en los textos poéticos de Perlongher, en los que toda la fuerza de la estética subraya la inestabilidad de los nombres, de los referentes históricos y de los campos de conocimiento establecidos.

En su poesía, Perlongher cultiva la máscara y el disfraz; altera líneas de significación que siempre han servido de base a rígidas jerarquías de sentido. Se ha dicho muchas veces que en esto consiste la labor de las palabras en la superficie de la página, una reacción en cadena de sonidos y sílabas que traicionan el sentido "profundo" de los textos. Adornos, texturas, ropajes y desnudos, la misma anatomía del lenguaje: algunos han adjudicado esta práctica al aspecto frívolo del lenguaje poético de los años ochenta, mientras que otros han considerado esta iniciativa como una búsqueda en profundidad que transforma las bases de la identidad y el lenguaje e impugna las creencias en una verdad absoluta. Aquí, el placer se vuelve la base del conocimiento, un continuo reaseguro de la realidad derivado del propio compromiso con los espacios auditivos y visuales. La transgresión es el sustento de este viaje sensorial. Perlongher ha sido ubicado entre los poetas "neobarrocos" de los años ochenta. En su rechazo a la solemnidad lírica de los poetas románticos y en su embestida contra los escritores coloquiales que privilegiaban el mensaje por sobre el medio, el neobarroco (inspirado por Lezama

Lima) salta por encima de las claras conexiones referenciales, mezcla registros y texturas del discurso y enfatiza el artificio del relato; la acumulación de detalles sobre la linealidad y la "historia", el ataque constante contra lo permanente y lo inerte, palabras en juego contra sí mismas, todo esto forma parte del proyecto capital del neobarroco, de manera que el lenguaje se vuelve físico en perjuicio del sentido.

Perlongher se afana para trascender los límites convencionales de la autoridad lingüística; toda noción de origen es refutada, y se revela la naturaleza constructivista de la verdad. Bien puede ser que esta irrupción de "lo no dicho", como ha planteado Raúl Zurita (1983: 14), sea la fuerza subterránea de la poesía contemporánea y proponga la explosión de la ambigüedad sexual de los textos, el rechazo de los roles tradicionales, una manera de volver a conectar la "alta" cultura con los intereses de los sujetos populares. "No es una poesía del yo, sino de la anulación del yo", escribe Perlongher sobre esta dirección en la escritura contemporánea (1997a: 94). Incluso más allá del desmembramiento del "Yo" lírico o del acto de su total destrucción, los textos poéticos de Perlongher exploran la relación entre el original y la copia que ha gobernado el discurso latinoamericano, a la vez que reflexionan sobre el poder de las instituciones que establecen los modos de representación. Como consecuencia de esta práctica, la subjetividad resulta amenazada una y otra vez. Esto es menos abstracto de lo que parece, pues Perlongher lleva la pregunta por la máscara y la identidad hasta las mismas puertas de Estado, dirigiendo sus críticas poéticas tanto a las dictaduras como a los regímenes democráticos.

Perlongher empieza su primer libro, *Austria-Hungría* (1997b), con la transgresión de los límites. Aventurándose más allá de las fronteras de territorios y mapas, desenmascara la inscripción normativa de los cuerpos dentro del marco de las naciones. Dice en el primer poema: "Es una murga, marcha en la noche de Varsovia, hace milagros / con las máscaras, confunde / a un público polaco. / Los estudiantes de Cracovia miran desconcertados / nunca han visto / nada igual en sus libros. / No es carnaval, no es sábado / no es una murga / no se marcha, nadie ve / no hay niebla, es una murga" ("La murga, los polacos", 1977b: 23).

Cracovia, Varsovia, actuación y observadores, autoafirmación y negación; Perlongher arma una escena de carnaval bajtiniano, confundiendo nacionalidades en una mezcla de deseos heterogéneos. ¿Una posible alegoría de la resistencia a la dictadura argentina? Perlongher desplaza su referente político a sitios alternativos de significación de manera que Varsovia y Buenos Aires sean igualmente intercambiables en la lógica poética de su libro. Además, en los últimos poemas, imágenes de nazis con esvásticas, el cadáver de Eva Perón, la última marcha de los soldados del siglo XIX, y un saludo a los emperadores moribundos, todo converge para significar la autoridad oficial. Sin embargo, una nación-estado surge con otras, el presente atraviesa épocas anteriores de la historia. El borramiento de límites se efectúa por medio del uso que Perlongher impone a lenguajes mixtos y en las cambiantes identidades de sus hablantes poéticos, los cuales se mueven a través de diferentes poses genéricas a lo largo de este y los siguientes libros. La desplazada posición de los hablantes corresponde, en realidad, al cambio de lenguas en sus poemas. Por su exceso, Perlongher construye una enumeración caótica y catálogos de suntuosos detalles que se imponen sobre la sobrecargada superficie del texto, nivelando las diferencias entre culturas alta y popular, entre el discurso privado y el público.

Los múltiples carnavales del lenguaje amenazan a los lugares comunes, pero igualmente impulsan a una rebelión contra el poder autoritario. Las obras de Perlongher también se ubican en las rígidas líneas de las divisiones geográficas: *Austria-Hungría*, como una nación internamente confundida, pero *Alambres* (1987) se refiere asimismo a los alambrados que dividen a las naciones; *Hule* (1989), como la delgada tela que oculta y muestra a la vez; *Aguas aéreas* (1990), como la paradójica unión del cielo y el mar, base misma de la poesía. "Invasión de pliegues", lo llama Perlongher, tratando de definir al neobarroco (1997a: 93). En su abrumadora presencia, esas dualidades comienzan con la banda callejera de carnaval o murga, y a veces logran encontrar el camino al sexuado cuerpo humano.

En este sentido, a medida que las identidades sexuales van desligándose del cuerpo del texto, van liberándose de los territorios nacionales en que han sido inscritas y determinadas. "Una escatología del adentro y el afuera y de las sustancias que la transitan", observa Nicolás Rosa, al celebrar el movimiento fluido de materiales dentro de los textos poéticos del neobarroco (1996: 30). Los poemas de Perlongher se convierten en un homenaje a los poderes volubles del discurso, que se expande para incluir citas en portugués e inglés y los más locales (y por lo tanto, intraducibles) idiolectos porteños; lenguajes mezclados que desestabilizan el sentido fijo del ser mientras se nutren de los múltiples talentos e identidades del lector. De esta colisión de subjetividades surge un dispositivo político en el cual ningún grupo o individuo encaja adecuadamente. No hay lenguaje que pueda definirlos. Quedamos abandonados, entonces, a lo suntuosamente decorativo, al exceso de un estilo que ha sido denominado una *summa* de lo "neobarroco" (y, en el intento de autoironía de Perlongher, "neobarroso"), un rechazo a ser contenido. Aquí, el tema de la impostura plantea la apropiación de la vida y afirma una autonomía cultural y lingüística libre de convenciones institucionales. Perlongher tiene, por lo tanto, buenas razones para celebrar la intraducible murga, la coda de la marcha carnavalesca, los rebeldes sujetos populares que se resisten a nombres y lugares. También confunde madres y prostitutas, a Eva Perón como heroína nacional con los efectos cómicos del pastiche.

El culto del exceso vinculado claramente al cuerpo popular es un estilo poético tan antiguo como el tiempo. En las décadas del setenta y ochenta, bajo la influencia de ciertos autores argentinos –Néstor Perlongher, Osvaldo Lamborghini y Arturo Carrera entre los más destacados–, este proyecto vinculaba la literatura a la ambigüedad sexual y al desafío. Lamborghini es bien conocido por esta violenta ruptura de la forma, fuertemente sostenida en el cuerpo sexuado, lo cual le sirve para iniciar el descenso a los excesos, para encender la fusión del lenguaje que estalla contra los muros del Estado. Lo abyecto es la base de su literatura: cuerpos deformados y mutilados que invitan a reflexionar en el poder de la mirada para someter y controlar al otro. Desde *El fiord* (1969) a *Los Tadeys* (1994), Lamborghini –un obvio lector de Lacan– explora los ejercicios visuales del poder a través del cual los cuerpos se convierten en espectáculos literarios. Pero Lamborghini recorre también la superficie de las cosas a través del culto del exceso, el achatamiento de las profundidades; fuerza el choque de lenguajes y clases sociales mientras dibuja cartografías que hacen convivir lo sórdido y lo sublime en una sola página. Así pues, con toda razón César Aira se refiere a esta escritura genérica como representación política:

> ...para Osvaldo la realidad culminaba en las mujeres, y en la clase obrera. Pero allí, en esa cima, comenzaba la representación. Y esa representación tenía un nombre: la Argentina [...} La Argentina valía "por su poder de representación". Y se explicó así: "Allá una mujer no es más que una mujer, aquí en cambio es una obrera que pasa camino a la fábrica" [...] La Argentina lamborghiniana es el país de la representación. El peronismo fue la emergencia histórica de la representación. La Argentina peronista es la literatura. El obrero es el hombre al fin real que crea su propia literatura al hacerse representar por el sindicalista [...] Pero en el mismo movimiento en que el obrero se hace sindicalista, el hombre se hace mujer. He ahí el avatar extremo de la transexualidad lamborghiniana (1988: 12).

Las palabras de Aira nos recuerdan las conexiones subterráneas entre literatura y sexualidad, entre sexualidad y clase social, que sirven de base a la literatura de los años ochenta. Lamborghini, nunca liberado del carnaval –el juego mortalmente serio que implica la literatura–, reelabora los proyectos políticos sin glorificar al sujeto (subalterno) de representación.

Reconsidera las conexiones arbitrarias que van de las figuras populares a la nación, mientras se pregunta si la trama de ideas no podría en realidad llevar de la clase social a la sexualidad. La identidad que subyace a la nación es una cuestión de saltos lingüísticos y filosóficos ejecutados en la piel sexuada. Siempre equívocos, basados en falsas analogías y en el desplazamiento de la traducción, los juegos de identidad que atraen a Lamborghini violentan a quienes defienden el conocimiento absoluto. Como un juego del escondite o un show de *striptease* (para tomar el título de un poema de Perlongher), los textos de Lamborghini operan en ritmos duales para poder recordarnos las perversiones del género y la sexualidad; y al mismo tiempo señalan los pliegues de representación que cubren el cuerpo de lo político. Ya no se puede ser literal en este mundo, pues la alta cultura, el lenguaje artístico y, especialmente, las políticas del Estado están sujetas a la desnaturalización.

El énfasis en mapas y sexualidades, la proyección y los desvíos del deseo, se mueven en diferentes direcciones en los escritos de Arturo Carrera: "Mas mapas sólo para atenuar la precisión de una pulsión incierta, parecida al morir", escribe Arturo Carrera (1986a: 22). Los mapas orientan su pensamiento, extienden bajo sus pies el territorio desde el cual mirar, pero con frecuencia trazan movimientos que desafían las precisiones de la formas, con transiciones en las que no hay ni puntos de destino ni de origen. En "Splanch" dice: "Recuerda que no hay contornos / (olvido de una posesión que / desposee); / sólo las transiciones oscilantes / de un enjambre / de colores, sombras / vocecitas / planos de inconsistencia / donde nuestra palabra / se aísla" (1986b: 13). Carrera trabaja en sus libros muy consciente de sus objetivos para sostener el movimiento. Usa el espacio entre los textos –la extensa blancura de la página que surge de la tinta negra de las letras– para crear una disposición visual entre la imagen y el negativo, enmascarando y revelando el sentido. Éste es quizás el secreto de los poemas armados con estructura de libro. Carrera apunta repetidamente a la máscara para afirmar que todos tenemos secretos. Por extensión, duplica el cuerpo y la voz de tal manera que el sentido prolifera desde lugares inesperados. Si en sus primeros libros, *La partera canta* (1982) y *Mi padre* (1985), el exceso genera el texto, en su último libro plantea que la impostura se revela a través de la forma. Por ejemplo, en *Animaciones suspendidas*, Carrera escribe: "La impostura / la impronta; / el delicioso momento de atisbar lo entintado; / y lo que caligráficamente apunta / a desnaturalizar lo escrito, / dormido en lo calcado" (1986a: 80). El signo en la página es material en su forma: y si anuncia una traición o doblez del sentido original, también la revela en la textura misma de la escritura.

Identificado en sus textos inaugurales con el signo de la literatura neobarroca, Carrera viaja a través de una geopolítica imaginaria que lo lleva en sus últimos poemas a la paz de los lugares fijos, a la genealogía y a la familia. En principio, sugiere estabilidad y aparente confianza en ciertas identidades conocidas. Sin embargo, Carrera nos conduce rápidamente al territorio inestable del desplazamiento, trasladándonos a escabrosas cartografías que nos muestran el conflicto entre terrenos familiares y extraños. Con frecuencia, estos paisajes son vistos desde la perspectiva de un niño inocente que observa encrucijadas de identidades y nombres que no están conectados con persona alguna. Así, Carrera inicia *La partera canta* (1982) con voz ambigua, cuando la persona femenina que engendra el texto lírico dice: "No soy la mujer indicada, soy la hombra voluptuosa, un breve pie que hace traspié en la ineficacia simbólica" (13). La partera inaugura la vida del poema, al mismo tiempo procrea y da a luz, transformando materia y naturaleza; es la expresión del deseo. El nacimiento y las relaciones familiares son metáforas tradicionales de la creación poética, pero aquí aparecen como cuestiones de autoridad en el campo de los placeres: "Pero ningún museo amenaza nuestras fiestas, ningún ameno caminante aguijonea nuestro pie, somos las mujeres bárbaras en vivaques a lo Rimbaud... todo juego" (13). Rutas tradicionales del sentido organizadas a través del museo o el mentor de la bienvenida son descartados aquí a favor de una orgiástica celebración de lo salvaje y lo indomable. El desplazamiento de la razón guía al texto.

En *Mi padre* (1985), continúa con este tema cuando habla con la voz de un niño andrógino: "Hacé cualquier copia y rompé el original. Cualquier corrección, porque en la eternidad sólo las influencias hay que exaltar o deprimir. Yo, yo me llamaba Roldán. Ahora soy Fernández, Pérez, Macedonio; no los poderes de una Verdad" (49). La preocupación por la paternidad literaria enmascara una inquietud por la voz autónoma. Pero esta inquietud es también consecuencia de una lucha por la identidad, un cuestionamiento del nombre que arma los vínculos genealógicos. En esta línea, *Mi padre* busca diferentes formas lingüísticas que representen la voz paterna. A veces con dulzura, otras con forzada ternura, el padre evocado en la obra de Carrera aparece en medio de un cuadro de emociones contrapuestas. Carrera propone una nueva manera de mirar, invalidando el potencial nostálgico que suele evocar la vida familiar, para poner a prueba los modos en que la genealogía y el sentimiento alteran la linealidad del texto. Por este motivo, Carrera mantiene una vieja preocupación por el disimulo, evocando tanto la identidad como la máscara, el punto de unión en el que las voces públicas se encuentran con la expresión íntima de la palabra. Más frecuentemente halla, como en *Children's corner* (1989), un "teatro del vacío". "¿Qué nos falta / sino un conocimiento de lo discontinuo?", pregunta, una cuestión que impulsa a Carrera a investigar los hitos de la identidad que sirven para confirmar las líneas genealógicas (48). En sus primeros trabajos, esto llevaba a una sensación de imposturas e irreconciliables diferencias. En sus últimos libros, llega a representar la fe en la continuidad, *a pesar de* las elisiones de la forma. El niño, en consecuencia, es un puente, una presencia mutante, sujeto al cambio y el crecimiento –un tropo para el trabajo de la propia literatura, para el arte que está a punto de emerger–. Vínculo entre el pasado y el presente, el niño se erige en los textos de Carrera como el nexo entre nostalgia y futuro, entre lenguajes ocultos y aquellos en formación. Como figura del texto, se convierte en la base para la poética crítica en torno a la continuidad y la interrupción. En una obra posterior, *La banda oscura de Alejandro* (1994), este movimiento es trazado en el espacio entre árboles, el punto donde el viento toca briznas de hierba. El símbolo de la poesía y la esperanza es alcanzado a través de un rechazo de formas definidas: "Frente a mí el agua corre desde lo indistinto / y desembocará sin duda en placeres horrorosamente nuevos / y siempre dolorosos. / Siempre desesperantes en su pasión esperanzada. 'No hay placer en perfecta unión' 'No hay goce en perfecto reposo'" (14-15). Incluso el libro más reciente de Carrera, *El vespertillo de las parcas* (1997), juega con esta ambivalencia, como sugiere el verso de apertura: "...no fue aquí, no fue en Sicilia" (1997: 19). El lugar se vuelve incierto cuando el poeta indaga en la herencia y el nombre. Junto a una preocupación por las fuentes literarias, Carrera confirma su inquietud por el hogar ("el exilio es también quedarse", 31). Atrapado entre un pasado cognoscible y un presente incierto, el escritor lucha por sostener una voz que flota entre la historia de la literatura y las historias privadas de la pertenencia familiar. Podemos incluso leerlo alegóricamente como un deseo nostálgico por las raíces populares colocado contra el dibujo del artificio y la máscara, un regreso a la vida del pueblo que nunca se reconcilia satisfactoriamente con el arte.

Lo popular

La poesía de los años ochenta y noventa se sostiene en una rara mezcla de las tradiciones de elite combinadas con anhelos populares. Esto se apoya repetidamente en identidades cruzadas y en celebraciones carnavalescas. Con razón, entonces, la murga ocupa un lugar de privilegio en tantos textos como si anunciara un parentesco entre poetas y masas, un atajo entre el eje Norte/Sur que también mantiene atrapados a los intelectuales. "Haber sido unos grandes copiones / Fue lo nuestro", dice el chileno Diego Maquieira en

La tirana (1983). Sus obsesiones con los originales y sus copias, con las tradiciones cultas y populares, toman forma en un texto poético a través de la transmutación y el flagrante aire carnavalesco. Esta fiesta permite al "Yo" lírico de Maquieira volver a contar la historia de la conquista de América desde distintas perspectivas, e incluso le proporciona un camino para superar el miedo a la muerte. Su mirada recae en un festival folklórico popular que se realiza todos los años cerca de Iquique y en el que se celebra la leyenda de una india conocida como "La Tirana". Combinando rituales paganos y cristianos, la fiesta de La Tirana es todo espectáculo: extremismo visual, máscaras y ventrílocuos dominan la escena de la representación. El texto de Maquieira comienza de esta manera: "me sacaron por la cara", subrayando no sólo la violencia corporal que dominaba la poesía de aquellos años, sino también el poder ejercido por el Estado para controlar y mantener diferentes identidades. Las fuerzas oficiales amenazan con venir y llevárselo, sacarlo del cuerpo, sacarlo por la cara. Pero esto es también el rito de iniciación para los devotos de la murga. En ambas instancias, la resistencia se encuentra en las múltiples transformaciones que puede asumir el hablante lírico. Entre las fuentes posibles, Hollywood provee un estímulo para la alteración de nombre y rostro. Escribe en el primer poema: "Yo, la Tirana rica y famosa, la Greta Garbo del cine chileno" ("La Tirana I"), pero, en un segundo texto, proclama: "Yo soy Howard Hughes el estilista" ("La Tirana II"). A través de la pose transgenérica y transnacional, Maquieira se las ingenia para denunciar la historia de la Conquista, la Inquisición y el Estado fascista, el reinado militar del terror mantenido por el régimen de Pinochet. Vestidos como indígenas, Diego Velázquez y el conquistador Almagro, Mussolini y Derrida aparecen en el poema para revertir el destino de la historia y la muerte. De este modo, el poeta abre la posibilidad de contar "la vida privada de la Historia de Chile", denunciando así los modelos oficiales y extranjeros de práctica artística.

La crisis de identidad es también compartida por la condición global de los chilenos expulsados al exilio desde su país: "El pianista norteamericano Arrau / Los franceses Matta y Raoul Ruiz / El neurocirujano panameño Asenjo / El autopoieta Humberto Maturana / El parisino Marqués de Cuevas" ("Nuestra vida y arte y castrati", s/p). Desparramado por todo el planeta dado su destino de diáspora, Chile rechaza una voz única y sobrepasa los límites locales de la cultura. Contra un retorno, contra alguna forma original, bordea la imitación y la copia. Por contraste, permanecer en el país es acceder a las demandas de la muerte. Figura alegórica en el poema, la muerte es dueña del cuerpo y máscara del lenguaje y de los rasgos físicos. En esta instancia, la muerte se convierte en sinónimo del Estado. Este poema, celebrado sin reparos durante los años de la dictadura por los lectores de la oposición, recuerda las *performances* callejeras de Lemebel y Casas, que apelaron luego al show de la fama para denunciar al régimen democrático. Igualmente marcaba un contraste entre las estéticas rurales y urbanas.

El poeta chileno Antonio Gil también cuestiona la identidad atada al Estado al explorar los rostros de los sujetos provenientes de las áreas rurales de su país. En *Los lugares habidos* (1980), la identidad es definida por la ropa que se viste; también surge de la ocupación y del nombre. "Yo, el pañero digamos / la sola faz sobre el paño" (9). El hablante lírico puede ser una figura semejante a Cristo pero también un bufón; todo depende de su interacción con el paisaje observado y nombrado: "Transfiguración de mi faz en estos cerros / Acres de silencio bajo estas ascensiones" (11). Este gesto subvierte la gloria de la épica nerudiana. En lugar de proponer al poeta como el que está a cargo del mundo que contempla, es aquí sólo el efecto de lo que lo rodea. No es un agente de cambio. Al mismo tiempo, investiga la vinculación humana con la imagen, articula el reino de influencias a través de un campo visual en el que fotografías y videos siempre desempeñan algún papel. Son la base de la memoria, la fuente del recuerdo y de la historia: "Millones de videos y voces. Miles de rostros y marcos" (41). El texto de Gil está dividido en cuatro secciones: Paños, Sintonías, Postales y Calcos. Todas son figuras que graban o fijan una imagen, graficando la recepción de ideas y reconfigurando los límites nacionales. "Al cuerno chilenito / olvídate / esto es sólo el campo de Arizona; reflejado por miles de espejos", escribe en el mismo libro (65). El paradigma Norte/Sur vuelve a hacer su aparición para confundir la ubicación de nombres y lugares, recordarnos la tensión entre forma original y copias así como el salón de espejos y repeticiones que terminan por debilitar los efectos de lo real.

La obsesión por los rostros múltiples, por los simulacros y la "autenticidad" nunca está separada de lo estético ni de la angustia que expresan los escritores sobre cuestiones de autoría y de tradiciones literarias. Tampoco es ajena a sus miradas hacia las culturas marginales. En efecto, los textos poéticos chilenos de los años setenta y ochenta acechan muy de cerca la relación entre identidad y máscara en torno a las voces populares. Éste el punto en el que los aspectos formales de lo estético anticipan el pensamiento conceptual de la crítica política y estructuran el campo de oposiciones e intercambios que configuran al campo intelectual. Y lo que es más importante, la poesía absorbe a *los otros* olvidados por la historia sociocrítica, no sólo a través de alusiones directas, sino también por medio de las estructuras formales del debate. En consecuencia, estas inflexiones rescatan a menudo a los poetas marginales, vinculándolos a los sujetos populares; y ofrecen, además, la posibilidad de establecer puentes entre diferentes culturas, juntando lo "alto" y lo "bajo" en un único lugar y reuniendo lo sobrio y lo festivo para lograr así el reconocimiento colectivo.

En su poema "Murga" (*Eroica*, 1988), Diana Bellessi maneja agresivamente este problema en la medida en que integra la murga –la procesión de músicos callejeros con las marchas y desfiles vecinales– en la representación de las mujeres. La cultura popular de las calles, el golpe de los pies al son de los tambores, la fanfarria pública de los disfrazados y las voces imposibles de identificar, se confunden con los ritmos del placer expresado por los cuerpos femeninos. De la misma manera, el deseo entre mujeres, de una hacia otra, también recuerda los antiguos rituales comunitarios. A través de su obra, Bellessi nos impulsa a ubicar lo político del poema en el puente entre distintos constituyentes y en los gestos comunes compartidos: rostros y máscaras, vírgenes y amantes, bailarines desnudos y disfrazados, la "cara y contracara" de la experiencia social. En este sentido, la murga orquesta la posibilidad de comunidad escenificada por los pobres de la tierra, pero también permite plantear identidades alternativas. Es simultáneamente una celebración de la fusión y de la diferencia, una proclamación de la festividad y del miedo. En el poema de Bellessi, los músicos callejeros están acompañados por un comité de mujeres que van a la retaguardia de la marcha:

El grupo / de danzantes sometidos / al terror del golpe / que invade el hueso / Sobre la testa / penachos de cortadera / alas / de la inmensa máscara / el cuerpo entero / una máscara / menear preciso / seguido apenas por la larga capa / leopardo rozando el polvo / de sudor rociado / Vírgenes intocables / travestis sobre el altar / la calle / Y sólo atrás / las muchachas / morenas de ceñidas piernas / pies caderas hombros tetas / derramar del brillo / en millones de lentejuelas / satén tafeta la espalda tensa / el arco antiguo / carcaj cargado / fantasma / desnudas caras / altivas y violentas /cierran el cortejo / Abren el cortejo / al Pueblo entero / devorado/ por el terror del golpe / el bombo / que invade el hueso / sagrado (28).

En el desfile público, los músicos de la banda de hombres pobres y las mujeres, juntos, encuentran un suelo común contra la opresión. Uniendo fuerzas en los rituales festivos, la murga es el lugar donde es posible vincular las inclinaciones populares a una lectura de género. Bellessi encuentra también un lugar para lo estético: el *staccato* que prepara el compás de la marcha también marca el ritmo de lectura. En el poema, los antagonismos irresueltos que acentúan las diferencias de género, de sexualidad y de clase son temporalmente unidos por los golpes de tambor de la poesía y de las pasiones diferentes. Adelante y atrás, primero y último, orden y caos:

de lo que se trata es de engrandecer los aspectos sensatos del arte, de enfatizar el viaje y el movimiento, de hacer explotar las costuras del lenguaje y alcanzar los deseos polimorfos.

Recientemente, Bellessi escribió sobre su creciente interés en la murga como el lugar de ilimitadas posibilidades sociales, que diseña a la vez un pacto entre las mujeres y los pobres: "Yo me considero de retaguardia, porque la retaguardia me liga a la parte de atrás de la murga, adonde habitualmente van las mujeres que son la frontera entre la murga y el pueblo. Y siento que esa frontera es la auténtica vanguardia" (citado en Moreno, 1999: 5). Al igual que Perlongher, quien halló en las calles un desafío a las instituciones sociales, Bellessi ubica las posibilidades de la rebelión social en los vínculos entre las mujeres y otros sectores marginales. La multiplicidad mezcla los conocimientos de elite con los populares. Más específicamente, nos obliga a pensar más allá de los caminos en los cuales los intereses de género suelen construir sus atajos a través de los campos del placer estético.

Puig y Aira: los giros de la diferencia

Los escritores mencionados nos recuerdan la importancia de la murga en el enfrentamiento de la comunidad social con las jerarquías del poder; exponen distintas rutas para los saberes y otras maneras de pensar la ética y la estética desde el conjunto social. La murga carnavalesca se desplaza entre lo transparente y lo opaco; se resuelve en la tensión que es, a la vez, un desafío a la norma y un gesto de autoprotección. Es esta tensión, nos advierte con lucidez Guillermo Olivera, la que marca las políticas identitarias de nuestros tiempos (1999: 143-144). También invita a una reflexión sobre los conceptos de espacio y lugar que fijan la identidad social y las posibilidades del arte. Como el ejercicio de la traducción que dialoga con su fuente, el espectáculo de las políticas de la identidad en la Argentina y Chile nos obliga a repensar los *nexos* entre los grupos sociales disímiles. En lugar de insistir en un significado original, una identidad esencialista, lo que aparece es una relación movediza entre los actores y sus públicos, entre las tradiciones de las elites y las culturas populares. En última instancia, y para los fines que nos convocan, altera los términos con los cuales percibimos el placer del arte. La gira por los textos comentados en este capítulo sirve para mostrar el tapiz de preocupaciones que afecta a los autores recientes; ante todo, éstos demuestran un ávido interés por vincular los saberes producidos por la sexualidad a las prácticas en el campo de la estética, en particular, al trasfondo político que se inicia, en el caso del Cono Sur, en la etapa del autoritarismo y prosigue hasta el auge del neoliberalismo. En especial, Manuel Puig y César Aira dan énfasis a estos debates en su literatura, y utilizan el tema de la identidad sexual para explicar las consecuencias, filosóficas y estéticas, del "giro de diferencia". Quisiera empezar con la crítica ofrecida por Puig del autoritarismo para después continuar con la novelística de César Aira, donde se evalúa el espectáculo de la diferencia dentro del contexto del mercado.

La presencia de Puig puede aparecer anacrónica en un trabajo dedicado a la cultura de la posdictadura; no obstante, el valor de sus propuestas literarias sigue inspirando una reflexión sobre los vínculos que se establecen entre la sexualidad y la literatura, entre el régimen autoritario y la vuelta a la democracia, y ante todo, entre una cultura que alguna vez creyó en el acceso a la "verdad" absoluta y que ahora se ve decepcionada por la proliferación de la mentira. Una voz importante en las letras argentinas desde la aparición de *La traición de Rita Hayworth,* Manuel Puig puso sobre el tapete las dimensiones políticas y filosóficas del debate identitario, en primera instancia, bajo el peso del autoritarismo del Estado y, en fases más tardías de su escritura, bajo la vigilancia del sistema neoliberal. La identidad sexual, en particular, es lo fundamental en estas búsquedas, dado que ésta ofrece varias opciones epistemológicas para explicar las consecuencias del "viraje de la diferencia" y para negociar el contacto entre un universalismo abstracto y los particularismos del deseo. A la reflexión sobre la obra de Puig le sigue un análisis de la narrativa de César Aira, cuya trayectoria literaria empieza más tarde y se constituye, a nuestro modo de ver, en la heredera directa de las estéticas de Puig. Aira somete a una cuidadosa investigación los límites de nuestros saberes, y utiliza con este fin las metáforas del género sexual para llegar a entender las falacias del pensamiento humano con respecto a la "diferencia"; concluye, de manera burlona, el ciclo de investigaciones masculinas –de larga duración en la literatura del Cono Sur– tanteando la relación entre sexualidad y política, y sexualidad y vanguardia. En conjunto, la obra de estos dos escritores nos permite pensar en las maneras en que nuestras políticas identitarias se vinculan a nuestro deseo por el espectáculo y también a un deseo menos obvio, relacionado con el comercio de las subjetividades y con las ideologías de compra y venta vigentes.

En la obra de Puig surgen una serie de problemas entrelazados a las consecuencias del "viraje a la diferencia". Por una parte, el marco de la identidad sexual se abre a la posibilidad de discutir la relación entre la universalidad abstracta y los particularismos del deseo, definiendo una comunidad de individuos con intereses similares y estableciendo condiciones para un razonamiento analógico que los vincula. Por otra parte, esta problemática roza la relación crucial, pero inevitablemente frustrada, entre deseo y representación. Puig desconfía siempre del peso simbólico asociado con las etiquetas identificatorias. Como resultado de esta desconfianza, apela a un arsenal de recursos irónicos molestos para comentar nuestra tendencia a preferir, retóricamente, las estrategias de la diferenciación. Comprendemos así el fracaso del registro normalizador de símbolos en su intento por acomodar la gama de nuestras fantasías y realizaciones. Todos nosotros somos, en algún sentido, personalidades desviadas, valoradas sólo cuando nuestro deseo encuentra expresión como ficha de cambio en el mundo comercial.

Desde *La traición de Rita Hayworth*, Puig insiste en que la identidad está implicada en un sistema de comercio. Una economía de cambio significa colocar alternativas para la distribución de oposiciones públicas y privadas; registra las contradicciones entre una unidad doméstica cerrada y la circulación global de mercancías que penetra en el hogar a través de los medios visuales de reproducción masiva. "Seducir, narrar y vender... son las tres caras de Puig", nos recordaba Alan Pauls, en una lectura aún hoy fascinante de la primera novela de Puig (1986: 27). En efecto, los contratos, que pueden ser leídos como la base de los negocios o de la alianza social, estipulan el curso de la conversación y el movimiento entre los objetos y la gente; supeditados al comercio, la identidad y los vehículos de expresión, regulan, a su vez, las condiciones para una economía de intercambio. La apariencia, en especial, entra de modo prominente en esas condiciones comerciales. En este caso, "la diferencia" –como desviación de la norma– se torna la pieza clave en el tablero de circuitos de intercambio, y dirige las condiciones del juego hasta llegar a ser una fuerza impulsora, la médula del contrato y del comercio. Por ello, la apariencia de Toto como enano y con un cuerpo potencialmente homosexualizado asegura su posición de intermediario entre los muchos personajes de la novela. También la tuberculosis de Juan Carlos en *Boquitas pintadas*, el cáncer de Ana en *Pubis angelical*, el confinamiento de Ramírez a una silla de ruedas y su lucha contra la amnesia en *Maldición*, los cuerpos en proceso de envejecimiento de Luci y Nidia en *Cae la noche tropical*: todos contribuyen a estructurar un lugar y un espacio en la ficción, a la vez que proveen la lógica narrativa y la base para acuerdos contractuales entre los personajes. Puig enfatiza la "*diferencia*" de estos personajes como el factor crucial de la narratividad. Aquí es donde la posmodernidad de Puig arroja luz sobre el debate acerca de la identidad.

Concordaremos con que a la conducta normativa le está vedado suministrar tanto el material para una trama como la posibilidad de rendimiento económico. Ambos requieren la no complicidad corpórea (excesos, deformación, transgresión) para superar la circulación normal de una economía estable y una narración ininterrumpida. Especialmente cuando el giro de la diferencia toca cuestiones de sexualidad, resultan afectadas las estrategias de la narrativa así como del intercambio económico. De modo semejante a la manera en que aparece sugerida la asociación de palabras entre los derivados *invertido* e *inversión*, Puig vincula el juego entre la sexualidad "desviada" y el dinero. Los dos conceptos mencionados producen un cambio en la realidad como si pusieran en escena una transformación de la materia: una inversión de las energías libidinales obstruye los canales normativos del deseo y las fortunas, alterando el curso de los ahorros y ganancias, pero también el del deseo normativo y la reproducción.

Sabemos que la afirmación de una conducta sexual no convencional interrumpe siempre la economía de los signos, y perturba nuestra comprensión fija de la experiencia y de nuestras percepciones de lo real. Trastorna, en rigor, la propia relación con el mercado, produce, además, las condiciones apropiadas para desafiar a la autoridad y al Estado, en tanto abre un espacio para cuestionar los fundamentos filosóficos de la diferencia. El proyecto de Puig gira alrededor de este tipo de proliferación de la diferencia, en la multiplicación de identidades no clasificables según las normas convencionales. Al mismo tiempo, la inversión (en el sentido de *inversión financiera*) de estas identidades engendra una transformación de la economía narrativa. Así, en respuesta al estilo *empresarial* que a menudo burocratiza la identidad y el diálogo, Puig despliega una intriga contra los sistemas universales de valor, cuando yuxtapone el vuelo de la imaginación a las normas sociales restrictivas. El debate acerca de las identidades sexuales, en consecuencia, no aparece sólo enfocado en el estudio de una minoría; desentraña, más bien, los códigos culturales pertenecientes a nuestro fin de siglo. Ese debate interrumpe en Puig las presunciones acerca de una comunidad unificada de ciudadanos. Genera, además, una nueva política del conocimiento. En este sentido, el juego de las identidades *invertidas* es la *inversión* (en el sentido de inversión financiera) de Puig en nuevas formas de intercambio social que tendrán lugar en un terreno de modelos culturales de otro modo improductivo.

Puig no responde simplemente a impulsos deconstructivos, sino que, al mismo tiempo, propone la posibilidad de una coalición insospechada entre individuos de intereses disímiles. Como han señalado muchos críticos, sus novelas tienden un puente entre las culturas de elite y las populares, lo cual permite que una galería de voces, hasta entonces no incorporadas, hablen sobre sí mismas y cuestionen los modos en que la sociedad estructura y maneja los deseos. Puig usa estas oposiciones para iluminar tensiones insospechadas en la propia lógica binaria, avanzando y tomando posiciones hacia nuevos conflictos de identidad en un campo visual y espacial, inmerso en un movimiento continuo. En otras palabras, Puig acosa –a través de un espacio donde chocan experiencias y sentimientos– a las subjetividades irregulares, mientras éstas producen nuevas formas simbólicas bajo el ojo vigilante del Estado. En este proceso, las tecnologías de vigilancia se hibridan a menudo con las tecnologías del placer para trazar la trayectoria de esos mismos impulsos y cruzamientos.

Cristián Ferrer advierte justamente sobre la preponderancia del régimen visual en la cultura contemporánea, cuando afirma: "El mundo se expone *ante* nosotros" (1996: 7). Esta exigencia de exterioridad, sostenida por recursos tecnológicos elaborados, exhibe diferentes subjetividades: la interioridad se hace visible en términos de un conjunto común de imágenes obtenidas por analogía con los medios de comunicación populares o de géneros menores. En este sentido, Puig nos recuerda, quizá de un modo heideggeriano, que nuestro conocimiento del mundo está basado en la imagen. El espectáculo domina a las ideas, impone el tono a la comunidad. Pero también provoca angustia ante la interpelación –el miedo a ser interceptado en público y obligado a adecuarse a las expectativas de una norma–. En los medios de comunicación masivos, bajo la lente de la cámara, en la reproducción sonora, la identidad se produce y se transforma, convirtiéndose en una función del mercado visual.

Puig fue siempre particularmente sensible a la atracción y repulsión de los medios masivos y del mercado, a las peleas por el control de la imagen visual y a los mecanismos del poder identificado con el ojo de la cámara. Esta preocupación confluye en lo que Octavio Getino ha denominado "la disputa por el poder de la imagen" (1995: 23), en un mundo en el que la habilidad para producir imágenes es análoga a un acto de creación y control. ¿Dónde es posible encontrar, en este amplio panorama de la cultura, un lugar para registrar las experiencias del activismo local o las políticas de identidad alternativa? ¿Podemos reconstruir un campo cultural sin prestar atención a lo monumental? ¿Es posible asomarse por detrás de las superficies? Aquí, en la esfera más privada, hay un llamado para interrogar la lógica identitaria a través de las manifestaciones visibles del deseo sexual. En este sentido, no debe asombrar que el poder metafórico de la identidad sexual ejerza tanto dominio sobre el campo visual. Ese poder sugiere una colisión de la vida subjetiva y el registro público, una urgencia generalizada por "conocer" los secretos del otro, pero también amenaza a los individuos con exponerlos ante un público espectador.

En *Cat People* (dirigida por Jacques Tourneur, en 1942) –la primera película que Molina evoca en *El beso de la mujer araña* y el hilo conductor de la lógica de la novela en su conjunto– el arquitecto dice, mientras admira un hermoso edificio en la ciudad de Nueva York: "Me maravillo de lo que yacerá detrás de la fachada". Esta espacialización del deseo, esta vehemencia por asomarse detrás de las superficies, es una manera de imaginar la "esencia". Al penetrar en diferentes campos de conocimiento, Puig propone un reto a la representación.

Mientras exista el deseo de asomarse detrás de las superficies, la sabiduría alternativa de fin de siglo insistirá en que la realidad alcanza sólo una profundidad de superficie. Nuestro acercamiento al campo del conocimiento proviene de una amalgama de informaciones visuales, que deben ser registradas, en el mejor de los casos, en términos de proximidad y distancia. La contradicción entre superficie y profundidad organiza las investigaciones de las principales novelas de Puig en las que todavía los personajes y las esencias se explican como detalles de superficie. En efecto, las estrategias representacionales, tanto del film de Tourneur como de la novela de Puig, vuelven sobre este dualismo inevitable. Aquí la ambigüedad es el punto central del arte así como su lógica de soporte.

"Porque es una cara de mujer pero también una cara de gato" (*El beso*, 16), afirma Molina, al referirse a la mujer de Transilvania que se acerca a Irena en *Cat People*. La ambigüedad es indicativa de procesos descriptivos empleados por Molina, con los que toma posición frente a interpretaciones duales de cualquier imagen dada. Nuestro conocimiento se va constituyendo a través de pequeños pasos sucesivos y de pequeños gestos que acompañan los movimientos del deseo en una aproximación presumiblemente dirigida hacia una verdad esencial. La metáfora y la comparación sostienen esta aproximación, pero recuerdan además que, lejos de constituir una simple "verdad", prolifera la multiplicidad en todas las lecturas.

Piénsese en la escena de apertura, donde Molina narra la historia de Irena, la mujer como artista. El arte de Irena está doblemente codificado: en la imagen fílmica (suprimida en Puig), la actriz dibuja un gato que parece un diablo; en la novela, en cambio, la figura que Molina describe para su compañero de celda parece tanto un gato como una mujer. En este punto la ambigüedad fílmica sobre el género sexual y la maldad aparece reemplazada en *El beso* por una inquietud narrativa hacia la inestabilidad de la representación. Pero hay algo más: mientras la figura de Irena introduce la ambigüedad, abriendo así todas las lecturas hacia las dobles interpretaciones, sus actos se ven repetidos en eco en la afición de Molina por las narraciones duales. Los relatos de éste presentan un doble sentido y muestran signos equívocos, especialmente cuando Molina se desliza desde las imágenes de la pantalla fílmica hasta su propia reconstrucción fantasiosa de lo que él cree haber visto. En efecto, el argumento de la novela se sostiene en dobles pliegues de este tipo, mientras suple los elementos básicos que permiten al lector pensar en los principios que organizan la identidad. El film *Cat People* termina con una cita moralista: "Tenemos la vida interior que nos fue dada, o de otra manera, el pecado negro nos divide en dos". Esencia o ambigüedad: tanto Jacques Tourneur como Manuel Puig nos recuerdan reiteradas veces que el deseo nos marca como sujetos duales, pero si Tourneur trata las dualidades en términos de una promesa moral, Puig usa el dualismo del giro lingüístico para marcar el abismo entre experiencia y denominación. Lejos de apelar a un tono moralista, Puig evoca estas contradicciones con la intención de cuestionar los principios fundantes del debate identitario.

El beso de la mujer araña aparece formulada desde esta propuesta, oscilando entre la promesa de cierto núcleo inaccesible de oscura identidad y las designaciones que pretenden marcar y delimitar el deseo. Puig responde al peligro de estabilidad, jugando en las zonas de transición y dando preferencia a las tierras de nadie, aquellos territorios salvajes que no han sido cartografiados todavía en el campo de la representación. La novela registra, así, la historia de estos viajes, convenciéndonos una y otra vez de que el peligro real para la política y el arte surge cuando queda erradicada la ambigüedad del "como si", cuando se otorga un nombre absoluto a todo y cuando se le impide toda movilidad al ser humano.

El gesto de Puig contra la *stasis* y la identidad fija emerge del marco espacial de su texto. Consideremos, como muchos críticos, que la prisión es la manifestación física de la ideología de Estado, concebida para controlar la diferencia y detener toda posible circulación del desvío. Contra esto, Puig ofrece una amalgama de voces y relatos imposibles de captar en una lectura unívoca. En rigor, el espacio de la celda se expande, sus límites físicos son indefinidos. Esta resistencia se consolida a través de la figuración de fronteras vulneradas por el desentramado de un territorio nacional y la elisión de espacios externos. Ello invita a una lectura de fronteras permeables, a la vez que libera una plenitud de significados.

Con justeza, Puig prefiere confundir un relato singular de los orígenes capaz de vertebrar *locus* y *locutio*. Por ejemplo, Irena proviene de Transilvania, Leni (protagonista de la película nazi) de Alsacia: ambas son originarias de zonas de identidades cruzadas, regiones donde reina la hibridez. Pero, sobre todo, ambas se encuentran alienadas por el control falocéntrico de una lengua singular: Irena y Leni son hablantes bilingües que se dedican al arte (dibujo y música) para expresar un sentido dualista de todo lo que ven. Irónicamente, sin embargo, sus voces resultan incomprensibles para Molina cuando intenta traducirlas: el vital intercambio de Irena con su compatriota en "un idioma rarísimo" (16) sobrepasa la capacidad lingüística de Molina, como sucede con las canciones alemanas que Leni canta en el cabaret (80). Estas voces diferentes, por supuesto, responden a las restricciones de fronteras nacionales. Sin embargo, al escapar de los límites de competencia lingüística de Molina, abren la dinámica textual de la novela y, de este modo, evitan la sujeción.

Ningún territorio ideal es definido como absoluto en su forma, sino como un lugar de conflicto y choque. Este encuentro revela una realidad parcial, una aproximación a través de la semejanza, nunca una representación totalizadora. En este sentido, el conflicto de límites fronterizos aparece paradójicamente contrautópico, es decir, literalmente sin ningún control del individuo particular sobre su lugar; pero provee, en cambio, las condiciones para un cuestionamiento de límites y nombres, circulando, como un virus, a través de varios cuerpos, sin tomar en cuenta el lugar de origen.[23] La traducción, en este caso, brinda un posible puente a la vez que nos recuerda las limitaciones de nuestro saber.

La traducción transmite aquí la perceptible inadecuación de un idioma determinado, pero también sirve para expresar la ambivalencia productiva en el campo de la representación. Sea a través del tratamiento de un relato de los orígenes o de un guión extranjero, Puig reitera su ansiedad con respecto a la ineficiencia de la propia lengua para resolver las cuestiones de denominación, identidad y diferencia. Pero esta ineficacia también genera ambigüedad y catapulta al

---

23. Sobre anhelos utópicos y proyectos antiutópicos en los textos de Puig, véase Santiago Colás (1994).

salto imaginativo. *El beso de la mujer araña* se dirige a esta cuestión fundamental, presentando la traducción como un desliz oportuno entre varios discursos, una compensación por los modos de autorrepresentación que se manifiestan en una lengua única. Nótese, pues, que los múltiples idiomas (como las lenguas eslavas, el alemán, el inglés y el francés) que dan a la novela su fuerza chocan en la superficie del texto. A causa de los ecos y repeticiones que generan, parecen también disminuir la importancia de cualquier pensamiento original. Esas expresiones se tornan lugares de inversión para Puig, en tanto manifiestan la posibilidad de transformación y expansión. Puig nos recuerda al mismo tiempo que los textos en lenguas extranjeras no pueden ser traducidos fielmente y que asestan un golpe a la sistematicidad de los códigos que pertenecen a la expresión mayoritaria. Estas lenguas suministran una "zona de transición", como señalan Deleuze y Guattari (1988: 101), pues son lugares que disuelven cualquier adherencia a un sistema fijo de notación. Como ejemplo irónico de esta propuesta, Puig nos presenta los documentos de la policía de la prisión que anuncian la muerte de Molina. Estos documentos proclaman triunfalmente la confianza en la univocidad del discurso oficial (no por azar se nos dice que han sido escritos por triplicado), para anunciar el control sobre la "realidad" arriesgada por personajes tales como Molina. Dejando de lado estas pretensiones, Puig parece decirnos que la puesta en circulación de esos documentos del gobierno contienen poca "verdad" acerca del tránsito de los diferentes deseos: los escritos fracasan al querer controlar las vidas íntimas y las pasiones de los otros y ni siquiera pueden relacionarse con distintos sistemas de referencia. La fantasía, en esta ocasión, supera la voluntad del Estado.

¿Podremos acaso lograr alguna vez un acuerdo de sentido en la circulación de lenguajes, en los alcances subterráneos de la conversación contracultural? ¿O estaremos perdidos sin esperanza en nuestros particulares meandros de privilegio autorreferencial? ¿Podremos interpretar correctamente lo que el otro dice y ponernos de acuerdo en torno a un núcleo de ideas que esté más allá de nuestra comprensión? ¿Podremos expresar a nivel comunitario esas fuentes de deseo que carecen de un nombre apropiado? En el segundo capítulo, Molina y Valentín inician una discusión sobre la naturaleza de la tortura: "Vos *no* sabés lo que es", dice Valentín a su compañero de celda. "Pero me puedo imaginar", contesta Molina. "No, no te lo podés imaginar", retruca Valentín (33). Valentín maneja, por cierto, un texto cerrado, sin dar lugar a la posibilidad de un pacto discursivo con Molina, lo que también señala la imposibilidad de entrar en la esfera imaginativa del otro. Pero ¿cómo, en rigor, llegamos a un acuerdo sobre los campos de representación?, ¿sobre cuestiones de otredad, de sueños comunes de utopía, o de la importancia de un pasado histórico?

La obsesión fundamental de Puig se condensa alrededor de estos puntos, en tanto nos invita, de modo reiterado, a especular sobre los modos en que llegamos a acuerdos respecto del sentido. No simplemente describir, mirar desde una distancia, sino lograr un pacto que reconozca el papel que cada interlocutor desempeña a través de los intentos de interpretar, intentos que a menudo fallan. Esta preocupación ha acompañado a Puig a lo largo de su carrera literaria; piénsese solamente en las primeras novelas, ubicadas en Coronel Vallejos, donde los datos que comparten los personajes son usualmente errados; pero también en la información falsa que se difunde a través de múltiples discursos en *The Buenos Aires Affair*, o el diálogo que sostienen (en una lengua no nombrada) Larry y Ramírez en *Maldición eterna*, donde la amnesia de uno choca con la voluntad del otro por construir la historia; o los conflictos de lenguaje y deseo que se expresan en *Sangre de amor correspondido*; o la confusión de Nidia y Luci en *Cae la noche tropical*, cuando las protagonistas viajan entre Buenos Aires y Río de Janeiro (y también entre Río y Lucerna) y luchan contra los velos de la traducción.[24] Los equívocos entre diferentes lenguas, así como los reiterados errores sobre los acuerdos de

24. Sobre los conflictos de traducción que emergen en los textos de Puig, véanse Paula Siganevich (1998) y Christopher Larkosh (inédito).

sentido, impregnan todas las novelas de Puig, pero son especialmente evidentes en *El beso de la mujer araña.*

Quizá como un modo de combatir cualquier mecanismo universal para unificar la significación, Puig investigó las discrepancias entre experiencia y denominación. Desafió en particular los privilegios epistemológicos asignados y suscritos por el Estado y cuestionó los efectos de los intereses particularistas alterando el deseo corporativo estatal. En medio de la discusión se encuentra precisamente el interrogante de los significados comunes y de la habilidad para *reproducir y copiar.* Esta actividad se desarrolla a menudo en la novela a través del vehículo de la visualización.

Richard Sennett (1990: 238), por su parte, nos recuerda que el espectáculo produce un nuevo modo de recordar. Refiriéndose al sentido de la comunidad política que es construida como una *Gemeinschaft*, insiste en que perdemos una forma de memoria para acceder a la huella de otra. La realidad política se construye, entonces, a partir de los símbolos en miniatura pertenecientes a las comunidades; éstas son construcciones que generan fantasías comunales y prometen inconmensurables dimensiones de pertenencia. Este debate constituye la base de toda discusión acerca de las representaciones contestatarias de la comunidad expresadas contra el Estado, como también permite el acuerdo comunitario acerca del valor del espectáculo en la construcción de un lenguaje alternativo de identidad y movimiento. Guy Debord nos dice, por otro lado, que el espectáculo está en "el centro de la real irrealidad de nuestra sociedad" (1995: 13). La calidad visual de la disciplina y del control, como fue escenificada durante los años de la dictadura militar, aparece en *El beso de la mujer araña* como una competencia por las técnicas de narración, una lucha puesta en escena contra el control sobre el imaginario ejercido por el Estado y por las fuerzas limitadas de la razón. Piénsese solamente en el emotivo episodio de la novela en el que Valentín, empezando a internarse en los sistemas de referencia de Molina, repara en las sombras que arroja el calentador en el espacio de la celda. Ahí empieza la fantasía artística de Valentín, personaje poco inclinado a las divagaciones en el campo estético. Este salto está basado en la habilidad de pactar con un sistema de metáforas distinto de sus pretensiones habituales hacia el análisis político duro. Más aún, Puig nos recuerda, de modo constante, que las batallas por la afirmación que se fundamentan en este pensamiento visual dependen de una evaluación compartida de la espacialización y del lugar.

En este punto me gustaría apartarme de la lógica de muchos de los críticos de Puig, que han sostenido que Puig busca eliminar el espacio de las deliberaciones de la novela. En lugar de ello, quisiera afirmar que la distancia registrada a través del espacio es fundamental para llegar a plantear una discusión acerca de un acceso compartido hacia la representación. La identidad se despliega en el terreno de la diferencia, en coordenadas geoespaciales (desde el espacio de la celda hasta el espacio del libro); éstas son, entonces, rebasadas en las zonas de frontera que liberan formas alternativas de significación y conflicto (Alsacia, Transilvania, la plantación caribeña). De este modo, Puig atrae nuestra atención sobre el abismo entre las coordenadas locales y universales para la identidad; expande y acorta la distancia para las afirmaciones del individuo entre las prácticas identificatorias del Estado y de los espacios más regionalizados. Además, el modo espacial permite desarmar los significados y formas fijas: constituye el lubricante de la transformación de identidades y de la erupción de voces alternativas, como hemos visto en tanta ficción posmoderna.[25] Estos desplazamientos, colocados en regiones geoespaciales alternativas o en zonas de transición, desarman nuestro sentido de la subjetividad fija y de las premisas binarias de la representación convencional. Dan carácter político a un espacio limitado y ponen en duda el valor de la autenticidad y de las esencias. Por entre

25. Sobre el interés latinoamericano contemporáneo en viajar tal como se liga con las cuestiones de identidad sexual en particular, véanse, por ejemplo, "El cuento de la mujer del mar", de Manuel Ramos Otero; *Stella Manhattan*, de Silviano Santiago; *La nave de los locos*, de Cristina Peri Rossi; y *Una novela china*, de César Aira.

las fisuras de estos diferentes espacios surge una propuesta alternativa para la subjetividad.

Las distancias espaciales entre sitio y lenguaje aparecen siempre enfatizadas en la novela. En *El beso de la mujer araña*, Molina se adueña de los guiones fílmicos para armar un relato vital propio. Usa así los materiales de Hollywood como una fuente de placer, pero también para atraer la atención de Valentín. De hecho, se podría afirmar que el problema de la representación en la novela está sostenido por las tensiones entre el film original como creación y la copia de Molina, por la traducción de un lenguaje original en sus fuentes derivadas, y por la narración de una experiencia distante a través de la mediación de interlocutores múltiples. Todos ellos son, en breve, tipos de discurso apropiativo que disputan el valor de la autenticidad, examinando el esfuerzo de cada expresión a través de su reproducción en textos plurales, enfatizando la distancia espacial entre experiencia e interpretación. Así coloca también infinitos puntos de entrada para lograr una práctica significante universal.

Molina comienza su relato con una clara identificación de los individuos basada en su apariencia física y en la certeza del mismo Molina acerca del origen étnico y del género sexual de los personajes. Éstos le permiten la entrada en un sistema de comparaciones y metáforas donde los términos permanecen incuestionados: una mujer que parece un gato, un hombre que parece un judío, un hombre que parece un homosexual. Pero es especialmente el detalle de la superficie lo que merece la atención de Molina, los sitios fijos en los que el cuerpo puede ser construido para corroborar las representaciones públicas y las formas simbólicas generalmente aceptadas. Sin embargo, es notable que buena parte de *El beso de la mujer araña* se halle también dedicada a actos de ingestión y expulsión corporales: el hambre, las deposiciones y los vómitos son inevitables elementos del libro y, como tales, *expanden* el cuerpo más allá de los términos en que normalmente lo vemos. Estas imágenes se presentan como ejemplos de modos en los que el cuerpo abyecto excede sus fronteras definidas, más allá de la envoltura de la carne y las coordenadas universales de la forma humana. Puig presenta de esta manera una respuesta contestataria, "como un cuerpo fuera de sí mismo", que sobrepasa los límites convencionales de la representación corporal. La sexualidad también se ve implicada en estas realidades como un lugar de representación liberada, como la experiencia fundamental de atravesar las fronteras reconocibles. Por su incesante desplazamiento, por su deslizamiento entre atribuciones, la representación llega a aparecer vinculada al movimiento y a la transformación, mostrando el fracaso de la lógica categórica y las limitaciones de los sistemas de denominación. Como una gran paradoja, además, la representación sexual, en la tradición impresa, es ilegible; ni siquiera puede ser vista u oída.

Esto se torna especialmente evidente en el episodio del capítulo once en el que Molina y Valentín tienen el encuentro sexual. En esta escena, en la que la subjetividad se transforma y las identidades aparecen confundidas, Molina actúa sin recurrir a una máscara de representación. Aquí se vincula la economía de la novela a una experiencia dual de descubrimiento y ocultamiento, así como detalla la obsesión de Puig por la relación entre representación y experiencia, distancia y proximidad, originalidad y copia. En este proceso, nos obliga a reflexionar sobre los proyectos universales de la lengua. Irónicamente, pues, la escena del encuentro sexual está casi exenta de palabras; el espacio del texto aparece llenado con elipsis y silencio. El lenguaje se diluye hasta el punto de desaparecer para expresa así la densidad paradójica y la revelación de este dramático encuentro.[26]

---

26. Roberto Echavarren, en una exégesis brillante de *El beso* relacionada con las ideologías de la simulación y la afirmación sexual, nos recuerda que la novela en esta parte "vaporiza" todos los conceptos de identidad (1998a). En relación con esta escena, Echavarren escribe: "Yo es otro, es el otro, no es nadie, no tiene identidad, es un vapor" (255). Utiliza esta imagen para elaborar una teoría de anterioridad por medio de la cual el personaje retorna a un modelo previo de subjetividad que ha sido ofuscado a través de la distancia temporal. Aunque mi lectura de esta escena crucial de la novela difiere de la de Echavarren, igual considero que este punto se ha desarrollado extremadamente bien.

En este punto del texto, no nos sentimos compelidos a preguntar por los límites de la prisión misma, sino, más bien, por la cárcel del lenguaje, que excluye un significado no condescendiente y fracasa cuando pretende admitir sujetos "desviados". Puig, por lo tanto, nos deja en perplejo silencio ante la escena de amor. Sin embargo, nos encontramos ante otra paradoja, porque, aunque no podamos articular el amor experimentado entre los personajes, a pesar de todo ingresamos en un campo de comprensión universal. Con respecto a esto, sugiere que así como la fusión de Molina y Valentín se halla fuera de la heterosexualidad normativa, la profundidad de la experiencia es, sin embargo, clara a todos. Porque el texto transmite un sentimiento comúnmente compartido, todos la comprenden. El significado, en esta instancia, trasciende las limitaciones de la palabra. Su irreductibilidad rechaza la posibilidad de lucro en los sistemas normales de intercambio; en este contexto, lo inefable llega a ser la liberación fundamental.

En otro momento, me referí a Ernesto Laclau, quien ha reflexionado profundamente acera de la utlilidad de la "diferencia" frente al deseo universal. Sus ideas se prestan especialmente para el análisis de este capítulo de la novela de Puig, sobre todo el concepto de "significante vacío". Con este término, Laclau se refiere a aquella expresión que ocupa un lugar universal en las jerarquías de significado y valor. Es un signo que todos reconocen, no adscrito a ningún significado en particular, pero que interrumpe las estructuras convencionales de la significación misma. Es decir, el significante vacío, como diría Laclau, bloquea la expansión continua del proceso de semiosis, hasta detenerlo temporalmente (1996: 37). Esto genera consecuencias múltiples. Primeramente, el significante vacío introduce una ambivalencia dentro del sistema de diferencias en general; las exclusiones, las identidades fijas, aun los límites y confines, se vuelven problemáticos. Además, como todos los grupos pueden arrogarse la posesión de este significante, "la diferencia de" y "la identificación con" se anulan entre sí como términos. La diferencia se transforma en la equivalencia. El significante vacío anuncia que todo es diferente pero sin embargo lo mismo. Por un momento alcanzamos la presencia pura y se logra una plenitud comunitaria.

De modo similar, la impresionante escena del encuentro sexual en *El beso de la mujer araña* reúne a individuos que se han visto obligados a mantener un constante equilibrio para no caer en la grieta que separaba la representación y la emancipación. La cópula en *El beso* suspende las jerarquías de conocimiento, nivela las distinciones al mismo tiempo que reformula las pretensiones comúnmente mantenidas hacia la totalidad. Aquí, Puig aparece diciéndonos que la confianza epistemológica no nos ayuda para decodificar categorías de representación. Así, la gramática del "como si", la lógica de la sustitución y la copia se ven temporalmente anuladas, y paralizadas nuestras capacidades para la traducción. Pero la absoluta identidad no aparece nombrada. En su lugar, contrariamente a todos los temores ante la *stasis*, nos vemos arrojados en un torbellino de movimiento que no nos permitirá una separación entre los extremos de lo universal y lo particular. El encuentro sexual marca una momentánea suspensión del conflicto con la diferencia.

La escena clave del encuentro sexual entre Molina y Valentín anuncia una crisis de los paradigmas, una aporía a través de la cual la novela nos obliga a abrirnos a nuevas formas del conocimiento desde un punto inicial de elipsis. Esta fisura, que ha obsesionado a los escritores argentinos desde Borges a Piglia, ubica, en este caso, la crisis de la denominación en la pasión romántica. La sexualidad es un instrumento eficaz para establecer los fundamentos que permiten la lectura del cuerpo y del lenguaje, en la medida en que también suministra las bases para la discusión de los espacios sociales alternativos. Simultáneamente promueve y anula la categoría opresiva de la diferencia. Puig se dedica aquí a ese desenmascaramiento, a través de la revelación de las técnicas que sostienen la diferencia y contribuyen a nuestras falsas percepciones.[27] El proceso establece también las condiciones para la renegociación de las categorías de lo masculino y lo femenino, de la identidad sexual y del placer.

Hemos llegado a aceptar que los términos para la identidad sean definidos y resueltos en la salas de directorio de las corporaciones o en los despachos paticulares del Estado, donde toman forma los sistemas de creencia y, luego, son propuestos para su difusión masiva. Contra este sistema opresivo, las alternativas para una alianza comunitaria y la participación ciudadana, y aun la alternativa erótica, se dan necesariamente en escenarios alejados de ese control dominante. La obra de Puig evoluciona desde las *citas* de la diferencia hasta los *sitios* identificados en el campo visual; juntos disuelven las identidades en un significado vacío. Por esta razón, vestirse y disfrazar adquieren importancia en *El beso.* Disfrazar y exhibir son una manera de examinar no sólo la organización del conocimiento, sino también los efectos de las diferentes representaciones en la circulación activa del significado. Estos sitios representan una clara inversión (en el sentido de *inversión financiera*) en la superficie de las relaciones. Dan sentido espacial al deseo y anuncian los puntos de contacto entre diferentes grados de conocimiento y de poder. Estos sitios, además, revelan el punto en el que el vestido exige el desenmascaramiento. Así, los opuestos se ligan y fuerzan a la convergencia de los hábitos de ocultamiento y revelación. Esto constituye un punto clave del sistema literario de Puig.

Con extraordinaria lucidez, Roberto Echavarren ha observado las cuestiones del vestido y de la identidad desde una diferente perspectiva, fijando su atención en los puntos de intersección entre el estilo personal y el mundo de la última

---

27. Aun a riesgo de repetir lo que ya ha sido discutido de manera adecuada, las notas al pie de la novela siguen la pista del sentido que Puig da a estas percepciones erróneas; en especial, véase el comentario de la apócrifa Dra. Anneli Taube (la voz de Puig en las notas al pie) sobre las identidades fijas y el peligro del esencialismo tanto en las comunidades gay como en las no gay. Sobre las notas al pie de *El beso*, véase Daniel Balderston (1998).

moda (1998b). En otros términos, si la moda determina el poder del fetiche desde la sede de las corporaciones, el estilo, por el contrario, es una experiencia personal única y establece las condiciones para la moda pero vistas desde abajo. El estilo ofrece la posibilidad de una afirmación local que puede trascender hasta las esferas transnacionales; pone "los saberes del pobre" en contacto con la maquinaria global. Partiendo de este punto inicial, me gustaría pensar en la experiencia de la vestimenta como un despliegue de poder, mediante el cual los aspectos superficiales de la apariencia (desde las especificidades de la impostura hasta las más amplias áreas de la representación) se resolvieran en conjunciones diferentes e intercambios en la esfera social. La vestimenta, en este caso, desafía el ojo vigilante del Estado, y sin embargo, ofrece *sitios* para la conjugación de experiencias individuales dentro de proyectos políticos alternativos armados desde el margen. En este contexto, el encuentro sexual de Molina y Valentín suministra un lugar de significado que desafía los sitios oficiales y los sistemas de citas: es una forma de desvestir y desenmascarar el lenguaje, otro *estilo* de hacer política frente a la autoridad estatal.

Puig insiste de modo vehemente en posiciones antiesencialistas, en la extrañeza de toda identidad; repudia la condición gay y la heterosexualidad normativa e incluso reflexiona sobre la construcción social del género como un modo de cuestionar la producción general de conocimiento. En "El error gay" (1990), Puig escribe: "La homosexualidad no existe. Es una proyección de la mente reaccionaria [...] la identidad no puede ser definida a partir de características sexuales, ya que se trata de una actividad justamente banal". Puig busca la producción de una identidad pero no basada en una mentalidad de gueto, sino desde una coalición construida a partir de nuestro común sentido de exclusión. Se trata de un modo en el que el YO que se halla cuestionado nos permite comprender a un NOSOTROS. En este sentido, es sorprendente, como advierte lúcidamente Julia Romero, que las obras más significativas de Puig sobre las relaciones de la sexualidad estén situadas en el período que va desde el Cordobazo (*The Buenos Aires Affair*) hasta los años de la dictadura (*El beso* y *pubis*).[28] La metáfora sexual está diseñada para producir un corto circuito en el engranaje habitual del poder. Pero permite a la vez considerar los confines de nuestra propia exclusión y las condiciones de alianza con aquellos que también sufren exclusiones, diferentes pero relacionadas. Ni el origen ni la esencia: de un modo antiiluminista, sostenemos que somos el producto tanto de un diálogo con voces diferentes como de un movimiento a través del espacio.

Con razón, entonces, puede decirse que los viajeros abundan en las obras de Puig; personajes que abandonan su lugar de origen para buscar su fortuna en otra parte o los que aprenden a adaptarse a lenguas extrañas. Desde *La traición* hasta *Cae la noche tropical*, los protagonistas son viajeros y exiliados situados en lugares que van desde Buenos Aires y Hollywood hasta Nueva York y Río de Janeiro: esos personajes refuerzan la preocupación general de Puig por la producción de efectos sobre los orígenes del sentido. De este modo, también revela la posibilidad de una negociación en curso sobre procesos de significación que refutan la existencia de una verdad autorizada y preestablecida. Así se vinculan los *outsiders* de diferentes lugares para poder compartir los efectos de ser "extranjeros". En consecuencia –como se dijo antes–, nos hallamos ante la materialidad de un lugar donde se escenifican los debates del enunciado. Pero también se trata del modo en que pueden encontrarse y definirse las nuevas conexiones. He aquí la obra política en torno a las cuestiones de identidad, un modo de aliarse a la sociedad civil a través de encuentros locales y globales, fuera del lugar común. Este hecho proporciona una vía para utilizar la diferencia sin recurrir a la jerarquía; logra mantener las relaciones humanas

28. Julia Romero remarca que las novelas de Puig, desde *La traición de Rita Hayworth* hasta *Sangre de amor correspondido*, pueden leerse como una historia de representaciones de géneros en contraposición a la política nacional, y también como el centro de la persecución ideológica de parte del Estado autoritario.

sin una economía de la igualdad determinada de antemano por el lenguaje o el mercado. En este punto, el proyecto artístico de Puig introduce una nueva forma de sociabilidad, un desafío a las narrativas de origen y de clausura; también ataca a nuestra atracción por la nostalgia. Toda búsqueda de identidad se entrega, en definitiva, a las ideologías de la dispersión. Rige la no correspondencia como práctica básica de este mundo. Así, un arte de lo posible se ensambla con la ética del vínculo social, partiendo de la comprensión común de nuestra condición de "no pertenencia". Ésta, entonces, es la *murga* de Puig, el enfoque de su poética y la fuerza propulsora de su crítica cultural.

La aventura escalofriante de César Aira

Manuel Puig logra que la crisis de identidad producida por el Estado y el mercado se vuelva polémica. César Aira, por su parte, expone las falacias de la lógica que subyace al proceso de pensamiento binario. Tal vez sea Aira, entre los escritores contemporáneos, quien más le debe a Puig. Aira explora las estructuras perceptivas que se consideran fundamentales para cualquier experiencia interpretativa, y se burla de ellas. En consecuencia, comienza con los aspectos gramaticales del problema y continúa jugando con nuestra comprensión de la alegoría, mientras nos recuerda todos nuestros errores analíticos. En ese proceso, hace tambalear nuestra fe en las ilusiones de similitud y diferencia, una creencia básica del pensamiento binario. Sería posible tomar esta idea y continuarla, desde su primera novela hasta su texto más reciente, pero aquí quisiera referirme por separado a dos de las obras de Aira, *La liebre* (1991) y *Cómo me hice monja* (1993a). Pese a que esas novelas no pertenecen precisamente al género del *conte philosophique*, se podría afirmar que la escritura de Aira apela directamente a nuestra lógica y nos incita a un debate sobre los atributos de la estética.

Tanto Puig como Aira ponen a prueba la cultura literaria canónica partiendo de los géneros populares menores. Más aún, estos autores impugnan los conceptos de diferencia que ingresan en el campo de la representación para asignar jerarquías de valor. Saben también que una historia, si intenta atraer nuestra atención, no puede sobrevivir sin el impulso de la diferencia. No obstante, Aira, contrariamente a Puig, está decidido a enfatizar el artificio puro de toda narración. Con más agresividad que su predecesor, cuestiona los apuntalamientos filosóficos que gobiernan la lógica de la representación. De este modo, adquiere la cualidad de una pintura *trompe l'œil* que promete verosimilitud y autenticidad, pero que, sin embargo, siempre termina por revelar su fuente de fabricación. Más aún, Aira ridiculiza nuestra necesidad de creer en la honestidad de la copia. También anuncia, irónicamente, los límites lógicos de la simulación: "Nunca pude entender la mímica. Es una lengua que me está vedada: soy políglota, pero ése es mi límite infranqueable y es un límite interno a todos los idiomas", escribe Aira en un texto reciente (1997: 7). Más adelante, ataca a fondo el problema de identidad que se pone en evidencia cuando se intenta organizar la realidad en el interior del marco de la reproducción mimética. La copia es posible en términos lógicos porque la tensión entre el original y sus derivados es dudosa. En el proceso, el escritor expone el vacío final –en verdad, el vacío estético– que se produce al pretender clasificar los elementos y reproducirlos de modo significativo.

La verdad, si es que acaso existe una verdad, radica menos en el contenido que en la estructura visible de las fuerzas opuestas. El pensamiento binario nos lleva por el camino equivocado. El director de cine, Raúl Ruiz, se hace eco de las opiniones de Aira cuando refuta la lógica del pensamiento oposicional como sostén narrativo de la película:

> Decir que un cuento sólo puede construirse a partir de un conflicto básico nos obliga a eliminar todos los relatos que no incluyen el enfrentamiento y dejar de lado todos los episodios que sólo exigen la indiferencia o una curiosidad alejada, como un paisaje, un vendaval distante, una cena con algunos amigos, a menos que la escena se marcara con una pelea a muerte entre los buenos y los malos (1995: 11).

La novela de Aira, *La liebre*, se convierte en un campo experimental para conseguir el efecto completo de este proyecto. En su forma más elemental, se trata de una novela de aventuras moldeada sobre los paradigmas decimonónicos de la pérdida y la recuperación, y se apropia de un conflicto central que es, en verdad, el de la civilización *versus* la barbarie. Clarke, el explorador extranjero (naturalista y geógrafo), halla su destino ligado al encuentro con una liebre patagónica legendaria. Por lo tanto, viaja a través de la pampa en una misión de búsqueda y recuperación, en un viaje atravesado por encuentros donde imperan la embriaguez, los engaños y las imágenes alucinatorias. Esas imágenes producen un esquema de visiones duplicadas en la mente de los personajes de la novela. Otros hechos del texto imitan las operaciones rituales de la duplicidad a través de la confusión de los nacimientos y la atribución de identidades erróneas, además de la reaparición de los huérfanos que finalmente se reencuentran con sus hermanos gemelos perdidos mucho tiempo atrás. Todos los personajes autónomos, se descubre después, son parte de una dupla. Todos se inscriben originalmente dentro de la lógica de la copia. Estas técnicas de duplicación, por supuesto, sirven como conectores del melodrama, cuya lógica Aira ataca a través de la parodia y la exageración. Aun así, como agrupamientos binarios formados a partir una situación absurda, ofrecen también la posibilidad de corroer todas las ficciones de la identidad. Entretanto, Aira juega con el espacio que sostiene estas revelaciones: la Patagonia en particular es el territorio sobre el que se despliega esta obra.

Aira nos señala que estas vastedades deben llenarse con imágenes binarias para ingresar en el campo simbólico. La Patagonia, para poder existir en la historia argentina y en la ficción, exige el tratamiento de un melodrama con los rótulos identificatorios duales que le asigna la mirada del turista. Sin esto, el territorio geográfico no puede adquirir status narrativo. En ese aspecto se asemeja al concepto de "nación". Ambos requieren una estructura gramatical basada en apareamientos de elementos semejantes y opuestos para poder encarnarse en la mente del espectador. En este caso, no estoy hablando de la lógica que describe Homi Bhabha para "narrar la nación", sino que intento mostrar cómo Aira expone la vacuidad del discurso patriótico que, en la ficción, sólo existe como un juego de vínculos sintácticos, sostenidos por un pensamiento de tipo analógico. Buenos y malos, ricos y pobres, enemigos y aliados, son los pares de oposiciones que subyacen al concepto de "nación". Aun la idea de "hermandad" se produce en términos de contraste, mediante una lógica analógica. Vincula a los individuos en una familia de palabras determinadas con exclusión de otras.

En *La liebre*, Aira encara el tema de la analogía filosófica como una herramienta en la lógica finisecular que determina las máscaras y los mapas propios del patriotismo tanto como de la política de las identidades y de los paradigmas Norte/Sur. El pensamiento analógico, como ya sabemos, ha sido una obsesión entre los escritores argentinos desde Borges, Macedonio y Xul Solar hasta los contemporáneos minimalistas como Alan Pauls y Sergio Chefjec. Como ellos, Aira nos brinda una introspección sobre la inutilidad del pensamiento analógico, el cual estructura la identidad en términos de oposiciones lógicas, de formas originales y sus copias. Pero el tono del escritor es festivo, de modo que el juego de identidades equivale a una prolongada broma literaria. Y también aquí Aira juega con las oposiciones absurdas de lo serio y lo *light* y con la reverencia por las tradiciones intelectuales argentinas y el encono expresado por lo *kitsch*.

En su novela, la liebre patagónica inicia la crítica y la deconstrucción. El animal es una fuerza mística y elusiva que genera acertijos tanto para los viajeros urbanos como para los miembros de las tribus. Es el centro de un enigma que desafía la ley en cualquier sociedad civil, bloquea el razonamiento interno y anuncia una brecha entre deseo y lenguaje. La liebre es el modo en que Aira se aproxima a la discusión de lo que se dio en llamar la "ley del continuo". Aira ha explicado este proyecto del siguiente modo: "Yo mismo, proponiéndome como ejemplo de la singularidad extenuada del tiempo, trepo a la cinta del continuo y corro tras el monstruo revestido de la figura irrisoria de la explicación. Así puedo elegir entre los posibles de lo real, y elijo, sin razón alguna, sólo por hacer girar el 'círculo de factores enigmáticos', la crítica impresionista"(1991).[29] Su propósito no es limitar la experiencia, sino introducir la idea de una experiencia absurda que no puede ser reducida ni comparada. Pero el objetivo de Aira es también socavar nuestra confianza en la realidad establc de las formas, desestabilizar la lógica que administra la diferencia y, en consecuencia, establecer los términos de cualquier proyecto nacional.

En ese aspecto, Aira vacía el potencial de las políticas de la identidad como base para las ideologías de la nación, pero sin embargo ofrece un plan diferente del que sustentaba Puig. Si en *El beso* la escena de amor entre Molina y Valentín es el punto ciego de la novela –el que recluta un significado universal para crear sentido a partir de un encuentro particular–, *La liebre* ofrece además un punto ciego en la figura de la liebre extraviada. A su alrededor, los personajes compiten por definirla, para encontrar su lugar de origen, siempre con la esperanza de dar sentido a la forma que de otra manera les sería invisible. Pero la liebre es claramente absurda, carece de base en la realidad; y sin embargo y a pesar de todo, guía la atención de las fuerzas disyuntivas de los personajes que constituyen la nación. A través del roedor, el proceso del nombrar se expone. Incluso la preocupación por la materialidad de su cuerpo se reduce, al final, a una comedia burda.

Para Aira, la búsqueda del la liebre apunta al corazón de nuestras creencias erróneas sobre la "permanencia" de las culturas esencializadas. La diferencia y la semejanza se explican como cuestiones de superstición (nacionalista). Aira mide este problema en contraste con los personajes, tanto indígenas como europeos, que van en busca de la "liebre". Al caracterizarlos como estereotipos de la civilización y la barbarie,

29. Véase también Judith Podlubne (1996), quien reflexiona detalladamente sobre este concepto.

describe a cada uno con un detallismo cuidadoso, tomado de modelos positivistas. Pero para completar estas descripciones, Aira nos advierte sobre la necesidad de hablar en términos comparativos. Aquí el verbo *parecer* define la lógica de los personajes. Este verbo los orienta, estructura sus interacciones y guía sus diálogos e intercambios mientras determinan todo el significado de la novela: "No parecía inglés, pero había ingleses así, que parecían indios, incluso eran prototípicos, eso había notado Rosas, quien por su parte parecía un inglés de los otros, rubio y coloradote. De entrada lo encontró feo, aunque con la ventaja de ser pequeño, como un oriental" (17). La trampa de Aira consiste en recordarnos que todos los sistemas de comparación que unen características nacionales con rasgos físicos pueden ser fácilmente justificados con información falsa o disueltos por exceso de detalles. La construcción del personaje nacional y, por extensión, las similitudes que apelan a una identidad colectiva son siempre precarias y dependientes en términos de opiniones contrastantes. Esto resulta particularmente notable cuando uno de los personajes se acerca al viajero inglés Clarke: "La policía de Rosas había determinado el día anterior que el tal Clarke era quien decía ser, que el *skipper* del que había desembarcado venía de Valparaíso, que debajo del disfraz de naturalista y geógrafo al servicio de los intereses imperiales no había nada digno de ser recordado" (18). Mientras la vigilancia del Estado despoja a los individuos de sus vestimentas y busca revelar las identidades "reales" que hay detrás de las máscaras, anuncia a la vez los límites de la misma búsqueda. Como gesto fundacional de la sociedad civil, la duplicidad de la máscara lleva a sospechar la traición.

El catálogo, la miniatura, el ejercicio de clasificación, son la pasión del explorador, pero también constituyen la base de una superstición sobre los poderes mágicos de ese momento que puede ser identificado con la representación de lo real. De igual modo, nos invitan a considerar la manera en que las imágenes que se van reagrupando sostienen la mistificación necesaria para el pensamiento alegórico. Tal vez Jameson estaba en lo cierto, en ese ensayo que fue tantas veces criticado pero que ahora es un clásico, en el que alegaba que las naciones del Tercer Mundo, tan obsesionadas con los motivos fundacionales de la individuación, sólo podrían producir una literatura que fuese una alegoría de la conquista y el asentamiento. Aira se burla de esa ilusión, rechazando la heroicidad masculina que celebra el descubrimiento, pero también se vuelve en contra del basamento filosófico formal que adopta las *estructuras* alegóricas que predominan en el pensamiento colectivo. La repetición y el reciclaje, los ecos y los retornos: la alegoría encierra al texto en un rol subordinado con respecto a cualquier nivel anterior de significado. Esto también prevalece sobre los acuerdos colectivos con respecto a la estructura del significado. Como en la relación entre la imagen original y su copia, nos abandona en un salón repleto de redundancias huecas sin ninguna esperanza de avances conceptuales. Nada se acumula nunca, no se obtiene ninguna ganancia: a lo sumo, nos dejan con la experimentación artística y las prácticas en el campo de la estética.

Por esa razón, Aira emplaza irónicamente a Clarke, el explorador inglés, como coleccionista y *connaisseur.* El catálogo de miniaturas de Clarke se encuentra con numerosas series de repeticiones e imágenes duplicadas en espejo; la experiencia se reproduce en su dualidad. Por lo tanto, comprendemos que no existe la raza pura ni una lengua única y predominante. La genealogía siempre es producto de diferentes cruces y ninguna lengua puede arrogarse el derecho de ser la más adecuada en el campo de la representación. La traducción y la interpretación ponen en movimiento estos malentendidos y desencadenan una plétora de lenguas con diferentes leyes para explicar las relaciones territoriales y espaciales, y para llegar a la ilusión de "verdad". Al mismo tiempo, la colección que Clarke quiere acumular se abre a otras consideraciones sobre la capacidad de intercambiar los productos. La colección, al fin y al cabo, se sostiene en un espacio privado que impide la circulación de bienes; esto quiebra la continuidad social y plantea un desafío al proceso de intercambio, y en ese aspecto, separa los productos de la realidad práctica de la mercancía. Esto le abre a Aira el camino para defender la centralidad del espacio estético alejado de las cuestiones de la reproducción *utilitaria.*

La culminación de este proceso se acentúa en *Cómo me hice monja* (1993a). Esta novela, tal vez la más extravagante de sus obras, claramente nos condena por mantener la fe en cualquier hipótesis sobre la diferencia. Pero lo más importante es que cuestiona nuestras fantasías sobre las diferencias en el sistema de género. Aira parece decirnos que el género es válido solamente como una de las categorías del conocimiento que deben su existencia a nuestra fe en la palabra. Junto con las ficciones múltiples que nos impulsan a través de la vida cotidiana, el género es una cuestión puramente discursiva, una confabulación que depende del lenguaje de la diferencia y de nuestra creencia en una "verdad" esencial que puede ser alcanzada a través de un proceso deductivo. Por esa razón, el título de la novela, que sugiere una próxima revelación, aparece como un falso comienzo instructivo. En efecto, *Cómo me hice monja* nunca nos llevará a las puertas de un convento. Más aún, el texto, dominado por la voz de un chico, jamás incorporará signo alguno de conversión religiosa ni sexual.[30] A lo sumo, como sugirió Daniel Link, la expresión "cómo me hice monja" evoca el castellano macarrónico del habla popular en la Argentina. En ese código, la palabra "monja" nos lleva, por inversión, a una fuente alternativa: "jamón". Se trata de la carne de un animal destinado al sacrificio y sugiere una historia sobre la muerte inminente del héroe. Sin embargo, en la novela, la muerte final del narrador es prácticamente increíble. Es la culminación de una serie de sucesos absurdos protagonizados por un varón de seis años llamado César, que habla de sí mismo con un pronombre femenino y que nunca termina de ganarse nuestra confianza. *La monja,* entonces, deja sin sentido el código lingüístico que habitualmente nos permite la comprensión del

30. Sin embargo, la figura de una monja aparece en *El sueño* (1998).

género. El pronombre femenino utilizado por el chico parece gratuito. Aira vacía de contenido el lenguaje del sistema de género que habitualmente conecta la experiencia con el significado. Esto desencadena una sucesión de desconfianzas que quiebra nuestra fe en la historia.

Refiriéndose a sí mismo en términos femeninos, "la niña César" instala la primera interrupción en el pacto autobiográfico.[31] La narración resulta igual de perturbadora, ya que está estructurada como un *Bildungsroman*; sin embargo, el personaje no evidencia ningún crecimiento o desarrollo. Por lo demás, cuando al final el chico es asesinado, todavía continúa hablando. La historia, por lo tanto, evoluciona a partir de reiterados desafíos a la "verdad", expresados de manera episódica con muy poca lógica interna. En el proceso, Aira expone las falacias de un género narrativo que restringe nuestras expectativas con respecto al personaje y al mismo tiempo pone a prueba las instituciones de la literatura y la convención social en general.

"La niña César" desarrolla su aventura episódica en las principales instituciones del Estado: la escuela, el hospital y la penitenciaría. Éstas organizan los capítulos principales, acaso como un signo de la maquinaria social que traba nuestro crecimiento físico y psicológico. Son lugares que reproducen una lógica nacionalista particular y, al mismo tiempo, crean las condiciones para nuestra comprensión colectiva de lo "real". También nos conducen a percibir espacios de conflicto entre la experiencia personal y el Estado, que se anuncian recíprocamente en su absoluta incompatibilidad.

Si Aira estuviera comprometido solamente en un ataque

---

31. En una entrevista publicada en *El Universal* (México), cuando le preguntaron sobre la voz femenina del narrador infantil, Aira contestó: "Es un niño porque soy yo, pero lo de verse como niña es sólo esa cosa que tiene el idioma castellano de poner la terminación de los adjetivos o cualquier otra palabra con una 'a' en lugar de una 'o'. Y me gustó la idea de que con un recurso tan simple como cambiar las letras, para que en lugar de decir 'sentadito' dijera 'sentadita', cambiara todo, cambiara la atmósfera y toda la metafísica del asunto" (Velásquez Yebra, 1996).

a las instituciones, su obra carecería de la complejidad que de hecho ofrece. Más aún, marcaría un retroceso a los modos alegóricos de la representación que su obra en conjunto busca suprimir. En lugar de eso, la atención a la lógica institucional nos conduce al problema del lenguaje y del gusto, que está excesivamente simplificado en la anécdota inaugural de la novela, a través de la cual el narrador cuenta su repugnancia por el helado, como una repulsión percibida en su lengua. La lengua, que produce el placer del sonido y el habla tanto como la afasia y la equivocación, crea aquí los términos para evaluar la diferencia. Aira transforma la experiencia banal de tomar un helado en la base de una decisión filosófica. Nos indica que la diferencia está reforzada por los hábitos del gusto. Al mismo tiempo, utiliza esta anécdota inicial para disparar contra la institución de las letras y la imposición de nuestro *gusto* por la lectura.

Es inevitable asociar este primer capítulo de *Cómo me hice monja*, en el que el padre de César lo lleva a descubrir las maravillas del helado, con la escena inicial de *Cien años de soledad*, en la que Aureliano Buendía recuerda el día en que su padre lo llevó a conocer el hielo. La cita que hace Aira de la escena está destinada a descolocarnos, planteando una serie de interrogantes sobre la identidad y la representación. Si *Cien años de soledad* sugiere una gran épica moderna de conquista y descubrimiento, en que el padre de la familia Buendía desencadena su pasión heterosexual como un modelo para las generaciones venideras, el padre en la novela de Aira sugiere, por el contrario, una relación incestuosa de padre-hijo, comenzando por una descripción de los placeres "forzados" a los que el progenitor somete a su hijo a través del helado. Se trata de una escena construida con imágenes de acoso sexual y penetración forzada. En ese aspecto, estamos doblemente atrapados: Aira nos toma el pelo con una referencia a la novela de García Márquez, pero también lo hace con las inclinaciones de los lectores a encontrar referencias sexuales en los textos literarios a través de sus experiencias con la lógica deductiva. En el proceso, cuando pone el cuerpo del chico en el centro de su relato, el cuerpo produce su propio idioma ininteligible, tal vez para molestar al lector deseoso de aprehender las intenciones "secretas" del autor y encontrar alguna "verdad". Más irónicamente aún, el cuerpo de César se encoge, se descompone y se disuelve. Se niega a obedecer a las leyes científicas. De hecho, se instala en oposición al lenguaje que pide representarlo. Si aceptamos la invitación de Aira a encontrar términos de comparación para la novela, ingresamos rápidamente en una zona de sinsentidos.

Aira nos invita a sumergirnos en la "rueda de factores enigmáticos", a conectarnos con su lista de claves de género para interpretar las historias. El narrador feminizado vive en un mundo de madres (su madre biológica, la maestra de escuela, la enfermera, entre otros). Todo conduce a un mundo prelingüístico que, por consecuencia lógica, no debería encontrar ni voz ni estructura dentro de la novela. Más allá de eso, una novela de muertes múltiples debería desafiar el alcance de la representación. Pero Aira está obsesionado con la simulación, inventando una "realidad" basada en modelos literarios. También está obsesionado con nuestras propias estrategias narrativas de representación. En efecto, ¿cuál debería ser el formato apropiado para una historia? ¿Cuáles son las líneas que guían el movimiento del protagonista? Aira se apropia de nuestras expectativas de representación, juega con los conceptos de semejanza e identidad, y con la correlación entre la verosimilitud y la forma literaria. Cuando son llevados a su última conclusión lógica, estos vínculos se explican como actos de fe, similares a los atractivos de la religión. En una escena de la novela, el niño narrador se sorprende cuando sus padres regresan a la casa y aparecen ante su puerta: "Eran exactamente como mis padres, más reales que la realidad" (29). Esta broma prolongada va en contra de nuestras presunciones de lógica lineal. Por supuesto que un niño debería reconocer a sus padres, tanto en la literatura como en la vida. La escena de reconocimiento, que a duras penas llega a ser una anagnórisis dramática, está basada en la propia confianza en la normativa temporal y el orden espacial, y en una sostenida complicidad entre el lector y el autor sobre las leyes que gobiernan la naturaleza. Pero Aira nos dice que el gran salto de fe reside en la unión de representación y referente, en nuestras expectativas de continuidad, y en nuestra confianza en los sistemas de identidad y diferencia. Respecto de la enfermera de hospital que fue la fuerza conductora que condujo su seguimiento médico, César explica: "La fe en la enana era la coherencia... por ella corría el líquido de la vida, por el tubo, del brazo a la nariz. Pero había que creer. Había que simular no creer, y en realidad creer" (39). La afirmación nos lleva a reflexionar sobre la política del conocimiento y los significados organizadores que dan coherencia a las creencias normativas y a los sistemas de pensamiento. Aira sugiere inevitablemente, en este "pastiche" cómico, que nunca tendremos el conocimiento suficiente como para trazar el mapa completo de las posibles variantes de los cuerpos y los pensamientos. La identidad personal, en este caso, no es nunca representable, queda fuera del campo de la lógica, y se niega a la coherencia en el lenguaje. Como resultado, en la novela de Aira, la diferencia prolifera sin límites, rechaza las categorías de identidad dentro del marco de la historia. La coherencia, en última instancia, depende de nuestra voluntad de *creer*.

Pero ¿qué sucede si no podemos combinar nuestros talentos en una lengua universal de las identidades? ¿Y qué ocurre si mantenemos experiencias autónomas sin juntar forma y lengua? "La niña César" imagina que está instruyendo a sus compañeros de clase en el arte de escribir ficción y observa lo siguiente:

> Yo no me proponía de ningún modo corregir la dislexia de cada alumno. Quería enseñarles a leer y escribir en sus términos, cada cual con su sistema jeroglífico particular; sólo dentro de ese sistema se podía avanzar, por ejemplo, en el caso del que escribía en espejo, la palabra "mamá" y terminar escribiendo, en espejo, un libro de mil páginas, un diccionario, todo...
>
> De modo que yo hacía un dictado (mental, imaginario, por su-

> puesto), después pedía los cuadernos (también imaginarios) para corregir, y con esa honestidad absoluta que sólo se da en los niños que juegan, me hacía cargo concienzudamente de cuarenta y dos discursos jeroglíficos que corregía cada uno según su regla única e intransferible (78).

Todos los sistemas de correspondencia se rompen. La identidad no encuentra ninguna lógica en la repetición ni remeda la experiencia. Al mismo tiempo, nos dirá Aira, se ha perdido toda sociabilidad.

Aira se posiciona de modo radical en contra de nuestra fe en las propiedades formales del nombrar. Pone en tela de juicio nuestra creencia en la representación mientras emprende un ataque contra todas esas instituciones del aprendizaje que nos han enseñado a confiar en las nominaciones. El aula de la escuela, el hospital, el Estado penitenciario, como garantes de la verdad de la sociedad, están corroídos por los principios fundantes de la identidad nacional y la familia. Aira especialmente subvierte las *familias* lógicas derivadas del principio analógico. Incluso las familias de referencia literaria caen bajo este acoso del autor. En consecuencia, el *Facundo* de Sarmiento despierta sospechas como texto fundante de la cultura argentina cuando César trata de reproducir una inscripción garabateada con tizas en las puertas del baño. Más que anunciar heroicamente la cita que hace Sarmiento de Diderot, en la que alega, como argumento contra la tiranía de Rosas, que las ideas no se matan, el personaje de Aira cita una grosería antifundacional "Laconchasalisteputarreparió". En ese aspecto, el narrador preliterario agrega: "Las letras parecen dibujos" (49). Mientras repite las letras de los graffiti sin saber leer, inspira tal rabia en la maestra, que ella se vuelve afásica. Estas rupturas en la sintaxis y en la estructura, este desafío colosal al significado, son parte de la estrategia de Aira para romper los hábitos identificatorios entre representación y significación, entre los sistemas de aprehensión del pasado y la actual asimilación de datos, entre la herencia basada en el respeto por los modelos originales y la transitoriedad del conocimiento posmoderno. Los individuos, parece decirnos Aira, buscan la coherencia de modo constante, intentan alinear el mundo de lo oral y el de lo escrito, coordinan las narrativas del pasado y las del presente, para llegar a autoproclamarse sujetos "auténticos" y así establecer su continuidad en la historia. Nos preguntamos si será posible alcanzar una subjetividad en estado puro, sin marcas de modelación anterior. Tal vez la absoluta autenticidad no sea posible: ¿cómo erradicar el pasado y aun así retener la identidad en el presente?

En un texto reciente, *La serpiente* (1997), Aira inventa un narrador que ha hecho fortuna a base de inversiones financieras. Al dedicar un capítulo a estas proezas, Aira cita porcentajes de pérdidas y ganancias y relata en detalle sus diversas carteras de acciones y acumulaciones. La clave de ese gesto aparece cuando comienza a hablar de inversión: "La autoayuda es la mejor inversión, porque tiene algo de mundo al revés"(18). *Revés* e *inversión* nos llevan una vez más a un mundo de paradojas que nos trae reminiscencias de las novelas de Puig. En este caso, las dos palabras sugieren una inversión de la apariencia de las cosas, pero esta mutación también se basa en el valor comercial de la identidad que fluye en la corriente neoliberal. Como sucede con los milagros, la creencia en la identidad, en el dinero y la inversión financiera, requiere, antes que nada, nuestra *fe*.

La copia, la mímica y la parodia, el reino de la impostura y de la falsificación, son todas prácticas que ponen a prueba los modelos de identificación tal como los conocemos. En el proceso, la coherencia filosófica disminuye y amenaza la estabilidad del conocimiento. El espectáculo de la diferencia promovido por las fuerzas institucionales para sostener el comercio se diluye en una vorágine de malentendidos. Al estilo de Macedonio Fernández, quien sabía que la obra inconclusa era la más resistente al mercado, Aira deja una sensación de conocimiento fragmentado que se opone a la recuperación lineal y se niega a entregarse a la nostalgia. El texto como tal queda excluido de las formas habituales del consumo y venta del *best seller*. Celebra, en cambio, la disolución de las identidades políticas junto con el desvanecimiento de las formas narrativas convencionales.

El ejemplo de Aira llega en un momento en que la república está regida por los medios, una época en que los simulacros y el teatro organizan la vida social. Ya se hable de los jefes de Estado que predican su inocencia mientras diseminan mentiras por doquier, ya se aluda el teatro de las representaciones masivas sostenidas por el comercio y el mercado, la actualidad parece marcada por el escenario del *performancista*. Aira, en consecuencia, interviene en la práctica de la personificación y, de modo concomitante, juega con los hábitos de la identidad que gobiernan la cultura y la política contemporáneas.[32] No nos asombra, entonces, que las novelas de Aira evoquen un repertorio de falsedades y dobles sentidos, un carnaval de impostores que traicionan la seriedad de la literatura; asímismo, nos recuerdan que el sistema de género está implicado gravemente en todos los proyectos culturales contemporáneos. Son necesarios como metáfora y como forma para articular los dilemas de la política y el arte.

32. Los textos de Aira coexisten de forma extraña con aquellos de autores contemporáneos que se vuelcan al truco de personalizar voces femeninas para sostener la ficción literaria. Numerosos autores importantes han experimentado con voces de género diferente en las narraciones para ver el mundo desde una perspectiva distinta. Muchas veces, sin embargo, estos escritores utilizan estas estrategias para ridiculizar el teatro crítico feminista que los ha excluido reiteradamente a ellos. Para ejemplos de personalización femenina en ficciones recientes, véanse *Claudia conversa*, de David Viñas; *El llamado de la especie*, de Sergio Chefjec; *El mal menor*, de Charlie Feiling; *Cañas de la India*, de Hugo Achugar.

Mapas

Capítulo III

Tráfico de identidades en el horizonte Norte/Sur

Los vecinos proclaman que es indispensable custodiar el destino de Occidente. Dime ¿acaso no has pensado que Occidente podría estar en la dirección opuesta?

DIAMELA ELTIT, *Los vigilantes*

En la obra visual de Liliana Porter, se ingresa en un mundo de recuerdos del *kitsch* revolucionario, un mundo donde las relaciones entre la obra original y su copia, entre la autenticidad y la falsificación, ocupan un lugar importante. Su trabajo se basa en los íconos de la cultura de masas contemporánea –artículos de Disney, juguetes baratos, vulgares figuras de cerámica–, el conjunto de los cuales forma una naturaleza muerta de nuestra global experiencia común. En "Mutaciones con platito del Che" (1994), una serigrafía con *collage* fotográfico, Porter nos invita a especular sobre las intersecciones de la cultura posmoderna. A lo largo de un plato estampado con una calcomanía del Che Guevara, coloca un Mickey Mouse de plástico, una carta extraída de la baraja mejicana de la lotería, un busto de San Gregorio –el popular santo venezolano– y una postal con la imagen de una mujer renacentista tomada del Museo Metropolitano de Nueva York. Estas imágenes recicladas nos ofrecen una breve visión del imaginario cultural contemporáneo de las Américas del Norte y del Sur. Al estar formuladas mediante la reproducción en serie, las copias evitan cualquier reconocimiento del momento creativo original. Por lo tanto, niegan toda escala jerárquica en el supuesto esquema de valores occidentales.

Sin embargo, el título del *collage* de Porter se refiere a la gran figura revolucionaria de América Latina, el Che Guevara, cuyo retrato es colocado en el centro de un plato de postre y reflejado en un espejo de tocador. La doble representación del héroe apunta a la repetición hecha posible por la tecnología y la pérdida de un momento original, pero sobre todo, el espejo y el plato evocan un ambiente doméstico claramente identificado con el consumismo femenino. El Che Guevara encuentra así un lugar entre los cachivaches caseros, como una baratija más. En este mundo de simulacros, donde el arte culto y el popular se entrecruzan, incluso las relaciones domésticas quedan definidas por la producción en serie. El mercado global nos condiciona para percibir las diferencias por su exotismo, como si formara parte de los gustos eclécticos del consumidor. En el proceso, se pierde toda experiencia histórica; más bien, se suprime la historia a través del comercio del *kitsch*.

Porter nos deja contemplando los atavíos de la domesticidad femenina que va tácitamente conectando estas imágenes extraídas del comercio global. En este sentido, nos lleva a preguntarnos sobre el centro femenino ausente en esta reunión de objetos. ¿Cómo circula la imaginación femenina en el tráfico global? ¿Cómo se debaten las mujeres entre los productos de la sociedad de masas y los valores asociados con el arte culto y la estética? Y, finalmente, ¿cómo emerge a la superficie la invisibilidad femenina, haciéndose visible en la sintaxis de intercambios Norte/Sur? Sobre todo después de la Guerra Fría, la identidad de género circula libremente a través de las fronteras internacionales como parte de una economía conceptual manejada por las universidades, los museos y los medios de comunicación, y, de manera más obvia, como parte de una economía de mercado mantenida por un capital global. La identidad de género es a menudo el oculto vehículo de transporte para un proyecto narrativo en particular, el cual da forma a los gustos de los consumidores transnacionales viajando entre el Norte y el Sur. También anuncia un hueco entre la experiencia y la representación, y pone en crisis nuestros hábitos de mirar al otro.

Tal y como queda determinado por el Norte, se espera de los hombres y mujeres latinoamericanos que actúen según unos deseos regulados, que ofrezcan una narrativa de identidad propia que se adapte fácilmente al circuito internacional. Teniendo esto en cuenta, podríamos hablar de ciertos tipos de nostalgia que gobiernan las fantasías Norte/Sur, del deseo de recuperar la era de estabilidad que precede al proyecto neoliberal. Este deseo toma varias formas. En su versión conservadora, las mujeres se siguen identificando con el sentimentalismo y con el terreno de los "sentimientos" en general, lo cual le crea a la comunidad la ilusión de estar evitando las enormes injusticias del mercado. La retórica de los valores familiares mantiene esta percepción, y también asocia una imagen de mujeres y hombres de buen comportamiento con el ideal de ciudadanía deseado. En cambio, dentro de un contexto progresista, los hombres y mujeres son programados para otro tipo de respuestas: se esperaría, por ejemplo, que las mujeres opusieran resistencia al nacionalismo patriarcal, o que las intervenciones marcadas por las identidades de género perturbaran las relaciones convencionales de familia y Estado.

Como vehículo de transporte para muchas propuestas narrativas que abarcan desde el producto de mercado –el fenómeno del *best seller*– hasta una estética vanguardista, el género sexual interviene para dar forma a los gustos del consumidor y, lo que es más importante, para abrir el rango de significados posibles en el arte de narrar. El paradigma del género sexual nos permite, pues, identificar los cambios emergentes dentro de la política de *representación* así como poner a prueba los límites de la nueva democracia. Me gustaría examinar aquí los tipos de ficción que circulan entre el Norte y el Sur, concentrándome en la intervención de la identidad de género en las ciencias sociales y en la cultura literaria. En ellas se destacan una serie de estrategias narrativas, tanto en la ficción como en el campo teórico, pero éstas además nos hacen recordar el papel crucial de los mediadores de la cultura dentro de la corriente Norte/Sur.

Los terrenos teorizables

En el debate sobre la representación en ambas Américas, el relativismo cultural determina las jerarquías del conocimiento, normalmente mediante la aceptación de la teoría angloeuropea como una fuente unitaria de ideas.[1] No sólo es el Norte percibido como el depositario de la teoría, que supuestamente alberga todo pensamiento universal abstracto, sino que también el Norte impone un estilo de autodefinición que es copiado con avidez en el resto del mundo. Carolyn Porter (1994), por ejemplo, ha "descubierto" los beneficios de un estudio comparativo Norte/Sur, afirmando que éste amplía el enfoque de los proyectos "americanistas" tal y como se organizan desde los departamentos de literatura inglesa de las universidades norteamericanas. Su estrategia consiste en construir un marco de discusión más extenso para explicar las culturas de los dos hemisferios desde la perspectiva de los Estados Unidos; este proceso acusa, sin embargo, una tendencia a "fantasear al otro", como un gesto de reconocimiento del Sur sin ningún compromiso estable con los proyectos políticos o estéticos que América Latina pueda ofrecer. También se da por sentado que los intelectuales del Sur nunca antes habían considerado esta problemática comparativa.[2]

En el viaje de las ideas, a menudo se propone una ruta sólo de ida. Hace tiempo, Jean Franco nos alertó de los peligros de la dominación metropolitana sobre la teoría, y de los mecanismos que ésta implica: "1. *Exclusión* –el Tercer Mundo es irrelevante para la teoría–; 2. *Discriminación* –el Tercer Mundo es irracional y por lo tanto su saber queda subordinado al saber racional producido por la metrópoli–; y 3. *Reconocimiento*

---

1. Ferman (1993) y S. P. Mohanty (1989) han tratado con detenimiento el tema del relativismo cultural y yo me siento en deuda con ellos en estas páginas. Véase también Edward Said, cuya expresión "teoría viajera" ha influido en mis pensamientos.

2. Desde los primeros años de la Independencia, los intelectuales latinoamericanos siempre han considerado seriamente la divisoria Norte/Sur y se dedicaron a buscar modelos teóricos que pudieran incluirlos como sujetos activos. El destacado ejemplo de Sarmiento sirve de prueba en este sentido.

–el Tercer Mundo sólo es visto como el lugar de lo instintivo–" (1988: 504). El problema está aún por resolverse; de hecho, la insistencia en la inferioridad latinoamericana en el campo de la teoría sigue penetrando la imaginación de los críticos de ambos lados de la frontera. En consecuencia, las discusiones sobre la atrasada modernidad de América Latina se han instalado sobre el eje Norte/Sur en virtud de la influencia de la teoría producida en el Norte. De la misma manera, los debates sobre el posmodernismo latinoamericano, e incluso los estudios culturales latinoamericanos, han partido de la premisa de que los paradigmas estadounidenses proporcionan el estímulo inicial necesario para la apertura de debates en el Sur.[3] Como resultado, hasta algunas de las mentes más lúcidas de América Latina siguen afirmando que la era de la teoría aún no ha llegado al Sur.

Si tenemos en cuenta diversas opiniones del eje Norte/Sur, actualmente se considera que las ideologías han fracasado en América Latina; que la era de las utopías ha pasado; que los movimientos sociales han perdido su imperativo, debido a la ausencia de visiones teóricas de largo alcance; incluso la literatura latinoamericana como actividad cultural es vista al borde de la extinción –en tanto la literatura es un recordatorio del pasado colonial, ésta constituye una institución arcaica y sin sentido–. En estos casos, a América Latina se le acusa de una incapacidad para teorizar; los críticos comentan que América Latina manifiesta una deficiencia a la hora de rescatar la acción por medio de paradigmas de pensamiento abstracto. Para ampliar el debate sugerido en el primer capítulo, sólo hay que tener en cuenta el caso de *La utopía desarmada* (1993), de Jorge Castañeda, donde el autor atribuye los fracasos de América Latina a los proyectos mal organizados de la izquierda. Figuras tales como Mario Firmenich, Cayeta-

3. George Yúdice (1994) ha escrito una atractiva crítica del proceso por el cual los paradigmas de la cultura minoritaria, formulados en la academia de los Estados Unidos bajo la forma de "estudios culturales", encontraron una escasa recepción en América Latina.

no Carpio y Pascal Allende son vistos como inmaduros bromistas que precipitaron la caída de una teoría histórica del "gran hombre" en la década del activismo de los setenta. Los héroes del ayer son reducidos a personajes de ópera bufa, recordatorios de un espíritu equivocado que debería olvidarse.

Con juegos de lógica como éste, parece que los latinoamericanos dependen del consejo de la metrópoli, haciendo así destacar el paradigma neoliberal como el camino más viable para los años noventa. Como una hoja de papel plegada, el mapa se dobla por la frontera, creando manchas de tinta idénticas a cada lado de la división hemisférica. La diferencia, a medida que prolifera, es contenida como una estampa del pensamiento postoriginal.

En *White Noise* (*Ruido blanco*), una novela norteamericana sobre la vida académica del escritor Don DeLillo, uno de los personajes, tras un desastre nuclear, dirige la siguiente pregunta al equipo de rescate: "¿Están diciéndome que ustedes vieron la oportunidad de usar el suceso real para ensayar el simulacro?" (1986: 139). Me pregunto si la representación de América Latina por parte del Norte constituye un intento de montar simulaciones, de quitarle importancia a la experiencia vital para cultivar modelos abstractos. En *Donde van a morir los elefantes* (1995), otra novela sobre la vida académica en los Estados Unidos, esta vez de un latinoamericano, el personaje de José Donoso se pregunta acerca de la visión de los Estados Unidos en ojos extranjeros: "¿Cómo nos verán a nosotros?... ¿Qué pueden entender de nuestra visión de lo que es ridículo o grotesco o admirable? Me figuro que para ellos somos sólo un reflejo, una *realidad virtual*" (79). Para Donoso, la experiencia real de una cultura se convierte en un campo de pruebas para la teoría de la otra cultura, la cual termina adquiriendo vida propia. A su vez, esta última es exportada de vuelta al país de origen con el objeto de determinar las vidas de sus habitantes. Como queriendo contrarrestar las generalizaciones del yanqui nacionalista, un personaje chileno de la misma novela observa: "Son los yanquis quienes nos exigen que seamos violentos y sexuales y pobres, que acusemos y señalemos con el dedo al culpable. Y si no somos así, no nos quieren, porque no podemos ser objeto de ninguna *policy* de salvataje" (91).

Un tipo de heroísmo narrativo también es atribuido a los sujetos latinoamericanos, e incluso penetra los marcos teóricos que se están desarrollando en América Latina. Rosalba Campra observa que el imperativo mimético de copiar al Norte fue una condición importante de la existencia latinoamericana: "La conducta mimética aparece entonces como la única existente; la máscara como el único rostro aceptable" (1987: 18). Esto forma la base de una literatura de dependencia (lo cual es el tema central del libro de Campra), pero proporciona una máscara que protege contra cualquier acercamiento a un yo auténtico. Así, aparecen una serie de sucedáneos que contribuyen a lo que Campra describe como "arquetipos de marginalidad" (27): indios, gauchos y emigrantes forman el celebrado reparto de personajes latinoamericanos. Estas figuras promueven un cierto tipo de narrativa, un melodrama de rebelión y catarsis; un romance de supervivencia y triunfo. Al proporcionar una fantasía optimista de resistencia, los prototipos marginales de América Latina siguen disfrutando de gran popularidad, restando importancia a los fracasos que caracterizaron el activismo de izquierda de los últimos años. Las mujeres latinoamericanas se han desplazado ahora al centro de este heroísmo narrativo, prometiendo esperanzas de redención social mediante una micropolítica de cambio.[4] Esto conlleva una teorización contingente propia, y promueve unas formas de identidad que exaltan los márgenes de la sociedad.

Las mediadoras culturales

Norma Alarcón ha observado que la teoría feminista anglosajona enfatiza el triunfo individual mientras que los

4. Pese a que la comprensión de este fenómeno por parte de Gwen Kirkpatrick difiere de la mía, ella brinda un análisis lúcido de las ficciones utópicas del feminismo; en particular, hace hincapié en el interés reciente por la marginalidad: "Llaman nuestra atención las mujeres de la esfera pública por sus desvíos, no es su heroísmo, su capacidad, o simplemente su voluntad de sobrevivir lo que nos atrae" (1995: 47).

"nativos" del Tercer Mundo son agrupados teóricamente como sujetos colectivos de proyectos racistas o colonialistas (1990: 357). Así, las mujeres de fuera de la metrópoli no tienen acceso a una historia propia; agrupadas de manera anónima o colectiva, están obligadas a representar a sus comunidades, pero no a demostrar sus méritos individuales. De este modo, aduce Alarcón, las mujeres subalternas son siempre *ejemplos* de una causa en particular.

Algunos libros publicados recientemente por académicas norteamericanas le dan un giro distinto a este problema. Éstos nos muestran cómo las mujeres latinoamericanas de hecho sí ejemplifican valores *individuales*, pero a menudo en respuesta a un proyecto narrativo cuyas leyes operativas han sido establecidas por el Norte. Esto es evidente, por ejemplo, en estudios etnográficos y literarios, relativos a la cultura de la mujer, los cuales celebran los triunfos de las mujeres latinoamericanas así como las buenas intenciones de las mediadoras culturales que observan su progreso. El resultado, en los años noventa, es un nuevo estilo de narrativa, muy consciente de sus objetivos, que nos obliga a pensar en el poder de la *mediación* como discurso cultural.

Podemos considerar, por ejemplo, la publicación que hizo Lynn Stephen del "testimonio" de una mujer salvadoreña, Maria Teresa Tula. La editora explica que las experiencias de su sujeto testimonial la han "transformado en una poderosa analista de los acontecimientos políticos y económicos, y en una perspicaz pensadora feminista [...] En el proceso, también aprende a percibir su propia opresión como mujer pobre y salvadoreña, y comienza a ver el mundo a través de los ojos de su propio sexo" (1994: 1). Para insistir en las dimensiones feministas de la experiencia de su sujeto, Stephen llega a enfatizar escenas de violación, de abandono y de abusos sexuales y domésticos, como episodios clave de esta narración. Aun más, Stephen aprovecha el formato testimonial, popular en los Estados Unidos y en el extranjero, para difundir un mensaje en favor de la organización de prostitutas, amas de casa y madres solteras, y de la formación de un programa de derechos humanos que coincida con la plataforma feminista.

El aparato narrativo transforma las ideas de Tula en una historia de iluminación de la conciencia chapada a lo norteamericano. A diferencia de Rigoberta Menchú, que guarda secretos nacionales y nunca abandona el compromiso con su partido político, Tula traspasa todo límite de fe y narrativa para adoptar una perspectiva norteamericana que contrarresta su papel de "víctima". Stephen explica al respecto: "Lo que hace a la historia de María distinta de otros testimonios de mujeres es que ella se identifica directamente tanto con el feminismo como con la marginación y opresión de las mujeres en la sociedad salvadoreña y en los movimientos populares de la izquierda" (126). Entre otras cosas, nos enteramos de que María Teresa Tula, en un viaje a Europa en nombre de su organización, ha llegado a aceptar el lesbianismo de otras mujeres; ella justifica esta aceptación como parte de un reconocimiento general de las dimensiones totales de las vidas de las mujeres. La editora pasa a insistir en que lo testimonial debe revelar la experiencia femenina como una toma de conciencia, y proporcionar a sus lectoras "un importante modelo de análisis feminista" (227). Entretanto, emerge una construcción narrativa que muestra los poderes de rescate y conversión ejercidos sobre el sujeto latinoamericano desde la academia del Norte.

Un esfuerzo más notable de mediación cultural es el ofrecido por Ruth Behar en su libro *Translated Woman* (*Mujer traducida*, 1993). Rayando en la ficción y la autobiografía, el proyecto de Behar responde a las críticas presentadas contra aquellas investigadoras que pretenden realizar una transcripción de una "vida" latinoamericana. Así, Behar da cuenta de las dificultades de transcribir las experiencias de sus sujetos, y de sus propios esfuerzos como escritora situada entre dos mundos. En este sentido, la historia de Esperanza se convierte en un pretexto para contar la historia de Behar. También presenta una serie de problemas relacionados con la construcción de narrativas de mujeres.

Behar está ampliamente formada en los lenguajes de la crítica y está excepcionalmente familiarizada con el debate acerca del "etnógrafo redentor". Su proyecto consiste, pues, en unir la antropóloga con su sujeto –las dos son descritas a lo largo de la obra como "comadres"– como colegas en la tarea común de registrar el "testimonio" y de participar en el arte de la escritura. Aquí Behar proclama la diferencia existente entre ella y los etnógrafos más convencionales. Su identidad va cambiando; sus viajes entre el Norte y el Sur, y su capacidad bilingüe, le permiten oscilar entre varias identidades posmodernas; asimismo, su condición de latina en el medio universitario estadounidense, con una reconocida carrera dentro de los estudios literarios, le permite a Behar mezclar la narrativa personal y privada con la ficción, dejando así de lado la objetividad que supuestamente se espera de un documento antropológico. Esto se va haciendo evidente a medida que Behar conecta las tendencias hechiceras de su sujeto con la ficción del "realismo mágico", acercando el texto a esa narrativa de fantasía por la cual la literatura latinoamericana es mayormente conocida en el exterior. Además, las estructuras de ficción son mantenidas a lo largo de todo el libro, solamente interrumpidas cuando la autora inserta sus reflexiones autobiográficas. De este modo, al contar sus historias, Esperanza y su narradora quedan unidas en un pacto por el cual se enfatiza el proceso creativo. Lo que queda es un "retrato de la artista" en el cual la protagonista controla la experiencia de nombrar con el objeto de enfocarla hacia un proyecto optimista de cara a las relaciones Norte/Sur.

En *Death Without Weeping* (*Muerte sin lágrimas,* 1992), Nancy Sheper-Hughes analiza los importantes problemas de relativismo cultural surgidos recientemente dentro de la crítica antropológica. Su estudio trata sobre los conceptos éticos que "fantasean al otro" y sobre los peligros que derivan de éstos, a la vez que cuestiona si la moralidad puede dejarse fuera de los estudios culturales. Su estilo narrativo está dedicado a explorar estos temas a la vez que elabora una defensa de la antropología como campo de acción, una subversión de las relaciones existentes entre el poder y las jerarquías del saber. Así, en su condición de mediadora cultural, Hughes organiza una narrativa sobre el compromiso personal con su objeto de estudio, y cuenta su propia experiencia como elemento central del "relato". De esta manera, el relato antropológico se aproxima a la ficción, al estar cargado de drama narrativo y de fuertes tensiones con desenlace final. Incluso las gráficas descripciones de muertes y de destrucción corporal proporcionan elementos de suspenso y, de un modo perverso, detalles morbosos. Aquí, lo abyecto adquiere su propia estética.

Hughes nos advierte repetidamente de los peligros de la excesiva producción de diferencias (315) en tanto que ésta elimina cualquier área de discusión común entre los sujetos latinoamericanos y los académicos norteamericanos. A pesar de esta observación, me pregunto si esta manifestación de diferencias no es precisamente el rasgo principal que hace a América Latina atractiva a los ojos estadounidenses. El modelo de estudio construye un excedente de excentricidades que invita a la intervención y al análisis del crítico norteamericano, que a su vez desarrolla una narrativa acerca de la comunidad y la restitución del orden. En cualquier caso, la narrativa de Hughes se sitúa de manera precaria entre estos extremos, ya que su relato toma la forma de un melodrama basado en un caso de muertes infantiles mientras que ésta también alaba las dotes de supervivencia de la comunidad brasileña que está estudiando. Es precisamente esta ansia de comunidad, a menudo una búsqueda de un mundo perdido que podría restaurar un antiguo modo de vida, lo que subyace en el centro de este tipo ficción estadounidense que a veces se contagia a los escritores del Sur. La nostalgia y el horror que rodean a la familia y a la comunidad encuentran, por supuesto, su paralelo en textos que entran claramente dentro del género de ficción; sólo hay que pensar en los éxitos de mercado que insisten en el papel fundamental de la familia y el clan. A juzgar por su condición de *best sellers,* sobre todo en los Estados Unidos, parecería que la sed de ficciones familiares latinoamericanas es ilimitada.

A través de estas lecturas, estamos presenciando el drama de un nuevo tipo de representación política en el medio narrativo. Estas obras vuelven a prestarle atención a la familia, y sitúan al científico social como "productor inspirado". A su vez, estos libros envuelven en romanticismo a la figura del marginado que se rebela contra la hegemonía del Estado actual. Estas narrativas ocupan un lugar significativo en la economía cultural de las relaciones Norte/Sur, confirmando una percepción determinada de las mujeres latinoamericanas; trazan tipos de identidad femenina, e incluso, prescriben modelos de actuación, contenidos en una manera de narrar que sin duda se basa en lo ficcional. También, bajo el disfraz del realismo mágico, de historias del "retrato del artista", o de narrativas de derrota y triunfo, estas ficciones representan diversos dramas de víctimas oprimidas por la sociedad. Y a pesar de sus aspiraciones a lograr identidades móviles, sus objetos de estudio se convierten en fuentes de "autenticidad" para América Latina. De este modo, las historias quedan suspendidas entre un carnaval posmoderno de identidades variables y una nostalgia por las tradiciones familiares y la cohesión comunitaria de antaño; todas coinciden en la reflexión autocrítica por parte de la investigadora sobre la subjetividad posible que se le forja a partir del arte de narrar y por encima del frío empirismo del cientificismo social.

Si llamo la atención sobre estos proyectos, es para revelar las maneras en que los problemas del género en América Latina son incluidos dentro de los discursos críticos donde invocan una colaboración entre sujeto e investigador y terminan con algo parecido a una ficción literaria. El "experto", tan aclamado por el movimiento neoconservador, redefine ahora la autoridad en relación con el arte de contar y escribir, y con la celebración de los logros de las mujeres unidas por el encuentro Norte/Sur.

A modo de continuación de las meditaciones de las antropólogas ya mencionadas, Amy Kaminsky, perteneciente al campo de la crítica literaria, escribe que la deconstrucción de la experiencia femenina está diseñada para "desafiar la posición de inferioridad de la mujer respecto al hombre" (1993: 18). Este tipo de crítica, explica Kaminsky, debe proponerse "como uno de sus objetivos, la transformación de la práctica represiva de la cultura" (xiv). Como sus colegas citadas más arriba, Kaminsky también está buscando patrones alternativos de identidad femenina, y decide decantarse por la concepción posmoderna de un yo femenino móvil. En el proceso, surge una curiosa paradoja: mientras que la antropóloga tiende hacia una construcción ficcional, la especialista en literatura busca una realidad objetiva. Así, esta última eleva las tipologías feministas a fundamentos del estudio literario: la exiliada, la lesbiana y las protagonistas del "testimonio" forman la base del análisis literario.

Debra Castillo ofrece una interesante especulación al respecto, cuando comenta con agudeza que desde la perspectiva de la metrópoli, "las mujeres latinoamericanas no escriben. De esta afirmación derivan otros corolarios, otros tópicos de la historia literaria latinoamericana convencional. Las mujeres latinoamericanas desde luego no escriben prosa. Lo poco que hacen –mayormente poesía– se merece el olvido" (1992: 26). Para corregir esta visión, Castillo se propone demostrar las maneras en que las escritoras cuestionan las normas de autenticidad y funcionalidad de los textos en su calidad de materias tanto teóricas como prácticas (33). Castillo quiere evitar juicios absolutos y trascender las categorías de análisis occidentales para encontrar otros criterios teóricos evaluativos. Sin embargo, en un intento que se parece en gran medida al impulso antropológico por definir las jerarquías de los sexos, ésta decide nombrar a las mujeres latinoamericanas en su condición de sujetos marginales: amas de casa, indias y santas, prostitutas y analfabetas (293-294) son colocadas en una "serie de situaciones temporales" (7) sin quedar limitadas por una teoría particular. Su estrategia se parece a la receta de un estofado: "Una pizca de esto, y una pizca de lo otro" (36). Basándose en las propuestas teóricas de Derrida, lo indeciso es lo que le da sabor al guiso narrativo de esta obra; así, los ingredientes que se van añadiendo a la olla hirviendo se asemeja a un tipo de lectura en la cual no se pueden distinguir las partes del todo. Irónicamente, los relatos femeninos se inscriben, una vez más, en una ficción doméstica.

La autopista panamericana construida por las mediadoras culturales está repleta de imágenes de amas de casa y prostitutas, de víctimas o de tenaces supervivientes. ¿Existe alguna otra manera de imaginar este panorama sin poblarlo de sujetos marginales? ¿Cómo vamos a tratar las relaciones Norte/Sur desde nuestro papel de mediadoras culturales? Si he señalado los ejemplos anteriores, no ha sido a modo de condena, sino para reflexionar acerca de nuestras visiones como académicas estadounidenses comprometidas con América Latina. Ciertamente, nuestras posiciones al respecto no han pasado inadvertidas. La poeta argentina Susana Thénon ha escrito un cáustico poema aludiendo a los intereses de las críticas norteamericanas supuestamente dedicadas al feminismo. Su texto se burla del proyecto de una crítica literaria que pretende compilar una antología de escritoras latinoamericanas. El poema concluye con los siguientes versos puestos en boca de la norteamericana:

porque tú sabes que en realidad
lo que a mí me interesa es no sólo que escriban
sino que sean feministas
y si es posible alcohólicas
y si es posible anoréxicas
y si es posible violadas
y si es posible lesbianas
y si es posible muy muy desdichadas
es una antología democrática
pero por favor no me traigan
ni sanas ni independientes ("La Antología", 1987: 70).

La irónica meditación de Thénon nos lleva a examinar la recepción de las ideas feministas norteamericanas en el Sur. Con una dosis menor de ironía, y de manera más efectiva, la escritora argentina María Negroni plantea este mismo problema en su libro de ensayos *Ciudad gótica* (1994a). Ésta observa cómo se espera que la cultura latinoamericana cumpla una promesa de diferencia, lo cual conduce a un gueto de textos y comportamientos excéntricos:

> En el plano literario, la "guetificación" lleva a confusiones alarmantes. Los escritores "latinos" están condenados a un deber ser implícito y férreo. Algo así como un arquetipo platónico vertido en el molde de un mandato explícitamente político o exótico o folklórico [...] ¿Quiénes son los responsables de este desaliento? ¿Los que producen? ¿Los que trabajan de agentes literarios? ¿Los que consumen? ¿Los que organizan? ¿Difunden? [...] Me temo que, mientras persistan los síntomas que he descrito, pocas expectativas puedan cifrarse allí. Al menos, hasta que América Latina gane lo único que no se le concede: el derecho a participar, de igual a igual, en la discusión estética (29-32).

Con el objeto de moverme en esta dirección, me gustaría examinar ahora los proyectos de aquellas mujeres de la Argentina y Chile que se ocupan del intercambio de ideas Norte/Sur dentro del medio de la revista cultural. En este medio, ellas abren nuevas vías de discusión para la cuestión del género y la práctica social.

Medi(t)aciones sudamericanas

Siguiendo una tradición que aún permanece fresca en el recuerdo con el ejemplo de Margaret Randall, que fue a México en los años sesenta para fundar la revista *El Corno Emplumado* y así abrir un diálogo entre poetas de ambos lados de la frontera, los proyectos intelectuales de Lea Fletcher y Nelly Richard, extranjeras que en la actualidad residen en la Argentina y Chile, mantienen un diálogo Norte/Sur a través de las publicaciones culturales. *Feminaria* y *Revista de Crítica Cultural* (dirigidas, respectivamente, por Fletcher y Richard) se encuentran entre las más importantes publicaciones latinoamericanas orientadas hacia el intercambio Norte/Sur con el fin de tratar cuestiones de política local, de estética o de género. Igualmente importante es el hecho de que invierten el tipo de narrativa heroica de mujeres que es a veces sustentado por el Norte. Estas publicaciones forman parte de un proyecto transnacional latinoamericano que incluye una serie de revistas académicas, como *Mora* (Argentina), *Nomadías* (Chile) y *Estudos Feministas* (Brasil), la distribuidora de noticias sobre la mujer, *Fempress* (Chile), la radical y autónoma revista *Brujas* (Argentina), y el suplemento feminista de *Página 12* (Argentina),[5] así como *Debate Feminista* y *Fem* (ambas de México). Juntas contribuyen a un proyecto decisivo para poner en circulación a través de América Latina las preocupaciones teóricas sobre la sexualidad y el género y las cuestiones sobre las políticas de la identidad que son hoy vigentes.

Los intercambios producidos a través de estas publicaciones (entre ellas comparten colaboradoras y ensayistas) han estimulado un vivo diálogo y un movimiento de ideas que modifican nuestro concepto del trabajo intelectual en América Latina. Al mismo tiempo, siembran el campo cultural con una fructífera exploración de la tensión entre el Norte y el Sur. Las colaboradoras se han dedicado a la organización de los saberes y las posibles representaciones del género, entendidas como inserción en el campo simbólico y como lucha directa por llegar a ser incluidas en la agenda del Estado nacional. Tomando la condición minoritaria del sujeto mujer, las que contribuyen a la revisión del género señalan las serias limitaciones de la empresa neoliberal, así como las deficiencias

---

5. María Moreno dirige desde 1998 *Las/12*, un suplemento del diario argentino *Página 12*. Este suplemento constituye una de las críticas más agudas, actualmente en circulación, al intercambio Norte/Sur, tomando como premisa la representación del género en la cultura masiva, la literatura y el arte. Como estrategia, el suplemento está comprometido en forma festiva con los proyectos de una cultura dominada por el mercado, que liga la identidad de los consumidores al espectáculo de la diferencia. Es igualmente importante la exposición que *Las/12* hace del vínculo fraudulento de las identidades genéricas que se comercializan a través del orden global, revelando las líneas defectuosas del supuestamente sólido mapa Norte/Sur. Véase Masiello (2001) para un examen de *Las/12*.

teóricas en las reflexiones sobre el género en los análisis de la cultura. Finalmente, tal como la cuestión del género permite a los intelectuales demostrar la fallida unidad del Estado democrático, también permite desmontar el mito del sujeto femenino latinoamericano que ha sido el enfoque de mucha teoría producida en el extranjero. Las propulsoras de estas publicaciones nos ponen en estado de alerta con respecto a la relación entre el cuerpo y su representación, entre la experiencia directa y los discursos culturales y políticos que intentan darle nombre y forma. Finalmente, como revistas autónomas, se aproximan a los debates *locales*, y así desmantelan las premisas del universalismo.

Feminaria (1988) es una labor destinada a integrar la teoría feminista del Norte en la producción intelectual del Cono Sur.[6] Su directora, Lea Fletcher, norteamericana de nacimiento y residente en la Argentina, ha contemplado dos ciclos de reflexión feminista con el objeto de concentrarse en la cultura y el lenguaje. Escribe Fletcher:

> [L]a restauración democrática había aparejado una reactivación de las actividades de mujeres, una mayor incidencia en movimientos sociales y gremiales, partidos políticos, grupos autónomos, centros de estudios y asociaciones profesionales. Sin embargo, ese hecho no estuvo acompañado por una publicación que lo reflejara, concentrando en sus páginas y haciendo circular masivamente la producción teórica nacional e internacional, esta última de difícil acceso en el país.
>
> Frente a esta situación y a la necesidad crucial de establecer redes cada vez más fuertes y extendidas entre las mujeres, nosotras en *Feminaria* nos propusimos constituir un espacio pluralista para

---

6. No deseo sugerir que *Feminaria* es el primer proyecto de esta clase. En un estudio anterior, mostré la forma en que la Argentina se ha visto privilegiada en el campo del periodismo femenino desde las primeras décadas del siglo XIX (Masiello, 1994b). Desde la vuelta a la democracia, la Argentina también ha sido testigo de una explosión de revistas dedicadas a cuestiones de sexualidad e identidad. Sobre esta reciente evolución, *cf.* Marcela Nari (1997).

> la discusión feminista, democratizar la información y compartir teoría feminista de alto nivel producida dentro y fuera del país (1997: 62).

No es de sorprenderse, entonces, que el pedido por la inclusión de la mujer en el proceso democrático se haya originado con una profunda fe en la posibilidad del diálogo y una revisión de los poderes del lenguaje.

En su primera fase, *Feminaria* anunció un programa de estudio de la influencia de los valores patriarcales sobre las mujeres argentinas y de exposición del sexismo en el lenguaje que prohibiera la participación de la mujer en la sociedad civil (Fletcher, 1988: 29). Este proyecto estaba documentado con artículos de feministas europeas y estadounidenses, yuxtapuestos a escritos de mujeres argentinas de los campos de la literatura y las ciencias sociales. Como era de esperar, la presentación de este material siempre ha estado fundado en una teoría de la *conversación* entre mujeres y una fe manifiesta en las posibilidades que este diálogo podría ofrecer. Es precisamente esta teoría de la conversación, desarrollada durante los años de evolución de la revista, la que le ha dado forma al necesario discurso sobre identidad, estética y acción. Rechazando el modelo de un "gueto" de mujeres, *Feminaria* ha optado por la construcción de una comunidad de interlocutoras que guíen las prácticas feministas dentro de la cultura argentina contemporánea (por ejemplo, Monzón, 1992: 5). A través de la comunidad, el diálogo y el intercambio de ideas, se alineó una propuesta para compensar la fragmentación de la cultura del fin de siglo bajo la consigna del neoliberalismo. Con la idea de recuperar una memoria en común (traicionada primero por el gobierno militar y ahora por las prácticas homogeneizantes pertenecientes al neoliberalismo), se abre la posibilidad de una conversación transnacional.

Desde el primer número, Fletcher publicó ensayos de la feminista italiana Rossana Rossanda y de mujeres argentinas en el extranjero sobre la base de la amistad femenina y de la urgencia discursiva que esta relación produce. Aparecieron artículos sobre los puntos de reuniones feministas, incluyendo el primer (y todavía muy celebrado) encuentro de feministas argentinas y chilenas ocurrido en Santiago bajo la dictadura, y los posteriores congresos feministas celebrados en otros lugares de América Latina; junto con la publicación de actas seleccionadas, además de comentarios sobre librerías de mujer en París y Buenos Aires, y sobre los programas de estudios de la mujer en las universidades argentinas. En todo momento, Fletcher siguió proporcionando bibliografías de los más recientes trabajos sobre temas feministas argentinos. Estos datos componen un *registro* de las prácticas intelectuales feministas en la Argentina, ofreciendo una puesta al día en las teorías de acción social y una revisión panorámica de la producción cultural. Entre ellos destacan los informes sobre la participación de la mujer en la sociedad de la era neoliberal.

Reflexionando sobre el clima político actual provocado por la economía de mercado, la crítica cultural Leonor Calvera observó: "La discontinuidad intrínseca se ve alimentada por una malsana discontinuidad exterior provocada. Es un hecho que, abierta o encubiertamente, el manejo de la opinión pública tiende a romper la continuidad de la experiencia feminista. Se habla de superación o de fracaso. Lo que importa es separar los distintos momentos de las luchas reivindicatorias o transformadoras, aislarlas para quitarles coherencia. De esta manera cada mujer se siente fuera de un destino común [...] La quiebra en la unión de los distintos tiempos y lugares, con la consiguiente abolición de la facultad evocadora, ha sido una de las principales características del terrorismo de los grupos de dominación, especialmente del Estado" (1992: 6). Para combatir este aislamiento, *Feminaria* buscó una continuidad entre los movimientos de la mujer del período contemporáneo y los de épocas anteriores. Así, Fletcher nos proporcionó las raíces históricas de las luchas de las mujeres argentinas: las notas sobre Juana Manuela Gorriti y Eduarda Mansilla de García, y sobre la generación argentina de los 1880, nos presentan el antecedente decimonónico de los feminismos contemporáneos; los análisis de los primeros congresos feministas panamericanos o de las reuniones literarias convocadas por mujeres en los años veinte continúan la investigación hasta el siglo actual; además, una casa editorial que trabaja conjuntamente con la revista se dedica a recuperar archivos.

A través de estas notas, Fletcher mantiene una cuenta activa de las teorías de la acción social y la evolución de un campo cultural vinculado a las mujeres. Por detrás está el deseo de conservar la memoria de una tradición femenina en la cultura nacional, de recordar a los lectores el orden represivo de la dictadura que silenció la voz de la mujer. *Los derechos* –en el amplio espectro de reclamos políticos y legales así como el acceso de la mujer a la cultura civil– vienen a ser el hilo rojo que se entreteje en las páginas de la revista. Siempre conscientes de la injusticia social, las colaboradoras de *Feminaria*, al elaborar un proyecto sobre las zonas del discurso y de la política, insisten en la cuestión de los derechos como condición *sine qua non* de la democracia.

En noviembre de 1996 (Nº 17-18), *Feminaria* recordó la participación de las mujeres en la esfera pública durante los años del régimen militar. Otros números se han dedicado al impacto del neoliberalismo sobre la cotidianidad femenina (Nº 5, abril 1990; Nº 8, abril 1992; Nº 14, junio 1995). La reforma democrática, el libre mercado, y las políticas del ajuste estructural forman parte del rango de intereses de la revista. El abandono del bienestar de la mujer como proyecto social y los disturbios de cualquier proyecto de la igualdad señalan, como dice Patricia Gómez, "las paradojas de la democracia" (1995: 11).

Simultáneamente, las colaboradoras argentinas de *Feminaria* se cuestionaron las posibilidades del feminismo en un país dependiente cuyo patrón de ideas siempre ha derivado de los Estados Unidos y Europa. Criticaron así las categorías de conocimiento distribuidas entre los círculos angloamericanos. Especialmente sometida a examen es la lógica binaria usada por la teoría estadounidense para marcar la diferencia sexual: los modelos de agresión/pasividad (Brownmiller, Dworkin); naturaleza/cultura (Ortner, Griffin); o el concepto de diferencia como forma de conciencia que promueve la superioridad de la mujer (Chodorow, Gilligan). Las escritoras y filósofas asociadas con *Feminaria* orientaron esta reflexión crítica a la consideración de la política de identidad resultante de la lógica binaria.

Al respecto de la imposición de premisas teóricas angloamericanas, la poeta y crítica argentina Diana Bellessi comentó que las mujeres del Cono Sur siempre están trabajando bajo la presión de un "imaginario hipotecado". El adoptar las estrategias de los feminismos europeo y norteamericano en una cultura doblemente colonizada pone de antemano a las mujeres argentinas en una situación precaria y amenaza sus certezas epistemológicas:

> Cuestionar una cultura central intrínsecamente colonizada por Europa, desde la instrumentación de un pensamiento resistente también fundado en Europa, es una cosa. Incluir la precariedad bárbara de un feminismo teórico oriundo del Norte, aún poco leído, apenas traducido y ya cuestionado, exige una rápida producción local por parte de mujeres involucradas personalmente desde el espacio doméstico de sus vidas y es otro fenómeno harto más difícil. Significa enfrentarse con una doble hegemonía cultural desde una diferencia de la que apenas empezamos a ser conscientes. Cuando no se tiene siquiera el poderoso arsenal de un pensamiento mítico fundado en las culturas indias, para oponerse al discurso central colonizador, lo es más aún. Hay que trabajar con un imaginario hipotecado. Poner el cuerpo allí, encierra el peligro de pasar a ser la Tonta. Significa desplazar el impuesto interés por el prestigio, hacia el interés por el erotismo. Despreciar el aplauso de los reyezuelos en el palacio, por la algarabía amorosa de otras mujeres. En un ambiente donde no se arriesga demasiado desde lo personal, abrirse el corpiño y demandar ser miradas y mirarse (1990: 10).

Ampliando en cierto modo el argumento de Bellessi sobre la necesidad de asumir riesgos teóricos a nivel local, la filósofa Diana Maffia toma las experiencias políticas argentinas actuales como base para el pensamiento crítico. Éste es el caso de su narración de la historia de Marisela, una transexual cuyos hijos fueron forzados a abandonar su casa bajo la acusación de que ella no era apta como madre (1994: 10-11). Esta anécdota, publicada en los diarios de Buenos Aires y largamente comentada en 1993, le inspira a Maffia considerar en primer lugar las categorías "naturales" de identidad sexual, y muy en especial, en segundo lugar, los cambios en las relaciones entre la sexualidad y el poder político en la Argentina. Igualmente, la prohibición del aborto –un asunto polémico en Argentina– fomentó la publicación de un número de *Feminaria* dedicado a los límites de la filosofía liberal desde la perspectiva del Cono Sur, mientras que números posteriores afrontaron directamente la crisis de la democratización en relación con la situación de las mujeres. Como protagonistas de la sociedad de mercado, las mujeres resultan ser las figuras más gravemente afectadas por el régimen neoliberal, responsables tanto de la supervivencia de la familia como del mantenimiento económico del hogar. Aun más, a pesar de la opinión conservadora sobre la pérdida general de valores y el perjuicio que supone el predominio de la economía de mercado para la sociedad civil, aparecen ahora múltiples posibilidades para la organización de las mujeres. Se producen así nuevas expresiones de acción social, como también un desafío a las formas de autoridad tradicionales (Maglie, 1990: 29-31).[7] La proliferación de nuevas identidades es recibida como una respuesta positiva a la crisis del régimen neoliberal.

Una cartografía revisada por las ensayistas aquí nombradas sirve para desestabilizar la ruta entre el Norte y el Sur. Los debates sobre la arbitrariedad de las fronteras, las divisiones entre el yo y el otro, entre las empresas colectivas y las in-

7. Sobre las mujeres en la economía neoliberal, véase el grupo de artículos especiales de *Feminaria*: "Mujer y crisis" (1990: N°5, 29-35) y "El feminismo en estos tiempos neoliberales" (1992: N°8, 3-14).

dividuales, se repiten como tema de interés en esta y otras revistas feministas. Como un intento de superar el dominio del Norte y pensar una alternativa al trabajo colectivo, la atención de *Feminaria* se dirige muchas veces hacia el valor de los congresos feministas, la colaboración transnacional. El Foro de la Mujer de Pekín, por ejemplo, llegó a ser un importante objeto de estudio de esta publicación en la medida en que provocó un análisis sobre la posibilidad de alianza bajo la sombra de la globalización.

En esta revista, las fuentes de investigación son claramente heterogéneas, ya que provienen tanto de intelectuales locales como de expertas en política de los Estados Unidos e Italia. En todo momento, sin embargo, las críticas argentinas siguen negociando las condiciones específicas de las mujeres de su país frente a las hipótesis posmodernas que se han sostenido desde los centros metropolitanos. En este respecto, Fletcher y sus colegas señalan primeramente el fracaso de la cultura democrática de la transición en el campo del género. Las páginas dedicadas a este tema nos urgen a repensar el status del sujeto universal implicado en la cultura democrática, así como la relación de los intelectuales con el sujeto universal que valoran. De esta manera, llegan a repensar el rol del intelectual y en particular el rol de la mujer y las minorías sexuales como sujetos pensantes. La presencia del género en estos debates complica el tema de la restauración democrática, como fue puesto en evidencia en el primer capítulo de este libro, así como obliga a reconsiderar las propuestas de la literatura y el arte.

Esta crítica se ve de manera más clara en relación con la cuestión estética. En un inteligente ensayo, Tununa Mercado examinó las voces de denuncia que iban apareciendo en los movimientos feministas contemporáneos con el objeto de evaluar el impacto de ese discurso sobre las actividades de mujeres escritoras. Queriendo enfatizar una posición que no queda lejos de mis propios sentimientos al respecto, Mercado escribió:

> Esa literatura de denuncia y de agitación se acostó en un molde: se pensó que para llegar a las trabajadoras, a las campesinas o a las secretarias, que son a quienes quieren llegar al menos las feministas socialistas, había que formular un mensaje directo e inconfundible. La intención nos obligó a muchas a hacer recortes y, a la larga, tuvo un efecto represivo. En el ámbito de las ciencias sociales llamado de "estudios de la mujer", los textos siguieron modelos académicos tradicionales, se instalaron en un cuerpo ordenado, taxonómico, clasificatorio del rol de la mujer y de su condición en la sociedad. Había que hacer una ciencia de la mujer, constituir una teoría, pero no se puso en crisis el lenguaje, no se creyó necesario hacerlo entrar en crisis: en toda la vasta literatura sociológica hay muy pocos textos que muestren el desgarramiento y la perplejidad de la escritura, como si todavía no se pudiera salir de la descripción y de la interpretación hacia una epistemología que pueda dar cuenta de la complejidad de la materia sobre la que se discurre.
>
> ...El tema, los temas –la llamada "problemática" femenina– y me atrevo a decirlo, poco a poco fue subyugando esos textos y condenando a una nueva opresión, la del referente "real", que exige sumisión y se adueña del gesto narrativo haciéndolo ilustrar con verdad, verismo o verosimilitud, lo que no les sucede a sus criaturas de ficción, quedando así el relato y la escritura demasiado pegados a la dictadura de la representación, mimetizándose el texto con la literalidad del mensaje. Esta narrativa se miró en la luna del espejo, no atravesó el espejo (1989: 22).

Aunque *Feminaria* ha publicado artículos estadounidenses de inspiración posmoderna (Flax, De Lauretis, Benhabib), es quizás a través del énfasis en la literatura donde el enfrentamiento de las distintas culturas del Norte y del Sur es percibido con más intensidad. Aquí, la "crisis del lenguaje" señalada por Tununa Mercado se convierte en objeto de un profundo análisis. Comenzando con el número 7 de la revista (1991), *Feminaria* inauguró una sección titulada "Feminaria Literaria" para concentrarse en un enfoque histórico comparativo de la producción cultural feminista. Los nombres de Elizabeth Bishop, Adrienne Rich y Nicole Brossard se unieron a los de escritoras y críticas contemporáneas de la Argentina y de otros países latinoamericanos. De este modo, Fletcher equilibró la demanda de la crisis política contemporánea, que enfatizaba los derechos de la mujer y su participación en las reformas estatales, con los estudios del arte de la escritura y con la intersección de culturas Norte/Sur. En resumen, el proyecto sigue resistiéndose a las categorizaciones esencialistas de la experiencia local.

En Chile, Nelly Richard nos presenta una interpretación radical de las relaciones Norte/Sur en su *Revista de Crítica Cultural.* Aunque su propósito no es el de concentrarse en temas feministas solamente, Richard plantea una crítica de los debates posmodernos y una búsqueda de la identidad latinoamericana tal y como es vista desde la perspectiva analítica del género. Así, ésta lleva a cabo un examen local del feminismo latinoamericano, defendiendo el valor de la micropolítica y ensalzando la influencia de la literatura y el arte visual.

En general, Richard trata la teorización global con ojo crítico; desconfía de los impulsos universalistas, pero también reconoce las ventajas de los conceptos metropolitanos a la hora de afrontar problemas de la cultura latinoamericana. Consecuentemente, Richard rechaza un uso restringido del término "posmoderno", ya que éste podría interferir en la acción social propiamente dicha,[8] e insiste constantemente en la autonomía heterogénea de la cultura local. Sin embargo, América Latina debería aprovechar la línea argumental posmoderna para participar en el circuito de discusión global:

> Es posible argumentar a favor de un interés latinoamericano en el debate posmoderno diciendo que somos parte interdependien-

---

8. Sobre la recepción de la teoría metropolitana, véase en particular el número de *Revista de Crítica Cultural* dedicado a la visita de Baudrillard a Chile (1993: N°7).

> te de la red de planetarización de las influencias que pone en contacto telecomunicativo el aquí-ahora de todos los sujetos receptores diseminados en el centro y en la periferia de la información cultural. Esta mundialización de la cultura nos obligaría de por sí a tomar posición para no perder "conciencia situacional" [...] Mucho de lo que disgrega el rostro posmoderno (de la rotura del nexo societal al vaciamento de los referentes-guías de movilización y lucha) se refleja entre nosotros, aunque oscurecido por el dramatismo de una convulsión histórica (las dictaduras) que estremece la tesis de cualquier relajado "fin de la historia" defendido hoy por los apocalípticos integrados [...] Todas estas razones derivadas de la crisis de totalidad-centralidad argumentarían a favor de la revalorización cultural de la periferia hasta postular [a América Latina] como la máxima protagonista del nuevo relato posmoderno de lo descentrado (1991: 15-19).

De la misma manera que el *boom* literario hizo a América Latina destacarse en el mapa mundial, el posmodernismo latinoamericano ha de ser visto no sólo en conjunción con las corrientes europeas y estadounidenses, sino también como la fuerza que permite a los latinoamericanos reflexionar sobre su posición periférica dentro del proceso de modernización, sobre las anacronías entre la cultura y el desarrollo económico y sobre el pastiche formado por la memoria y el olvido históricos. El posmodernismo latinoamericano ofrece la posibilidad de ampliar el rango de propuestas teóricas que tantas veces celebran la heterogeneidad y que llegan a enaltecer los cruces de significados entre la tradición y la modernidad. En esta hibridez ilimitada e inestable, se propone *otra* manera de ver la modernización, de abrirse a nuevas voces. De ahí que América Latina llegue a contestar a Estados Unidos y Europa en términos propios.

A continuación, Richard intenta derivar de la crisis generalizada de discursos totalizadores, una demostración de las maneras en que los diferentes niveles de desarrollo en Chile, Argentina y Perú desmantelan los ideales de historia y progreso para abrir paso a la micropolítica. Su objetivo es el de revelar lo que ella describe como "la fisonomía del 'nosotros mismos'" (1991: 15). Por lo tanto, Richard se niega a abandonar sus vínculos con cualquier proyecto local y encuentra así en la cultura de la heterogeneidad y el mestizaje una productiva base lógica para el posmodernismo "periférico". Los fracasos de la democracia neoliberal, el juicio contra Pinochet, las marchas de protesta de los mapuches están presentes en la revista, pero Richard también presta atención a la manera en que la cultura y la política se ven cruzadas por cuestiones de género.

En los capítulos anteriores, hice referencia al espacio privilegiado asignado por Richard a las estrategias de la cita, a la tensión productiva que ella encuentra entre el original y su repetición. De este modo, si el pastiche, la cita y los simulacros abundan en los proyectos posmodernos internacionales, Richard ve su utilidad dentro del contexto local como *respuesta* a la cultura metropolitana. El género es el campo sobre el cual ésta se inscribe.

En lugar de ofrecer una serie de respuestas previsibles sobre la resistencia femenina, Richard muestra el modo en que el género gira entre los múltiples debates sobre la política actual. Por ejemplo, al considerar la detención de Pinochet en Londres, Richard explica la manera en que las mujeres se movilizaron por los sectores pinochetistas. Explotando la memoria común respecto de las mujeres que habían salido a la calle en el año '73 (para protestar contra el gobierno de Allende), las fuerzas conservadoras reavivaron la imagen de la acción femenina para atraer el apoyo general hacia Pinochet. El punto es sencillo: toda acción femenina no aparece sin su contradicción; más bien, las operaciones de la memoria producen identificaciones extrañas. En ningún caso, se garantiza la verdad ni se rompen, desde el agenda de los partidos oficiales, los estereotipos sobre la mujer. Otra vez, la imagen mediática frente a la acción social, la mediación de la experiencia directa, la brecha entre el sujeto activo y el panfletarismo, recuerdan las amplias contradicciones que se infiltran en el campo de los estudios del género bajo el régimen neoliberal.

Este tema es común a las páginas de la *Revista de Crítica Cultural*, para demostrar las limitaciones y las ventajas de la acción del individuo frente a las políticas del Estado. Arnaldo Cruz Malavé, por ejemplo, pregunta por la emergencia del sujeto homosexual en Cuba (1998); Jorge Salessi investiga la representación fotográfica de los homosexuales en Buenos Aires del siglo XIX (1995b); Richard también se refiere a la representación de Bolívar como ícono histórico(1994a). En su conjunto, estos ensayos intentan desacreditar una sola verdad con respecto a la cultura y la sociedad y, en cambio, exigen una serie de preguntas sobre la ética de la representación. A menudo, cuando estas preguntas cruzan el eje Norte/Sur y se someten a los giros del lenguaje, la lógica de la singularidad se quiebra y pierde su ancla en los puertos nacionales.

Los ejercicios de traducción son vistos, en este contexto, como proyectos contestatarios. De la misma manera que Sarmiento distorsionó las culturas europeas al traducir del francés al español, restándoles fuerza a las tradiciones de prestigio internacional de aquel entonces, la práctica del pastiche y la cita en la América Latina actual no deben ser tomadas como una falta de originalidad, sino como una resistencia consciente contra las formas de expresión metropolitanas. Son maneras de proclamar la singularidad de América Latina, reivindicando su alteridad y oponiéndose a la dominación. Pero se prestan a un giro más: la copia, mientras manifiesta una distancia de alguna fuente originaria, también invita a una especulación sobre la diferencia *interna*, diferencias que pertenecen a la historia de una nación, diferencias que pertenecen a los sistemas del género. Lejos de ubicar a América Latina en la sombra del Norte, las prácticas de la cita abren una reflexión sobre la alteridad y la diferencia dentro de los parámetros locales de significado dentro de América Latina.[9]

Aunque los efectos del giro del traductor no ocupan el centro de los debates de Richard, las estrategias que este giro

9. Deleuze (1994) brinda un extenso argumento sobre los efectos locales de la simulación y la copia, que sin duda puede aplicarse aquí.

proporciona respaldan sus propuestas; ambas celebran el intercambio cultural e insisten en lo volátil de los cruces de la representación que atraviesan las fronteras de patria y lenguas. Encaja perfectamente con el proyecto más general de Richard de rescatar los micropoderes de la política cultural, una manera de insistir en el influyente papel de la otredad a la hora de establecer la autonomía latinoamericana. En los últimos años, la traducción ha sido intercalada en los debates sobre la teoría del género y el colonialismo, sobre la identidad y el espacio local. En las páginas de la *Revista de Crítica Cultural*, los colaboradores también traducen entre las economías públicas y privadas, entre el rango de significados que se mueven entre el espacio local y global; la cuestión del género además introduce un desafío a un modelo de comportamiento normativo. Richard se mueve ágilmente en el campo de especulación teórica sobre el género sin citar en ningún momento a las teóricas norteamericanas que han reflexionado sobre este campo de estudio. ¿Una resistencia, entonces, contra la traducción de un área de estudio que ha ocupado a la directora de la revista? ¿Un rechazo de lo foráneo en este campo comparativo? ¿Una manera de valorizar las premisas de la filosofía continental frente a los tratamientos positivistas identificados con el feminismo estadounidense? ¿O simplemente un rechazo de aquellos enfoques de análisis que han ignorado la experiencia latinoamericana?

Las colaboraciones sobre feminismo e identidad social de las chilenas Diamela Eltit, Olga Grau, Mabel Piccini y Raquel Olea, o las de Néstor Perlongher, Félix Guattari y Jacques Derrida sobre cuestiones de sexualidad y Estado, les recuerdan a los lectores de la *Revista de Crítica Cultural* la innegable importancia de la identidad sexual dentro del proyecto posmoderno; los efectos desestabilizadores de dicha identidad son también una manera de desarrollar modelos de Estado alternativos. La feminización aparece a menudo en la revista como un principio fundamental de alianza política en América Latina. En este sentido, el poeta argentino Néstor Perlongher, refiriéndose al Brasil, comenta que las minorías sexuales y raciales agitan el cuerpo social en un intento de volver a tomar las instituciones, o, en el análisis final, de destruirlas. Pero Perlongher se apresura a observar que las minorías culturales no están únicamente preocupadas por su identidad, sino también por la posibilidad de convertirse en componentes de *alianza* con otras minorías. Son sobre todo los contactos entre grupos minoritarios marcados por la identidad sexual los que tienen la mejor oportunidad de alterar la subjetividad latinoamericana en general; en última instancia, estos grupos ofrecen la posibilidad de una mutación del orden global basada en las categorías sexuales (1991: 13-18).

Kemy Oyarzún (1996), por contraste, expresa menos confianza en esta posibilidad cuando considera la institucionalización de los estudios del género dentro de la academia. Por la inestabilidad que circula en torno al tema del género, el recinto universitario se ve en peligro. Sin embargo, al legitimarse dentro de la institución, el campo de oposiciones también se ve amenazado. De esta manera, el mercado académico que busca incorporar los estudios del género es, al mismo tiempo, una ventaja y una desventaja. Corrientes alternas de este tipo circulan en la *Revista de Crítica Cultural*, para dar resonancia a las ambivalencias de Richard con respecto a las políticas identitarias. De hecho, las páginas de la revista muestran un constante rechazo a cualquier categoría absoluta de identidad. Más bien, el proyecto de la directora es el de señalar las complejísimas realidades de América Latina basadas en una mirada de vanguardia.

En el segundo capítulo, tracé una tensión estética entre el disfraz y el desenmascaramiento del género sexual. Más allá del interés teórico por este tema, la puesta en escena del género sirve en el contexto del Cono Sur como un desafío al Estado neoliberal. Igual que en el ejemplo de Lemebel y Casas o las acciones de arte de Zurita o Eltit durante los años de la dictadura, el activismo social y los proyectos estéticos desarrollados en torno a la representación del género se han visto como gestos de rebeldía, como voces opositoras. Un breve ensayo de Diamela Eltit (1991b: 19-21) reitera este aspecto cuando describe la función de la vestimenta en cuestiones de ciudadanía, heroísmo y autoridad. Eltit toma el ejemplo de un héroe de la revolución mexicana, una mujer vestida de hombre. Ésta ocultó su identidad para eludir el control del Estado y jugar con los códigos que definen el heroísmo de cara al público. Para Eltit, el travestismo es un espectacular ejemplo del cruce de categorías de ciudadanía, de cómo la identidad sexual y el heroísmo quedan unidos al servicio de los ideales patrióticos. Anticipando de alguna manera el debate acerca del retrato realizado por Juan Dávila de un Simón Bolívar travestido (un tema central en el número 9 de la publicación de Richard), Eltit desenmascara la carga masculina atribuida a las visiones heroicas y denuncia como igualmente sospechoso cualquier otro intento de fijar una identidad bajo la ley del Estado. Finalmente, propone que el proyecto social de las minorías sociales es una manera de vencer las formas estéticas comerciales promovidas en el mercado global.

Dado el énfasis en la hibridación, no resulta sorprendente que gran parte del material de *Revista de Crítica Cultural* esté dedicado a los temas de las identidades móviles, tanto nacionales como sexuales, en América Latina: el mestizaje, el reciclaje de las vestimenta y la identidad, y los simulacros que constituyen la vida cultural moderna, reciben la atención de los colaboradores de la revista. Aun más importante es el hecho de que estos fenómenos no son tomados como tropos posmodernos; por el contrario, son utilizados para refutar la autoridad del discurso metropolitano. En las identidades travestidas radica, según estos autores, la oportunidad de perder la máscara.

Richard también está interesada en los *efectos* de la máscara y la importancia de las identidades sexuales no fijas para la evolución de la cultura democrática. En su sagacidad, Richard considera las críticas del Estado por parte de estas minorías sexuales como un desafío a las prácticas hegemónicas pero también como una manera de apoyar las tendencias aparentemente liberales de un gobierno democrático. Esta posición dual le permite a lo "femenino" poner en duda el centro de autoridad masculino, pero es a su vez usada por el Estado democrático para demostrar la participación popular. En este sentido, Richard busca maneras de acomodar la práctica feminista dentro de las realidades del Chile de la posdictadura, o de situar dentro de debates metropolitanos más generales el proyecto feminista de apertura de una discusión sobre la identidad latinoamericana. Su meta es encontrar un lugar acogedor para los gestos en apariencia radicales anunciados por la teoría feminista, y aprovechar la teoría metropolitana para fomentar los objetivos feministas: "El feminismo latinoamericano debe también preocuparse de saber cuáles son las ranuras e intersticios de la teoría metropolitana que podrán ser aprovechados para torcer o desviar *a su favor* el paradigma del Otro", escribió Richard en su libro *Masculino/Femenino* (1993: 80). Esta cita puede servir de resumen de los programas feministas presentados en su revista, es decir, de cómo se aprovecha al máximo el caldo de la teoría posmoderna para así poder alimentar a todos los comensales del banquete Norte/Sur. Entretanto, se crea un lugar para las mujeres latinoamericanas en los debates metropolitanos, donde tendrían la oportunidad de redefinir su condición de "otras".

A la vez que el *corpus* de crítica cultural recogido por Fletcher y Richard se ocupa de la política de la teoría internacional y de la acción democrática local, también va produciendo nuevas y desconocidas subjetividades. En este sentido, los deseos contrautópicos manifestados en las páginas de *Revista de Crítica Cultural* y *Feminaria* consiguen despejar cualquier ilusión de un discurso uniforme sobre la mujer. Lo que es más: se insiste en el potencial del feminismo latinoamericano para articular una crisis de representación, tanto en los paradigmas metropolitanos de la teoría posmoderna como en los proyectos neoliberales de democratización en América Latina.

Como ha dicho María Moreno en *La Gandhi Argentina*, bien puede ser que la tarea de los estudiosos en el campo del género sea la de mantener viva la presencia de la otredad:

"Poner en cuestión ese San Benito que nos haría impermeables a toda diferencia, llevándonos a oscilar entre traducirla angustiosamente a lo mismo y aniquilar lo otro" (1997: 3). La crítica cultural ironiza aun más este programa señalado por Moreno. Si, por un lado, la subversión de las identidades fijas logra poner en duda las prácticas dominantes y exclusivistas, por el otro, la proliferación de las diferencias también satisface las necesidades del Estado democrático, en señal de su tolerancia. Un arma de doble filo, la presencia minoritaria así beneficia al régimen neoliberal a pesar de su voz opositora.[10] Sin embargo, el poder del feminismo latinoamericano ofrece un arma más fuerte al articular una crisis en el campo de la representación. Las políticas de la identidad genérica interrumpen la homogeneidad tranquilizante deseada por el régimen neoliberal a la vez que montan un proyecto artístico de impacto notable: a través del paradigma del *best seller* o en términos de una vanguardia rupturista, la literatura latinoamericana con enfoque en el género logra desestabilizar el horizonte Norte/Sur.

Contestar a Occidente: estética y representación

Tanto *Feminaria* como *Revista de Crítica Cultural* trascienden las fuentes teóricas procedentes del Norte al poner de relieve una estética marcada por el género sexual, y al buscar los elementos específicos del arte que se resisten a los efectos de la globalización. Es precisamente en el territorio del placer estético, aún sin codificar ni siquiera por los teóricos más exhaustivos, donde el significado fluye libremente, superando al lenguaje de la represión. Es la estética, por tanto, la que ofrece una manera de revocar las demandas del mercado global para reconsiderar cuestiones de representación, tanto en política como en arte.

Desde dentro del terreno artístico, se pueden compensar los efectos de la segregación de la experiencia y del colapso

---

10. Sobre el uso del feminismo para sostener el Estado democrático, véase el comentario de Raquel Olea (2000), discutido en el primer capítulo.

de la tradición y la lógica. Se nos permite redescubrir en el arte un lazo común, y buscar en él un tipo de afinidad ajena al mercado; también nos hace posible el redefinir las relaciones Norte/Sur independientemente de las ventas y el lucro. Como espero haber demostrado en la primera parte de este ensayo, las investigadoras norteamericanas han captado, sin duda, el potencial de la ficción para generar nuevos modelos de alianza, pero es en el campo de la literatura latinoamericana donde se percibe un esfuerzo más enérgico, destinado a intervenir en el reparto de identidades fijas establecidas por los patrones angloamericanos. En los textos literarios, esta dinámica se hace visible a través de dos relatos principales: primero, el que enfoca la cultura estadounidense, ubicando la trama dentro del centro metropolitano; en un segundo caso, se mide el efecto del Norte dentro del contexto del Cono Sur. En ambos casos, se impugna el dominio del Norte o a través de la cultura de masas o a través de una propuesta estética que rechace la lectura común.

Si aceptamos, como propone James Clifford (1997: 11), que las comparaciones de las culturas siempre producen equivalencias equivocadas, también reconocemos que ellas ponen en circulación significados nuevos que antes permanecían ocultos a la vista. Desde los *Viajes* de Sarmiento y los relatos de Juana Manuela Gorriti sobre la fiebre de oro en California, hasta los escritos de Herman Melville sobre las islas Encantadas, las posibilidades imaginativas basadas en la diferencia cultural han fertilizado la literatura de ambas Américas. Pero aquí quisiera considerar los efectos ejercidos desde el Norte sobre la literatura del Sur y demostrar además la manera en que el debate sobre el género interviene en una política de la diferencia a nivel hemisférico.

Sería extraño no iniciar este recorrido literario sin mencionar el éxito de Isabel Allende en la literatura de mercado que circula entre el Norte y el Sur. En los Estados Unidos, la ficción de Allende se ha recibido como un triunfo de los valores de la familia, otorgándole repetidas veces el status de *best seller*. Desde *La casa de los espíritus* (1982) hasta *Paula* (1994),

Allende ha asegurado su reputación como mediadora del sentimentalismo a lo largo de la cordillera. Aunque por lo general escribe desde los temas autobiográficos que le inspira la historia familiar, la novela *Hija de la fortuna* (1999) sigue otro plan al presentar un retrato de las migraciones chilenas a California en el siglo XIX, alterando así el relato común sobre la conquista del Oeste de los Estados Unidos. Un claro desafío a la tradición norteamericana que tantas veces celebra este mito, Allende narra la historia de una joven chilena que viaja desde Valparaíso a San Francisco en busca de oro; así logra introducir la presencia del *extranjero* en la dominación de las tierras del Oeste.

Más allá del pequeño relato con el que se conoce mucha literatura femenina de mercado, Allende busca aquí la dimensión *épica* de la aventura chilena para contradecir el relato norteamericano sobre la conquista de California. Los detalles oscuros del nacimiento de la protagonista, su viaje clandestino en barco, su disfraz de hombre entre los mineros, su amor por un bandido notorio en las leyendas estadounidenses, todos anuncian un proyecto monumental –de dimensión casi cinematográfica– que nos obliga a repensar los saberes establecidos con que manejamos la historia del *Far West.* Además, el contexto multicultural –tan privilegiado por la academia del Norte– llega a ocupar el centro de la novela y da otra versión del discurso minoritario que forma parte de la narrativa estadounidense dedicada a la categoría de "ficción étnica". Así, la novela propulsa la figura de una huérfana anglochilena, que se enamora de Joaquín Murieta, un bandido chileno que en el folklore norteamericano ha sido usualmente identificado con la cultura chicana; más adelante, establece una relación permanente con un curandero chino. Los episodios de la novela anuncian la existencia de un multiculturalismo chileno (con su herencia española, inglesa e indígena), que permite a la autora incidir en el debate identitario que florece hoy en California, donde sus políticas de raza por lo general excluyen de la categoría de "lo latino" a los inmigrantes del Cono Sur.

Para armar una ficción sobre la presencia étnica, Allende insiste en la voz de la mujer. Nos recuerda que las mujeres son viajeras talentosas: Rosa escribe novelas eróticas para su venta en Inglaterra; Paulina es empresaria; y Eliza, la protagonista, se dedica a la traducción y la interpretación entre el castellano y el inglés. También se consagra, como proyecto político, a liberar a las inmigrantes chinas que han sido condenadas a la prostitución. Así pues, las mujeres proponen otra política en el nuevo mundo. Al mismo tiempo, y sin perder de vista el guión posmoderno que dirige nuestros debates actuales, Allende insiste en las identidades cambiantes de los inmigrantes que van a California. De esta manera, la fiebre de oro produce nuevos cuerpos y nuevas identidades: Eliza se traviste de hombre, su amante chileno cambia de identidad, y un periodista inventa la leyenda de Murieta en la prensa amarilla de su tiempo. La conquista de California se vuelve un espectáculo teatral. Sin embargo, y dentro del paradigma del *best seller*, el texto también defiende los valores esencialistas de la mujer. Se contradicen, entonces, las múltiples diferencias de los personajes frente a la deseada singularidad del sujeto femenino. Así, al final de la novela, Eliza abandona su traje de hombre para realizar "su deseo de volver a ser mujer" (422).

Estos ingredientes forman parte de la receta del *best seller* en la cultura de masas, de aquella clase de novela que circula cómodamente entre el Norte y el Sur.[11] A partir de los clichés identificados con el comportamiento femenino y la vida del inmigrante, Allende explota el relato sobre la redención

11. Soy consciente del peligro que implica asumir que las obras de la cultura de masas deben ser entendidas por igual por todos los lectores. Janice Radway (1984) nos alertó sobre la multiplicidad de lecturas posibles y en particular de las brechas que separan a los consumidores de ficción masiva de los críticos académicos. En lugar de permitir que la obra de Allende represente a todo el espectro de la ficción comercializado, deseo utilizarla de modo más modesto como ejemplo de la complejidad de la literatura que circula en el corredor Norte/Sur y de la importancia estratégica de un texto chileno con buen desempeño en los sectores populares de ambos continentes.

humana. Así, detrás de la historia de la fiebre de oro se esconde otro relato que atrae al consumidor de novelas de venta masiva. El sentimentalismo, nos dice Shirley Samuels (1992), es una operación que enseña al lector a consumir las culturas ajenas; determina un modo de identificación con el otro y a menudo compensa la falta de una práctica política vigente. Pero el sentimentalismo también es ficha de venta en el mercado masivo; sostiene en nuestro días un hilo constante en el flujo de la globalización. Permite al lector la ilusión de llegar a conocer al otro y, más importante aún, atrae la atención sobre el rol de la mujer como puente entre el Norte y el Sur.[12]

Las escritoras contemporáneas desde Julia Álvarez hasta Laura Esquivel frecuentemente construyen historias de las Américas con los hilos de una cultura matriarcal, vinculando los continentes a través del esfuerzo de la mujer. El género sirve en estos casos para juntar la metrópoli con los sectores periféricos, tal como la "escritura femenina" reciente logra representar un campo literario completo, una mercancía que circula como comprobante del pluralismo aceptable en el mundo de la globalización. Ofrece así una serie de vínculos sostenidos por el sentimentalismo que logran conectar entre sí a las vidas lejanas. Aquí, Allende amplía el paradigma indicado al ubicar las actividades de la heroína chilena

---

12. No es que el fenómeno del *best seller* sea nuevo aunque hoy en día se lo vea como un producto importante relacionado con la globalización. Piénsese, por ejemplo, en el éxito de venta de las novelas de Martínez Zuviría (Hugo Wast), en la década de 1920; sus novelas se vendieron en cientos de miles de ejemplares en toda América Latina y España. Su obra constituía un melodrama interamericano que admitía la reverberación del nacionalismo (jingoísta), la novela de aventuras que prometía un futuro de progreso al controlar las acciones de las mujeres. Éste sería, quizás, un modelo de los primeros *best sellers* como fuerzas conservadoras. Pensemos también en la década del sesenta y del éxito del *boom* latinoamericano bajo la tutela de editoriales tales como Seix Barral y Joaquín Mórtiz. En aquellos tiempos, la confianza masculina basada en la idea de difundir la realidad latinoamericana orientaba los proyectos literarios. En la actualidad, existe una sorprendente presencia femenina en el terreno de los *best sellers*.

en un momento fundador de la expansión norteamericana. No quiero defender la escritura de Allende, pero, no obstante, me parece notable que la autora logre aprovechar las estrategias del sentimentalismo para dirigirse al importante tema del status periférico o abyecto del sujeto latinoamericano. Además, con las estrategias indicadas, logra insertar en el mercado un relato de seducción universal para los consumidores de la literatura de masas. De esta manera, permite a su heroína chilena una autonomía sin par. *Hija de la fortuna* ofrece la posibilidad de sostener en un solo relato la ilusión simultánea de la singularidad y el universalismo. La novela seduce por el exotismo que propone, pero también insiste en la necesaria presencia de lo latinoamericano en el Norte. Así, logra cruzar los intereses de mercado con un deseo nacionalista latente.

El género viene a ser la ficha de entrada para que América Latina participe en un juego de intercambios globalizados; legitima las voces no hegemónicas y señala un punto de apertura para hacerse oír desde el Sur. Lo que es meramente *best seller* no será fácilmente descartado; más bien, a través de la presencia de las mujeres latinoamericanas en el contexto del Norte, se controla un orden de "sentido común" previamente inalcanzable. Otros escritoras latinomericanas estudian esta dinámica con una crítica más aguda, señalando las maneras en que la cultura metropolitana abandona a las mujeres por completo. Para hacer escuchar este estado de alarma, dejan de lado el sentimentalismo y los recursos del melodrama, y viran hacia una propuesta estética decididamente rupturista. En este caso, la cuestión de la diferencia no es más una cuestión de exotismo fácilmente consumible, sino el punto de partida para la crítica a la alienación producida en la época de la globalización. De este modo, muchas autoras nos recuerdan el fetiche de la diferencia que estimula la circulación global y logran criticar así los efectos del mercado.

Lucía Guerra presenta una breve pero concisa alegoría de las operaciones grotescas de la cultura estadounidense sobre la vida de las mujeres extranjeras. En "Travesías", un cuento sobre las culturas de simulacro que florecen en el sur de California, Guerra vincula el abuso de las mujeres a la producción manufacturada del placer (1997: 24-45). Un relato que advierte sobre los peligros a los que se ven expuestas aquellas mujeres que se dejan seducir por la cultura de masas, el cuento de Guerra se dirige al destino de una mujer provinciana a quien le fascinan los productos de Disney y en particular las fantasías de piratas aventureros que ofrece el parque de diversiones. La protagonista se entrega a los simulacros construidos por la empresa Disney con la esperanza de asegurarse un futuro decente en el mundo moderno de California. Su encuentro con un fabricante de muñecas es el punto de partida. Más allá de la metáfora obvia de la mujer como muñeca del hombre, el cuento vira hacia lo grotesco cuando la mujer es asesinada por el fabricante de muñecas; éste resulta ser también otro producto de Disney, un simulacro en el mundo de juguetes. La vida ociosa proferida por Disneylandia se vuelve un cuento de horror. El mundo de los placeres simulados trae el terror; más importante todavía, se realiza a través del abuso de mujeres. Aquí las mujeres terminan siendo víctimas de la cultura de masas y también víctimas de un relato ajeno que las envuelve y les quita la vida. Guerra parece decirnos que el mundo posmoderno no ofrece ninguna fantasía redentora para la mujer. Más bien, para ganar acceso al teatro de los placeres prefabricados, hay sólo un espacio posible para ella: o entregarse al rol de muñeca o perder la vida.

En un estilo diferente, la novelista Luisa Valenzuela reescribe la tradición *noir* al situar su acción narrativa en la ciudad de Nueva York.[13] *Novela negra con argentinos* (1990) se convierte así en una perversión moderna de la novelística popular; aquí, Valenzuela nos describe a un personaje argentino que se adentra en la ciudad en busca de una identidad autónoma; éste intenta construir una historia propia a pesar de las trabas

13. No estoy afirmando que la literatura latinoamericana situada en Nueva York sea privativa de Luisa Valenzuela. Basta ver las novelas de Alberto Laiseca, Manuel Puig, Silviano Santiago o la poesía de Mercedes Roffé para ampliar este debate.

que ofrece la metrópoli. A su vez, Valenzuela está conscientemente cuestionando la temática de la que dispone el escritor de un país periférico, sobre todo en un momento de crisis económica, donde, parafraseando a Raymond Chandler, "domina el olor a miedo".[14] Es decir, la posibilidad de producir un relato original no siempre está al alcance del escritor latinoamericano, sobre todo cuando el concepto de la "inspiración" romántica sufre los efectos debilitantes del marginamiento del escritor. La historia de Valenzuela está cargada de elementos relacionados con personajes travestidos que ponen a prueba las definiciones de la otredad, de la alienación y del exilio, tal y como se manifiestan en el eje de los intercambios Norte/Sur. Estas transformaciones de la tradición desde la perspectiva del Sur neoliberal también son maneras de producir un heroísmo narrativo diferente que suponga un desafío a ese tipo de ficción que representa a los latinoamericanos como rehenes y cómplices del discurso metropolitano.[15]

A pesar de esta mirada, no nos resulta claro que el teatro del travestismo en sí nos brinde una fuente de inspiración suficiente. Más bien, lo que se necesita, según Valenzuela, son nue-

---

14. Vale la pena estudiar el paralelismo entre el *roman noir* y los intentos recientes de novelistas latinoamericanos de escribir a la sombra del neoliberalismo. El ensayo escrito por Jayne Walker y David Reid (1993) constituye un punto de apertura que merece consideración.

15. En este sentido, no nos sorprende que gran parte de la literatura argentina y chilena dedicada a proyectos feministas recurra a textos de la tradición angloamericana *anterior*, en parte como homenaje a las vanguardias artísticas, pero también como medida contra las visiones antiestéticas del actual circuito transnacional. Curiosamente, los defensores del modelo neoliberal también proponen ir hacia atrás en el tiempo, de vuelta a una era más estable y convencional de "verdades" puras. Esta propuesta se basa en la nostalgia, pero la mirada estética al pasado cumple una misión distinta, que en cierto modo intenta anular la premisa neoliberal de una verdad absoluta así como abrir una ruta alternativa que una las culturas del Norte y el Sur. Esto no constituye un mero reciclaje de imágenes sino otra manera de ampliar el diálogo, de tomar parte en la discusión general sin abandonar los principios de identidad artística. En esta línea, Graciela Safranchik (1993) publicó *Kadish*, una novela cuyo título evoca

vos términos de identidad, nuevas formas verbales de reconocer la experiencia humana. De esta manera, la novela enfrenta la violencia que se ejerce sobre los textos y los cuerpos a través de las prácticas de consumo; denuncia la frivolidad del artificio posmoderno que despoja a la escritura de todo concepto de vida. También, la novela demuestra cómo los cuerpos femeninos terminan como víctimas de un juego insensato que ahora está fuera de control. Al trasladarse del Sur al Norte, los vocablos como "tortura" y "asesinato" pierden su significado político; forman parte de una cultura de masas que tiende a borrar la ética y el análisis en favor del placer liviano.

Los textos producidos en contra del modelo consumista de la literatura convierten la imagen del cuerpo latinoamericano en objeto de abuso e intercambio fácil. También hay otro relato escrito desde América Latina que rechaza el mercado masivo a través del experimento verbal. Con respecto a esto, una novela de Diamela Eltit abre camino para denunciar los poderes de Occidente desde la perspectiva de la periferia del Sur. Quisiera aclarar que no es la *trama* de esta novela lo que se opone al paradigma metropolitano, sino el énfasis que Eltit

---

el poema de Allen Ginsberg, aunque en una lectura más precisa se hace evidente que también rinde homenaje a la novela de Vita Sackville West, *All Passion Spent*. De manera similar, la poeta y editora Mirta Rosenberg ha asumido la responsabilidad de traducir al español los escritos de Mina Loy y Hilda Doolittle. Su casa editorial, "Bajo la Luna Nueva", ya ha publicado una novela corta de Joyce y una traducción de Katherine Mansfield. Esto constituye un intento de mirar hacia el pasado para recuperar una versión más temprana de los intercambios angloamericanos, cuando la modernidad era menos hostil, menos ofensiva al temperamento estético. También representa un momento en que la vanguardia tenía posibilidades de triunfar en el terreno de las ideas. Esta empresa se puede comparar con los esfuerzos paralelos de otras escritoras argentinas por revisar los efectos del *museo*, o institución metropolitana que conserva el significado de la cultura colonial, suprimiendo así las historias de los marginados por servir al arte. En este sentido, es representativa la poesía de Diana Bellessi, Alicia Genovese y María Negroni. Para nada comprometidas con la figura de *ut pictura poesis*, que durante tanto tiempo ha ocupado la fantasía de escritores, estas autoras contemporáneas recrean ahora el fenómeno del museo para examinar las diversas percepciones culturales generadas por las mentes metropolitanas.

pone en la *estética*; el arte transforma la manera de pensar sobre el neoliberalismo y sobre la presencia del Norte en el Sur. En la zona del placer estético, el significado fluye sin interrupción y se suprimen las represiones habituales de la lengua. La estética, en consecuencia, ofrece la posibilidad de oponerse a las exigencias del mercado a la vez que obliga a una revisión de las estrategias de la representación. Volveré en el capítulo quinto a las maneras de repensar el mercado desde otras obras de Eltit, pero por el momento enfoco el debate sobre Norte/Sur que ella propone en *Los vigilantes* (1994). Es la historia de una mujer y de los tipos de vigilancia a los que es sometida por sus vecinos, parientes y, sobre todo, por su hijo y un interlocutor anónimo, que probablemente sea el padre del niño. Al final de la obra, la mujer es expulsada de su casa y obligada a vivir en la calle como una vagabunda. La novela gira alrededor de una serie de exclusiones múltiples: el niño es expulsado del colegio y la madre es arrojada de su casa, mientras que los vecinos persiguen a cualquier individuo que se niegue a cumplir "las leyes de Occidente". Las instituciones de la familia, la escuela y el Estado rechazan, pues, a los propios individuos que están destinados a acoger.

A diferencia del libro de Isabel Allende, el *best seller Paula* (1994), publicado al mismo tiempo que la novela de Eltit, y que es un canto a los "valores de familia" y a los vínculos sagrados entre madre e hija, *Los vigilantes* es un análisis de cómo el arte literario se resiste al régimen neoliberal, y de cómo, finalmente, es vencido por éste. Dentro de esta problemática, la estética pertenece al dominio de la madre. Evitando entrar en el mercado y modas de marginalidad que la teoría feminista hace circular a nivel global, Eltit replantea la desintegración de los lazos familiares en la era neoliberal. Aquí no encontramos una idealización de la maternidad, ni se le concede un privilegio especial a la figura del niño, ni tiene lugar una exaltación de la familia latinoamericana que satisfaga los gustos de los lectores extranjeros. Por el contrario, el niño representa al "otro" que amenaza el arte de la madre. Aun más, el Estado colabora en este acto de agresión.

Eltit se da cuenta de que el Estado no puede articular los intereses de la sociedad civil; pero, debido a la vigilancia constante que ejerce sobre ésta, llega a confundir la separación de espacios públicos y privados, y termina censurando cualquier forma de libre expresión. En este sentido, la periodista argentina Mabel Bellucci expresa su preocupación por la creciente pérdida del espacio público: "Lo que se expresa en el hecho observable es que la privacidad del ámbito hogareño se ve invadida por la irrupción del afuera y lo que es peor, que el afuera se convierte en el mecanismo regulador a través del cual depende –casi exclusivamente– el funcionamiento familiar" (1992: 5). Hasta cierto punto, *Los vigilantes* corrobora esta opinión, pero Eltit nos muestra que no hay lugar para la nostalgia si se quieren discutir los méritos familiares; no hay un idílico espacio público o privado que respete a niños y adultos. En cambio, la miseria termina invadiendo a todos aquellos sujetos pensantes; el mito de la familia latinoamericana se viene abajo. Por fin, se le quita la máscara.

Eltit comienza dejando fuera todos aquellos elementos simbólicos que se asocian con la mujer. Las imágenes domésticas o maternales, la actividad de la escritura como algo sagrado, o la intimidad de la novela epistolar, son reemplazadas por la violencia del Estado. A su vez, se cuestiona la supervivencia del arte y las condiciones de la creación en una era de vigilancia. Esto queda planteado como un problema dentro de la dinámica entre madre e hijo. Queda claro desde el primer momento que el niño siente rencor hacia la atención que su madre dedica a los textos; al ser "la única que escribe", ésta debe ser controlada. En comparación con la madre, que es puro discurso sin descripción física alguna, y hasta el final de la novela, sin nombre conocido, el niño es toda corporalidad, necesidad física incesante, y se toma a mal las abstracciones de un sistema de escritura que lo reduce a una figura impresa ("Existo sólo en un conjunto de papeles", 16). Su táctica principal contra la escritora es la oralidad, la expresión brusca y monosilábica que contrasta con las expansivas meditaciones epistolares de la madre: "BAAM,

BAAM, me río", pronuncia éste constantemente. El libro también concluirá con un "BAAM" similar, con el que el niño, que controla los acontecimientos de la novela, reirá último al llevar los sistemas de la escritura a su fin. Las palabras son una pura entidad física en el mundo del niño, previniendo la disolución del yo, pero motivando la destrucción ajena; sus palabras excluyen el concepto de diferencia y aniquilan la privacidad de las acciones creativas. En este sentido, no nos sorprende que el único talento del niño radique en su afición por los números. Por ello, la madre escribe: "Intuyo en el interior de su cerebro un proceso altamente numérico que altera mi moderación. Un proceso que le extravía el pensamiento y que desencadena sus irritantes carcajadas" (36). El niño se dedica, pues, a una acumulación que lo vincula a "actos de valor universal"(36); así, se enfrenta con la madre, que está aislada en su interés artístico. Los números, la corporalidad y la expresión oral triunfan sobre la escritura. La presencia del niño invade el discurso y la visión de la madre; incluso la naturaleza colabora para suprimir su amor por el arte y la comunidad. El frío hace que los vagabundos mueran congelados, y destruye la cultura tal y como la conocemos, al forzar a los individuos a evacuar calles y espacios públicos. De manera similar, las aguas contaminadas prometen una muerte segura a los habitantes locales; la naturaleza está contaminada pero nadie puede detener su avance. Esto promueve el nomadismo en lugar de la cooperación social, e imposibilita el arraigo y la dedicación a la comunidad y al arte. En última instancia, se produce una situación de vigilancia en la que el desarrollo de la diferencia queda predeterminado por leyes tácitas, no escritas. De este modo, la población mundial es dividida en la novela en los irracionales opuestos de Norte y Sur, Este y Oeste, extremos visibles e invisibles, todos ellos determinados arbitrariamente por el ansia monstruosa del cuerpo, desprovisto de pasión y espíritu (112).

Al final de la novela, la madre participa en el juego del niño de ordenar unas vasijas vacías, mientras éste inventa un nuevo sistema de defensa fronteriza que separará al amigo del enemigo. "Jamás podrán derribar la simetría en la que conseguimos concentrar nuestras defensas", explica la madre, convirtiendo el juego de fronteras de su hijo en un proyecto estético que atenta contra la simetría artificial del mercado que divide Norte y Sur (116). Ella se está deshaciendo finalmente de las oposiciones binarias tradicionales para ponerse a pensar en otra forma de comunidad; el arte es invocado ahora para sentar los términos de una nueva alianza. Sin embargo, en las últimas páginas de la obra, también la artista es derrotada; expulsada de su casa, la madre se convierte en una pura entidad física (muerde, se ríe e imita el primitivo lenguaje del niño), mientras que el niño deambula por las calles heladas, desconcertando a aquellos que los observan. Al haber perdido todo interés por la razón, ellos se rinden a las fuerzas de la naturaleza, aullando a la luna.

Recordando en cierto modo a Jameson, que reivindica –en un controvertido ensayo– la importancia de la escritura alegórica en los intelectuales del Tercer Mundo (1986), Diamela Eltit juega con los límites de este tipo de literatura: por un lado, la novela representa la invasión del paradigma neoliberal impuesto por Occidente; por otro, este modo literario fracasa, dejando a sujetos no analizables colgados en los márgenes de las formas narrativas convencionales. Sólo el sentido de la *estética* consigue ganarle terreno a la teoría metropolitana.

En las hábiles manos de mujeres latinoamericanas tales como Eltit, el tráfico de la cultura como mercancía queda momentáneamente suspendido. Una estética marcada por el género sexual, una lenta atención al lenguaje, una celebración de la cultura letrada, van a contrapelo de la cultura de masas y la economía de mercado. Sin embargo, estas autoras no defienden la autonomía del texto literario, como solía ocurrir en el más puro modelo vanguardista; por el contrario, tienden a moverse hacia el espacio local, hacia una voz fraguada en las tradiciones feministas, siempre dispuestas a esquivar el intercambio Norte/Sur y a reconstruir un área común para el debate. Así, bajo la tutela del neoliberalismo, con sus continuados intentos de suprimir la ambigüedad y fijar todas las categorías de significado en una oferta limitada de fáciles opciones, la estética consigue construir un espacio para el significado elusivo e incierto, crear un terreno para la experimentación que el mercado de compra-venta no puede acomodar. La estética, en definitiva, nos devuelve a las cuestiones de la *ética* –normalmente omitidas en el proyecto neoliberal– con respecto a las relaciones entre Norte/Sur. Como en el ejemplo del *collage* fotográfico de Liliana Porter, citado al principio de este ensayo, el discurso femenino interviene aquí no sólo para reordenar los elementos de la sintaxis Norte/Sur, sino también para burlarse de nuestro gusto por la cultura masiva y para eliminar los lugares de la nostalgia. Finalmente, más que ofrecer soluciones absolutas del mismo estilo monumental practicado por el neoliberalismo, las escritoras vanguardistas de las últimas décadas del siglo XX vuelven a la ambigüedad y al debate; nos proporcionan un espacio para el diálogo y luchan contra el aislamiento. Por esto se niegan a ocupar un punto único en el mapa hemisférico, y proponen a cambio una extensa conversación que trascienda la frontera Norte/Sur.

Capítulo IV

Cuerpos en tránsito: traducción y sexualidad

La geografía es sólo la forma aparente,
toda en la superficie, del destierro...
Cada idioma nos hace mentir.
HÉCTOR BIANCIOTTI, *Sans la misericorde du Christ*

Mas mapas sólo para atenuar la precisión
de una pulsión incierta, parecida al morir.
ARTURO CARRERA, *Animaciones suspendidas*

En *Felices juntos*, 1997, una película en idioma chino dirigida por Wong Kar-Wai, los protagonistas son dos amantes enemistados que viajan de vacaciones de Hong Kong a la Argentina. Luego de una visita frustrada a las cataratas del Iguazú, se encuentran varados en Buenos Aires, solos y con trabajos marginales. Es muy poco habitual que los argentinos vean en una película una visión de la capital de su propio país como la que exhibe este director. Wong Kar-Wai hace un recorrido por la vida cotidiana de los asiáticos en Buenos Aires. Muestra a los que viven en sórdidas habitaciones de pensión, señala la desesperación de los que residen en el barrio de La Boca y en los mezquinos cuartos traseros de restaurantes y bares. Se trata de un paisaje decididamente posmoderno, un escenario que expone un vacío en ese centro metropolitano construido con plástico y neón. *Felices juntos* condensa las preocupaciones sobre la sexualidad y la traducción, la historia y el destierro, la cartografía y la representación. Irónicamente, a través de la lente de un director de cine de Hong Kong, podemos entender algunas contradicciones fundamentales sobre la globalización y el desplazamiento, tal como tratan estas cuestiones los escritores argentinos.

La película comienza con una cita alusiva al *road movie*. En las primeras escenas, los personajes, que conducen un automóvil averiado, van en busca de las cataratas del Iguazú. La monumentalidad del paisaje se plasma en la fotografía en color, mientras que otras secciones de la película, que enfocan la desolación de la vida urbana, se filman principalmente en blanco y negro. De esta manera, el director establece las condiciones para la odisea y la redención. La reconciliación y la esperanza para los compañeros en disputa sólo son posibles si logran llegar a la colorida "tierra de promisión" localizada en las cataratas. Pero estos turistas posmodernos no localizan el Iguazú. El automóvil se rompe en medio del camino, el dinero se les agota y ellos nunca logran ver las maravillas naturales que podrían haberles deparado la felicidad y la plenitud de un encuentro romántico. La búsqueda como tema aparece en un número considerable de películas recientemente estrenadas en América Latina y en el circuito internacional: piénsese en *El viaje*, de Fernando Solanas, 1991 y, más recientemente, en *Hombres armados*, del norteamericano John Sayles, 1997. En esas películas la promesa de redención social constituye el motivo central; pero el director de cine chino prefiere, en cambio, construir una historia sentimental frustrada, haciendo hincapié en los desplazamientos de nación e idioma, de sexo y de trabajo propios de la posmodernidad. Esos movimientos nos trasladan del ambiente rural bucólico a la ciudad decadente.[1]

Dos idiomas, el chino y el español, organizan la película, lo cual alude a las colisiones verbales que sufren todos los turistas posmodernos. También se trata de que el espectador pueda asistir a los conflictos globales que confunden el discurso con el sentimiento. Finalmente, el bilingüismo cuestiona los significados que se suelen tener de la noción de lugar,

1. En una entrevista con Charlotte O'Sullivan (1998), el director admite su deuda con *The Buenos Aires Affair* de Manuel Puig, aunque, paradójicamente, los temas del exilio, desplazamiento y traducción, que conciernen al cineasta, combinarían mejor con las ficciones que Puig produjo posteriormente.

de identidad nacional y de amor. En este aspecto, resulta oportuno que uno de los miembros de la pareja encuentre trabajo en Buenos Aires como portero de un renombrado club nocturno de tango, el Bar Sur, considerado como visita obligatoria para los que viajan a la ciudad. Su trabajo consiste en dar la bienvenida a los turistas (en el film son principalmente asiáticos) e introducirlos en ese templo de la nostalgia representado por el tango. Sin embargo, el portero es obligado a permanecer afuera, como todos los inmigrantes que llegan a América, y es excluido así de los placeres que circulan dentro del bar. Se da claramente una jerarquía entre extranjeros. Los turistas en vacaciones se benefician del espectáculo que ofrece una cultura extranjera (y gozan de él), mientras que el trabajador migratorio sólo puede permanecer de pie junto a la puerta y del lado de afuera. A medida que la película avanza, el personaje pierde su trabajo en el club de tango y comienza a lavar platos en un restaurante chino en Buenos Aires. El otro, mientras tanto, continúa dedicado a la vida nocturna como "taxi-boy". Resulta obvio, entonces, que las opciones de los inmigrantes se reducen a una corporalidad sin voz: la venta del cuerpo, la protección física de otros, o incluso la preparación de la comida. Ése es su campo discursivo: son proveedores de los placeres de otros.

Sólo en la privacidad del hogar, puertas adentro, el portero y su compañero pueden practicar el tango. Este baile, especialmente codificado para expresar los deseos sexuales y de clase, se invierte aquí para convertirse en una apropiación íntima de anhelos nacionales, en una manera de adueñarse de una forma artística ajena. La versión privada del tango facilita una posible reconciliación amorosa entre los dos inmigrantes. Sin embargo, como suele suceder con un idioma extranjero, sus códigos tropiezan con significados sin procesar: los cuerpos dan un nuevo sentido a las letras y la música compensa la ausencia de diálogo, produciendo en el ínterin un idioma de representación que ahora también incluye el deseo homoerótico asiático. Así, el tango expone las contradicciones entre el lugar y el sentimiento. Lo extranjero (en este caso, la Argentina) promete la realización del deseo amoroso romántico; pero también señala el aislamiento y el extravío, y una lengua ajena a la profundidad de los sentimientos de los inmigrantes.[2]

Al final del film, un tercer personaje, un hombre que había despertado el interés romántico del trabajador del restaurante, deja Buenos Aires para viajar al sur, a Ushuaia. En el camino, adquiere conciencia de la diferencia entre el paisaje local y la lengua íntima de sus sentimientos. En este caso, en que la comunicación en castellano fracasa, el actor acude a las fotografías, escucha música china, y lleva consigo grabaciones de la voz de su amigo que le recuerdan la dificultad de sostener una experiencia íntima. Kar-Wai aprovecha las paradojas de la intervención tecnológica cuando son usadas por los actores para conservar la memoria del hogar y de la patria, o para retener los recuerdos que conservan unos de otros. No obstante, estos instrumentos son insuficientes para dar cuenta del dolor de los viajeros. No son suficientes tampoco para definir la sexualidad de los inmigrantes, desviada de los deseos normativos. Es decir, la subjetividad de los inmigrantes no encuentra lugar adecuado en el ámbito extranjero, a pesar de los esfuerzos por dejar su marca en él. Al mismo tiempo, la película plantea otros interrogantes. ¿Podemos dar una nueva orientación a nuestro deseo a través de la experiencia de lo foráneo? ¿De qué modo podría sostenerse un circuito de interlocutores en lenguas múltiples? Y, finalmente, ¿cómo podemos habilitar nuestra mirada artística para que preserve el pasado o exprese el sentimiento y la experiencia de la distancia? Al final de la película uno de los personajes permanece en Buenos Aires, mientras que el otro regresa a Hong Kong. Allí parece recuperar las huellas perdidas por la migración, pero se percibe en él un dejo de melancolía.

---

2. Véase también *La lección de tango* (dirigida por Sally Potter, en 1997), que enfrenta temas de alienación extranjera e identidad, dominación y sumisión, expresados por medio de la danza.

Elegí comenzar con esta película por las posibilidades sorprendentes que ofrece la perspectiva asiática para comprender los debates estéticos y políticos que involucran a los intelectuales argentinos atravesados por las múltiples geografías posmodernas de la identidad, el idioma y la voz. Aunque Wong Kar-Wai estaba seguramente más interesado por la condición de los emigrantes de Hong Kong que enfrentan cuestiones de amor y abatimiento, su elección de Buenos Aires es paradójicamente importante porque los poetas y novelistas argentinos *también* padecen este mismo sentimiento de lo extranjero, aun en ese lugar que ellos llaman *patria.* Presento este material para mostrar las maneras en que los intelectuales reestructuran el mapa contemporáneo con parámetros globales. Crean nuevas relaciones geográficas para describir una intensa incomodidad ligada a los orígenes, la sexualidad y el desplazamiento. En la poesía y la ficción argentinas, esta preocupación excede los límites de la propia patria y se afirma en dos narrativas principales: la primera, dirigida hacia Oriente, como una alternativa a la preeminencia geopolítica occidental; la segunda –basada en la primera–, como un medio para integrar los usos de Oriente en un proyecto de traducción, lo cual permite al escritor reflexionar sobre la subjetividad y el desplazamiento, la sexualidad y el idioma, la historia y la forma literaria. En todos estos casos, la traducción produce una suerte de "anticartografía", en la que se invierten los tropos de identificación formal que limitan al yo y su movimiento. En última instancia, proponen una alternativa epistemológica para la autorrepresentación.

La literatura contemporánea transmite el desarraigo, un tema expresado reiteradamente a través de las traducciones y de las múltiples inflexiones bilingües que han aumentado en los últimos años. Al mismo tiempo, los escritores entran en conflicto con el juego verticalista del poder, marcado por el eje Norte/Sur. Sienten una incómoda nostalgia por aquel período moderno que una vez, hace mucho tiempo, les había prometido integrarlos en las comunidades tradicionales de sus propias regiones, al lado de los representantes del ámbito internacional. En la actualidad, sin embargo, perciben sólo la alienación. Quisiera comenzar con la presencia de Oriente, tal como aparece en las letras argentinas a través del tropo de la traducción. Usado como un campo de fuerza magnética en la geografía imaginaria de los escritores, Oriente instala una máquina de traducir para arrasar con la autoridad confirmada en el eje Norte/Sur. Las estrategias posmodernas de traducción también critican el afán vanguardista jerarquizante y autoritario. En ese proceso, se vuelven a dibujar nuevas cartografías. Las fronteras que habían separado el Este y el Oeste, el Norte y el Sur se ponen a prueba a través de los múltiples idiomas del deseo y del género sexual.

El "Oriente" posmoderno

Varios fenómenos particulares de la literatura argentina actual merecen ser destacados. En su movimiento a través de Oriente (uso esta palabra con expresa ironía), los escritores argentinos insisten en una fascinación por la otredad. Usan la distancia entre culturas para indagar en la construcción de un significado local y explorar sus propias condiciones como "otro" en la sociedad en la que viven. Esto, por supuesto, no es un fenómeno nuevo; basta con recordar el caso de Sarmiento y su fascinación con el Oriente Medio, su insistencia en la barbarie "turca" para explicar el salvajismo de la Argentina, el interés modernista por los aspectos decorativos de la *chinoiserie*, la preocupación reiterada de Borges por los misterios de la cultura oriental, tanto del Oriente Medio como de la China; o las intrigas burlonas (y, en verdad, racistas) que Roberto Arlt ubicó en los bazares del Oriente Medio en su libro *El criador de gorilas*.[3]

Este proyecto de representación acompaña los momentos de crisis política, los cambios en el poder público del escritor y la llegada de otras etnias al paisaje nacional. Actualmen-

3. Para profundizar sobre la representación del mundo árabe en la literatura argentina, véase Christina Civantos (1999).

te, la inmigración a la Argentina de nuevas poblaciones asiáticas –principalmente coreana y china– constituye una preocupación para los que no han demostrado históricamente una gran tolerancia con respecto a las diferencias. En la literatura, el Oriente ofrece un campo propicio para las fantasías de dominación y control y, al mismo tiempo, permite explicar las complejidades multilingüísticas y el nomadismo interno de la nación argentina. Es más, el paradigma del orientalismo es una metáfora de la marginalidad y señala los fracasos de una ética nacional para producir un lenguaje de expresión comunitaria. Como tal, inaugura una crítica de la alteridad y, al mismo tiempo, revisa las pautas modernistas anteriores en las que el "escritor-héroe" no sólo gozaba de privilegios y distinciones especiales, sino que se consideraba incluso capaz de ejercer control sobre el futuro. Finalmente, como un *locus* idealizado, la representación literaria de Oriente detiene la circulación, entre Norte y Sur, de los paradigmas que tradicionalmente habían estructurado el mapa imaginario de los argentinos. Permite recuerdos dobles y escenarios múltiples; las discusiones sobre la identidad y la voz se expanden para incluir el tema de la espacialidad ilimitada como parte de la traducción.[4]

Por consiguiente, no nos sorprende que el Oriente ocupe un lugar importante en la escritura argentina contemporánea. Basta con mencionar el libro de poemas *Tributo del mudo*, de Diana Bellessi (1982), que dedica una parte de sus textos a la imagen de una concubina y suprema sacerdotisa de Tao, que fue abandonada y luego condenada a muerte. También el libro apócrifo de Mercedes Roffé, *El tapiz* (1983), supuestamente escrito por Ferdinand Oziel, un judío sefardí de Marruecos, y traducido al castellano; los temas de *Tokonoma*, una publicación periódica argentina contemporánea dirigida por Amalia Sato y consagrada a la literatura

4. El "mientras tanto" del discurso nacional señalado por Benedict Anderson (1991) tiene aquí un alcance transnacional cuando consideramos cuestiones de traducción.

japonesa traducida al castellano;[5] el libro *Casa de geishas*, de Ana María Shúa (1992); *La familia china*, de María del Carmen Colombo (1999); o el éxito literario de Anna Kazumi Stahl (1997), una escritora norteamericana de origen asiático que escribe en castellano en la Argentina. Y para que no pensemos que la llama oriental es sólo una pasión de escritoras feministas, cabe recordar *La causa justa*, de Osvaldo Lamborghini (1983); *Una novela china*, de César Aira (1987); *La perla del emperador*, de Daniel Guebel (1990); los textos de *Poemas chinos* (1987) y de *La mujer en la muralla* (1990), de Alberto Laiseca. Recuerdo también los trabajos del artista plástico Alfredo Prior, y la obsesión de Juan Gelman por el idioma sefardí y las tradiciones poéticas, tal como lo demuestra en su libro *Dibaxu* (1994). No se trata de un retorno a la configuración modernista de Oriente como en la literatura de Rubén Darío, sino de una convocatoria para un proyecto de traducción que rechace los mapas oficiales de significación basados en el eje Norte/Sur, y un desafío al poder oficial. El tropo oriental cuestiona el *modernismo* y los privilegios acordados a los escritores de fines del siglo XIX, considerados, todos ellos, como los representantes indiscutibles de la tradición. Asimismo, la actual utilización de Oriente pone en tela de juicio la autoridad del escritor tal como había sido establecida bajo la lógica modernista. Le permite a éste reconocer el rol privilegiado de los que se resisten al ascendiente de las tradiciones norteamericanas y europeas y reconfiguran el poder global.

Julia Kushigian expuso con elocuencia el proyecto del orientalismo contemporáneo en América Latina como una

---

5. Véase también *Teoría del cielo*, un volumen editado por Arturo Carrera y Teresa Arijón, en el cual se presenta la interpretación de "Tokonoma" que hace Sarduy, junto con los argumentos sobre el Japón del artista plástico Alberto Prior. Prior ha fomentado una estética "orientalista" en las artes visuales y en la música a partir de una instalación y de un libreto, ambos inspirados en la ópera china ("operas chinas completas", en 1999). Por el contrario, María del Carmen Colombo escribe sobre los inmigrantes asiáticos en Buenos Aires en su libro *La familia china* (1999) para proponer a la Argentina como sitio de lo exótico.

manera, para los escritores, de afirmar y conservar el sentido de sí mismos frente a la construcción del "otro". También describe la "poliglosia activa de Oriente" como una forma de "superar una fusión de los opuestos" (1991: 14). Pero el Oriente, quisiera dejar sentado, no es sólo un sitio que se preste únicamente para discutir acerca de los límites de "lo real"; ofrece a los escritores la oportunidad de destacar la voz por encima de las formas escritas fijas, la acción por encima de las creencias preestablecidas. El Oriente une relaciones de traducción y poder, de traducción y erótica.[6] Cuando el protagonista masculino de *M. Butterfly* se enamora de un travesti y agente doble que se hace pasar por diva en la ópera china, David Hwang, el autor de la obra, observa que Asia es, paradójicamente, un sitio idóneo para encontrar al "hombre real" (1988: 6). En el contexto latinoamericano, en particular en el argentino, Oriente promueve también un debate sobre la sexualidad y el Estado, esta vez dentro del marco de la traducción.

La literatura contemporánea consagrada a este tema nos introduce a los retos que la extranjeridad presenta a la política del género. Nos invita a reconstruir las categorías de lo masculino y lo femenino lejos de la lente Norte/Sur. También nos permite pensar en el cruce de lenguas que desafía cualquier verdad global, así como examinar los secretos de Estado que excluyen a las voces disidentes. Es decir, la búsqueda de la identidad, tan ampliamente proclamada por los defensores del modernismo, es descrita aquí como una actividad permanente, móvil e inestable.

---

6. El cubano Severo Sarduy es quien ha desarrollado con mayor claridad este tropo, comenzando por su novela *De dónde son los cantantes* (1967). Esto circuló después en forma efectiva entre escritores posteriores. Para una discusión útil sobre la relación entre traducción y erotismo en el contexto de Sarduy en particular, véase Suzanne Jill Levine (1991). Christopher Larkosh se refiere a una "sexualidad migratoria" para describir las prácticas de extranjeros, como la de Gombrowicz en la Argentina, y el intercambio con los escritores argentinos que se dedicaron a la traducción (1996).

Patria y exilio

Comenzaré con dos casos de poetas argentinos desterrados en la época de la dictadura: Juan Gelman y Luisa Futoransky. Ambos abandonaron la Argentina y sufrieron las marcas del exilio; ambos viajaron por el mundo en busca de una expresión alternativa, procurando encontrar una forma adecuada para nombrar sus propias experiencias de desarraigo. El Oriente –para Gelman es la cultura sefardí, y para Futoransky, la de China y el Japón– proporcionó a estos escritores un vehículo para expresar la pérdida, una base para establecer los términos que les permitieran investigar la reubicación y la diferencia, una manera de lidiar con la situación marginal del escritor exiliado y nómade. Ocultas bajo los juegos de la traducción, sus obras proponen un diálogo sobre el cruce entre las tradiciones nacionales y globales, entre los límites del yo y el "otro" en el campo de la representación, entre los diferentes sistemas de sonido que circulan en la poesía. Sin embargo, cada una de estas obras presenta un paradigma distinto para estas ironías divergentes, ya sea a través de la defensa de los valores modernistas o de la fragmentación posmoderna.

Juan Gelman es el maestro de la transformación. Desde los años sesenta, Gelman ha insistido en el rol de la ventriloquia en el verso; se apoya en las prácticas de la traducción y en la expresión bilingüe para expresar la densidad del proceso poético y enfatizar el artificio de la palabra en la poesía; pero, ante todo, para recordarse a sí mismo su situación de pérdida permanente y su destierro de su idioma original. En "Exergue", Gelman observa: "Traducir es inhumano, ninguna lengua y ningún rostro se permiten ser traducidos. Debemos dejar esta belleza intacta y agregar todavía más belleza para acompañarla. Su unidad perdida yace en el futuro" (1997: xv). De esta manera Gelman da por sentado que la traducción es una traición, una apropiación de la otredad tan agresiva como furiosamente programada. Pero también apunta a una posible convergencia de diferentes lenguas más allá de la propia intervención; como la confluencia de los ríos, el curso natural de los hechos lleva hasta este grado intralingüístico supremo.

El desarraigo de Gelman de la Argentina se expresa a través de lo extranjero, por medio de los tropos y las alusiones a la otredad dentro del contexto de la literatura universal. Piénsese en varios de sus volúmenes poéticos, como *Traducciones* (1968: 69), y, en particular, en esos poemas firmados con el seudónimo de Sidney West. En homenaje a los desaparecidos y a las tradiciones extranjeras que tan hábilmente captan el sentido de lo local, la forma doble de expresión sugiere el diálogo y el desplazamiento permanente. Más aún, tomando prestado el estilo de la *Spoon River Anthology* de Edgar Lee Masters, los poemas de Sidney West proclaman el predominio de un idioma anterior traducido, un momento poético previo localizado en otro lugar, en otro continente y en una tradición extranjera. Al mismo tiempo, Gelman nos dice que el duelo y la melancolía por los muertos son, inevitablemente, los mismos en todas partes. El conflicto entre el deseo de originalidad y la nostalgia por lo que se ha perdido persiste en otras de sus obras. Su *Citas y comentarios* (1982) es un tributo a los poetas del Renacimiento español (en particular, a Santa Teresa) ensamblado de un modo peculiar con su añoranza por la Argentina. Sus textos también se relacionan, muy particularmente, con los poemas cargados de expresividad popular que escribieron los escritores del realismo social de los años veinte y treinta, como Raúl González Tuñón. La estrategia de la cita (y su deformación) me interesa porque se construye en los vaivenes bilingües y la fusión de identidades. Por otro lado, también depende de la constitución oral previa de ciertos temas. La oralidad se convierte en una marca de autenticidad y representa una voz original que luego habrá de transformarse. Gelman parece preguntarse cuál es la distancia exacta que necesita el poeta para darle una nueva forma a una verdad aceptada. En ese sentido, la cita se vuelve una manera de imprimir la propia identidad en otra tradición, mientras se pretende, al mismo tiempo, modificar el alcance del campo intelectual. Las citas de Gelman –que no son meramente un proyecto paródico, como han sugerido algunos críticos– se ocupan del destierro en dos sentidos simultáneamente: como nostalgia de la patria y como recelo de los orígenes culturales rígidos.[7] Sin abandonar nunca sus raíces argentinas, Gelman se refugia en las literaturas del Renacimiento español y del Sur de los Estados Unidos. Sus proyectos poéticos parten, en general, de este tipo de ambivalencias. Gelman –observa Miguel Dalmaroni (1993: 33)– marca su carrera poética con un conflicto entre las características de la lírica y la narrativa. De ese modo, confronta dos estéticas divergentes: el experimentalismo en el verso y los proyectos del realismo social. Pero esta tensión entre el relato y la descripción, entre narrar lo personal y dar cuenta de una visión más amplia de lo político y lo ideológico, es un terreno sembrado de contradicciones en el que se inscribe el encuentro de lo extranjero y lo local. Así, el Oriente simboliza un mundo bloqueado por una lengua inaccesible pero, al mismo tiempo, facilitada por el poema mismo. El exilio y la nostalgia, la afirmación del propio lugar en la literatura en sintonía con una tradición extranjera, el ansia por la autorrepresentación unida a la invención del otro: todos estos puntos se cruzan en los proyectos de traducción armados por el escritor nómade.

Dibaxu, un libro de poesía de 1994, se ocupa de algunos de estos conflictos y hace hincapié en la búsqueda de la acción que pertenece al poeta. Se trata del dominio del idioma perdido, de la recuperación de los orígenes que no siempre son auténticos. Gelman escribió los poemas de *Dibaxu* en español sefardí. No fue una lengua adquirida en el hogar; más bien, aprendió el ladino a través de la enseñanza formal, y lo adopta en la obra como idioma extranjero. Igualmente importante es el hecho de que Gelman elija escribir en el idioma de los pueblos nómades. El desplazamiento marca su

---

7. Desde una perspectiva diferente, deliberadamente paródica, el poeta Leónidas Lamborghini continúa burlándose del verso tradicional con el fin de dar a conocer las falacias de las tradiciones literarias autoritarias.

carácter y expresión, un recuerdo constante del conflicto de los tenaces sobrevivientes que, a través de los siglos, protegieron su idioma a pesar de haber perdido las referencias de lugar. En consecuencia, *Dibaxu* es un esfuerzo por comunicarse poéticamente por medio del torrente fluido de una lengua conservada en gran medida a través de la oralidad. En este sentido, Gelman confía en la más poderosa de las tradiciones nacionales y reivindica las formas épicas que la oralidad ofrece a las naciones, pero también evoca las expresiones locales del amor romántico. Al escribir en ladino, Gelman demuestra que ningún poema está libre del idioma del otro, que las lenguas pueden ser adoptadas por todos, que ningún idioma pertenece exclusivamente a un solo grupo. Al mismo tiempo, insiste en la disyuntiva que el idioma extranjero impone en la lengua nativa. En su introducción al volumen explica: "Como si buscar el substrato de ese castellano, substrato a su vez del nuestro, hubiera sido mi obsesión. Como si la soledad extrema del exilio me empujara a buscar raíces en la lengua, las más profundas y exiliadas de la lengua" ("Escolio", s/p).

Juan Gelman nos brinda también una traducción al castellano de sus propios textos escritos en ladino: los poemas de amor, de añoranza por un deseo perdido, poemas de reconciliación y pasión. Lucha contra los límites de la lengua para describir una experiencia de intimidad; procura articular la distancia entre la palabra y el sentimiento, y revelar las brechas que se abren entre las tradiciones. En *Dibaxu*, Gelman muestra las corrientes subterráneas de su lengua, la circulación y los torrentes de voces distintas que contribuyen a construir un sentido de la identidad en el verso. A través del diálogo con un idioma más antiguo, la lengua española se expande. Éste también es un efecto de la representación del otro. Oriente –ahora desde las migraciones del Oriente Medio de los judíos de España– proporciona un marco dentro del cual el cuerpo del amante encuentra una expresión alternativa: "¿Qui avla ti dezirá? ¿Qui nombri ti nombrará? (¿Qué palabra te dirá? ¿Qué nombre te nombrará?)".(62-63). A través de los versos bilingües, Gelman señala una búsqueda poética inexorable para nombrar lo que es cercano pero al mismo tiempo distante, para juntar la palabra y la figura en un mismo campo de representación, o, en todo caso, anunciar la paradójica inutilidad de ese apareamiento lingüístico. Como el idioma que es a la vez familiar y distinto, que siempre anuncia sus posibles equivocaciones en el campo de la enunciación, la estrategia sugiere el eterno dilema del poeta que nunca puede poseer los objetos que nombra. Gelman cierra su volumen con un poema de pérdida y lamento:

No stan muridus los paxarus
di nuestrus bezus
stan muridus lus bezus
lus pazarus volan nil verdi sulvidar
podri mi spantu londji
dibaxu dil pasadu
qui arde
cayadu co'il sol

no están muertos los pájaros
de nuestros besos
están muertos los besos
los pájaros vuelan en el verde olvidar
pondré mi espanto lejos
debajo del pasado
que arde
callado como el sol (64-65).

El significado de la experiencia –según observa Gelman en estas líneas– se encuentra en la *brecha* entre el lenguaje poético sefardí y el lenguaje poético español, entre las raíces del idioma de los ancestros y la nueva apropiación llevada a cabo por los exiliados de hoy. En su búsqueda de fuentes poéticas, Gelman muestra su dominio de una lengua casi perdida; insiste en su arbitrio como poeta para restaurar la continuidad de la historia y, a decir verdad, para rescatar las raíces judías que, en el mundo de habla hispana, imponen su presencia en el idioma. Gelman recupera su autoridad al conquistar un pasado utópico a través del espacio de un texto poético, en la medida en que éste instaura una polémica acerca del recuerdo histórico y la representación.

Este proyecto contrasta, entonces, con la perspectiva de Luisa Futoransky. Condicionada también por las lenguas del destierro, por los ultrajes y las frustraciones del desplazamiento, Futoransky no se ubica como un *agente* de la traducción, sino como un *sujeto constantemente traducido.* De ese modo, muestra las interpelaciones violentas que la han llevado a través del mundo de los discursos. Nadie –sugiere Futoransky– está libre del idioma de los otros. Esta insistencia en la subyugación como un efecto del destierro es clara desde sus primeros libros. Escribe en un volumen de poesía:

Un país es tu nombre
y la violencia ácida con que acude una palabra
a tu indefensa boca de viajero.
Es un mapa con un río cuya desembocadura y nacimiento
se unen, curiosamente, en el punto exacto de la tierra
que desea abonar tu osario.

"Vitraux del exilio"(1997: 18-19).

Futoransky se niega a entregarse a la nostalgia; rechaza cualquier añoranza de lugar. Se puede estar solo –parece decir en este poema–, tanto en Samarcanda como en los pueblos de la pampa. La poeta prefiere concentrarse en los bordes diáfanos de la lengua y en los movimientos fluctuantes de la imaginación. Estudia la convergencia de mitologías que rodean nuestras ilusiones de nación, pero finalmente las rechaza para elegir los modos más híbridos del deseo. Percibe que la idea de un lugar fijo y de formas predeterminadas no es satisfactoria. Este abordaje corresponde a una tendencia –típica de fines del siglo XX– a la migración y al desplazamiento. Mueve cuerpos y naciones a través de un río de palabras, mientras construye un mapa global alternativo basado en la sabiduría de los nómades. El nombre propio es el equivalente de un país: es mapa y río, cementerio y aire. Todos llevamos nuestra identidad a cuestas como los caracoles llevan un caparazón sobre la espalda; está siempre a merced de las alteraciones y movimientos que estremecen el territorio de las palabras.

Futoransky describió esta condición como la del "contrabando hormiga", puesto que no está basada en la monumentalidad, sino en la suma de gestos menores. Este tráfico ilegal se burla del poder de los mitos oficiales y socava su arrogancia. También rechaza el discurso dominante y homogéneo que esgrime cualquier nación en defensa de sus propios intereses. Esta condición pertenece a todos los escritores, tal como Futoransky explicó recientemente: "Cada autor de alguna manera y a su manera no es más que una biblioteca ambulante, un atlas que a su vez refiere y nos reenvía a otras bibliotecas donde prolifera finalmente todo lo no escrito ni cartografiado".[8] Y para Futoransky, el montaje del discurso contrabandista del escritor se apoya en el ejercicio de la traducción, un reconocimiento de la magia transformacional de los idiomas.

Refiriéndose a la condición nómade del escritor, la poeta evoca los tropos del malentendido en la lectura cuando el extranjero intenta salvar las diferencias. Gran parte de la poesía y la prosa de Futoransky se sitúa fuera de la Argentina; invoca a africanos, asiáticos y judíos como ejemplos de personas desplazadas; los ve atrapados en un teatro de equívocos lingüísticos como consecuencia de la traducción y de la transformación alienada de las palabras. Así, la identidad no es originaria, sino el resultado de interacciones sociales que a menudo producen estrategias erróneas de reconocimiento. En ese proceso, invita al cuerpo a hacerse presente en el texto literario como un ejemplo de este encuentro.

En "Masatsugo", la poeta evoca la cotidianidad de un ja-

---

8. Cita proveniente del ensayo "De dónde son las palabras" (1998).

ponés: sus relaciones familiares, su trabajo, sus paseos y su ocio. El poema concluye con una observación: "Lo mejor que tiene es que aún dormido, se sonríe" (1997: 24). Futoransky estudia el cuerpo silencioso y en reposo. Da énfasis, con cierto grado de ironía, al proceso a través del cual la poesía somete al extranjero, incorpora sus costumbres, y culmina en sus horas de sueño, cuando está desvalido frente a su pluma de escritor. Pero la poeta no está satisfecha con el poder que la imagen podría dar al artista, ni está dispuesta a cosificar la diferencia. Más bien, lucha contra la multidimensionalidad permanente del encuentro con el extranjero, que continuamente se resiste a someterse a una denominación precisa y al poder del autor. En "Tatoong", la precisión que exige la mirada del poeta es desbaratada por los "nativos" cuando se quedan solos. Ni los intérpretes, ni los contingentes de turistas, ni los directores de cine voyeristas son lo suficientemente poderosos como para adueñarse de una realidad extranjera y dominarla: "Y después nos vamos en nuestros buses a vaciarnos / de más cenas, más templos, más compras / ¿qué hacen estas decenas de miles de budas por la noche para estar tan compuestos y felices al amanecer?" (1997: 24). Buscando un objeto que pudiera fijarse en el lenguaje, Futoransky reitera la ironía de la búsqueda mientras acentúa una duda persistente acerca de la eficacia de las palabras para calmar el movimiento de la ambigüedad.

Por esta razón, Futoransky subraya la presencia del diccionario en sus escritos; agrega indicaciones para leer la prosa; exalta el cabalístico "abracadabra" que crea la ilusión de magia a través del idioma; juega con trabalenguas imposibles de traducir pero que son a la vez parte de las tradiciones políglotas. Éstas son señales que ayudan a que el extranjero supere la ansiedad del desplazamiento y tolere mejor lo que Futoransky describe como "las humillaciones intransferibles que producen los idiomas de los otros, el sentimiento de encontrarse aun más distante y exiliada –si cabe todavía–, por ser sapo de otro pozo" (1986: 105). Entretanto, muestra cómo el lenguaje del Estado clasifica a los inmigrantes como "otros", dictando reglas de conducta y de identidad dirigidas a enclavar su destierro en una situación política o histórica particular.

No sorprende, pues, que la autora mezcle prosa y poesía en sus libros. Trafica con citas y con ideas originales, ofrece traducciones múltiples de una sola frase, y vincula la traducción a la castración. En *De Pe a Pa*, escribe "Piensa que te piensa le pasó por la cabeza repetidas veces una palabra que conoce en inglés, bastante horrible de sonido y por lo que con ella cabe asociar: pro-cas-tri-na-tion; Laura; basta de *procastrination* [*sic*] que viene a ser una castración por postergación producida por la pereza y la vacilación. ¿Pavada de rima verdad?" (1986: 14). La traducción agrietada (¿un trastabilleo intencional en su desplazamiento al inglés?) permite a la autora aludir a una lectura subyacente sobre las violaciones del idioma; pero la traducción también se presta a la rima fácil, una verdadera castración del significado en el verso. Los ejercicios en la traducción se unen a una mutilación de la forma; expresan el desconcierto del extranjero en ausencia de un pacto lingüístico. Nos recuerdan que la cultura traducida ejerce una violencia particular sobre los cuerpos de las mujeres. Esto incluso se extiende a su cuaderno de bitácora, en el que transcribe los viajes realizados en sus nuevos entornos. Futoransky –que pasó los primeros años de la dictadura, primero en el Japón y luego en China– analiza la cultura china, por ejemplo, a través de los servicios médicos estatales para las mujeres, relativos a las prácticas del aborto, la esterilización y el control del placer sexual; "El Estado, en suma, te pide tu virilidad o tu femineidad para darte a cambio un plato del lentejas", escribe (1991: 119). Pero ese intercambio no es meramente económico, ya que produce conocimiento sexual. Es una manera de reconocer la represión y, por ende, un modo de admitir la posibilidad del deseo.

Futoranksy y Gelman son dos poetas reconocidos que toman la imagen de Oriente para expresar el dilema de los exiliados. Se apoyan en las metáforas de la traducción y activan los movimientos entre las fronteras lingüísticas, mientras intentan cruzar el sistema de circuitos del lenguaje y así embrollan los códigos de inteligibilidad que separan a las culturas locales de las extranjeras. Si Gelman recurre al pasado orientalista y a la certeza del amor romántico como una manera de cubrir la angustia de su pérdida, Futoransky ve el Oriente (en su caso, un código para el extranjero) inscrito en su cuerpo, abriendo una ruta tortuosa hacia un conocimiento sexual que resulta contradictorio e inquietante. Éstas son dos estéticas diferentes que sirven para introducirnos en la percepción del escritor contemporáneo de la otredad orientalista evocada a través de la experiencia de la traducción. Se trata de la reescritura del pasado a través del desplazamiento posmoderno. En el ejemplo de Gelman, la traducción se esgrime como una habilidad propia del poeta y se usa para reforzar su autoridad, lo cual le permite el erotismo del verso traducido. En el caso de Futoransky, sin embargo, la experiencia global de la mujer traducida reitera la angustia de la fragmentación infinita y el lastre de un pasado no resuelto. Presenta un conflicto entre una identidad supuestamente asumida y los signos de un desplazamiento constante.

Geografía e identidad

Estos paradigmas contradictorios se reiteran en los trabajos de los escritores argentinos, en su búsqueda por transformar los mapas geográficos y lingüísticos en este fin del siglo. A la vez que provocan especulaciones sobre la violencia de la diferencia lingüística, sugieren nuevas cartografías del deseo que confunden a menudo nuestra comprensión básica de las nociones de "patria" y "nación". En este sentido, la traducción se convierte en una manera de demostrar las restricciones de la ley y de poner en duda los discursos sobre la originalidad del escritor. Genera un efecto de enmascaramiento al dirigir la mirada a las relaciones recíprocas de semejanza y diferencia; ahí, el concepto del hogar se altera dramáticamente.

Un ejemplo posible es *El tapiz* (1983) de Mercedes Roffé. El texto lleva el seudónimo de Ferdinand de Oziel, un autor sefardí que vive en Marruecos. Oziel transcribe una historia sobre una monja que escapa del convento para llevar una vida de exceso y desenfreno erótico; al mismo tiempo, teje una tela como símbolo de su talento artístico y también como posible disfraz. El cuerpo, la tela y el seudónimo son utilizados a manera de resistencia a la autoridad, como desafío a la práctica de la censura. Sugieren, además, la necesidad de tropos identificatorios alternativos para la autoría literaria, e invierten el concepto de mercancía ligado a la circulación de las letras. Aunque el disfraz es exaltado aquí por sus posibilidades transgresoras también permite introducir una presencia lírica no comprometida y rendir culto al arte de la traducción. Roffé parece preguntarnos de qué manera es posible introducir una voz autónoma en una institución tan controlada como la de la literatura, o en el espacio de la enunciación. ¿Dónde podrían abrirse espacios para los textos alternativos o las voces populares o sumergidas? ¿Cómo dar cuenta de las vidas –de sefarditas o mujeres– que han sido mantenidas ocultas o veladas? Es interesante que Roffé atribuya este texto engañoso a las mistificaciones de Ferdinand Oziel, un judío viajero que soporta el peso del destierro como parte de su pasado y su presente. La distancia geográfica, tal como la determinan Oriente y la condición judía de Oziel en un mundo cristiano, se vuelve más exótica por los actos de impostura que proliferan en el arte de escribir. Oziel, por consiguiente, plantea una interrupción doble en el espacio y la identidad. Resulta evidente que el lector no puede confiar en la relación entre Roffé y Oziel, original y copia, escritor y álter ego, como tampoco puede confiar en el vínculo entre Oziel y la monja que teje el tapiz. Todos sucumben a una ficción. La autoridad queda en el camino, y deja, como secuela del texto, un *trompe l'œil* recordatorio de las tensiones entre el eros y la identificación, la subjetividad y la traducción. Este juego seductor es aun más poderoso en un mundo en el que las escritoras han sido relegadas metafóricamente al espacio del convento. El texto de Roffé es una investigación juguetona de una poética de desplazamiento que desafía la importancia de la paternidad literaria, al tiempo que cuestiona la autoridad de cualquier lenguaje originario en la autoafirmación de un único escritor.

Finalmente, *El tapiz*, volcado al Oriente multilingüístico, le permite a Roffé reflexionar sobre las condiciones que aceptamos normalmente para los contratos estéticos en nuestros propios países.

Desde una perspectiva diferente con respecto al destierro, María Negroni en *Islandia* (1993) cuestiona la condición del viaje: "Primero se pone una máscara", explica (23). La marca de la duplicidad es esencial en la textura de su poesía: cómo hablar desde el exilio; cómo expresarse a través de idiomas que pertenecen a otros; cómo hilvanar las experiencias diferentes bajo el baluarte de la poesía épica. Para Negroni, escribir es un acto de impostura vinculado a la traducción y a la expulsión del escritor del poder. Su libro está escrito en el idioma vacilante de quien se ve forzado a pronunciar una lengua extranjera. Así, tartamudea: "En despoblados, en intervalos pulsa la travesti sus poemas" (71). El proyecto de Negroni es rescatar "a su Robinson narrar en femenino" (59), a costa de la sintaxis normativa y la regla gramatical. El viaje estropea la coherencia del propio idioma y produce una suerte de afasia. Las violaciones sorprendentes de las normas lingüísticas atraen la atención sobre el dilema del extranjero. Nos recuerdan que es alto el precio que se paga por el distanciamiento respecto de la lengua nativa. Sus textos también evocan esa clase de silencio vacilante que adopta el extranjero cuando pierde el acceso a las historias nacionales de su tierra natal. Julia Kristeva mencionaba un fenómeno similar al referirse a las dificultades con las que tropieza el extranjero: "Según la lógica del exilio, todo objetivo debe dispersarse y destruirse durante el loco errar del nómade hacia aquel otro lugar que retrocede siempre, decepcionante, fuera de su alcance" (1991: 6). La distancia siempre es una condición del pensamiento, es el espacio entre lenguas cambiantes.

Catástrofes naturales (1997), un libro de Anna Kazumi Stahl, profundiza el debate, tanto por las dimensiones ideológicas de la traducción como por las (dis)locaciones percibidas por su autora. Kazumi Stahl es una escritora norteamericana, descendiente de japoneses y residente en la Argentina, donde trabaja como traductora y profesora de inglés. Su pertenencia a diversas nacionalidades permite a Kazumi Stahl comprometerse con la crisis de identidad que asedia a al traductor y al observador marginal obligado a llevar la máscara de identidad del inmigrante y a hablar a través del velo de varios idiomas, ninguno del todo propio. En varios de los cuentos de su libro, algunos escritos directamente en castellano y otros traducidos del inglés por la propia Kazumi Stahl, aparece el traductor como mediador entre el inglés, el japonés y el castellano. Los cuentos expresan su angustia por la pérdida de una lengua materna (el japonés), su dominio del inglés como nativa –mientras vive en tierra extranjera– y el ingreso tardío de la autora en el mundo de habla hispana. Al tiempo que el libro complejiza el sentimiento de pertenencia a un lugar de origen, logra poner a prueba la certeza misma sobre las identidad y las convicciones preconcebidas sobre la nacionalidad. Más importante aún: este texto sobre los inmigrantes y el trabajo trata asimismo de las vicisitudes del idioma migrante. Kazumi Stahl pone de relieve el rol del inmigrante como un *trabajador* en el campo del idioma, un traductor entre dos mundos que manipula las palabras como un modo de compensación económica. En cierta medida, gira alrededor del drama del exiliado como forastero perpetuo y como sujeto periférico con respecto a los principios de organización del Estado. Como si estuviera dialogando con la película de Wong Kar-Wai sobre los inmigrantes de Hong Kong varados en Buenos Aires, Kazumi Stahl insiste en la traducción como trabajo, y retorna a las preguntas sobre la identidad referidas a las propias fatigas con el idioma. Pero también plantea un desacuerdo potencial con Gelman en la medida en que se niega a afirmar su autoridad a través de la traducción, y estructura, en cambio, la traducción como trabajo. Los conflictos de identidades nacionales entre Norte y Sur, Este y Oeste, se transforman en un conflicto entre idiomas extranjeros y, además, en una prueba y una revelación del compromiso del traductor con la economía de las palabras. En "La querida", por ejemplo, un hombre no identificado se acerca a la narradora en busca de ayuda para traducir un texto del japonés al inglés. La narradora, no ducha en este campo, ocupa el lugar de su madre que hasta ese momento había sido la máxima autoridad en cuestiones de traducción.

La inocente principiante interviene a cambio de una suma de dinero ínfima, y de ese modo desplaza el reinado de la madre. Más aún, descubre a través del oficio del traductor ciertas verdades acerca de las genealogías y las conexiones afectivas, el peso de la mediación entre mundos sentimentales originados en culturas diferentes. A medida que la narradora se transforma e interpreta, Kazumi Stahl dirige su mirada al tema de la *responsabilidad* (y la traición) que atañe a la esfera del traductor. En efecto, ella señala la capacidad del idioma *extranjero* para alterar el curso de la historia y modificar una verdad. La traducción, en este caso, está preñada de revelaciones.

Esta estrategia es habitual en los cánones impuestos por Conrad y Joyce o por los nómades lingüísticos posmodernos bajo la tutela de Borges, Bianciotti y Puig, o más recientemente, de Marcelo Cohen. Pero Kazumi Stahl obliga al lector a situar la autoridad del traductor en las particularidades del eje Norte/Sur, siempre interrumpidas por Asia. La traducción del japonés al inglés, y luego una vez más al castellano, es la vía de acceso a las vidas ajenas de los extranjeros así como una forma de resistencia a las identidades preestablecidas. La experiencia de este proceso descansa en la multiplicidad y el movimiento; otorga poder al ojo y al oído extranjero para corregir el rumbo de la historia.

Kazumi Stahl no insiste en el trabajo magistral del traductor; más bien, elige para su enfoque literario las pequeñas vidas que articulan los intercambios transnacionales. Además, cualquier poder dominante queda desacreditado por la situación controvertida de la figura del autor tanto dentro como fuera del marco de la ficción. ¿La escritora es una argentina, una norteamericana, una mujer de ascendencia asiática? ¿Para quién se narra esta historia? Stahl nos deja con la intrigante pregunta de cómo leer un texto de inmigrante en la Argentina sobre una migración doblemente padecida. Finalmente, llama la atención sobre los múltiples vectores "auténticos" que pueden esperarse de la producción escrita.

Este cruce global, que se niega a optar por un solo lugar para la enunciación de significados, ofrece rutas alternativas de partida y regreso a la Argentina. En calidad de proceso, la migración y el destierro forjados a través de la destreza del traductor reorganizan el mapamundi, transformando las relaciones recíprocas entre Norte y Sur, Este y Oeste, entre los lugares familiares y los paisajes distantes. Estas experiencias transgreden los límites entre la patria y el extranjero, y abren caminos para los cuerpos marcados por razas distintas: expresan voces bilingües y disonantes e intercalan reflexiones sobre la sexualidad y el arte de traducir en el viaje de exploración. Los textos de Griselda Gambaro, Graciela Safranchik y Diana Bellessi ponen en duda estos argumentos, sacando a luz las alternativas que surgen del "Oriente" para darles forma a estos problemas en el interior del discurso. Al mismo tiempo, las escritoras evocan la destreza del traductor para cuestionar la experiencia de la representación e impugnar el dogma modernista que había proclamado, en épocas anteriores, la autoridad del escritor. Finalmente, Ricardo Piglia y María Moreno recurren al conglomerado de metáforas del traductor, no para evaluar las excentricidades del Asia, sino para desafiar las leyes de la autoridad modernista tanto en el ámbito de la historia como en el de la literatura.

Traducción y poder

La convergencia de ríos y lenguas, ya señalada en estas páginas introductorias, es el tema principal de varias de las obras dramáticas de Griselda Gambaro que tratan sobre la cultura asiática. En "Es necesario entender un poco" (1996), Gambaro profundiza la cuestión de la lengua, situando la acción dramática en una tierra de nadie, a bordo de un barco que va de China a Francia.[9] De este modo, indaga en la relación lingüística entre hombres de poder desigual. Basándose en los cuentos de los misioneros jesuitas en la China del siglo XVIII, examina la tolerancia de los viajeros para las diferencias y su capacidad para registrar este aspecto de la experiencia a través de la traducción. El problema es representado en la persona de Hue, un traductor y estudioso chino llevado a Francia por un jesuita y

9. Véase también "Del sol naciente" (1992) de Griselda Gambaro, cuyo tema principal son las relaciones de poder entre las mujeres en el Japón.

finalmente convertido en esclavo y sirviente. A pesar de sus habilidades para la traducción, su incapacidad para entender el idioma del régimen colonial lo relega a un asilo donde lo obligan a unirse a los proyectos teatrales del Marqués de Sade. Por su diferencia lingüística y racial, el asiático se convierte en una víctima de la incomprensión.

El dilema de Hue se inicia en la nave rumbo a Francia. El mar aparece como la metáfora que sostiene su oficio de traductor, pero, ahora, el mar agitado revuelve cuerpos y lenguas. Para Hue, el vaivén crea la ilusión de letras que bailan en la página mientras sacuden su cuerpo, el cual, como máquina de traducir, es incapaz de resistir olas de movimiento indefinido. Hue no puede leer o descifrar una vez que empieza su viaje y se aleja de su patria. Para consolarlo, el sacerdote le asegura que hay un significado inequívoco en los signos, una transparencia sencilla en el idioma. En ese sentido, la travesía por el océano desencadena un conflicto cultural que desembocará en la esclavitud de Hue. Cuando llega a Francia, él, que era un hombre de letras, se transformará en un lacayo. Gambaro parece decirnos que el poder del colonizador determina los significados de la lengua. Más aún –y aquí utilizo la frase de Jean Franco– la pelea por el poder interpretativo, se convierte –desde la sede del orden colonial– en una cuestión de fuerza física. En última instancia, el látigo y la prisión controlan el lenguaje y nuestro acceso a sus significados. En consecuencia, toda traducción es un problema de poder político.

Sin embargo, cuando Hue vuelve a su hogar, luego de la derrota y la humillación en Francia, su madre lo recibe con hostilidad. Desde el principio, podría pensarse que la madre, como el origen de "la verdad", es capaz de anular la usurpación paterna y corrupta ejercida por el sacerdote y el poder colonial. El retorno de Hue debería señalar, desde un punto de vista lógico, el triunfo del impulso materno. Sin embargo, Gambaro rápidamente descarta esa visión nostálgica, diciéndonos que "el mito de los orígenes" no puede ofrecernos ninguna redención. De hecho, la oralidad primaria de la lengua materna no muestra cohesión alguna. Friedrich Kittler (1990) ubica claramente el poder de la madre dentro del espíritu romántico, que hace coincidir la voz materna con la unidad soñada. El modernismo, por el contrario, apunta hacia el estilo y permite la pluralidad. Gambaro, por su parte, se aleja de la modalidad romántica y del deseo modernista, para producir situaciones de ruptura y de no recuperación. Su obra introduce cierto nomadismo posmoderno a través del cual el retorno a lo sentimental es abandonado en favor de los movimientos de la lengua. Como expresiones de autoría y de poder institucional, ni el primer idioma materno ni la lengua impuesta por la ley colonial le darán a Hue una solución adecuada para liberarse de su esclavitud. Todas las categorías de conocimiento deberán ser nuevamente evaluadas, y en el trayecto dejan al personaje en situación de eterno emigrado. Hue lleva a cuestas la condena del traductor, quien debe nadar a través de la circulación infinita de textos en los que él mismo se encuentra involucrado.

La bibliografía consagrada a este tema nos lleva a preguntarnos por los desafíos que lo extranjero impuso a la política del género y a los principios del credo modernista que alimentó las ínfulas de los intelectuales con respecto a la verdad. Al mismo tiempo, la pregunta sobre la traducción, cuando se incluye en este contexto, nos incita a reconstruir las categorías de lo masculino y lo femenino y a reestructurar los alineamientos que responden al eje Norte/Sur. Esto lleva a pensar en esa encrucijada de lenguas que desafía cualquier visión global así como a reconsiderar los secretos de Estado que excluyen la voz de los marginados. Finalmente, nos obliga a cuestionar las garantías de seguridad que nos ofrece la voz materna.

En otras palabras, podríamos alegar que el dilema de la traducción a menudo evoca los temas excluidos de las polémicas que acaparan el poder. Podemos, así, especular sobre la forma de la representación y el erotismo. Como otras escritoras a quienes he mencionado, Graciela Safranchik se ocupa de estos dilemas, esta vez a través de Akinari, un traductor japonés en busca de la mujer ideal. Su relato, *El cangrejo* (1995), trata sobre la búsqueda por parte de Akinari de una mujer llamada Miranda cuyo nombre evoca a la hija de Próspero y a todos los problemas de lenguas vinculados a la opresión colonial, tal como Shakespeare los propuso en *La tempestad*. También es una manera de vincular el tema erótico a la dinámica de la traducción.

En la novela de Safranchik la traducción es la metáfora fundamental de la obra. No es sorprendente, en consecuencia, que esta novela gire en torno a un personaje japonés desterrado de su país natal. En un país extranjero sin nombre, desempeña el papel de marginado que debe encontrarle sentido a la "diferencia". Como en la versión original de *La tempestad*, donde Miranda (y no Próspero) le enseña a Calibán a hablar, la presencia de Miranda en *El cangrejo* inspira a Akinari a luchar con el lenguaje y la forma.[10] Estos actos de traducción e interpretación también ofrecen la posibilidad de cambio en el propio Akinari: "Soy una crisálida", dice al comienzo de la novela (8). Akinari adopta los nombres de los autores a los que traduce. Como si vacilara entre el agua y la tierra, entre las construcciones diferentes de la vida y el deseo, entre momentos temporales distintos que lo separan del escritor de su elección, decide convertir el nombre de "El Cangrejo" en uno de sus disfraces literarios. Una convergencia de forma y texto, de la belleza de imagen y la propia comprensión del significado, y –en un sentido mitológico– de la convergencia de lo masculino y lo femenino como la base de un renacimiento, *El cangrejo* engrana las distancias que separan y fusionan la imagen y el nombre. Al mismo tiempo, la novela explora el abismo entre materiales que son culturalmente heterogéneos.

Safranchik cuestiona nuestro conocimiento acerca de lo bilingüe y el arte de traducir. El padre de Akinari había sido profesor japonés de idiomas; su madre, una "equilibrista de la palabra" (68-69), y el propio Akinari adopta el nombre de "el bromista, el gran charlatán" (69). La madre de Akinari

---

10. Para una discusión espléndida sobre la voz de Miranda en *La tempestad* y el problema que esto representa para la teoría literaria feminista, véase Joanna O'Connell (1995).

era extranjera y sus aptitudes lingüísticas provenían de su situación de forastera en un país lejano. Por estas razones, las necesidades bilingües de los padres se imponen en el héroe. Akinari, él mismo un extraño que reside en un país sin nombre que no es el Japón, hereda una pasión por la traducción, un acercamiento diferente al entramado de la historia y la forma. Entretanto, trabaja con el alma de "el otro Akinari" –una versión moderna de un autor antiguo que data de la era del shogun– (20), pero también enseña japonés y corrige las tareas escritas de sus alumnos. La traducción interlingüística, nos dice Jakobson (1959), es la interpretación de los signos en una lengua a través de otros idiomas.[11] Es decir, el conocimiento profundo de un idioma extranjero arroja luz sobre la lengua materna. El campo de la diferencia también aprovecha la experiencia extranjera para aproximarse de modo más íntimo a la tierra natal. Este vuelco interior a través de la traducción es un camino hacia el autoconocimiento; pasa de ser un acto comunicativo para convertirse en la exteriorización de las lagunas y de los silencios contenidos en el idioma primario. La economía de la traducción se funda en el deseo de señalar esta ausencia, de acercarse a las opacidades en la fuente de origen. De un modo similar, el trabajo de Akinari con la lengua refleja la sensibilidad de la traducción que atraviesa épocas y nacionalidades; pero también le permite construir versiones diferentes de sí mismo.

¿El traductor da cuenta de la experiencia con la exactitud de un diccionario? ¿O cultiva la distorsión para construir sus objetos de amor? La única aclaración aparece al cierre de la novela, cuando Akinari abraza a Miranda: la narrativa de la traducción llega así a su fin. Ésta no es una simple historia de amor, sino una metáfora sobre la expresión del deseo. Akinari estudia las maneras en que se producen los significados estéticos y eróticos del acto de traducir, de la espacialización de las

11. Véase también el trabajo de Lydia Liu sobre el proceso interlingüe relacionado con la literatura asiática y su intercambio con la influencia occidental (1995).

oposiciones, del conflicto de ideales culturales. Pero también nos dice que los límites del conocimiento sexual son el resultado de una crisis en el idioma. La sexualidad se vuelve el terreno de pruebas para la práctica del traductor en la autorrepresentación. Éste es el silencio que permanece secreto, tocado sólo ligeramente en la superficie a través del acto de traducir.

El siglo XX parece evocar el viaje a Oriente imaginado por los modernistas a fines del siglo XIX. Más aún, proporciona una manera de plantear la cuestión de la otredad, esta vez desde la perspectiva del traductor. Resulta interesante que tanto Gambaro como Safranchik no hayan enfocado la voz femenina y se hayan dedicado, en cambio, a una figura masculina como protagonista y escritor. En un movimiento parecido de impostura, como ya lo había notado María Negroni, el cambio de voz del género necesita sostener una máscara.

La poeta Diana Bellessi especula con los efectos de traducción: "La traducción [es] un esfuerzo de alteridad. Alteridad del cuerpo respirando la música de otra lengua y en la estricta particularidad de una voz que la habla. Doble esfuerzo fundado, sin duda, en el amor [...] Eco, no replicante como en el mito de Narciso, sino sostenido en las posibilidades y misterios de la lengua materna en la cual el traductor lo reescribe" (1996: 14). Bellessi repite las palabras "doble esfuerzo, eco, amor, misterio" en todo su texto con el fin de preparar el camino para su cometido, es decir, para estar dispuesta a transformar y crear "otra cosa que aquella rosa plena de sentido que el original ofrece" (15). La poeta advierte los esfuerzos que se llevan a cabo por lograr simultáneamente la fidelidad mimética y el repudio del original. Este texto aparece en el prólogo de una edición bilingüe de poemas de Bellessi y de Ursula K. LeGuin, en el que cada autora traduce los textos de la otra en un trabajo notable de mutua colaboración. *The Twins, The Dream/Las gemelas, el sueño* (1996) merece especial interés porque saca a luz los principales problemas de traducción tratados en este capítulo, y porque proporciona uno de los pocos ejemplos contemporáneos de interrelación entre Norte y Sur que resulta convincente en el campo creativo.[12] No sólo consigue que el texto reconstruya la alianza a través del ejercicio de la traducción; ofrece también un enfoque temático del paisaje e idiomas de las Américas que abre alternativas radicales para las lecturas habitualmente nacionalistas de la naturaleza. Revela los conflictos lingüísticos puestos en juego por la competencia entre perspectivas distintas. Nuevamente, Asia desempeña un papel importante con respecto a estas preocupaciones, puesto que instaura un espacio más allá de los límites fronterizos entre Norte y Sur.

Bellessi insiste en el rol mediador del traductor, mientras intenta recomponer los pedazos del "ánfora quebrada" a la que aludía Walter Benjamin.[13] Ni autoritario ni hostil, el traductor busca la conciliación entre culturas y exige respeto por la correspondencia entre el texto original y su copia extranjera. Pero esta actividad complementaria es, no obstante, generadora de conflicto, puesto que desmembra el texto original e interrumpe el lenguaje unitario del traductor. El idioma traducido produce ecos y resonancias, pero también expone varias líneas de fuga; múltiples intercambios que se entrecruzan en el paisaje de la lengua. Con respecto a esto, la lectura de traducciones rediseña nuestros horizontes de inteligibilidad. No se trata simplemente de una traición, como han afirmado algunos. El esfuerzo del traductor construye acuerdos simultáneos

12. El deseo Norte/Sur de unión ha sido tematizado a través de la traducción, pero más allá del lugar de reunión del diario cultural, rara vez dio como resultado un proyecto real de colaboración entre autores. Cuando la traducción ingresa en la literatura como un tema de intercambio Norte/Sur, a menudo se concentra en temas de sexualidad. Véanse, por ejemplo, la ficción de Manuel Ramos Otero (1979), *Cuentos de la mujer del mar,* en la cual una relación amorosa se resuelve mediante el esfuerzo común en la traducción; y *Maldición eterna a quien lea estas páginas,* de Manuel Puig (1980), una novela que transcurre en Nueva York y que trata sobre el intercambio entre un inválido argentino y su asistente norteamericano. La novela de Puig, basada en el discurso del *voyeur,* trata, en un nivel, sobre la brecha entre representación y experiencia y, en otro nivel, está profundamente implicada en cuestiones de deseo sexual y traducción.

13. Bellessi reconoce la influencia de Benjamin, sobre todo de su ensayo "La tarea del traductor".

entre los escritores, pactos en los que ningún participante es destituido por la presencia del otro. En otros términos, el poder autoritario del traductor cede a la cooperación.

Como poeta, Bellessi desarrolla la imagen de la tarea del traductor en las diferentes representaciones del paisaje americano, en un impulso por unir ideologías y culturas distintas a través de la mediación de los viajes. Más aún, la mediación se sostiene en un pie de igualdad entre poetas en su condición de pares; Bellessi y LeGuin se traducen recíprocamente. En este caso, el reconocimiento mutuo de la tarea poética desestabiliza temporalmente el predominio habitual del eje Norte/Sur; perturba el concepto de autoría impuesto con poder totalitario. En este caso, cada una de las escritoras se ha convertido en una emigrante en la tierra de la otra. Su nexo ratifica la función que cumplen las escritoras cuando se trata de transformar los campos pantanosos de la lengua. Su incursión provisoria en las tareas recíprocas no asegura una conclusión permanente, pero está orientada a lograr cambios en el porvenir.

LeGuin afirma que su proyecto es compensatorio. Inventa la lengua en lugares donde ésta no tiene voz y relaciona el rol del traductor con el libre albedrío del inventor. En este sentido, la traducción se vuelve un acto suplementario que, por un lado, anuncia la condición de alianzas temporales y, por el otro, derriba las fronteras de no reconocimiento tal como fueron fijadas en el tiempo y en el espacio. Pero también expande el mundo del traductor hasta incluir gestos de incorporación: "Traducir es una manera de hacer que un poema escrito en lengua extranjera forme parte de uno mismo", escribe (10). Esto resulta evidente tanto en el prólogo donde arma su proyecto como en los textos poéticos incluidos en *Las gemelas. Silk Days* de LeGuin (traducido por Bellessi como *Días de seda* en el volumen bilingüe), expresa preocupaciones similares sobre la traducción y el silencio.[14] La petición se repite a lo largo de todos los poemas de esta colección, y alterna entre las

14. Una vez más, como podría recordarnos Benjamin, la oralidad devuelve la experiencia de la comunidad.

demandas de la mujer por la palabra y la severa advertencia a los hombres sobre los peligros que acarrea la usurpación de la lengua de otros ("San Jorge", 179). Sin embargo, el volumen de LeGuin, tan apropiado para un diálogo sobre el intercambio a través de la traducción, también trata sobre el poder transformador de las palabras: "Puedes leer el agua. ¿Ahora qué? ¿Caminas sobre ella? Beba, dulce dama" (162). La lengua poética no sólo evoca la anulación de la distancia; proporciona, además, la posibilidad de incorporar lo otro. El territorio común se expande de ese modo para alcanzar la materialidad de la lengua sin tener en cuenta su estructura (164). "Había una palabra en la piedra –escribe–, intenté atisbarla" (170). Pero si LeGuin elabora estos textos para llegar al corazón de un paisaje americanista y encontrar el núcleo mismo de la poesía, también se expide claramente sobre los objetivos de la empresa bilingüe, concebidos para invadir los sueños del otro, para ser atrapados en el idioma y la imaginación del otro poeta. Éste es el logro máximo que el traductor podría arrogarse como propio. "Soy en el sueño del puma, en la noche de la cazadora", LeGuin escribe en un poema que se refiere a Bellessi (182). ¿Es éste el modo de tender puentes sobre lenguas dispares, de llenar los vacíos en las superficies del Norte y del Sur, para conquistar las distancias y la añoranza? El trabajo en colaboración amplía el espectro de posibilidades de representación del Norte/Sur.

La poeta argentina reflexiona de modo similar sobre los intercambios transnacionales. Bellessi siempre mantuvo una relación muy íntima con la poesía norteamericana. Es una excelente traductora que ha trabajado sobre un *corpus* muy significativo de poesía escrita por mujeres norteamericanas.[15] Profundiza los encuentros del traductor con el texto, las transformaciones de la sensibilidad que se requieren para ingresar en un idioma extranjero y la pérdida del legado de las voces femeninas que fueron suprimidas por la tradición modernista. Estas indagaciones también resultan provechosas

15. Véase, por ejemplo, la traducción de Bellessi de las poetas norteamericanas (1996).

para la investigación poética que Bellessi realiza sobre las Américas. La poeta dibuja el paisaje en su obra como si se tratara de la sustancia y la fuente de los versos. El paisaje, en este caso, siempre suministra una base para el diálogo y la alianza, una manera de trabajar con sujetos marginales, sobre todo con mujeres, en los proyectos de representación.

En ese aspecto, resulta significativo que las obras ofrecidas por Bellessi y LeGuin para la traducción recíproca sean textos de viaje y de exploración de la sensibilidad femenina. LeGuin asume la responsabilidad de la traducción de dos de los primeros libros de Bellessi, *Crucero ecuatorial* (1981), una narración de sus viajes a través de las Américas, y *Tributo del mudo* (1982), un volumen que empieza con una reminiscencia de las temáticas orientalistas sobre las mujeres y que conduce (nuevamente) al paisaje americano. El eje se establece, en primer lugar, entre el Norte y el Sur y, en segundo lugar, en la evocación del paisaje asiático con el fin de expresar una protesta sobre la exclusión de las mujeres. En "Fragmentos de las mujeres que escriben", LeGuin cuenta la historia de un grupo de ancianas chinas que realizaban su escritura con antiguos caracteres, los cuales fueron suprimidos al poco tiempo por las autoridades. A pesar de que los textos explicaban los lazos entre mujeres, las sucesivas intervenciones del Estado acabaron con la tradición y la memoria de aquella alianza. LeGuin escribió una serie de poemas que reconstruyen imaginariamente lo que podrían haber sido esos intercambios. En la primera parte de *Tributo del mudo*, Bellessi habla de una concubina abandonada que posteriormente se convirtió en sacerdotisa del taoísmo. Por su talento como poeta y por su autoridad en el mundo literario, se la acusó de realizar actividades delictivas y fue asesinada. La poesía que acompaña este relato representa la fantasía de Bellessi (y su corrección) acerca de la vida de aquella poeta china, así como la defensa del acceso (en general) de las mujeres a la cultura literaria. Las mujeres asiáticas nombradas en los poemas de Bellessi y LeGuin atraen la mirada sobre la tradición letrada femenina que es suprimida en cuanto ingresa en el territorio Norte/Sur. Como un quiasmo paradójico en *Las gemelas*, esta manera de delinear la presencia femenina desbarata las creencias del lector en la validez de los proyectos centrados en la idea de nación.

Bellessi prosigue con estas exploraciones, mientras estudia los modos en que "el sujeto extranjero" hace su entrada en el discurso poético. Estos interrogantes surgen en la zona de contacto entre la poeta y la naturaleza americana. El proyecto se instala desde el primer poema de *Crucero ecuatorial*: "Los tiempos verbales / amarrados, como helechos a una misma piedra" (20-21). La naturaleza genera una lengua, así como el paisaje de América suministra a la poeta el material adecuado para el verso. Lo que parece ser pasivo, como una piedra, exige temporalidad y vida. Los versos de Bellessi incluidos en este libro anuncian las condiciones para el emprendimiento: la búsqueda de significado en lugares insospechados y la celebración de los temas y las voces que surgen del paisaje americano. Sin embargo, a diferencia de los escenarios mencionados por escritores como Pablo Neruda, el paisaje se concibe aquí como punto de apoyo para la reflexión sobre las ventajas del diálogo y el intercambio. Nunca en condición de denuncia, es un intento de llegar a las voces humanas que ingresan en los textos a través de los múltiples vehículos de la traducción: los habitantes de Guayaquil, Tikal y Tulum cobran vida a través del lenguaje traducido. Como en el poema que LeGuin le escribirá a Bellessi, es la embriaguez causada por el deseo del otro lo que transforma la existencia en lenguaje. El proyecto de la traducción es como un pacto entre amantes; estas dos escritoras, aliadas en un proyecto común, transforman el paisaje en espacios de comunión.

Pero también la traducción expone la insuficiencia de la lengua, los desvíos de la palabra, la incapacidad de moverse entre distintas culturas. Para abordar el costado más oscuro de la traducción, quisiera concluir con dos textos de Ricardo Piglia y María Moreno, dos escritores particularmente escépticos con respecto a las incómodas relaciones entre las tradiciones secundarias y las dominantes. Tanto uno como la otra aprovechan los giros de la traducción para exponer el desequilibrio.

Traducir la historia y el deseo

Con respecto a los problemas de la traducción, Piglia, uno de nuestros críticos más sagaces y provocadores, ha explorado esta pasión argentina como una pulseada para ingresar en la modernidad. Ese impulso comienza con un error en una cita incluida en la primera página del *Facundo*.[16] Piglia, más que ninguno de los escritores mencionados en estas páginas, analiza la temática de la literatura traducida en términos de confrontación con los objetivos del Estado. Las literaturas marginales tienen su propia capacidad de irreverencia, insiste Piglia; de allí surgen sus posibilidades para transformar el arte desde la periferia, de proponer paradigmas de lectura diferentes que eludan las demandas de la globalización, tal como han sido dictadas desde algún centro metropolitano. En ese sentido, el narrador desafía al Estado autoritario. Pero el riesgo es mayor aún: la traducción, más que desestabilizar, como podría habernos dicho Borges mucho antes que Piglia, obliga a sostener relaciones diferentes con el mundo, y establece, en efecto, un vínculo distinto con la propia experiencia. En este caso, la política de representación, que fue discutida con tanta vehemencia durante los primeros años del retorno a la democracia, aparece nuevamente como una política de la diferencia expresada a través de la forma literaria.

Tejaswini Niranjana ha expresado que, en el contexto colonial, la traducción produce su propia economía conceptual. Pero, lamentablemente, sólo ve la traducción como una manera de producir "estrategias de contención" (1992: 3). En sus textos críticos y en su novela, *La ciudad ausente* (1992), Piglia invierte los términos de esta problemática, abriendo espacios para nuevos significados y creando ambigüedades de identidad, estilo e

---

16. Acerca de la discusión de Piglia sobre la importancia de la traducción en *Facundo*, véase su ensayo fundamental, "Sarmiento, escritor" (1994). En un ensayo anterior, al reflexionar sobre Borges y Gombrowicz, Piglia identificaba lo que consideraba la principal problemática de las letras argentinas: "¿Cómo llegar a ser universal en este suburbio del mundo?" (1986: 81). Según la opinión de Piglia, esta inquietud conduce a una sensibilidad nacional hacia la traducción.

historia. "Contar con palabras perdidas la historia de todos, narrar en una lengua extranjera" (17). A través de la suplementariedad del desplazamiento, Piglia insiste en que la verdadera identidad de los individuos nunca queda confirmada del todo; por el contrario, la naturaleza frágil de los textos bilingües sostienen versiones múltiples de lo que podría entenderse como "lo real". Al igual que el personaje de Melville, Bartleby el escribiente, que invierte su habilidad como copista para expresar un acto de rechazo a la autoridad ("Preferiría no hacerlo"), Piglia concibe la traducción como un modo de dislocar el poder del Estado concebido como un depósito donde se almacenan los conocimientos. La traducción reorienta la información y cambia las condiciones para el arte y la identidad individual.[17] Así pues, Piglia pone en contacto las características privadas de la lengua –aquellas que oponen resistencia a los significados públicamente accesibles–, con los aspectos del lenguaje que participan en una economía de intercambio regular; puntos de reunión alternativos dan otra orientación a las lenguas gobernadas por los intereses del Estado. En la tensión entre estas dos opciones yace la posibilidad de crear una versión diferente de la historia y la comunidad social. La traducción señala esos sitios donde las lenguas entran en colisión, anunciando una crisis de sistemas diferentes para el significado social y los conceptos de valor.

La gran obsesión de Piglia nos previene sobre los problemas en la narración de la historia: cómo unir el lenguaje y el vacío, cómo encontrar una estrategia de ficción que dé cuenta del centro faltante del conocimiento. *La ciudad ausente* también retorna al pasado argentino, igual que *Respiración artificial*, pero en lugar de interpretar el presente a través de una visión decimonónica, Piglia depende esta vez de los detalles de la traducción, de manera tal que es imposible lograr una visión totalizadora de la historia sin la coordinación de las distintas partes. Como si abandonara la búsqueda de los orígenes narrables de un desarrollo individual, Piglia encuentra ahora, a través de las miniaturas, otra perspectiva de

17. Sobre este tema véase *Positions*, de Jacques Derrida (1981: 39).

la evolución social: la metonimia y la interconexión dan cuenta del proceso histórico.

No es casual, entonces, que Junior, descendiente de exploradores ingleses que arribaron a tierras argentinas en el siglo XIX, pase su vida como un viajero nómade, viviendo en hoteles de segunda clase, sin haber alcanzado ni distinciones ni privilegios, ni siquiera la posibilidad de iniciar una vida familiar. Sin embargo, Junior es el encargado de emprender una investigación sobre el museo, estableciendo conexiones entre imágenes y episodios dispares, equilibrando vidas públicas y privadas, enlazando el pasado y el presente. Dicho en otros términos, Junior aprende a traducir entre dos esferas de experiencia que probablemente sean reflejos la una de la otra, a pesar de la extraña distancia que se abre entre ellas. La suya es una tarea tan abarcadora, que está destinada a fracasar en la medida en que su presente lo priva del acceso a una lógica totalizadora. De hecho, mientras define la búsqueda, Junior se eclipsa y desaparece de la novela, para ser reemplazado por personajes menores extraídos de la imaginación tecnológica o de selecciones de la tradición literaria. De ese modo no sólo nos encontramos frente a la pregunta principal de *Respiración artificial* ("¿Hay una historia?"), sino frente a la naturaleza de la invención en un ámbito dominado por signos mecánicos. En esta situación, todos los temas exigen que haya un diálogo basado en la experiencia real, pero habitualmente se enfrentan con ficciones: las ficciones de la experiencia diaria, las ficciones del Estado.

A lo largo de *La ciudad ausente*, los personajes buscan una comunidad para hacer que la otredad sea legible en el ámbito de la vida cotidiana. Esto se apoya en una preferencia por lo nómade donde los personajes flotan entre los objetos y los acontecimientos en busca de un lenguaje común derivado de la traducción. Deleuze y Guattari en *Las mil mesetas* (1987: 223) hablan de la máquina del Estado que valoriza las oposiciones binarias del pensamiento, frecuentemente rígidas y limitantes. En oposición a este aparato, notablemente presente en la Argentina, Piglia –quizás inspirado en Deleuze y Guattari–

proporciona otro instrumento, impulsado por la imitación y la invención. "La imitación es la propagación de un flujo; mientras que la oposición es binarización, es decir, hace que estos flujos sean binarios; la invención es una unión o conexión de flujos diferentes", escriben los autores de *Las mil mesetas* (219). A partir de este tipo de invención, aparecen múltiples "máquinas de desear" que establecen la posibilidad del diálogo y la redención comunitaria. Y en la medida en que las máquinas siempre traducen de una lengua a otra, facilitan la comunicación subversiva que elude la vigilancia del Estado mercantil. En este caso, la traducción sirve para valorizar la estética y las relaciones de los individuos con la comunidad.

Los extraños que circulan por la novela de Piglia giran en torno a la proliferación de textos e identidades puestos en movimiento por el ejercicio de la traducción. Por ende, *La ciudad ausente* hace hincapié en la producción de historias menores. La mediación y el proceso de creación son más importantes que el texto que los origina. A partir de esta experiencia, nos enteramos de que tanto los extranjeros de la novela como los argentinos están comprometidos con el aspecto cíclico de la traducción, mientras pretenden conferir sentido a sus propias historias nacionales y a las historias de los otros a través de las máquinas del lenguaje. Incluso Fuyita, el único personaje asiático de la novela, un *outsider* más entre muchos otros, le transmite una información significativa a Junior sobre las maneras de leer la historia. Muestra un sobre que lleva las claves para interpretar los "nudos blancos", esas marcas halladas en los caparazones de las tortugas, similares a las imágenes (en la tradición de los oráculos chinos) utilizadas para descifrar las inscripciones en los huesos.[18] La antigüedad oriental, en este caso, brinda lecturas alternativas de la historia contemporánea. Al igual que otras referencias extranjeras, les abre otra vía a los argentinos para traducir sus propias lenguas familiares. Las otras figuras mediadoras de la historia pertenecen a las mujeres (desde la supuesta

---

18. Véase Nicolas Bratosevich, quien se refiere en detalle a este recurso chino (1997: 39).

hija de James Joyce y la llorada Elena de Macedonio Fernández, hasta la máquina magnetofónica con discurso femenino diseñada por Nolan para aliviar su soledad), que intervienen en los proyectos históricos de los hombres y los interpretan. Como en la relación que se establece entre el original autoritario y la copia subordinada (un apareamiento siempre descrito en términos marcados por la cuestión del género), los ecos de las mujeres y los hombres asiáticos manifiestan la contradicción en la búsqueda de los héroes masculinos, dejando a los personajes solos y sin participación en la historia que hubieran deseado. Su presencia cuestiona cualquier aproximación masculina a lo "real".

La ciudad ausente propone problemas de representación en un mundo en el que ya no es posible acceder a una verdad absoluta y fundante. Es más, este tipo de actividad es otra manera de superar cualquier modelo de literatura que sea descrito como una alegoría nacional, una resistencia a cualquier esfuerzo por homogeneizar la cultura. Nos incita a considerar, en cambio, si "la diferencia" puede ser analizada en forma más productiva, de modo que sirva de base, finalmente, para una cadena infinita de significantes, variaciones temáticas en torno al destierro, al aislamiento y la pérdida.

El estudio de la relación entre el original y su copia, entre el texto primario y sus traducciones, ha sido el punto principal de la discusión en estas páginas. Pero Piglia también sitúa esta experiencia en el corazón de la era massmediática y el proceso de globalización. Es el "delirio de la simulación" (15) lo que motiva a los personajes de *La ciudad ausente.* La novela está compuesta de diferentes máquinas de copiar: en los *walkmen,* cassettes, radios, monitores de televisión, mapas y espejos –incluso en los tatuajes–, se reproducen en miniatura las representaciones más importantes de la vida y de los sentimientos. Paradójicamente, ofrecen un consuelo para la soledad y el aislamiento en la era posmoderna, pero también cuestionan la validez de cualquier afirmación de "vida auténtica". No nos sorprende que esa realidad se altere permanentemente: las drogas, el alcohol, las alucinaciones y la locura son apenas experiencias temporarias que lanzan a los personajes en busca del idioma perdido. Estos efectos también los empujan a lugares excéntricos, sin ningún poder social, donde pretenden construir una historia nacional disidente.

En ese sentido, Piglia evoca el legado literario modernista que había ofrecido una solución para este tipo de problema al proponer un deseo totalizante. "El Aleph" de Borges, por ejemplo, envuelve *La ciudad ausente* como una especie de *ur*-texto (por sus listas y catálogos de objetos diseñados para producir "una historia" y por la interacción constante entre los originales y las copias, y su obsesión por los detalles de traducción), pero las figuras principales que inspiran de manera directa a Piglia son Macedonio Fernández y James Joyce. Cada uno de ellos le proporciona un paradigma para la traducción y las tradiciones elegíacas (Macedonio llora la pérdida de Elena; a Joyce le aflige la locura de su hija Lucía) y concluyen con un duelo por la pérdida del diálogo, a pesar de la proliferación de palabras.[19]

Piglia menciona a estos escritores para reflexionar sobre las prácticas de interrupción en la literatura y el rol vanguardista de los creadores. Macedonio, por su negativa a publicar un "libro completo", desafió la comercialización y se resistió a las imposiciones del mercado con respecto a las posibilidades del arte. Recordado como un maestro del texto fragmentario y la lectura episódica, Macedonio transmite cierto escepticismo acerca del personaje, y un rechazo de las categorías estereotipadas del ser. A través de *Museo de la novela de la Eterna*, un texto incompleto que nunca encajó en las convenciones de ningún género, y que estaba estructurado por imágenes en es-

---

19. Compárese esta estrategia con la novela más reciente de Piglia, *Plata quemada* (1997), un homenaje –al menos en su inicio– a Roberto Arlt. Acusado por muchos de poseer un estilo inadecuado de escritura, Arlt siempre fue defendido por Piglia, especialmente debido a su presencia subversiva en la historia literaria argentina. Piglia lo festeja una vez más en *Plata quemada* mediante un lenguaje violento y a través de los personajes delictivos que organizan la acción en la novela. El lenguaje de los grupos subalternos está recodificado por Piglia para expresar el antiheroísmo de los tiempos modernos; "escribir mal" está expresado a través del lenguaje de los delincuentes. Regresaré a *Plata quemada* en el capítulo quinto.

pejo y por réplicas sin ningún original, Macedonio le ofreció a Piglia una reflexión profunda sobre la representación de la identidad individual y su nominación en el interior de un *corpus* literario. Su duelo por Elena Obieta generó en Macedonio la esperanza de encontrar un punto en el espacio y en el tiempo que pudiera resistir el paso de la historia. Piglia usa esta constelación de materiales para lamentar la pérdida, en la actualidad, del arte de la conversación, relegada al olvido por la política o los intereses del mercado de masas.

Finnegan's Wake también se anticipa a estas inquietudes. No se trata solamente de comparar a Dublín con Buenos Aires, un tema bastante rico en sí mismo; más bien, la presencia de Joyce en *La ciudad ausente* plantea varios interrogantes acerca de la interacción entre la cultura nacional y los textos extranjeros, y entre el vínculo de lo tradicional y la vanguardia con respecto a la representación. La obra maestra de James Joyce, diseñada sobre el modelo del *Libro egipcio de los muertos*, puede relacionarse claramente con un metafórico "Libro argentino de los muertos" que se encuentra en el museo de Piglia, un espacio donde aún se vela a los "desaparecidos" de la historia y la literatura. Joyce, como Piglia y Macedonio, buscó una fuente original de significados y rastreó sus múltiples reproducciones, Mientras tanto, produjo una circulación infinita de discursos y un desmembramiento constante del texto. Y como Piglia, Joyce se consagró a las exploraciones subterráneas del significado y la memoria. Vale la pena comparar estos textos porque comparten un vocabulario cultural que da pistas para intentar la representación de la historia perdida. Joyce se preocupaba por la representación del vacío ("Hole affair") (1967: 535): cómo representar la memoria y sus lapsus, cómo reconciliar la vida y el sueño y llenar los espacios vacíos de la mente, cómo entender y superar la raíz etimológica común que une en inglés a las palabras *amnesia* y *man*.[20] Anticipándose tal vez a los "nudos blancos"

20. John Bishop (1986) observa las raíces protoeuropeas que ligan estas palabras con otras en el *Wake* de Joyce.

que Grete Muller quería descifrar en *La ciudad ausente*, los personajes del *Wake* de Joyce se dedicaban a descubrir los lazos entre la memoria y la experiencia para despertar de la amnesia. Por esa razón, Joyce se inspiró en la *Scienza Nova* de Vico, quien buscó un idioma especial para explicar las historias ocultas de las razas y sus interconexiones. De modo paralelo, Piglia investigó la posibilidad de definir la comunidad a través de la historia social interna. El idioma, en este caso, es la clave para la conexión y una manera de brindar continuidad y memoria.

Al igual que Joyce, Piglia estudia la relación entre las palabras y los objetos, y hace hincapié, especialmente, en la mutabilidad que se produce por los actos de traducción, tanto en las relaciones de transmisión lingüística entre padres e hijos, como en los desplazamientos de un idioma a otro. Entretanto, la diferencia prolifera constantemente y las identidades se niegan a ser reducidas. Uno de los capítulos del *Wake* se titula "Quién es quién cuando Todos somos alguien más". Su mensaje también podría servir como una indicación para leer a Piglia, cuyo libro nos deja con imitaciones y copias, con traducciones de textos arcaicos guardados en museos secretos, donde las voces de figuras inciertas resuenan y se entrecruzan. Es interesante que Joyce reconozca *Las mil y una noches*, en la traducción de Sir Richard Burton, como inspiración para su obra. Piglia también hace mención de este clásico a través de sus referencias a Scherezade. Esta fuente árabe nos permite pensar en el arte como transformación y en los usos de una máquina de traducir para posponer nuestra cita final con el destino. Nos lleva a reconstruir el encuentro global y local como una manera de escapar a la economía manejada por el mercado, que concibe la globalización como un tráfico de objetos y cuerpos sin alma. En este caso Piglia introduce claramente conceptos de *transformación*, como para decir que América Latina no es sólo el depósito de los residuos del Primer Mundo, sino un sitio para la reinvención de formas literarias y discursos. A pesar de este optimismo, Piglia nos recuerda –al citar a figuras como Macedonio y Joyce– que las posibilidades del artista de vanguardia de violar las leyes del Estado y el mercado, son bastante limitadas en la actualidad. Entrampado en un laberinto de ecos y repeticiones, de grabaciones nuevas de viejas canciones que antes nos habían prometido la coherencia teleológica, el escritor contemporáneo queda solo y abandonado, rodeado únicamente de los atributos exteriores de un proyecto que una vez, hace mucho tiempo, nos había ofrecido la salvación.

¿Dónde está el texto auténtico? ¿Cualquier idea puede existir antes de la escritura? ¿Podemos retornar a los clásicos del modernismo culto de los años veinte y utilizar las mismas formas de expresión para narrar experiencias diferentes? En su búsqueda por estas conexiones, el autor de *Respiración artificial* concentra su interés en Macedonio y Joyce. Así como en sus trabajos para la revista *Fierro* Piglia se vuelca a los clásicos de la literatura argentina para interrumpir las jerarquías de culturas selectas y populares y explorar los idiomas múltiples de la escritura nacional, en *La ciudad ausente* se refiere a modelos persistentes, tomados de diferentes esferas de la experiencia literaria, con la esperanza de encontrar circuitos alternativos de significado que no estén controlados ni por la coacción de la dictadura ni por la insuficiencia del neoliberalismo.[21]

Piglia, así, recorre circuitos ya dados de los campos del conocimiento, pero abre las puertas para una reconstrucción del idioma de la historia y el horror. No es sorprendente, en consecuencia, que la locura, los sueños y la invención infinita ocupen el espacio de la narrativa. Expresadas por las figuras ilegítimas, por los marginales y las mujeres, estas fantasías escapan a los efectos de imagen propuestas por el mercado global; al mismo tiempo, ponen a prueba el orden impuesto por el Estado. Piglia invierte el valor de los efectos de la imagen y da otro motivo para la invención; pero también reconoce la imposibilidad de retornar a las aspiraciones de una etapa intelectual

21. Estos ensayos han sido compilados en *La Argentina en pedazos* (1993) de Ricardo Piglia.

anterior en la que se defendía una teología totalizante. Estos deseos modernistas, que se asientan en el fracaso del amor romántico entre el hombre y la mujer y en la relación fallida entre padres e hijos, son no obstante desacreditados por María Moreno, quien anuncia con espíritu burlón la aparición del reinado de la madre (pos-)moderna y autónoma.

Extraños en la traducción

En *El affair Skeffington* (1992), Cristina Forero –quien escribe bajo el seudónimo de María Moreno– se burla de la pretensión de los Estados Unidos y de Europa de poseer una cultura original. Moreno juega con la idea de recuperar las fuentes originales y de proponer "la voz de lo auténtico". La traducción se convierte así en el instrumento adecuado para esta ironía, ambientada en el período de la alocada vanguardia parisina de los años veinte. Moreno no tiene intenciones de darle sentido a una historia totalizadora. A diferencia del afán de Piglia por encontrar respuestas en un pasado modernista, las preocupaciones de María Moreno apuntan más a la institución literaria que excluye a las voces disidentes. Más aún, su vuelco a la primera vanguardia como ambientación de su obra le permite explorar un momento de cambio en la formación de las tradiciones literarias, cuando los posicionamientos discursivos sobre la sexualidad y el campo de la expresión bilingüe eran los blancos elegidos para la transformación juguetona en el campo cultural.

El affair Skeffington narra el descubrimiento de una colección de poemas escritos por Dolly Skeffington, presentada como una norteamericana expatriada en las reuniones literarias parisinas de los años veinte. Con el pretexto de esta anécdota, Moreno recorre nuevamente lo que ella llama la escena de París-Lesbos, en la que aparecen los personajes y convenciones que definen la vanguardia tal como nosotros la conocemos. La escena también le permite explorar los temas de la nación y el destierro, la originalidad y la traducción, y las transformaciones de la identidad y la subjetivación como promotoras de la forma literaria.

El lector se entera de inmediato que Dolly Skeffington utiliza un seudónimo para firmar su obra; por ello, es comparada con Pauline Tarn, que adoptó el nombre de René Vivien o Judy Gerowitz, que después se hizo conocida como la artista Judy Chicago. Por consiguiente, el hecho de que la escritora Cristina Forero use el seudónimo literario de María Moreno resulta una ironía adicional. En el mundo de las duplicaciones, símbolo de la escritura misma, Moreno/Forero es el eco de la duplicación de "París-Lesbos", donde se encubren identidades y enlaces secretos, y la sexualidad es considerada desde una posición ambivalente, lo cual constituía la característica principal del ambiente artístico del París de los años veinte. La duplicidad atraviesa todo el texto y es a la vez fluida y provocadora. Describe al grupo de mujeres que maduran en el caldo de las primeras vanguardias; pone al descubierto los disfraces y pantallas del lenguaje, la literatura y la traducción. Esta duplicidad conduce al lector hacia el pacto entre el eros y la escritura, hacia las identidades flotantes que contribuyen a crear una idea inestable del "autor".

Al mismo tiempo Moreno explica que esta movilidad juguetona y desconcertante afecta todos los ámbitos del intercambio social, excepto los que amenazan con trasponer las barreras de clase. En un mundo en el que Dolly puede jugar con las identidades y hacer alarde de sus múltiples variaciones, los privilegios y el dinero son el lubricante de este despliegue público. En esta situación, el único tabú es el "nomadismo de clase" (39). Esta jerarquía clasista –nos recuerda Moreno– ha sido estipulada por la autoridad patriarcal.

"Será cuestión de burlar al padre, ocupando su lugar, ahora de pervertido", explica la narradora (11). Por otra parte, la novela de Moreno socava las premisas del pensamiento modernista que alentaba la fraternidad comunitaria entre varones e impedía las posibles alianzas entre mujeres en un campo cultural rígidamente estructurado. La presencia patriarcal –motivo de la burla de Moreno– evoca asimismo, deliberadamente, la vasta influencia de Sigmund Freud, no sólo en el ámbito vanguardista de los años veinte, sino también en todos los temas referidos a la sexualidad, lenguaje y traducción, o en la representación misma de la experiencia. ¿Qué es la experiencia, en efecto, sino el sistema de sustituciones organizado por el "otro" dominante que elige, escribe y deja constancia? ¿Quién es el sujeto del psicoanálisis y quién transcribe sus representaciones? ¿Quién puede arrogarse, en última instancia, el privilegio de la cita auténtica? La discusión gira en torno a la influencia patriarcal ejercida sobre las estructuras de la familia, las identidades formadas por linajes de escritores, por cánones que determinan las subjetividades y la historia literaria, pero también por la lógica de la inclusión y la expulsión que establece normas para el significado.

Moreno convierte la cultura del psicoanálisis en el tema principal de una reflexión absurda sobre la nominación y la representación para alcanzar lo innombrable de las alternativas sexuales para las mujeres. Su descripción de París-Lesbos no es sólo un testimonio del mundo políglota de los exiliados, sino una forma de rebelión y de movimiento perpetuo en torno a la elección de objeto sexual y a la autoridad para definirla a través de la escritura. De hecho, el amor por el mismo sexo está siempre en movimiento en la novela, a la vez como fuente y actualización, como gesto contra la monumentalidad. Crea la posibilidad de una circulación infinita de sentidos, permite la recodificación de los mitos desde la perspectiva de las mujeres y reconstruye el campo simbólico. Sin embargo, como Moreno señala con agudeza, el amor entre personas del mismo sexo está en todas partes, pero rara vez encuentra un nombre.

En las primeras páginas del libro, Moreno parodia la voz del investigador académico que busca identificar fuentes y fechas por medio de la crítica textual, cuyos principios pone al servicio de la literatura moderna en inglés. Para ello, rastrea la confusa biografía de la autora y la constancia de la publicación de los veintiocho poemas, vinculando los textos a fuentes como la *Little Review* de Margaret Anderson o a sucesos en el Greenwich Village, el barrio bohemio de Nueva York. Al mismo tiempo, presenta los poemas de Dolly sobre los *outsiders* de esta cultura distante: los chicanos en Los Ángeles, los homosexuales en la Segunda Guerra Mundial, y las lesbianas enamoradas en Boston. La falsificación de las fuentes es, por supuesto, tan antigua como la literatura misma. Lo que captura nuestro interés es la unión deliberada del ejercicio de la traducción con la representación del placer sexual. A causa de esa cualidad indecible del amor lésbico y de su incapacidad para ser traducida, Moreno explora lo que no puede decirse, observa atentamente la igualdad y la diferencia, somete al lector a una odisea por los territorios prohibidos y por el lenguaje, experimenta con asincronías opuestas al orden literario convencional, juega con los conceptos de autoría y género que han excluido a las mujeres. Nos recuerda, a la vez, que la memoria de cualquier placer sexual es en sí mismo un acto de traducción, un reposicionamiento de discursos que crea una ilusión de acceso a lo inalcanzable o a lo desconocido.

En las ambigüedades de París-Lesbos, la atracción por una mujer o por un hombre es el punto de inicio para la búsqueda infinita. A la larga, esto se vincula a problemas de autoría, identidad y nación. Dolly Skeffington como personaje de ficción plantea interrogantes acerca de la constitución de la forma literaria: ¿qué es un personaje?, ¿qué es un autor? Y en cuanto la estructura del libro mismo (atomística y no secuencial como la "vida" descrita en él), es válido preguntarse, también, qué es una obra literaria y si ésta en verdad tiene una estructura determinada o es simplemente una combinación sucesiva de formas sin punto de referencia. Por último, a través de la circulación de identidades que desencadena el personaje de Dolly, Moreno se burla de las definiciones sobre la sexualidad que sostenía Victoria Ocampo:

> "Siempre me fascinó la belleza femenina pero el lesbianismo ha sido una tentación o una comarca desconocida para mí. El hombre fue mi patria", bramaba en otra parte (aunque estuviera allí) Victoria Ocampo, y Nina Hamett cantaba por los cafés de la *rive gauche*: "Nos fuimos a la Argentina / donde todos los hombres son maricas". Tal vez para las mujeres norteamericanas e inglesas que hicie-

> ron en París una exhumación de Lesbos, también el hombre fuera su patria, sólo que ellas estaban exiliadas (13).

Desde los mapas conocidos del placer, salimos hacia un territorio ignoto. La sexualidad lesbiana es, en este caso, una condición de destierro. Crea la necesidad de expresarse más allá del padre y del suelo natal, el deseo de proclamar la insuficiencia de cualquier lengua, de celebrar la no correspondencia de imágenes que emergen de la traducción fallida.

La obra de Moreno, por supuesto, nos recuerda la ficcionalidad de cualquier autoría en la escritura literaria. El falso manuscrito, los lenguajes múltiples, las fluctuaciones entre Buenos Aires y París, atentan contra cualquier concepto preconcebido de voz, preferencia sexual y lugar. Pero el suyo es un libro que nos recuerda la infinita circulación de sentidos puestos en movimiento por la sexualidad y el lenguaje. La traducción en este contexto nos muestra una economía de signos equívocos cuya única verdad es la diferencia. Esto presupone un conflicto no resuelto entre el original y la copia, así como la imagen de Dolly se organiza en torno del doble:

> En la vida de Skeffington el dos insiste: nació en 1892, llegó a París en 1922, tiene dos nombres, dos objetos de orientación sexual, dos formas de expresión: la escritura –dos estilos, dos géneros–, y una suerte de arte conceptual (41).

Además, puede leerse en castellano gracias a la intervención de la traductora Delia, que interpreta las palabras de Lily Tate cuando cuenta lo que sabe sobre Dolly. Delia traduce del inglés al castellano para explicar la naturaleza del amor de Dolly por su novia Gwen:

> ...lo que más raro me parecía de mi abuela y Gwen cuando yo era chica era la manera que tenían de apoyarse la una sobre la otra. No se parecía a la forma de tocarse entre dos hermanos o entre madre e hijo, era... un... Se hizo un silencio y luego Lily Tate y Delia hablaron rápidamente en inglés. Era bastante aburrido hasta que Delia, que no

> parecía estar traduciendo, dijo ¡jolines!, pero Lily permaneció absolutamente inmóvil buscando la palabra perdida. Su mutismo era la angustia de los otros, no la falla de ella. Parecía tener todo el tiempo del mundo. Como si se tratara de una propuesta didáctica Pilar, Lola, Marga, Marisa y Mary Murci se lanzaron a tirar palabras, respetando los turnos y a gran velocidad: "abrazo", "cruce", "encimamiento", "abroche", "a lo siamés", "abotone", "acople", "soldadura", "costurón". Lily Tate habló y Delia tradujo "engarce". "Podrías haberlo dicho tú", dijo Lola pero Marga seguía mirando la piedra y Lily continuó hablando a través de Delia (51).

Finalmente –confiesa el narrador– el intenso amor de la pareja elude las precisiones de la lengua. En este encuentro, que tanto nos recuerda la escena de amor de *El beso de la mujer araña,* los individuos pierden sus identidades constitutivas. Ya sin separarse, entran en una zona marcada por la imposibilidad de una traducción completa en el campo visual del observador.

La traducción es elusiva, perdida o una vez más transformada. No coordina la identidad y el deseo, no alcanza a cerrar la distancia entre la representación y la pasión entre mujeres. En efecto, *El affair Skeffington* pone en evidencia nuestra fe ciega en las verdades comunicacionales de la lengua. Al mismo tiempo, señala el fracaso de la traducción para movilizar las lenguas entre formas diferentes de experiencia. Como resultado de eso, la incapacidad para nombrar la pasión entre las mujeres atenta contra nuestro conocimiento crítico; nos recuerda las graves omisiones de la lengua y la historia de la cultura. Aun más agresiva, Moreno se burla de las categorías pretenciosas que gobiernan la mentalidad de los académicos; somete a prueba el proceso mismo de la traducción que no logra unir la lengua con el sexo. Nos recuerda que todo aquello que se suprime u olvida en un idioma, puede ser, en otro, un punto de partida para iniciar una discusión.

Las descripciones tradicionales de la traducción experimentan con el diálogo entre el yo y los otros, las transformaciones textuales de la fuente, la recolección de genealogías, los eslabones entre el pasado y presente. Pero estos escritores argentinos sugieren que la traducción también provoca una ruptura constante, conduciendo a una nueva evaluación de la identidad y el poder. En ese sentido, incluso los fracasos de la traducción son una fuerza liberadora ya que le quitan a los individuos el peso de la dependencia conceptual en una sola lengua dominante. Más que subordinar un texto o un estilo a la esfera de otro, estas reflexiones hacen hincapié en el movimiento fluido y constante. Ratifican el riesgo y la mutabilidad al que se someterán en el futuro otros diálogos e intercambios. Estos esfuerzos creativos ponen de relieve los bordes indeterminados de las palabras que todavía no pueden definirse y que son similares a esos límites geográficos que siempre resultan desbordados. Nos remiten al sonido de la lengua, a la presencia básica de la respiración humana en el aire que abre significados infinitos para los lectores y nos invita a una traducción ilimitada. "Como una compuerta que abre los espacios, respiración", escribe Alicia Genovese en un libro de poesía (1), que lleva un título sumamente significativo para el abordaje elegido en este ensayo, *El borde es un río* (1997). Los escritores como Genovese parecen siempre estar observando el fluir de las orillas más que el movimiento de los ríos. Sus textos nos recuerdan que los deslices y los desplazamientos forman parte del espíritu de las lenguas desde siempre. Las orillas que estos escritores reescriben nos recuerdan eternamente nuestra propia condición de "extranjeros", aun en el seno de las propias fronteras nacionales. Al mismo tiempo, alteran las reglas de correspondencia familiares. Desordenan los mapas conceptuales regidos por las divisiones entre Norte y Sur, Este y Oeste y desobedecen tanto los mandatos vanguardistas como las valoraciones posmodernas del conocimiento. Estos escritores ponen en evidencia la presión que ejerce un campo intelectual sexualizado para trastocar la geopolítica y la ilusión de una totalidad global.

Mercados

Capítulo V

Las políticas del texto: la representación de lo popular

¿De quién era esa voz?

RICARDO PIGLIA, *Plata quemada*

En "Quadrivium (Ad usum Delphini)", una instalación que Gonzalo Díaz presentó en Santiago en noviembre de 1998, el artista chileno nos pide que admiremos la ilusión de movimiento. Su trabajo también sugiere un enigma sobre la falta de correspondencia entre la imagen y la lengua. Organizada en una sala grande que es de acceso deliberadamente difícil para el espectador, la instalación se compone de catorce despliegues, cada uno dividido en tres partes y posicionado contra las paredes de la galería. Díaz coloca estos dioramas apenas por encima de la línea de nuestra mirada, repitiendo el mismo paisaje en cada uno de ellos. Un túnel tallado a través de una pequeña montaña de yeso se destaca del lado izquierdo de cada escena; una pintura del mar aparece en el lado derecho. Ambos se conectan a través de un carril ferroviario que sostiene un pequeño barco de metal, ubicado en diversas fases de movimiento en cada uno de los diferentes despliegues. En el primero, el barco se recorta del túnel; en la última escena, se une con el paisaje marino dejando que se vea sólo su popa. Por encima de estas escenas, cada uno de los catorce proyectores ilumina el nombre de una figura retórica diferente; palabras como *metáfora, catacresis, oxímoron* y *metonimia* parpadean aisladas, aunque el significado de estos términos poéticos no resultan obvios de inmediato para el espectador. En una hilera de imágenes debajo de los dioramas, catorce proyectores de diapositivas iluminan una sucesión de números romanos que proponen un orden para la aprehensión de las escenas que están sobre ellos, imágenes que también podrían evocar las estaciones de la crucifixión. Entretanto, el cliqueo infinito de estas máquinas crea un zumbido perturbador en el aire como si se tratara de incitarnos, como espectadores perplejos, a resolver el misterio de esas escenas que se han desplegado ante nosotros de un modo secuencial.

Díaz centra la atención en las maneras en que inferimos movimientos y significados a partir de escenas pictóricas estáticas. Las imágenes que se encienden por arriba y por debajo de estos paisajes minimalistas deberían proporcionarnos un aparato conceptual para unir el idioma a la experiencia visual. Evocan una herencia de prácticas artísticas en el campo de la representación, aunque, en este caso, no sepamos todavía cómo poner las imágenes en funcionamiento. El artista nos invita a reflexionar sobre nuestra comprensión verbal del espacio y nuestra construcción del movimiento en la historia. Solicita el trabajo intelectual de los visitantes y una mirada fija en la obra para reconstituir signos desconectados entre sí de forma tal que el referente *local* de la instalación se conecte con algún marco *global* de significado. En otras palabras, ese entramado de escenas aparentemente simples nos pide que completemos el continuo histórico con conocimientos que provienen de nuestra experiencia anterior, llenando todos los intersticios temporales y espaciales con materiales suplementarios deducidos de nuestra imaginación. Por otra parte, insiste en la condición hereditaria del lenguaje crítico. Aunque Díaz nos conduce hacia el funcionamiento de una lógica intersticial, sugiriendo un entre lugar fantasmal del que nosotros nos valemos para unir las imágenes fragmentadas, él también, finalmente, nos alienta a completar una historia.

¿Es esa escena una alegoría sobre Chile? ¿Una alusión a su estrecho territorio? ¿Un comentario sobre la modernización o sobre la inmensidad de un proyecto nacional diseñado para unir la montaña con el mar? Paradójicamente, el campo de Chile –indicado por el territorio que se extiende entre la montaña y el mar– se recupera en el idioma de las ciudades. Fraguados en la metrópoli, nuestros juicios estéticos deben saltar por encima de las formas elípticas para resolver los enigmas del paisaje y la historia nacional. Mientras tanto, no podemos más que recordar que nosotros mismos fabricamos esa continuidad histórica. Está ensamblada por nuestros propios saltos conceptuales por encima de las diferencias de espacios y de tiempos, para llevar los movimientos narrativos a un cierre satisfactorio. En ese sentido, el enigma a resolver es un problema de construcción narrativa. Se vuelve nuestro propio *vía crucis.*[1]

Aunque no está particularmente interesado en el género de "arte interactivo", Gonzalo Díaz insiste sin embargo en los ejercicios de colaboración que debe realizar el espectador. Su instalación nos recuerda que la naturaleza de la narrativa, que es de hecho una manera de volver a contar la historia, funciona a partir del conocimiento suplementario que los lectores y espectadores traen a la escena de la percepción, llenando las fisuras de la narración resquebrajada para completarla. Es más, la completud del marco depende de la visión exterior. Nos obligan a reflexionar en las formas del

1. Aunque eso no depende del propósito del artista, la percepción de las catorce escenas requiere también un trabajo físico extenuante. Debemos adaptarnos al esfuerzo que exige la apabullante altura del despliegue para ver los dioramas y las figuras retóricas complejas que titilan en las paredes vecinas. Además, los catorce proyectores se introducen en el espacio de la galería y, como si fueran espectadores altos (longilíneos, de altura elevada), bloquean constantemente nuestro acceso visual a la escena artística. Somos capaces incluso de doblar y contorsionar nuestros cuerpos para ingresar en la galería misma, atravesando con dificultades una puerta artificial que también es excesivamente pequeña y angosta para la talla de un adulto promedio. El desafío corporal que los espectadores aceptan no hace más que confirmar nuestro deseo de ser incluidos entre los *insiders*, que sufren presenciando el trabajo del arte. En otras palabras, debemos lograr nuestra exclusión del lugar como primer paso, para luego acceder a la interacción con la instalación *avant-garde*. Sobre este tema, véanse las notas del catálogo de Pablo Oyarzún (1998).

aprendizaje que nos guían hacia un conocimiento eventual, como por ejemplo el *quadrivium* medieval que da su nombre a esta instalación. Esta obra de arte también sirve como una introducción para nuestras ideas sobre la literatura, especialmente para participar de la discusión sobre la política textual que involucra actualmente a autores y lectores.

Personalmente sostengo que, mientras el neoliberalismo intenta dar relatos completos y totalizadores de la cultura de la globalización, cubriendo los desniveles entre nuestras diferentes historias con una pátina que las vuelve homogéneas, el arte y la literatura de vanguardia operan a partir de la hipótesis opuesta y exhiben las suturas donde los fragmentos están débilmente unidos. También revelan que el arte, al borde del derrumbamiento, "mágicamente" se reunifica a través de la intervención de espectadores o lectores comprometidos en el proceso narrativo. Esto no significa, sin embargo, que el arte de vanguardia rechace el concepto de la historia.

Exponer los márgenes, el entre lugar, las contradicciones irresolubles de la vida contemporánea, o los impulsos contrastantes del comercio y el arte, ha sido una parte importante de los aspectos festivos y revolucionarios del giro posmoderno; pero el campo simbólico también traza mapas alternativos para nuestras percepciones de la vida social. Responde a nuestro deseo apremiante de reconstruir, a partir de la forma fragmentaria o parcial, un sentido de la totalidad. Si insistimos en un deseo absoluto de armonía que nos lleve nostálgicamente a la leyenda de la completud arcaica o exalte las irrupciones del pensamiento incompleto como un desafío a la ley institucional, volveremos a esa eterna pulseada obsesiva entre la metonimia y la totalidad, que son posiblemente los dos tropos fundamentales de nuestra cultura.

Estas estrategias también nos recuerdan que los dilemas de responsabilidad aún constituyen el problema fundamental de la literatura y el arte. De hecho, en medio de un proyecto estético que señala las crisis y fisuras en el molde social existente, se abre un camino para la reflexión, un puente de comprensión comunitaria. En ese marco, se comprende la reconstrucción de una narrativa lineal, la renovada vuelta a los orígenes y al significado, la invitación que se le hace al extranjero para construir versiones alternativas de una historia dada. Aunque nuestro fin de siglo esté signado por su pasión por el melodrama y por la sensación de completud que las biografías y memorias literarias proporcionan al consumidor masivo, los textos de vanguardia establecen otro tipo de compromiso con esa completud. Exhiben las puntadas que cosen el tejido de la narración, revelando su artificio. De ese modo demuestran que la idea de lógica totalizadora que a menudo gobierna a la escritura orientada al mercado masivo, es ilusoria. Los textos de vanguardia exigen otras maneras para la aprehensión del arte.

En la literatura de hoy, este proyecto cultural se dirige a las ciudades donde el neoliberalismo tiene poder absoluto. Esto nos obliga a revisar todo concepto previo de una polis unificada o, como sugiere el trabajo de Gonzalo Díaz, el sentido unívoco de la palabra "nación". Haciendo estallar los escenarios urbanos, logrando que se transformen en sitios ferozmente contestatarios –capaces de poner a prueba la integridad de la narrativa oficial y la coherencia imaginaria de un discurso de la esfera pública que ha dejado de satisfacer nuestras necesidades– e interrumpiendo los modelos consumistas que proponen una forma totalizadora, la literatura de vanguardia, bajo los regímenes neoliberales, responde con tácticas de desplazamiento para construir una totalidad de su propia invención. A menudo, la inscripción de lo *popular* –desterrada del debate intelectual por su status marginal o delictivo– retorna a la literatura como una manera de sostener esta tensión. El tema popular nos impulsa, por consiguiente, hacia el movimiento, mientras que en otras zonas se valora la estabilidad. Interrumpe la calma uniforme de antes, moldeada por los efectos de la nostalgia o la prolija resolución del melodrama. La presencia de temas populares no solamente nos recuerda el abismo que se abre entre la experiencia y el idioma; señala también los modismos desplazados que exigen reintegrarse a la historia local. Sostiene un campo semejante al "intermezzo" deleuziano (Deleuze y Guattari, 1987: 25) y nos orienta hacia el deseo de encontrar la completud de la trama narrativa, en una época en la que todos parecen dar por sentado que no hay ninguna historia que contar.

"Quiero escribir una crónica veraz del lo que está pasando", afirma Renzi, el personaje de Ricardo Piglia, en *Plata quemada* (1997: 199), un texto al que volveré en las páginas siguientes de este capítulo. Este proyecto compromete a los escritores no sin lanzar también un guiño irónico a los lectores que comparten tanto el deseo de una narración convincente como un conocimiento cabal de los trucos narrativos del relato. Lo hace para proporcionar la argamasa narrativa que ligará todos los fragmentos, para atraer la atención sobre la habilidad del artista como si fuera un *bricoleur* que construye la ilusión de lo real. Especialmente en esta época de escepticismo y alteraciones infinitas de la verdad, estos proyectos narrativos nos invitan a reestructurar los paisajes geopolíticos que perturban las sucesiones temporales aceptadas o exponen las fisuras del conocimiento en boga. La narrativa, entonces, defiende su rebelión contra el orden establecido para sostener otras miradas. Esta operación se desarrolla en espacios ingobernables y a través de temas literarios que se expresan mediante lenguajes también ingobernables. "Santiago se disloca", observa Diamela Eltit en las últimas páginas de *Los trabajadores de la muerte* (1998: 205), una novela que también analizaremos en este capítulo. El abanico de voces y visiones, que se fragmenta en forma constante, pone a prueba el deseo de los lectores que esperan mantener la narrativa como unidad totalizante. A menudo *lo popular* está al servicio de estos proyectos de ruptura.

Cuando los escritores se vuelcan a las raíces populares como tema para la ficción, muestran esos sentidos opacados que subyacen al discurso oficial; nos remiten a una visión no autorizada del conjunto de la sociedad. Ese impulso nos permite reflexionar sobre los idiomas diferentes de la sociedad civil, ampliar la base para la experiencia común y reformular el sitio desde el cual el arte y la literatura inventan a sus espectadores y lectores. Aunque a menudo es acusada de actuar en favor de los intereses de las elites, como tantos críticos culturales han señalado últimamente, la literatura que regresa a los orígenes populares expone las mutilaciones del cuerpo social y revisa esas suturas con las que se pretende inútilmente ligar las partes fragmentadas. Finalmente, nos permite reflexionar sobre las intervenciones del conocimiento para llenar los vacíos y nos incita a pensar en el movimiento que gobierna la política y la forma de los textos.

Las páginas que siguen se ocupan del modo en que estos problemas han sido tratados a través de la literatura urbana y la crítica cultural de los últimos años. Estos textos estructuran el espacio con el objeto de encontrar alternativas para la comunidad y el arte. Proponen modos de inteligibilidad que estimulen la reflexión colectiva. Producen y defienden a las subjetividades diferentes que han dejado de interesar al Estado. Quisiera acercarme a las implicancias de este proyecto, principalmente en la literatura de la Argentina y Chile, pero el análisis puede extenderse a la problemática de la producción cultural en cualquier parte de América. El punto de partida es la ciudad y sus márgenes, el encuentro entre la tradición popular y la de elite, el conflicto de voces que compiten entre sí para revelar la política del texto literario.

Las ciudades del milenio perdido

En los tiempos de las primeras vanguardias culturales, la ciudad era la protagonista indiscutida. Los espacios oscuros de Dublín o París, de Santiago de Chile o Buenos Aires, eran el punto de convergencia de escrituras apasionadas y constituían el eje de las reflexiones sobre la expansión de las culturas metropolitanas y su laberinto de alienación y desesperación. Los novelistas y los poetas tentaron los límites de las realidades urbanas y exploraron las voces emergentes de figuras marginales. Basta recordar los vagabundeos de Borges por la periferia, las orillas o los barrios jalonados de árboles de una metrópoli porteña en crecimiento, las apologías de Juan Emar de las vidas humildes en la ciudad, o las exploraciones de Roberto Arlt y Manuel Rojas, que fueron atraídos por las ciudades para llevar a un primer plano el mundo de los delincuentes. Todos ellos cuestionan las fronteras frágiles que organizan los mapas urbanos; expresan tanto un sentimiento de fascinación como un miedo creciente. Pero aquí merece destacarse ese tipo de *excursus* posmoderno producido en los últimos años para dar a conocer las versiones de la ciudad, marcadas ya sea por el abandono y pérdida o por la esperanza de una repoblación. La ciudad despojada de sus habitantes anteriores, con su plaza pública evacuada, la ciudad que existe como un eco de idiomas previamente hablados, es un *sitio* apto para esta exploración. Pero se trata de una urbe que alberga simulacros donde las experiencias traducidas y las citas deformadas compensan las voces perdidas del pasado. Es también una ciudad tomada por un coro no identificable de voces populares, que permite a los lectores resemantizar las viejas obsesiones sobre las políticas de alianza y movimiento. Como si se tratara de entrar en conflicto con la pasión posmoderna por la fragmentariedad, la representación de esta *otra* ciudad a menudo remite a una estructura arcaica que promete una seguridad total.

Para continuar con la metáfora de Gonzalo Díaz, al tiempo que la narrativa contemporánea pareciera dejarnos abandonados en algún tramo de las vías del ferrocarril, entre la montaña y el mar, crea en nosotros el ansia de recuperar la ciudad ausente. Esta ficción impulsa al lector hacia una escena de integración, hacia una ciudad que exige un coro de voces para hablar sobre la relación entre la política y la cultura. En otros términos, esta ficción funciona a partir de un impulso para nombrar formaciones sociales todavía no identificadas y, en última instancia, para componer relatos abarcadores inferidos a partir del poder del discurso marginal.

Gonzalo Contreras reconstruye el sentimiento del ansia por la recuperación en su novela *La ciudad anterior* (1991), una investigación en un centro urbano abandonado, que deja a los individuos en un vacío ético con respecto al camino que debería tomarse para emprender una acción social. Este texto tan importante que mostró una manera de percibir la alienación de Chile bajo la dictadura, también proporcionó una interpretación de la fragmentación nacional que luego reiterarán otros escritores en Chile y en la Argentina. La novela empieza y concluye con el narrador de pie junto a la carretera Panamericana, fuera de la ciudad provinciana que ocupará más tarde el centro de la acción narrativa. El narrador de Contreras, enfrentado al dolor por su falta de caminos alternativos y por su alejamiento de una ciudad distante, comienza una odisea que no puede detenerse, un repliegue constante de los dilemas que le presenta su conflicto ético y afectivo. Y así como la carretera conecta los puntos distantes en el mapa político, también revela sitios de disyunción y acciones difíciles de interpretar.

En la ciudad anónima, la plaza principal vacía organiza todos los acontecimientos. La circundan luces de neón, dispositivos electrónicos, líneas telefónicas, y un enorme satélite de la televisión, todos ellos marcas tecnológicas que compensan cualquier iluminación personal o diálogo en la plaza pública. La plaza de la novela de Contreras –una resemantización de la plaza de *Lumpérica*, la novela de Diamela Eltit– nos invita a reflexionar sobre la ausencia de conversación coherente entre los individuos en los lugares públicos. "Todo el mundo en esta ciudad tiene algo que vender", observa al narrador (22). Son restos de una "ciudad anterior" que ha sido vaciada de significado político. Es ahora un centro dominado por una lógica mercantil de ventas e intercambio oportunistas, donde los ciudadanos, carentes de hábitos de unión o de causas en común, ignoran las posibilidades de mobilizar a las masas que los rodean. En la novela, nadie es capaz de "leer" la inquietud política. Así, los huelguistas obreros huidizos, mencionados de vez en cuando en el curso de la novela como un coro griego que encarna la memoria colectiva, son mayormente ignorados por los personajes principales. Los obreros constituyen una molestia poco importante hasta que sus marchas de resistencia ocupan la plaza principal y atentan contra la seguridad del pueblo. De esta manera, Contreras parece sugerirnos que esa actividad política está presente sólo si se es capaz de advertirla.

La novela, escrita durante los años de Pinochet, se anticipa al clima de la democracia neoliberal dominada por el mercado. Presenta a un grupo de personajes sospechosos y aventureros: un viajante que trafica en armas, un piloto de avión corrupto, aliado con el régimen militar, y un hombre inválido en silla de ruedas que es partidario de Pinochet. Su errancia plantea interrogantes sobre la política de movimiento y sobre la propia responsabilidad individual para darle sentido al conjunto. Los personajes invitan al lector a tomar en cuenta las vías de conocimiento que están disponibles para incorporar la acción social. Sobre todo, los protagonistas incitan a la reflexión sobre la ética desplazada y el peso de las experiencias contradictorias que no pueden absorberse por completo. Carlos Feria, el narrador, viaja sin rumbo a través de un país en ruinas para traficar con armas. Paradójicamente, promueve un producto que debería garantizar la seguridad individual, pero que, en verdad, conduce a la erradicación potencial de los que podrían ofrecerle diálogo y esperanza. También dentro del espacio de la paradoja, Araujo, un piloto responsable de haber arrojado a los disidentes de los aviones en 1973, se dedica a impregnar nubes para obtener ganancias de la lluvia. Como los otros, lucra con la manipulación de la naturaleza y la vida humana. El conflicto doble que surge de la unión de los campos visibles y ocultos de la experiencia, a través del contacto entre la naturaleza y el asesinato, es una clara alusión al horror de las desapariciones bajo los años del gobierno militar. Sin embargo, se refiere a la lógica de un mercado neoliberal que suprimiría todo rastro de pensamiento histórico. Por último, nos pide ordenar la experiencia para conectar el espacio entre la ética y la acción.

Contreras utiliza a sus personajes como señaladores de lugar en la ficción. En su calidad de personajes silenciosos, éstos se ofrecen como fragmentos de evidencia de las relaciones sociales dañadas; a través de sus movimientos, ponen de relieve los manejos ilegales de los individuos en un Estado ilegal. En efecto, la movilidad de sus personajes a través del pueblo provinciano o más allá de él, deja un mar de contradicciones sobre el pacto ético y la naturaleza del espacio "nacional" que los une. Finalmente, como Contreras permite a los lectores captar sólo momentos fugaces de las numerosas vidas fragmentarias que circulan en la novela, cuestiona la posibilidad de que una fábula ética totalizadora pueda existir más allá del marco de la ley.

Esta novela sumamente exitosa, cuya publicación coincidió con el retorno de la democracia en Chile, propone investigar –tal como algunos han afirmado– los modos de recuperación del sentido entre la población fraccionada y perdida (Cánovas, 1997: 87). También inicia una crítica de la cultura fragmentada, una posición que más adelante abrazarán otros escritores de la década. A los lectores toca suturar los fragmentos móviles que Contreras deja a la vista, acortando las distancias, vinculando a los personajes, dando coherencia a una serie de acciones conflictivas. El novelista opone, de este modo, la necesidad de una plenitud de forma a la desproporción del aporte ético, y pide que tomemos en cuenta los parámetros fallidos de conocimiento a través de los cuales el individuo establece un diálogo con otro. Por lo tanto, el autor fuerza al lector a dar cuenta de las distancias que distorsionan la naturaleza de las relaciones afectivas. ¿Qué se requiere para cerrar la brecha de esta lógica dislocada? ¿Cómo podemos recuperar un sentimiento de integridad en la acción y en la práctica? ¿Cómo podemos construir una ciudad?

La novela de Contreras nos plantea una serie de preguntas acerca de la intervención estética en el campo de referencia, y nos lleva a inquirir sobre el "referente real" de la narrativa de ficción en general. En otras palabras, a partir de este texto, podríamos preguntarnos cuál es la naturaleza del material que se desliza entre los cuerpos y los hechos sociales que están unidos en la ficción. *La ciudad anterior* habla de relaciones, proximidades y movimientos, cuerpos que se conectan con los sitios de conflicto social y los efectos mortales de una cultura regida por el mercado. En general, los movimientos en el espacio textual nos obligan a contrastar los saberes y la imaginación, la memoria y la fuerza creativa, con el soporte determinista de un proyecto neoliberal inflexible. A través de la movilidad de los cuerpos con respecto a crisis urbanas diferentes, este tipo de ficción reconoce una contradicción entre la experiencia individual específica y los proyectos políticos más amplios del Estado. Nos obliga a contemplar el espacio –el "entre lugar"– de lo que no se ha hablado, a considerar, a partir de los efectos del movimiento y la nominación, la posibilidad *ad interim* para el diálogo y el intercambio.

Los pensadores contemporáneos han reflexionado sobre estos movimientos tropísticos en la literatura para vincular cuerpos a hechos políticos con el propósito de definir lo que aún no tiene nombre. Benedict Anderson, por ejemplo, localiza una estructura de simultaneidad en la novela que nos permite imaginar la nación. Como la argamasa que mantiene unidos los elementos dispares del texto, la comprensión compartida enlaza personajes, lugares y acción (1991: 25). Pero la amalgama intersticial –quisiera agregar– que junta las diferentes representaciones, evoca algo más que una visión retrospectiva de nuestra herencia nacional compartida. De hecho, ofrece la posibilidad de una reflexión social acerca del futuro. Con respecto a esto, me inspiré en los sugestivos ensayos de Slavoj Zizek (1992) y Judith Butler (1993), cuando aluden a la "piedra real de referencia", lo cual contribuyó a aclararme ciertos aspectos de este punto. Para estos escritores, no se trata tanto de encontrar, de modo nominalista, una correspondencia exacta entre el nombre y el objeto. El problema es localizar el contenido social en el discurso, en los espacios entre la lengua y el referente, y entre los sujetos y sus objetos de deseo. Allí podrían rastrearse los "efectos" del idioma en la conformación de la visión política. Esta afirmación se basa en la creencia fundamental de que la lengua es activadora de cambios. Zizek sostiene, a través de este debate, que el lenguaje es una historia de normas que funciona por medio de la exclusión y de un juego de represiones con límites y fronteras propias. Y cuando el sujeto es excluido del discurso normativo, esto se convierte en la base de la identidad. Una negatividad definitoria surge a través de los actos de exclusión.

Es decir, soy definido por lo que no me permitirán ser. Mi "verdadera" identidad, por consiguiente, queda postergada tal vez indefinidamente.

Al mismo tiempo, el acto discursivo instaura un trauma con respecto a la distancia insalvable entre el idioma y nuestra comprensión de lo real. Dado que allí siempre existe un significado inalcanzable que escapa a nuestra comprensión, fallamos en nuestros intentos de expresar una versión coherente de la realidad. Lo real es lo no figurable, lo que siempre cambia de lugar y siempre es postergado. En el presente permanecemos en los *efectos* de la puja por significar y obtener un significado. No es que el lenguaje nos haga fracasar porque enseña lo obvio, sino más bien porque nunca puede recuperar un sentido completo de la experiencia real. De esa manera somos empujados a una reflexión angustiada.

¿Cómo podemos superar el trauma de no poder decir ni significar? ¿Cómo recuperamos la distancia entre los cuerpos y la representación? ¿Qué significa, por ejemplo, hablar sobre la historia, la democracia o la pérdida? Tal vez esta compleja danza en torno a la nominación de lo "real" (la "piedra real", como la llama Zizek) es la que condiciona nuestras propias definiciones como sujetos, así como nuestras propias experiencias en el espacio y el tiempo. Y en la América Latina de la posdictadura, donde el tabú es impuesto a la comunidad y donde los valores ajenos al mercado de consumo son suprimidos, la posible homologación de la lengua con esa "piedra de experiencia real" es tanto más elusiva.

Las ideas de Zizek contribuyen a que podamos hablar sobre la posibilidad de que la estética de la prosa y poesía latinoamericanas active nuestra memoria del pasado y proporcione un sentido colectivo del futuro. Por la situación altamente mediada de las lenguas –y por la dinámica de la diferencia que allí se produce– podemos acercarnos al reconocimiento, proponiendo verdades mucho más amplias sobre nuestra existencia política en el mundo. De haber aquí una tesis, ésta consistiría en que el espacio entre representaciones diferentes está cargado de sentidos insospechados. Permite realizar un entre lugar espacial desde el cual sean trazadas las subjetividades. Pero estas figuraciones conducen, a su vez, a futuros imaginarios políticos, que instituyen un modo de actuar y un sentido común colectivo no regulados por el Estado. Así, las estéticas de referencia no reemplazan la hipótesis racional (Jameson, 1992b); más bien, suministran una formulación diferente de la razón en general, abren un interrogante colectivo sobre la política y nos recuerdan cómo la historia fracasó al olvidarse de las distintas clases de nuevos desaparecidos –las mujeres, los sectores populares, las víctimas de la violencia política, los obreros–, cuyas acciones (como en el caso de los personajes en la novela de Contreras) pasan inadvertidos o persisten como una molestia social.

La representación y sus incitaciones

Los escritores y artistas han intentado llenar el vacío entre la experiencia dislocada y la significación. En *Cita capital* (1992), la chilena Guadalupe Santa Cruz diseña este proyecto sobre sujetos femeninos que viajan a través de los espacios urbanos. Traza un mapa de la ciudad de Santiago, cruzando líneas tradicionales de demarcación para dar nombre a lo no estructurado, al sentimiento de lo amorfo. Como lo sugiere el título de la novela, su proyecto es afianzar una *cita*, en su doble sentido, que implica a la vez una referencia y un encuentro, un punto de convergencia entre el nombre y el objeto, entre el pasado y las enunciaciones del presente.

¿Existe algún idioma capaz de nombrar la cartografía densa de los cuerpos que pueblan el laberinto urbano? ¿O es siempre necesario empezar a reinventar cada vez la sintaxis y el sonido? Santa Cruz confiere identidad a su protagonista a través de varios dispositivos, que van desde el enfoque de la lente de una cámara hasta la miniatura como *souvenir*. Asimismo, el ojo especializado del cirujano y la mirada del verdugo confluyen en las aproximaciones diferentes al cuerpo de la mujer. En una escena, la protagonista de *Cita capital* le dice irónicamente al doctor de la novela: "Tú sabes dónde comienza y termina el cuerpo" (74). Reconoce de este modo que la ciencia médica tiene mayor poder sobre la manipulación de la verdad que el mundo de la intuición o de los sentimientos. ¿Pero estos puntos en verdad se cruzan? ¿Podemos localizar con precisión los sitios donde la subjetividad y la ciencia convergen? ¿O estamos tan inmersos en el pensamiento binario que nos vemos imposibilitados de expresar lenguas alternativas o de reconocer otras fuentes de significado? En su lucha contra el olvido impuesta por el Estado mercantil y los sistemas fijos de citas, los personajes de Santa Cruz optan por susurros y ritmos intersticiales. El poder de la sugerencia cuenta más que las afirmaciones directas y los enunciados declarativos. Al cerrar la brecha entre sujeto y objeto, entre nombre y referente, el narrador espera que se dé "la reproducción de los objetos en sus ritmos orgánicos" (192).

En *La letra de lo mínimo*, Tununa Mercado alaba el poder del cuchicheo de las mujeres como una manera de construir una comunidad y estructurar una narración alternativa (1994: 43). Mercado localiza el cuchicheo en su pura fisicalidad, en sus representaciones materiales. Llena el espacio entre los discursos ya existentes y anuncia cierta transgresión. Es, en otros términos, una inesperada presencia invasora construida con la mirada puesta en la interrupción. Por sus posibilidades subversivas –yo agregaría– también permite sentar las bases para un proyecto estético. La meta aquí no es identificar los hilos de la experiencia humana fundada en la nostalgia; más bien, los comentarios de Mercado con respecto al cuchicheo señalan un desajuste entre el idioma y el contenido. Denuncian la necesidad de una voz alternativa. De modo semejante, Santa Cruz se dirige a la presencia orgánica de una voz que une representaciones pasadas y futuras en el lenguaje, movimientos semióticos del discurso capaces de nombrar cuerpos que permanecen alejados del encanto de la estética universal. En *El contagio* (1997a), por ejemplo, Santa Cruz propone un campo lingüístico revisado, con el fin de conferir autoridad a nuevos cuerpos y voces. En una sección de su novela, dice:

> Me brotaban por la boca letras hasta la frente, oscureciendo la visión del mi a mundo, echando hacia adentro la sangre, palabras pulsadas, tictac liquido repetido en venas. En vano rostro se distampaba un canto orfebre, epifania que por coro llevaba el son *humanido.* Refregado, repercutido, mientras yo cocineaba canturrando. Es corpe humanido cariñaban partias de un de mio. Ser. Fragaban en disconcierto, fregatas, friegando alanzas de nochizo jurare: tambala mandibuleo y el simiento. Ne timoro ni agano, alindamesos del foresto mas cureado, solicio antro, esnuda patula dos fertiente, avor es manos, arcaicio (1997a: 141).

El idioma familiar se desintegra hasta alcanzar una forma casi irreconocible. Basado en las estructuras de una lengua que antaño era comprensible, el discurso se vuelve ahora pulsional; toma otros ritmos. Esta práctica señala un espacio desconocido de deseos no controlados por las leyes de la ciencia o por doctores que, en la novela, colaboran en los campos de prisioneros y en la tortura en Chile. Santa Cruz nos pide que miremos las diferentes normas para inferir significados. El fragmento y la frase desmembrada son apenas la base para la reconstrucción de un todo.

Los intelectuales latinoamericanos se han obsesionado con estas cuestiones formales del nombre y la locación, con el propósito de invertir los parámetros poco confiables de significación histórica y de ampliar el campo de los significados. Entretanto, presentan retos a los modos ya existentes de citar y plantean una interrogación en las estéticas de espacio y locación. Esta propuesta no es muy diferente de la crítica ofrecida por Zizek, por cuanto todo funciona para potenciar el fragmento. El intersticio y el espacio del entre lugar constituyen la base de una política textual que atenta contra la comodidad de la tradición narrativa; evidencian también el deseo de reconstruir a partir de la brecha. Eugenia Brito, por ejemplo, elogia las creaciones híbridas derivadas de la intersticialidad: "Es el hueco... el que irradia luz sobre esa oscuridad de la que emerge la 'trama'" (1990: 181). El vacío otorga su significado a la historia; ilumina el reconocimiento.

Muchos han escrito en defensa del fragmento como una resistencia a la integridad (Richard, 1994b, 1998) y celebran las formas discontinuas de expresión como una técnica alternativa, en oposición a la memoria lineal. El pastiche, el fragmento desparejo y las formas híbridas de representación otorgan voz a los mensajes no planificados; se abren a la cultura del margen. A la vez, atropellan los esfuerzos totalizadores identificados con el poder oficial y proponen una alternativa a la noción de memoria histórica como concepto acabado de por sí. E incluso en su parcialidad, mejor dicho, precisamente a causa de su forma incompleta, estos fragmentos de experiencia documentan una posible subjetividad no sancionada por el Estado ni por el mercado. Nelly Richard alega que esta perspectiva fragmentada también requiere un *salto* (1994b: 15). En el *salto* reside la ruptura del orden y la lógica lineal. Introduce el desorden en la memoria y desfigura el patrimonio del Estado y del mercado. En vez de plantear una disyuntiva, quisiera establecer que el fragmento revela un deseo de totalidad reintegrada. No se trata simplemente, por lo tanto, de un salto al abismo, sino de un movimiento hacia la reconceptualización, en aras de nuevas posibilidades estéticas, de nuevas configuraciones sociales.

Abordando este mismo problema desde la perspectiva del discurso lírico, el poeta argentino Arturo Carrera indaga en el misterio de la separación y las correspondencias que presenta el texto literario (1993: 13). El modo en que se yuxtaponen los fragmentos de imágenes y los sitios dislocados de la experiencia durante el proceso poético se asemeja al movimiento del tropismo:

> Tropismos [...] Son movimientos que desconciertan las voluntades, las pasiones, los deseos. Son tan secretos que se impulsan en un juego de oca de las sensaciones, hasta alcanzar un contenido nuevo, siempre nuevo y poco profanable: el misterio. Y de él emana una especie de banda de continua belleza, una conmoción, lenta e instantánea (56-57).

El tropismo no como un movimiento del azar, sino como una iniciación en el conocimiento. Carrera amplía este concepto en su poesía. En *La banda oscura de Alejandro* (1994), el poeta insiste en una imagen astillada del mundo como base de la poética moderna; "Un ser no se afirma todavía en su ser / Un ser se afirma todavía en el terror de su música discontinua" ("Siesta", 10). La discontinuidad y el exceso son, en consecuencia, motivo de celebración. Escribe en "El color índigo": "¿Qué nos une / sino su esponjoso exceso de voluptuosidades?" (20). Este sentido refractario del objeto estético se traduce en un mundo de posible comunidad; la imagen parcelada inventa un posible público de lectores unidos. A partir de la estrofa poética, la belleza reposa en las facciones múltiples, en la banda oscura que separa los colores diferentes del arco iris. Este espacio, que da título al libro de Carrera, promete un entorno para el cruce de referencias de estabilidad y exceso. Es tanto una fuente de placer estético como un sitio para la reelaboración del conocimiento.

En la crítica latinoamericana moderna, prevalecen los despliegues estratégicos de discontinuidad espacial. Más allá del muy celebrado debate sobre este tema propuesto por Homi Bhabha (1994), estos despliegues reflejan la inquietud del crítico frente a una totalidad que podría entenderse como la historia oficial; pero también sugieren otra manera de lidiar con el presente y el pasado a través de un significado alternativo del *todo*. El poeta y crítico uruguayo Hugo Achugar aclara este punto al hacer hincapié en la azarosa multiplicidad del arte como manera de homologar los espacios sociales (1992, 1994). Pero ¿qué relación mantiene la estética posmoderna con el pasado? Para Richard, la misma parcialidad del fragmento nos permite superar la nostalgia (en la medida en que la nostalgia surge de un efecto totalizador de la memoria). Nos da la posibilidad de establecer una relación con el pasado, relación siempre crítica y perturbadora, y nunca completada del todo cómodamente. Achugar, sin embargo, encuentra sentido histórico en la transgresión de los límites, en el punto en que se cruzan el arte público y el privado, lo popular y lo elevado, donde el mundo de los simulacros roza lo sublime. A partir de este arte descentrado, aparentemente intranscendente –un arte que sólo nos permite registrar el acto de representación y no la coherencia ideológica entre las cosas–, lo político aparece en el proceso de la interpretación y el análisis, y en el espacio de la imaginación del lector, allí donde se cocina a fuego lento el conflicto entre una visión totalizadora de la historia y la especificidad de pasado personal. Achugar localiza la lectura política en el *residuo*, en lo que no puede mantenerse dentro categorías rígidas (1992: 94). Eso es también lo que queda de una cultura nacional una vez que se la despoja de estereotipos.

> Lo que queda, aquello de lo que no podemos dar cuenta. Lo que no queremos o no podemos explicar. Lo que está ahí, frente a nuestros ojos, pero no sabemos ver, no nos han enseñado a ver, cuando no tenemos palabras o conceptos para ver y dar cuenta. Aquello que otros, el otro/la otra, en cambio, sí pueden ver. Lo inexplicable, aquello que las macro o micro teorías dejan de lado, desplazan, marginan, porque complica o contradice lo que se entiende como fundamental (1992: 95).

La literatura trabaja desde el residuo para provocar sorpresas en nuestras conexiones asociativas normales entre acontecimientos históricos. Su objetivo es provocar perspectivas diferentes de ciudadanía y acción. El residuo –quisiera dejar constancia– está significativamente marcado por la desviación en las representaciones narrativas de la sexualidad y el género, y en la emergencia de un sujeto popular invalidado que, en los últimos años, parece haber perdido su lugar en la teoría política. Pero también reorienta la cultura hacia el enfoque local. Es más, este arraigo local, como nos lo recordaría Renato Ortiz (1996), nos vuelve a situar ante el sujeto popular.

Excitaciones populares

El trabajo de Pedro Lemebel, uno de los escritores contemporáneos más interesantes de Chile, destaca las oposiciones entre el conocimiento total y el fragmentario, utilizando los recursos de la subjetividad homosexual para enunciar el arraigo local tan alabado a menudo por los críticos culturales, pero rara vez presente en sus puntos de vista. De la abierta atención prestada a la *voz* popular, surge en su obra una lógica totalizadora. *La esquina es mi corazón* (1995), el primer libro de Lemebel, retoma el estilo de la crónica para describir la ciudad de Santiago desde una perspectiva decididamente gay. Esta visión gay de la ciudad le proporciona un modelo para enfrentar las micropolíticas al poder del Estado. Lemebel reconoce las tensiones entre el paradigma del mercado y lo que él llama "los desechos sudamericanos" (18). Elige presentar su visión como un problema espacial, como una geografía de los exiliados internos (20), que siguen siendo marginales en Chile a pesar del retorno de la democracia. El resultado es una utopía social deshecha y compensada por lo que el autor denomina "una loca geografía" (85), una geografía que es, en el doble sentido de la palabra "loca", tanto "marica" como "demente".[2] Un creciente coro de voces no autorizadas llenan la ciudad. Surgen del salón de belleza, los baños, las esquinas callejeras, el parque público principal. Como lugares para los intercambios políticos potenciales de cuerpos, interrumpen simultáneamente todos los mapas de planificación urbana que señalan espacios uniformes y homogéneos. En estos sitios, escribe Soledad Bianchi (1999), ninguna prohibición se sostiene, nada es censurado ni limitado a una única perspectiva.

Lemebel se basa en los principios del antiorden, reuniendo elementos residuales de la ciudad. Privilegia los objetos, figuras y sucesos que caen fuera del mercado. Nombra a sujetos sexuales que se niegan a ser encasillados en la economía del Estado democrático. En consecuencia, el escritor

---

2. La referencia a Chile como un lugar de "loca geografía", obviamente se basa en la construcción arquetípica de las figuras chilenas que hizo Benjamín Subercaseaux, y que fue publicada en 1943. Sobre esto, *cf. Chile o una loca geografía.*

rechaza la tendencia al olvido que caracteriza a la política contemporánea en Chile:

> Pareciera que a estas alturas del siglo, la memoria del dolor fuera un video clip bailable con un paquete de papas fritas. Pareciera que en este mismo film, rodaran juntos desaparecidos, judíos, mujeres, negros y maricas pisoteados por las suelas orugas de bototos, zapatillas Adidas y tanques. Pareciera que en cada giro de cascos se reiterara el desprecio por la democracia. Pareciera que en el ángulo recto del paso de parada, los testículos en hileras, fueran granadas de reserva a punto de detonar nuevamente sobre La Moneda (42).

La transición al régimen democrático es contrarrestada por una violencia irresoluble. Frente al lustre neutro del orden democrático, un desorden potencialmente explosivo estremece los márgenes de la sociedad.

Las obsesiones de Lemebel por lograr una perspectiva oblicua de la política cultural, por alcanzar una visión desde los márgenes que dé cuenta de los acontecimientos radicales de la política chilena a partir de la transición a la democracia, son parte integrante de su proyecto de escritura, en particular de la *crónica* como forma literaria. Género híbrido para representar la naturaleza híbrida de la ciudad, para expresar la naturaleza permeable del intercambio cultural que prevalece aun a pesar de los regímenes neoliberales, las crónicas de Lemebel permiten viajar a través de un campo de artefactos culturales provenientes de los Estados Unidos y de Europa, desde la política hasta los medios de comunicación, para forjar modelos globales alternativos, al estilo de las mantas hechas con retazos, para recubrir el mapa Norte/Sur.

En *Loco afán* (1996), el virus del sida es el síntoma de una enfermedad generalizada que se extiende por todo Chile: las comunidades sociales deshechas, las condiciones de deterioro en la ciudad, la presencia de un modelo de globalización que sólo sirve para infligir daño en los asuntos locales, en tanto aliena a los individuos privándolos del trabajo y el placer. Lemebel alude directamente al virus que ha castigado a la comunidad gay de Santiago, y se refiere también al trauma del sida para hablar de la plaga de la democracia y la crisis de la cultura. En "La noche de los visones" (11-23), por ejemplo, rastrea los cambios ocurridos en el cuerpo masculino gay desde la época del gobierno de la Unidad Popular de Allende hasta la democracia actual regida por el mercado. Tanto en las celebraciones festivas de los travestis pobres en la víspera del Año Nuevo de 1973, captadas en una fotografía, como en los rituales solemnes llevados a cabo en los ámbitos neoliberales, Lemebel observa irónicamente las transformaciones en los cuerpos de una comunidad victimizada por los modelos globalizados:

> La foto despide el siglo con el plumaje raído de las locas aún torcidas, aún folklóricas en sus ademanes ilegales. Pareciera un friso arcaico donde la intromisión del patrón gay, todavía no había puesto su marca. Donde el territorio nativo aún no recibía el contagio de la plaga, como recolonización a través de los fluidos corporales [...] El "hombre homosexual" o "mister gay" era una construcción de potencia narcisa que no cabía en el espejo desnutrido de nuestras locas (22).

La paradoja de la inversión es clara. A pesar de que la dictadura insistió en la virilidad del Estado, permitió no obstante la presencia de la loca travestida. El neoliberalismo, en cambio, con su presunta tolerancia hacia la diferencia, impone un imaginario masculino aun en los sujetos más invertidos. La imagen masculinizada del homosexual, copiada de modelos estadounidenses, suplanta las estéticas previas del travesti. Sin embargo, Lemebel buscará los lugares poco usuales donde todavía reina la loca. Así, el estilo de Madonna es imitado por un travesti de origen mapuche que remeda a su ídolo del Norte con frases hechas y clichés en inglés. En otro caso, la imagen de un travesti en un museo público cuestiona la censura bajo el régimen democrático ("La muerte de Madonna", 33-40). De hecho, el entrecruce de campos semánticos domina

Loco afán, al punto de que el discurso global del mercado, que doblega a Chile en los años noventa, inevitablemente doblega (e *infecta*) también el cuerpo de la obra de Lemebel.

Al igual que la instalación de Gonzalo Díaz citada al principio de este capítulo, los textos de Lemebel se concentran en escenas fijas de reconocimiento (la fotografía, la imagen televisada) con el propósito de avivar un movimiento ingobernable de cuerpos y voces. Sin embargo, el autor obliga al lector en repetidas ocasiones a encontrar la *conexión* entre las elites y las masas populares, ya sea a través de las figuras marginales en *Loco afán* o de las celebridades políticas bien conocidas en *De perlas y cicatrices* (1998). Desde las personalidades de los medios de comunicación que lograron su fama durante los años del gobierno de Pinochet, hasta las representaciones irónicas de las figuras populares del barrio, los personajes de Lemebel conducen a una plenitud de significados; las referencias intersticiales irrumpen en un discurso monumental. Así, el paisaje bucólico de la cordillera se convierte en un pretexto para hablar sobre la criminalidad y las drogas; la riqueza de la nueva burguesía se yuxtapone a la representación de los *rotos*. Los personajes de Lemebel proclaman la inestabilidad de Chile ante la ley. Nos recuerdan, como un crítico ha notado, la naturaleza provisional del presente (Bhabha, 1994: 216). El repertorio de personajes extrañamente homologados, desde altos ejecutivos hasta personificaciones de subalternidad, nos permite ver la fisura apenas sostenida por las realidades históricas discontinuas de Chile. Los personajes nos muestran las diferencias entre la vida privada y la versión mediática de la cultura global, pero también ponen al descubierto el poder de la voz como factor unificador que da coherencia a esta versión rebelde de la historia y estructura los textos de Lemebel. Muchos textos fomentan la oralidad como una manera de refutar el discurso oficial (*cf.*, las obras de Carmen Berenguer, Hernán Rivera Letelier y Lucía Guerra, que se nutren en las fuentes populares; y de Alberto Fuguet, quien utilizó las voces de la juventud de la clase media en sus primeras obras y hoy cultiva las voces populares), pero la crónica de Lemebel, por su forma literaria no autorizada, depende del habla popular para atravesar el mapa urbano. En este contexto, es interesante notar que la evolución de Lemebel como escritor abarca desde sus silenciosas *puestas en escena* de la cultura marginal (me refiero a sus primeras *performances* con Francisco Casas), hasta la recuperación de la *oralidad* inspirada en el habla de los pobres de la ciudad. El hecho de que sus textos hayan sido escritos para ser presentados por radio (a través de Radio Tierra) confirma el éxito creciente de lo popular.[3]

En los primeros capítulos me referí al estilo como una resistencia desde abajo a las instituciones de la moda, una idea que tomé prestada de Roberto Echavarren. Sin embargo, también puede alegarse que el *estilo de voz* es un desafío a la *moda* de la lengua. La aberración con respecto a la norma lingüística es lo que más atrapa nuestra imaginación. Y en el caso de Lemebel, la figura marginal de los barrios, cuya forma de hablar no ha sido todavía adoptada por la moda o el discurso oficial, presenta una voz contestaria, un desafío al orden institucional. En ese sentido, la crónica, como un intercambio de voces, atenta contra la narrativa consagrada y la autoridad de la llamada literatura "seria". En otras palabras, depende del tipo de lenguaje subalterno que altere a la lengua dominante.

En la primera crónica de *Perlas y cicatrices* ("Las joyas del golpe", 11-13), los sectores de la elite apoyaban la dictadura donando joyas para respaldar a Pinochet. Cuando una señora de la aristocracia ve después su broche donado en el vestido de otra mujer, pierde todo el control del habla, se vuelve inepta y afásica. En ese momento, Lemebel la compara con el *roto* chileno, o con el mundo de los pobres más indigentes, por cuanto su indignación la excluye del mundo de

---

3. En efecto, las crónicas de su obra reciente, *De perlas y cicatrices* (1998), ponen en evidencia este interés. Aquí Lemebel trabaja a partir de tópicos populares para crear un estilo. Sus puntos de vista sobre estos textos se han convertido en un testimonio sobre el poder del intercambio oral-auditivo, es decir, de la seducción del otro anónimo a través de la audición.

las elites. El autor utiliza este episodio trivial, una escena miniaturesca de conflicto que involucra a una sola clase social, para llegar a lugares que la cultura de la elite raramente toca. Tanto el *roto* como la elite hablan de la injusticia en un idioma incomprensible para los defensores de la ley.

Como un conjunto de intervenciones creativas, estos textos invierten las formas canónicas de la literatura; desestabilizan las cartografías aceptadas de significado que dan forma a ciudades y naciones; socavan los vínculos preestablecidos entre las voces populares y las tradiciones de la elite. Es más, estas crónicas cuestionan el nexo entre las fuerzas locales y las globales, entre los idiomas dominantes y los subalternos que han sido alineados en relaciones de poder jerárquico. Hace unos años, el crítico y novelista brasileño Silviano Santiago (1975) tocó el problema para hablar del entrelugar causado por las estrategias de la traducción. Preocupado por las consideraciones locales y globales, Santiago alegó que el objetivo de la traducción no era el de resaltar la tensión entre el texto original y su copia, sino el de independizarse de la autoridad del modelo y mostrar el valor de las microprácticas. A través de los vacíos léxicos, las pausas, y el tráfico entre culturas, la traducción abre las dimensiones de la experiencia y pone todas las imágenes en movimiento. Así, rompe cualquier artificio de contención y destruye los conceptos esencialistas de unidad. Este ejercicio móvil también es una manera de ensanchar la brecha entre la imagen estable de un pasado histórico fijo y la volatilidad de un presente indeterminado, un esfuerzo de elasticidad que muestra el rango de las culturas urbanas, un ejercicio de traducción que establece un *intermezzo* (en el sentido deleuziano) con el propósito de poner a prueba nuestras percepciones de las referencias. Finalmente, el movimiento de traducción entre la elite y las voces populares nos permite examinar la construcción de los mitos dominantes que controlan nuestro fin de siglo. En este aspecto, nos estimula a elaborar una crítica del conjunto de la sociedad.

Las voces adictivas

Los textos más interesante de América Latina se dedican a estas metáforas de la traducción; buscan el entre lugar; investigan la fractura y la recomposición de discursos históricos y culturales. De los idiomas resultantes de Babel, a menudo surge un anhelo de comunidad. La ciudad ausente se llena con un coro de voces que buscan un proyecto en común. Este estilo de escritura basada en historias menores que eluden la ley universal y adulteran los significados, sostiene una micropolítica en el campo de la representación. Ricardo Piglia y Diamela Eltit, dos de los escritores principales del Cono Sur, producen esta clase de narración para formular una crítica al mercado y al Estado neoliberal. En sus obras, ellos se refieren a las voces menores como un primer paso para imaginar unidades sociales alternativas, pero también reclutan estas voces populares para señalar los fracasos de la sociedad y los límites de la historia que puede ser narrada.

La novela de Ricardo Piglia, *Plata quemada* (1997), desarrolla las contradicciones de un grupo de matones en conflicto con la ley. Elaborando una historia verdadera a partir de un enfrentamiento entre policías y ladrones, Piglia ubica su relato en 1965, un período que presagia los horrores del régimen militar y la exaltación de la lógica de libre mercado. Destaca un momento en la historia en que los delincuentes comunes y los hombres de ley empiezan a compartir el mismo *ethos* y la misma perspectiva. La historia trata de un robo de banco planeado en Buenos Aires, seguido de la fuga de los delincuentes y de su enfrentamiento posterior con la policía de Montevideo. Está escrita con el oído atento al lenguaje sórdido de los que pertenecen al bajo mundo de la droga y de las cárceles. La novela de Piglia tantea la relación entre la oralidad y la ficción, entre la ficción creada por el relato de una historia y su extraña similitud con el proceso histórico. La trama se desarrolla en un centro metropolitano que está por experimentar un cambio radical.

Piglia, que es uno de los mejores analistas de la política cultural argentina del siglo XIX, insiste en que veamos la conexión obvia entre la fuga de los delincuentes a Montevideo y la fuga, cien años antes, de los exiliados del régimen de Rosas. Se trata de un hecho fundante que inaugura un nuevo estilo de hacer historia. En este acción aparece tanto la promesa del liberalismo como la incitación a crear una modernidad argentina. Pero a diferencia de las figuras imponentes de Mármol y Echeverría –hombres de letras argentinos que buscaron asilo en Uruguay– los desterrados de Piglia son una banda de matones que ostentan una pasión por el dinero; la criminalidad distorsiona cualquier pilar previamente sostenido en ideales utópicos. Esta visión dual, que Piglia describió una vez –refiriéndose a Sarmiento– como un caso de "estrabismo argentino", es un deseo bipolar orientado tanto a la grandeza de la civilización europea como a la seducción que ejerce la barbarie local (1994). Aquí Piglia acosa la memoria del lector con una doble historia literaria: la fundacional y la transgresora. Pero también puede interpretarse como un cruce entre la corrupción estatal, a nivel oficial, y la delincuencia acechante de figuras subalternas en el corazón mismo de la cultura urbana. Entretanto, Piglia somete a prueba la distancia entre lo performativo y el valor, entre el espectáculo del crimen (tal como es relatado en los medios de comunicación) y los atributos simbólicos depositados en el consumismo y la disponibilidad de *dinero*. Piglia recuerda no solamente el poder adquisitivo del dinero, sino también nuestra voracidad por los billetes en sí, nuestro deseo de posesión. Lejos del "realismo virtual" generado por la computación o por los mercados neoliberales que comercian en símbolos abstractos sin tomar en cuenta el peso o las consecuencias de la medidas neoliberales, Piglia nos permite, en *Plata quemada*, un amplio margen de maniobra con relación a la forma bruta del dinero, que aquí es percibido no tanto como un medio simbólico de intercambio sino como fajos de billetes listos para ser robados, transportados, incinerados y destruidos. Este proceso contrasta con la falta de corporalidad de las teorías económicas actuales. Desafiando abiertamente la ley universal que regula las casas de cambio en ciudades metropolitanas como Nueva York o Tokio, el escritor sostiene un debate sobre la *materialidad* del dinero a través de las voces populares que transgreden los límites de la ley.

Piglia no es el único que presenta de este modo la cultura contemporánea. El conflicto que sostienen la policía y los ladrones es tema asimismo de gran parte de la literatura de hoy y también de los films más recientes. *Johnny Cien Pesos*, de Gustavo Graef Merino, 1993, o *Caballos salvajes*, de Marcelo Piñeyro, 1995, son algunas de las películas comerciales que utilizan los tropos de los espectáculos mediatizados y de los asaltos a bancos para luego denunciar el materialismo y la codicia de la sociedad neoliberal. La cuestión sobre el deseo y la creación de conceptos de valor se encuentra en la base de estos mecanismos. La temática de los directores de estas nuevas películas populares gira alrededor de los ricos y de los pobres, al tiempo que evoca la voracidad de los medios de comunicación y del Estado neoliberal, los cuales explotan y desprecian a la vez a los sujetos populares que ingresan en su esfera. Así, estas películas se centran indirectamente en lo que se pierde del espectáculo del crimen cuando es enfocado por los medios masivos. Subrayan la necesidad de experimentar el deseo directamente (dándole forma y nombre) y destacan los esfuerzos por otorgarles valor a los símbolos abstractos, con el fin de crear un pacto ético. Sin embargo, Piglia va más allá de estos proyectos cinematográficos cuando busca explorar las maneras en que la pasión por el dinero y las drogas adquiere una forma material en la lengua. Pone en evidencia la complejidad de la narrativa precisamente en ese punto en que las voces populares contribuyen a la densidad de la experiencia y la representación.

Comencé este libro con una reflexión sobre la *distancia* entre la teoría intelectual y los sujetos populares, una distancia que parecía acrecentarse a medida que se aproximaba el fin de siglo. Así, mientras los críticos del Cono Sur tienden a alejarse de las figuras populares, repudiando los movimientos sociales y apartándose de los intereses de los sectores marginales, los escritores creativos acuden a las voces populares para construir un campo de "diferencia" que funcione como desafío estético y como crítica social. Por supuesto, la "diferencia" derivada de la oposición entre la clase dominante y los subalternos siempre ha sido el fundamento de la literatura, desde los tiempos medievales hasta el romanticismo en su apología costumbrista. Esto ha estimulado un proyecto estético de contraste así como un debate social, permitiendo el acceso a lo que algunos han llamado "la visión de los vencidos" en textos cultos.[4] En la Argentina, en particular, este fenómeno se extiende desde la literatura gauchesca del siglo XIX hasta los tratamientos estetizados de los criollos e inmigrantes de los años veinte y treinta (piénsese, por ejemplo, en la poesía temprana de Borges, las ficciones de Arlt, o el teatro criollo de Discépolo). La oralidad, por otra parte, se mantiene a través de la evocación del discurso popular, ya sea en el descarnado estilo de Puig –que borró los cuerpos para permitir que las voces de la clase media sirvieran como base para la caracterización–, ya sea en la transposición de códigos de César Aria –que se burla de las pretensiones de las diferentes clases sociales–. Incluso las novelas basadas en la nostalgia, de escritores como Roberto Raschella y Antonio Dal Massetto, recuperan el idiolecto italiano con el fin de hacer notar las visiones alternativas de la ley y la comunidad social. Piglia también es heredero de estas tradiciones híbridas, pero en *Plata quemada* utiliza la conversación entre las figuras marginales para resaltar el tema de las drogas y el crimen. Escrita en la jerga del bajo mundo porteño de hoy, la novela está impregnada de violencia. Es más, Piglia no permitirá que el lector evada este componente fundamental de estilo; de hecho, ni siguiera el público más reacio puede soslayar este elogio desmesurado de la delincuencia y de la expresión

---

4. En este caso, estoy trabajando contra la corriente, ya que críticos como Martin Lienhard y Antonio Cornejo Polar excluyen a las naciones con poblaciones indígenas pequeñas del debate sobre la oralidad y la literatura. Sobre este tema siento más coincidencias con Martin Klaus Schaffauer (1998), quien explora y defiende el significado de la oralidad en la escritura rioplatense.

oral. El intercambio verbal entre ladrones llevado al primer plano se convierte en el principal centro de atención de Piglia cuando combina el estilo aberrante con la crítica social.

En este caso, el estilo, como escribieron Deleuze y Guattari, ofrece la posibilidad de crear una lengua alternativa de la memoria. En *Las mil mesetas*, por ejemplo, Deleuze y Guattari lo explicitan: "Lo que se llama 'un estilo' puede ser la cosa más natural del mundo; no es más que el procedimiento de una variación continua, un conjunto de enunciados que inevitablemente producen una lengua dentro de otra lengua" (1987: 97-98). En efecto, como estos escritores detallan en otra parte, el estilo constituye la base de un idioma menor, que amenaza a la lengua dominante (105). De este modo, el estilo expone los conflictos entre distintas estrategias de representación; anuncia la intrusión de un elemento nuevo, una distancia traumática entre idiomas que pertenecen a un conjunto social. Para exacerbar este conflicto, la literatura acude con frecuencia a la representación de las clases bajas, las voces de los marginales o los inmigrantes.

Piglia da un paso más allá e indaga deliberadamente en los efectos de nuestros forcejeos por alcanzar la significación, mientras busca en el discurso del subalterno una manera de poner en primer plano tanto el poder de la marginalidad como la corrupción del Estado. "Malito concebía el asalto como una operación militar", escribe Piglia, sugiriendo en el comienzo mismo de la novela las superposiciones entre delincuentes y oficiales del Estado, los cuales comparten un arsenal similar de metáforas e imágenes relacionadas con el deseo de poder (20). Esto también está vinculado a un esfuerzo parecido por reconstruir los eslabones entre pasado y presente. En *Plata quemada* el aspecto aparentemente lineal de la narración que expone los planes de los delincuentes para robar un banco, la fuga y la captura subsiguientes, se interrumpe reiteradamente por una sintaxis temporal distorsionada. El *antes* y el *después* están tan naturalmente puestos en evidencia en el texto que no podemos sino cuestionar el artificio de toda narración lineal. Piglia nos recuerda igualmente los trucos de los medios de comunicación que contribuyen a este debate sobre el estilo. Ampliada por las crónicas de los diarios, y por las transmisiones televisivas y radiofónicas armadas por la policía, la novela confunde el orden de los acontecimientos en su conjunto, pero también construye una extraña lógica secuencial para justificar la veracidad del relato. Renzi, por ejemplo, un personaje que figura en todas las ficciones de Piglia, reaparece en la novela, esta vez como periodista. Sigue de cerca los sucesos, estructurando un antes y un después, hasta que en los últimos capítulos se convierte en una figura importante con voz propia. Renzi nos confiesa su sueño de alcanzar la verdad incontestable de los hechos. Más aún, observando las actividades incendiarias de los lumpen que protagonizan la novela, reúne el valor suficiente para confrontar verbalmente al jefe de la policía y exponer las inexactitudes de su versión de la historia. Su recompensa por el reportaje y la persistencia es, en consecuencia, el permiso para desafiar las demandas del Estado.

Plata quemada plantea una serie de preguntas sobre la autoridad de la narración: ¿quién tiene el poder de acceso a la información, quién controla la retrospección, quién domina la atención del Estado y usurpa la confianza de los lectores, quién controla el arte de narrar? En este contexto, el registro de las voces es siempre sospechoso. Como Piglia nos sugiere, aun las transcripciones están abiertas a múltiples lecturas. Sin embargo, estas vías posibles de análisis, que pertenecen a todos los géneros de la ficción, aquí producen resonancias sorprendentes que evocan la distancia entre la experiencia y su registro. Malito, por ejemplo, lee la información sobre sus compañeros delincuentes en el diario, y se sorprende al ver la velocidad con que se imprime el reportaje y la imagen de sus amigos. Los personajes también miran los noticieros televisivos para enterarse de su propia guerra en la ciudad. De este modo, la realidad virtual suplanta todos los efectos de la experiencia directa: "Incluso (como han señalado las crónicas) los pistoleros veían en la televisión de su cuarto los acontecimientos que estaban viviendo" (163). El abismo entre la muerte real y los asesinatos vistos en el noticiero vespertino, el retraso temporal entre las acciones directas y las repeticiones habituales de video, señalan, paradójicamente, tanto la distancia como la convergencia de las culturas generacionales, separando los hechos de 1965 de la década de los noventa, pero unificándolos al mismo tiempo irónicamente. De manera simultánea, proclaman la necesidad de establecer una distancia entre la "acción original" y su repetición a través de los medios. ¿Acaso el espacio intermedio entre los dos extremos no nos lleva a reflexionar sobre el país perdido y la ética abandonada, en un estilo de narración nostálgica? Piglia no permite esto; más bien, nos recuerda que se trata de una cultura en la que los cuerpos dejan de importar. En efecto, los espacios vacíos que él estructura en las páginas de *Plata quemada* apuntan a una falta de correspondencia deliberada entre la experiencia y su denominación, un desfasaje dentro del campo simbólico entre lo que nosotros podríamos percibir como "lo real" y su representación en palabras. El vacío señala la pérdida del compromiso directo para la construcción del valor.

¿Podremos recuperar alguna vez una totalidad? ¿Podremos conocer el sujeto del discurso? "Tantos pensamientos y tan poca experiencia real", comenta Nene Brignone cuando reflexiona sobre la calidad de tiempo que pasó en la cárcel (96). Pero también podría estar hablando de las ansias de riqueza que permiten a los lumpen soñar con una vida en Nueva York, o de las ficciones utópicas que impulsan a los personajes a través de las diversas etapas de su deseo adictivo. Desde otra perspectiva, sugiere que nosotros nos quedamos sólo con la forma virtual sin el acceso a la posibilidad de significado. Cuando el narrador se explaya sobre Roque Pérez, un personaje que se dedica a escuchar y espiar a los delincuentes, agrega: "No quería captar el sentido [...] sino el sonido, la diferencia de las voces, los tonos, la respiración, para identificar a cada uno" (182). La forma supera el contenido y el estilo altera el significado. Pero más importantes son los intentos de Roque Pérez por reasignarle materialidad a la voz, a pesar del mandato estatal contra ello.

Si bien es cierto que, al final, el Estado resulta victorioso (después de todo, los delincuentes son asesinados o capturados), lo que éste pierde de vista son los códigos simbólicos construidos, los *personae* detrás de las voces, la acción de esos individuos que han estado bajo vigilancia de las fuerzas de seguridad. En un ejemplo parecido, el psiquiatra Bunge intenta hacer a su paciente Dorda "igual a todos"(224). Trata de normativizar su discurso para que las diferencias se supriman y la desviación deje de amenazar el orden social existente. La densidad de su discurso es tal y sus peligros de revelación tan severos, que el narrador, hablando desde el punto de vista de Silva, el sargento de policía, declara: "Había que matarlos para que no hablaran" (195); dos versiones idénticas de la verdad que se refieren tanto a la necesidad de matar a los delincuentes para detener su charlatanería, como a la amenaza que su confesión podría representar para la policía. Esta doble voz o *double entendre* funciona como un comentario sobre las tácticas corruptas de la publicidad del Estado y las insuficiencias de las interpretaciones unívocas.

La insistencia de *Plata quemada* en las tecnologías múltiples que producen sonido y voz, una obsesión que Piglia ya había desarrollado antes en *La ciudad ausente*, apunta a los dispositivos magnetofónicos que homologan las contradicciones entre experiencia verdadera y falsa. No sólo el esquizofrénico Dorda oye voces en su mente, que recuerdan el efecto de la grabación o las pistas sonoras del cine, sino que los medios de comunicación producen tal abundancia de imágenes, todas en conflicto, que el lector se queda con la duda acerca de la veracidad de toda la narración:

> Algunos testigos aseguran haber visto a Malito en el hotel con una mujer. Pero otros dicen que sólo vieron a dos tipos y que no había ninguna mujer. Uno de los dos era un flaquito nervioso, que se inyectaba a cada rato, el Chueco Bazán, que estaba realmente esa tarde, con Malito, en la pieza del hotel en San Fernando vigilando el movimiento del banco desde la ventana que daba a la calle. Después del asalto la policía allanó el lugar y en el baño encontraron

> las jeringas y una cuchara y los cristales abandonados. La policía supuso que el Chueco era el joven que bajó al bar y pidió un calentador de alcohol. Los testigos se contradicen como siempre sucede, pero todos coinciden en que el chico parecía un actor y que tenía una mirada extraviada. De ahí infieren que él era el que se inyectaba heroína antes del asalto y el que habría perdido la carucita para calentar la droga (15-16).

Piglia proporciona una pantalla discursiva que separa al lector de la acción. Con el fin de recordarnos el velo de la lengua que siempre se impone para ocultar a nuestros ojos la ferocidad de la experiencia directa, usa el discurso indirecto para narrar los eventos y hace hincapié en la expansión infinita de los intercambios orales como base para informar sobre los sucesos. Las historias circulan así más allá de los modos prescritos de narrar. El rumor sostiene "la verdad" del momento, y a través de la inferencia y deducción compartida por los medios de comunicación, el Estado y las masas, la ficción cobra vida ante nosotros. Entretanto, Piglia subraya el valor agregado por la reproducción y venta de historias que tratan sobre crímenes o escándalos. La historia no es sólo un conflicto entre los ladrones que asaltan el banco y los policías, sino que el texto mismo se vuelve una historia destinada a que se la apropien los medios de comunicación para venderla. Aprendemos de ese modo que toda ficción es una propiedad privada, apta para ser intercambiada, para circular de mano en mano con fines lucrativos, sin respeto algunos por el sujeto humano capturado en la red de la narración. Como *Maldición eterna* de Puig (1980), donde un cuento sobre la amnesia de un hombre es eventualmente robado para la ganancia de otro, *Plata quemada* nos recuerda que la propia historia produce ganancias en el mercado. La ficción, las drogas y el dinero son homologados en el mismo nivel. Como señales que interfieren con la experiencia directa (de hecho, crean un delirio suplementario para el compromiso de cada cual con lo real), el valor está determinado en última instancia por las demandas del mercado y por los propios gustos. La paradoja surge, sin embargo, cuando el dinero es arrojado al fuego para detener su circulación y su posibilidad comercial.

El dinero es el núcleo de la novela; produce lenguaje y argumento, se encuentra en el centro de un sistema simbólico que crea monedas de intercambio, uniendo a los delincuentes que son presentados en el texto así como a los lectores de clase media. En síntesis, el cuerpo del dinero aporta un significado para todos los involucrados, ya que es un instrumento clave en la guerra por el dominio simbólico sobre el deseo. Piglia relaciona todo esto con la cultura de las adicciones: en el mundo de *Plata quemada*, la droga elegida es la plata. En una escena que tal vez sea la más memorable de la novela, los delincuentes, comprendiendo que han perdido su causa, prenden fuego al dinero que poseen y arrojan por las ventanas los billetes en llamas a las multitudes que esperan en la calle:

> Si la plata es lo único que justificaba las muertes y si lo que han hecho, lo han hecho por plata y ahora la queman, quiere decir que no tienen moral, ni motivos, que actúan y matan gratuitamente, por el gusto del mal, por pura maldad, son asesinos de nacimiento, criminales insensibles, inhumanos. Indignados, los ciudadanos que observaban la escena daban gritos de horror y de odio, como en un aquelarre del medioevo (según los diarios), no podían soportar que ante sus ojos se quemaran cerca de quinientos mil dólares en una operación que paralizó de horror a la ciudad y al país [...] La gente indignada se acordó de inmediato de los carenciados, de los pobres, de los pobladores del campo uruguayo que viven en condiciones precarias y de los niños huérfanos a los que ese dinero habría garantizado un futuro...
>
> –Quemar dinero inocente es un acto de canibalismo...
>
> Pero todos comprendieron que el acto era una declaración de guerra total, una guerra directa y en regla contra toda la sociedad [...] Surgió ahí la idea de que el dinero es inocente; aunque haya sido el resultado de la muerte y el crimen, no puede considerarse culpable, sino más bien neutral, un signo que sirve según el uso que cada uno le quiera dar (191-192).

Así como la heroína logra su efecto máximo bajo el calor transformador del fuego, los billetes robados también despiertan placeres alucinantes; evocan el modo en que el dinero fluye en las venas de la cultura, amortiguando la experiencia directa y produciendo formas secundarias de mediación entre personas, lenguas y objetos. De este modo, el fuego produce asimismo un debate sobre la significación. Nos lleva a preguntarnos si el dinero –en calidad de puro símbolo abstracto– sólo puede producir intoxicación o si satisface igualmente la necesidad del contacto directo con el cuerpo. De este modo, Piglia pone en juego la construcción de la sociabilidad, como si quisiera aludir a la amortiguación de la experiencia producida por el discurso del Estado neoliberal.

En efecto, cuando los delincuentes prenden fuego a los dólares, su acto se considera un intento de quemar el *ethos* de la cultura moderna ("Y después de todos esos interminables minutos en los que vieron arder los billetes como pájaros de fuego quedó una pila de ceniza, una pira funeraria de los valores de la sociedad", 193). Sus acciones llevan al colapso del sistema de signos que sostiene la conducta normativa. Ya no son criminales; ahora a los perpetradores se los llama caníbales y nihilistas. Irónicamente, la quema de dinero denuncia las inversiones perversas que continúan definiendo las costumbres sociales.

Una vez más, la inversión y la desviación sexual aparecen juntas como una forma de crítica. En el segundo capítulo, me referí a la curiosa relación entre las palabras "invertido" e "inversión", ya que ambas forman una unidad paradójica de sentido en *El beso de la mujer araña*, de Puig, donde las inversiones de dinero y la desviación sexual exceden la totalidad del relato. La novela de Piglia también aprovecha estas dos condiciones apuntando a la inversión, en su sentido sexual, como lo contrario de la inversión en su sentido económico. En este caso, la homosexualidad de Dorda y Nene Brignone significa una extravagancia irrecuperable, un culto del exceso sin represión. Al mismo tiempo, la quema de dinero corroe la prudencia de un universo simbólico que depende de la consistencia y el orden. Nos recuerda que cualquier inversión en identidades estables siempre estará expuesta al riesgo de un juego invertido que la desvíe.

Teniendo en cuenta que la doblez engendra este desorden, Piglia nos conduce a un camino paralelo para toda lectura: la fantasía alucinatoria contra la acción directa, las voces originales contra los ecos, la presencia material contra el universo de símbolos abstractos. Esta bipolaridad se puede ver en todas partes. La percibimos en el personaje bizco de Dorda, cuyo estrabismo es una indicación del cruce de circuitos imaginarios que atraviesa la novela, así como el eco de voces que él oye en su mente como una "máquina de traducir"; y la vemos también en la doble voz de las mentiras perpetradas por el Estado y los personajes lumpen. Hay bipolaridad en el valor asignado a las cualidades *híbridas* del coraje y el robo, en la *hubris* de la criminalidad. Por otra parte, la repetición de todos los acontecimientos por los medios de comunicación pone en tela de juicio la veracidad de los relatos originales. En *Plata quemada* esto se potencia por el reiterado uso de los verbos de semejanza, la estructura gramatical repetida del como si y la ubicación estratégica de espejos que sostienen los efectos desdoblados en los lectores de la novela.

Por último, esta duplicación se manifiesta en una tensión entre la identidad masculina y femenina de las figuras homosexuales y las amenazas que ellos representan para el Estado masculino. Por ejemplo, el bizco Dorda, que constantemente oye radios y voces, piensa a veces que él es una mujer. Piglia lo ubica en un gran juego de semejanzas y desdoblamientos, aludiendo a una vinculación paradójica entre elementos opuestos, de modo que las diferencias entre la mente delictiva y la conducta del Estado quedan anuladas. Las dos fabrican historias paralelas de violencia y mentiras interminables. Así, Piglia nos dice (copiando los pensamientos de Renzi): "La policía y los malandras [...] son los únicos que saben hacer de las palabras objetos vivos, agujas que se entierran en la carne y te destruyen el alma como un huevo que se parte en el filo de la sartén" (186). La competencia entre los delincuentes y el Estado se convierte en una guerra por la apropiación de la palabra, en una lucha por la preeminencia de lo oral sobre la lógica y el discurso. Socava las premisas de la lógica binaria que separan el bien y el mal, lo masculino y lo femenino, el habla del intelectual y la voz del antihéroe popular.[5] Toda "inversión" en su doble sentido lógico es potencialmente invertida.

El entrelazamiento arroja luz sobre los modos en que la verdad y la ficción convergen cuando la literatura se propone juzgar (aunque sea indirectamente) las fallas del neoliberalismo en la actualidad. En *Plata quemada*, el intelectual como testigo de las acciones y crímenes de los subalternos es considerado una fuente no confiable de conocimiento. Es, en realidad, un productor de ficciones. Esto se acentúa aun más cuando Piglia introduce un grupo de personajes que también compiten por el derecho de narrar la hechos verídicos del crimen. A través de este coro de voces, Piglia construye una historia en la que todos los individuos son sospechosos, tanto los que tienen un pasado delictivo como los que representan la ley. No sólo se entrecruzan el bien y el mal, sino que la inversión hecha en una economía de signos determinada es igualmente trastocada.

Piglia organiza esta búsqueda a través de una sintaxis que no sólo estructura un antes y un después del robo sino que también muestra las cartografías de la codicia y deseo que definen a la ciudad moderna. Así como Guadalupe Santa Cruz trazó un mapa de la capital de Santiago, Lemebel se ocupó del barrio marginal y Contreras, de un enclave rural al que denominó "la ciudad anterior", Piglia diseña un mapa de pasiones criminales que motivan el ataque y la fuga, junto a una carrera cinematográfica a través del laberinto urbano en la que cada uno de los personajes queda implicado en acciones ilegales de sabotaje contra el Estado. El objeto último

5. El Estado no acepta el rol femenino, aunque paradójicamente, en *Plata quemada*, las mujeres traicionan a los personajes principales y conducen a la policía hacia donde se esconden los ladrones, ocasionando así su captura y caída.

de deseo de todos, sin embargo, se encuentra en la ciudad de Nueva York. Como si se anticipara al sueño de la utopía universal de los pequeños gángsters promovida por la televisión y el cine, Nueva York, el sitio desde el cual se lanzan las primeras bombas de la economía global, es fundamental para la imaginación de las mentes delictivas en la Argentina de esta novela, como el espacio que permite una fantasía de poder para los pobres. "Hay que llegar a Nueva York, hay una ruta que va desde Tierra del Fuego hasta Alaska" (146), les recuerda uno de los gángsters a los otros, a pesar de sus instrucciones equivocadas. En reemplazo de la apelación nostálgica del Sur (un tema que prevalece en la cultura argentina desde las ficciones de Borges hasta el cine de Solanas), el Norte ejerce un enorme atractivo en la visión del futuro de los personajes.[6] Bajo su influencia, todos los argentinos –tanto los delincuentes como las autoridades– se sienten impotentes: el poderoso atractivo simbólico de Nueva York, su ficción seductora, es irresistible para la imaginación.

El lenguaje del texto nos transporta a esta seducción. Así como observamos la ficción de dinero que pulula en las mentes locales, vemos también la tensión entre un *aquí* y un *allá*, que refuerza las diferencias y obliga a construir una fantasía sobre la economía cuyas imágenes se deciden a la distancia, en el extranjero. Como eco de esta preocupación, los discursos directos e indirectos compiten por un espacio en el texto; las historias literarias del pasado y las del presente participan del debate. Así, mientras las conversaciones de

6. Es característico de los tiempos que corren, en los que Nueva York reemplaza a Hollywood como la ciudad del deseo latinoamericano. Así pues, Barsut, el protagonista de *Los siete locos* y *Los lanzallamas*, había expresado su deseo de volar a Hollywood, la ciudad que controla la fantasía de la imagen cinematográfica. Ahora, en cambio, esa ciudad de los sueños es reemplazada por Nueva York, capital global del crimen. Por supuesto, como observan Tulio Halperín Donghi e Isabel Quintana, Nueva York hoy es una meca también para los intelectuales –Piglia entre ellos–, mientras que Miami se dibuja en la imaginación de la gran mayoría de los latinoamericanos (correspondencia personal de la autora, junio de 2000).

los delincuentes son grabadas por la policía, o los pensamientos íntimos de los criminales retornan a momentos del pasado, Piglia vuelve al pasado literario para mostrar las contradicciones de la historia.

El poder de los delincuentes en *Plata quemada* puede compararse con el heroísmo cristalino del personaje de Borges en “Sur”, pero evoca también a *Los siete locos* de Roberto Arlt, un escritor que comparte con Piglia el deseo de unir la ficción del relato con las ficciones de la economía y las finanzas. No me refiero solamente a la elección de ambos escritores de un grupo de personajes delictivos que se reúnen en un enclave fuera de la ciudad y se dejan llevar por su imaginación desbordante, fabulando riquezas instantáneas y planificando una rebelión contra la ley, con una última fantasía de liberación en los Estados Unidos. Me parecen más significativos los extraños efectos de cruce temporal que Piglia produce, como si se tratara de un homenaje a la capacidad visionaria de Roberto Arlt. Así como en 1929 Arlt anticipa en su novela el golpe de Estado de 1930, los sucesos de *Plata quemada* situados en 1965 pretenden anunciar, con espíritu profético, la futura crisis en la nación argentina: el levantamiento de Onganía y la dictadura militar de los años setenta, luego la imposición de una economía de mercado neoliberal con su énfasis en una realidad virtual para guiar a los ciudadanos. El libro muestra una sociedad al borde del cambio en los años sesenta, un heroísmo listo para asumir una cara diferente. Presagia el deseo mesiánico de cambiar el curso de la historia a pesar del pasado retrógrado de la nación. Ya no será posible regresar a Temperley (el pueblo del Astrólogo de Arlt); nos quedaremos, en cambio, con el recuerdo de Dorda de su pasado rural, descrito como una etapa de abuso y violación, un sitio de iniciación y deseo homoerótico. La primera violencia, entonces, no aparece en la ciudad sino en el campo argentino, lo cual nos recuerda una prolongada tradición histórica de violencia nacional, que proviene de las penas endémicas de una sociedad originalmente agrícola que ha trasladado sus intereses al medio urbano.

También pone en evidencia un discurso rural cuyo subtexto y componente básico es el delirio homoerótico. Evocando la generación de 1837, un pacto fundado entre hombres, la obediencia homosocial entre los delincuentes de *Plata quemada* sirve para recordar las alianzas que sostienen la organización del Estado delictivo. Es más, el relato de Piglia se deja llevar por la autoridad de la voz popular que mantendrá el poder de narración, mientras nos enseña cómo ver la ciudad y el país a través de una historia de violencia y codicia. "¿De quién era esa voz?", preguntan los oficiales que rodean el escondite de los delincuentes evadidos (179). La incertidumbre con respecto a la voz o el dinero es el resultado de la indeterminación de la propiedad y la pertenencia. El dinero produce lenguaje y argumento, genera una ficción de su propia cosecha, aun cuando las condiciones para su circulación sean siempre evasivas.

En este sentido, dos imágenes peculiares organizan la lógica del texto: los cuerpos de los delincuentes drogadictos y el conjunto de la sociedad también adicta que se sirve de la materialidad del dinero para sostenerse. Todos dependen de los cuerpos de las mujeres, que son canjeados por dinero para drogas; sin embargo, las mujeres también traicionan a los hombres por su necesidad de contar una historia. Aquí se hacen evidentes las necesidades adictivas del cuerpo social, en el doble sentido del término. Piglia describe los tics de los personajes, las marcas en sus cuerpos, la comida que comen, los detalles de sus manos y caras. Como si quisiera devolverles la corporalidad a los personajes literarios, cuyo déficit físico y erótico en la literatura argentina alguna vez fue lamentado por escritores como Julio Cortázar, Piglia da un giro notable a su propia ficción de las primeras etapas (en la que los cuerpos estaban notoriamente ausentes), uniendo la representación de lo físico de un modo inverso a la necesidad adictiva de dinero y drogas. "La plata es como la droga, lo fundamental es tenerla, saber que está, ir, tocarla, revisar el ropero, entre la ropa, la bolsa, ver que hay medio kilo, cien mil mangos, quedarse tranquilo", opina un personaje en la novela (44). La dependencia de las drogas y el dinero, como forma de adicción, se describe implacablemente como una paradoja necesaria del cuerpo; una necesidad irracional se vuelve la sustancia y el imperativo de las urgencias físicas. Y así como la adicción podría verse como un apetito irracional de acumulación y posesión, también por analogía la afición al dinero se describe como una compulsión, un acto sin justificación. Narración, adicción y ganancia financiera forman parte del mismo proceso; son la base de esta novela, pero Piglia también esboza una especulación sobre la ficción del dinero en sí mismo.

Este punto es quizá la diferencia más significativa entre las narraciones argentinas y chilenas. Si los escritores argentinos, como Piglia, se dedican generalmente a elaborar macroproyectos que exponen los fracasos del Estado o repasan la historia de la nación, con el propósito de rastrear un legado autoritario y prácticas de resistencia que producen, en última instancia, lo que puede leerse como una alegoría de la historia nacional, el modelo chileno, en cambio, da más importancia al detalle menor, a la práctica del microrrelato. Esas ficciones dan cuenta de las consecuencias de la acción del Estado en la vida cotidiana de ciudadanos y viajeros. Menos interesada en convertirse en una referencia del pasado histórico, la ficción evoca la materialidad de ciudades y la violencia provocada en los cuerpos; se dirige a los sujetos populares que compiten por el espacio de la narración. Piglia, en *Plata quemada*, parece entrecruzar las líneas estéticas nacionales. En una historia consagrada a demostrar la vigencia de la voz, Piglia se concentra en las maneras de interpretar una ciudad, de contar una historia de representaciones antagónicas sobre el dinero, el mercado y el gasto, de perseguir un momento en la historia argentina en la que una lógica intersticial de corrupción estatal anuncia su presencia públicamente, de descifrar el Estado a partir de la representación del cuerpo. De esta manera, Piglia parece, a primera vista, desplazarse por un territorio que evita los grandes temas de la historia literaria argentina. Sin embargo, es profundamente histórico en su visión, ya que va rastreando el movimiento de la sociedad argentina de una forma de organización social a otra. La diferencia aquí, sin embargo, es que la metonimia hace valer la parte por el todo. A partir del fragmento, es posible hablar de una alegoría del Estado argentino.

El estilo de la narración privilegia la oralidad y la voz popular, y apunta, a la vez, a una época que se encuentra al borde de la descomposición de la experiencia directa, con el fin de anunciar la aparición de una lógica que debilita el lazo entre el lenguaje y el sentimiento. Aquí, Piglia cultiva la *brecha*, el entre lugar que separa las formas de representación y los cuerpos, con el propósito de volver a iniciar un debate sobre la esperanza de nombrar la experiencia, más allá de la parálisis que provoca la afición por el dinero. Se trata de una disputa sobre el *ethos* del dinero y la representación a través de la cual los cuerpos desaparecen rápidamente como signos materiales, para ser recuperados luego en el texto literario. Es el cuerpo humano (no el cuerpo del dinero) el que nos lleva a cuestionar el acto de la representación. Como base de la experiencia material, el cuerpo desafía la abstracción de la economía actual de mercado; constituye simultáneamente el sujeto y objeto de intercambio en el conjunto social.

Mercado de re-citaciones

La estética de los cuerpos y voces de los subalternos también es una preocupación para Diamela Eltit, que vuelve a esta inquietud en su obra *Los trabajadores de la muerte* (1998). No acusa en este libro al Estado delictivo como lo hace Ricardo Piglia, pero plantea un desafío al poder del mercado. En la novela, Eltit visita los espacios públicos de reunión, que van de la taberna local a la plaza del pueblo. Trabaja con fragmentos de mito y folklore, con los despojos de la ciudad y con imágenes de violencia ejercida sobre los cuerpos de las mujeres. Muestra las agresiones dirigidas contra los subalternos cada vez que exigen un espacio propio. Éstos son asaltados, en particular, cuando pretenden hacer valer su voluntad de narrar. Esta situación le permitirá a Eltit cuestionar el estilo en que se elaboran las historias, sobre todo la búsqueda de los propios orígenes, una indagación que descansa en la necesidad de fijar un lugar y un nombre dentro del discurso de la historia. Su investigación se apoya en los cuerpos y las voces populares cuyas expresiones sostienen teorías diferentes acerca de la reflexión sobre lo real y las predicciones sobre la acción. Los pobres y los abandonados, en consecuencia, remiten a una amplia gama de experiencias artísticas. Ostentan el poder de la estética y transforman las normas del lenguaje. Estas figuras menores, principios orientadores de la narrativa de Eltit, llegarán a exponer la ficción del *mercado*.

Eltit ha fundado su obra literaria en la representación de las figuras populares, quienes se han convertido en la fuerza impulsora y en la característica principal de su escritura crítica y creativa. Desde las figuras marginales representadas en *Lumpérica* (1991a) y *Por la patria* (1986) hasta los testimonios de figuras abyectas en *El padre mío* (1989) y *El infarto del alma* (1994), los protagonistas de Eltit forman parte de un proyecto coherente para dar voz a los sectores marginales y anunciar la posibilidad de reconfiguraciones éticas y artísticas fuera de la totalidad social definida por el Estado. La presencia de un sujeto popular es la fuente de interrupción y de crítica social. Por ejemplo, en *Lumpérica*, cuando el ojo penetrante del reflector enfoca desapasionadamente los cuerpos de los subalternos que ocupan el centro de la ciudad, su presencia se abre a otro lenguaje y se vuelve vehículo del debate social. Asimismo, a partir de la voz del personaje de *El padre mío*, un vago cuyo testimonio es la base del libro epónimo de Eltit, la escritora ofrece una crítica tajante de la vida social en Chile. El pedido irracional del "padre mío" de poner fin al sufrimiento no es, en palabras de Eltit, una práctica curativa ("no apela a revertir nada, a curar nada", 16); más bien, tiene como propósito cuestionar el orden de la narración. En *El cuarto mundo* (1988), la autora pone en primer plano a los personajes literarios representados por el término despectivo sudaca, o "suda caca" –como llaman los españoles a los latinoamericanos–, con el fin de examinar la condición de los pobres que habitan en las afueras de la ciudad, alejados de su centro, y encontrar en el poder del relato de los marginados una manera de resemantizar el lenguaje de la violencia. Y en *El infarto del alma*, escrito en colaboración con la fotógrafa Paz Errázuriz, Eltit ordena los testimonios de enfermos mentales abandonados en instituciones psiquiátricas.[7] En cada una de sus obras, subraya la capacidad estética de los actores populares, y no simplemente por los aspectos literarios que estas figuras podrían ofrecer a una autora privilegiada que quisiera representarlos en su ficción.

Los temas de Eltit sirven para evocar las maneras en que los individuos crean sus historias totalizadoras a partir de los sistemas de citas, armando sus relatos originales a través de un *collage* de imágenes provenientes de la cultura de masas. La repetición de la cita (en el doble sentido de la palabra, la cita como copia y como doble presencia en el texto) es fundamental para esta operación y, como tal, recuerda al lector el cruce de la cultura popular con otros productos de escala masiva. Así, las actuaciones citadas en los textos de Eltit refieren con frecuencia a los lectores al marco conceptual y a los símbolos relacionados con la condición del mercado.

Los trabajadores de la muerte toma un nuevo rumbo con respecto a las primeras obras de Eltit, permitiéndonos ver la construcción de ficciones derivadas de fuentes preconcebidas. Muestra la capacidad de las voces populares para desintegrar la trivialidad de lo conocido y agitar la inmovilidad de una economía neoliberal que no contempla ninguna fisura y pretende un conjunto social incorpóreo, sin actores humanos rebeldes. Eltit vuelve a poblar la ciudad ausente y nos recuerda que el núcleo humano todavía incentiva a las masas populares, que –según la reciente leyenda y la ficción política– han renunciado a su lugar en la sociedad civil. Finalmente, la obra gira alrededor de la presencia de las voces populares frente al mercado.

Como es bien sabido, el mercado ha ocupado el centro

---

7. Acerca de *El infarto del alma*, recomiendo observar los excelentes análisis de Mary Beth Tierney Tello (1998) y las de Julio Ramos, de próxima aparición.

de la reforma neoliberal y ha sido el motor principal de los gobiernos democráticos en términos globales. También es la obsesión primera de la crítica cultural y económica de nuestros días. Eltit recalca el sentido literal del mercado, no el descarnado mercado virtual de las empresas transnacionales ni el de las líneas del comercio informatizado. Más bien, vuelve al mercado en su sentido local y originario, en el que la plaza es el lugar para el intercambio de productos ofrecidos por vendedores ambulantes y el espacio donde participan los miembros de la polis, tal como se había definido en la antigüedad clásica. Con esta estrategia, Eltit elabora paradojas: si el mercado neoliberal de hoy (en la esfera económica) es conceptuado en términos de ficción como un ejercicio de ilusiones, Eltit le devuelve, en la novela, el sentido primitivo de mercado, que restituye así al término su naturaleza concreta e inmediata. La autora se encamina hacia una contranarrativa organizada a partir de historias generadas en los sectores populares. De esos relatos fragmentarios de actores sociales marginales, surge la posibilidad de una ficción más abierta y flexible. Sin basarse en la nostalgia ni en el melodrama, sin pedir la compasión del lector para con el pobre, el mercado que surge de *Los trabajadores de la muerte* señala un triunfo del impulso representativo de la imaginación popular. Es fundamental en él la voz narrativa de las mujeres.

Los trabajadores de la muerte podría entenderse como una novela sobre personajes en busca de una historia, con figuras marginales que se apropian de los temas de asesinato y venganza de las leyendas de la antigüedad clásica y amplían este material para crear historias de su propia cosecha. Particularmente, la novela expone una defensa inequívoca de la importancia de la tradición oral. La narración, según nos ha dicho Walter Benjamin, es un arte que está llegando a su fin (1978: 83). En el pasado, el individuo investido de autoridad también asumía la responsabilidad de transmitir las leyendas significativas de la comunidad acerca de las tradiciones locales, los cuentos de viajes y aventuras. Este líder era el responsable de afianzar los lazos entre la experiencia directa y la narración, creando de ese modo un terreno propicio para los lazos de solidaridad dentro de la tribu. En nuestro mundo contemporáneo, sin embargo, este poder está absolutamente debilitado y ha sido derrotado por otros tipos de narración más mediada y por otras formas de abstracción. Hemos abandonado definitivamente la esperanza de crear una cofradía entre los individuos de una comunidad que se reúnen para escuchar un relato. Eltit parece rebelarse contra esta pérdida, restableciendo el poder original de la narración como manera de reivindicar el poder de los marginales, y utilizando la novela como un medio para iluminar la acción de los sectores populares. A partir de la naturaleza sagrada de la experiencia, las voces populares de la ficción de Eltit ponen en tela de juicio las versiones de la política cultural contemporánea que podrían socavar la trascendencia de la participación social. Elabora esta propuesta de dos maneras significativas. Por un lado, insiste en la importancia de la experiencia corporal en la construcción y transmisión de las narraciones, como un modo de mantener la dimensión oral de la cultura en contra de la voz oficial. En segundo lugar, cita los mitos canónicos para dar un encuadre narrativo a esta experiencia. Me permitiré retomar en breve la insistencia de Eltit en lo corporal, pero, por el momento, quisiera enfocar sus modos de utilizar los mitos de la antigüedad, evocados para construir una historia y para restituir su sentido político.

En su retorno a los mitos, Eltit se remite a las eternas leyendas sobre rivalidades familiares, sobre los padres y el abandono, la traición y el asesinato. Este *corpus* es radicalmente diferente del material de gran parte de lo que se llamó "la ficción *light*" de Chile y de la Argentina, que privilegia las uniones de voces orquestadas por las clases privilegiadas. Estas novelas giran alrededor de un intercambio fácil, que plantea debates sin sustento. Por el contrario, Eltit regresa a los elementos de la narración mítica, situando la experiencia de los actores populares en perfecta concordancia estructural con los deseos arcaicos. Más que estabilizar el curso de la narración, observa los conflictos y las rivalidades que se presentan entre los que pretenden contar sus historias.

Las figuras populares de Eltit manifiestan su compromiso con el oficio de la narración y con la expresión de experiencias que derivan de las necesidades y los deseos eternos. Tejen los hilos de sus historias para que, en el futuro, queden alojadas en la *memoria* de los oyentes. Me remito nuevamente a Benjamin, quien compara la tarea del novelista con la del narrador oral. El novelista, dice Benjamin, insiste en recordar a un solo héroe, mientras que el cuentista se dedica a "*muchas* ocurrencias difusas" (98). Eltit, como resultará evidente, nos obliga a recordar muchas historias –incluidas unas dentro de otras– como parte de una gran épica. Los actores prácticamente anónimos prestan su voz a las ansiedades de cada hombre y mujer. A través de sus visiones parciales, alcanzamos el drama de nuestros tiempos. Eltit enfatiza el poder de construcción narrativa que es aquí una herramienta afirmativa utilizada por las mujeres marginales y los pobres. Sus textos residuales superan a cualquier historia original.

Los trabajadores de la muerte dirige la atención de los lectores al artificio del arte. Presenta la competencia entre opciones estéticas diferentes, volviéndose a las raíces populares del mito y la representación. Esto es celebrado como un cuadro carnavalesco de las masas populares, unidas a la escena ritualizada de la narración o congregadas en la plaza pública. La novela comienza con un episodio que tiene lugar en una taberna, un sitio de reunión para los viajeros que, aunque está situado en la Santiago de Chile actual, seguramente evoca los lugares de encuentros populares descritos en *Don Quijote* o las posadas del *Lazarillo de Tormes* o *El Buscón*. La taberna reúne a los individuos en rituales de festividad comunal. No se congregan allí por asuntos de trabajo o actividades lucrativas, sino con el propósito de compartir el placer de la bebida y la diversión. Aquí, un narrador cautiva a un público de ávidos oyentes con relatos basados en sus sueños. Irónicamente privado de un nombre propio, pero con un título que le da prestigio y confirma su destreza como narrador, "el hombre que sueña" le da carácter oral a sus sueños, que giran, sin excepción, alrededor de la autoridad. Por ejemplo, una rebelión de soldados contra sus comandantes y jefes, o las mutaciones surrealistas de animales y fantasmas que amenazan el poder del líder. Descifrando su propia narración, el "hombre que sueña" admite que el elemento onírico refleja su propia aprensión respecto de los actores populares que ahora toman el control de las calles de la ciudad. Una muchacha manca acompañada de dos inválidos que se sientan en la barra, interrumpen su relato. La incapacidad física de los intrusos crea la distracción suficiente entre el público como para privar del control narrativo al "hombre que sueña". A su vez, éste los acusa de perturbar los sueños de los parroquianos de la taberna. En verdad, la muchacha manca logra rivalizar con la autoridad narrativa del hombre (¿una actualización horripilante de sus sueños de persecución?), y empieza a narrar su propio sueño. Respondiéndole a él, insiste en que su relato le permitirá tomar el control de las calles y afirmar su autoridad en cuanto al linaje, la historia y el espacio urbano. La muchacha cuenta un relato profético de odio y venganza que ocupará los próximos capítulos del libro.

Eltit insiste obsesivamente en una gramática del decir. Distanciando a los personajes de los lectores, reduciendo toda noción de compasión en el texto, impone la estructura de discurso indirecto para llamar la atención de los lectores sobre la práctica del habla:

> El hombre, apabullado, empieza a contar un sueño épico habitado por soldados metálicos absortos en la esperanza de la resurrección. Dice que el jefe [...] se presenta con las manos limpias e interpela a sus tropas para conseguir que en ellos se desencadene el valor que requiere la batalla. Dice que el escenario de la guerra transcurre en un terreno eriazo, sólo cubierto por malezas [...] Dice que mientras el jefe realiza su discurso épico, las tropas desertan bruscamente, dice que los soldados emprenden una inexplicable fuga a través del erial y entonces al jefe no le cabe sino recoger las armas que se han desperdigado en el curso de la huida. Dice que un perro

> corre con una de las armas en su hocico y que el jefe lo persigue [...] Dice, finalmente, que el perro suelta el arma de su hocico y le muerde con saña la cabeza al hampón, quien no cesa de llorar y de condolerse por sí mismo (15-16).

La repetición de la frase "dice que" recuerda a los lectores el talento artístico de la composición oral y la mediación de la voz popular. Aquí, la narración se explica claramente como una fuerza que recupera el poder de las calles y la hegemonía de los pobres sobre el centro de la ciudad. Y la muchacha manca, a la que le falta un instrumento corporal para escribir, insiste en la oralidad para controlar la sabiduría de la narración.

A partir de esta introducción, presentada en un claroscuro reminiscente del arte renacentista, Eltit agrega tres capítulos uniformemente estructurados. Se trata de un tríptico que remeda las tres secciones del sueño final del hombre, diseñados como "actos", en alusión a la teatralidad de toda representación. Esta escenificación presenta a una madre con sus hijos, y a un hombre que tiene una relación incestuosa con su media hermana en la ciudad de Concepción. En contraste con la taberna como lugar de reposo para los viajeros itinerantes, la historia narrada por la muchacha recupera el elemento de viaje. Contra los espacios densamente poblados de la ciudad, la muchacha, describiendo el viaje a Concepción, alcanza la plenitud del Sur. Como un retorno a los orígenes, a un espacio mítico que anticipa el auge de la ciudad cosmopolita, el Sur intensifica la violencia primitiva de la novela y sostiene el enigma de narración.

Aunque al principio parezcan aislados, de hecho se conectan los cuentos tejidos por la muchacha, en los que se evidencian las agresiones de la vida doméstica a través del deseo fallido y las pasiones virulentas de un hombre hacia su amante y de una madre hacia su primogénito. "Ocho años se quedó en la casa y de esos ocho años, dígame alguien, ¿cuántos días, minutos quizás valieron la pena? Pero, ¿valieron la pena?" (41). Ocho años sin el placer, bajo la tiranía de un hombre dominante: esta imagen se presenta como una alegoría inagotable de la privación social experimentada en Chile durante ocho años de régimen democrático. La madre lamenta su exclusión de todo sentimiento de placer, al tiempo que pretende superar su abnegación matando al primogénito; y, al igual que el hombre que sueña, ella también afila un cuchillo cuando cuenta su propia historia. Al final, el cuchillo desempeñará un papel protagónico, utilizado por la mujer para matar a su hijo. En otros capítulos, será mencionado por la voz masculina como parte de su plan para matar a su amante. Lo incierto es el orden de los acontecimientos; cuál rabia engendra cuál orden. No se sabe si la crueldad de los dioses, una intervención del padre o una perturbación instigada por el niño provoca la ira de la madre, o si las agresiones de la mujer anticipan la violencia del hombre observable en el acto final. Así, Diamela Eltit restituye el poder de la oralidad y el de las leyendas de la antigüedad clásica, como los ciclos de Edipo y Medea, para insistir en la tragedia panhistórica de la violencia familiar y la sed de venganza. Esta regresión a las tradiciones premodernas también asegura la recuperación del significado original de la polis, la plaza pública y el mercado.

La rivalidad entre el hombre que sueña y la muchacha manca se rearma como una historia de incesto y venganza. Si, por un lado, *Los trabajadores de la muerte* trata de una tradición narrativa enfrentada a otra, una historia de retorno al ritual arcaico y un presagio del futuro ("el destino es lo que está nombrando la figura arcaica", 109), por otro, entrelaza experiencias diferentes a través del incesto y la repetición. "Tu amante es nada menos que tu media hermana. (Ahora, claro, la copia del oráculo termina por fundirse con el puente que lo sostiene)", Eltit escribe con respecto al hombre que viaja a Concepción y comprende que él es el hermano de su amante (112).

Utilizando el tabú mítico del incesto, Eltit puede establecer un marco narrativo para la repetición y la convergencia, un dispositivo estructural que ordene el uso de imágenes en la novela y también recuerde al lector las prohibiciones trágicas que a menudo se lanzan contra estos reencuentros. Insiste en dos puntos de contacto: el primero arrastra el tabú del incesto (y del asesinato) que organiza la historia de la muchacha del brazo mutilado; el segundo consiste en un "incesto" narrativo conformado por una fusión de imágenes conocidas y disponibles, que son parte de una estrategia posmoderna a través de la cual repetimos el pasado como si todo fuera preconcebido o *ready-made* y sin considerar las consecuencias trágicas resultantes que esperan a aquellos que dan rienda suelta, sin pensarlo, a las prácticas de la repetición y la copia. En el ínterin, Eltit nos advierte que hemos perdido el respeto por los principios de originalidad que eran fundamentales para la narración y la experiencia, por lo menos en la estética modernista; en cambio, la repetición de imágenes hechas es en sí misma una ilusión dominante de nuestros tiempos. Es la operación principal de una economía de mercado que reposa en el simulacro para organizar la lógica serial y las ventas; es la operación que suspende el tiempo lineal y debilita todas las afirmaciones de triunfo individual. Esta práctica rompe los límites entre los cuerpos aislados y las unidades discretas de conocimiento; une las imágenes a través del espacio y tiempo, revela una circularidad de violencia que sostiene el orden patriarcal, y señala irónicamente el olvido humano de un momento original de traición y venganza. Las repeticiones pretenden recordarnos que nuestra memoria del pasado es débil, que somos incapaces de corregir los errores pasados y que fracasamos en la transformación de la experiencia heredada.

Asimismo, estas repeticiones emprenden un forcejeo implacable con el material de la muerte (de ahí el título de la obra), representada en innumerables versiones en los cuerpos de mujeres y niños. El arte permite esta transformación y le da un nombre al inventor. Así pues, al final de la novela, cuando el hombre mata a su amante y hermana, ambos acceden al orden simbólico y logran identificarse con nombre propio (Patricio y Mónica), lo cual demuestra que ese crimen, cuando es vuelto a narrar, asegura de todos modos un lugar en la historia. En un intento por derrocar la autoridad paterna (el poder masculino del hombre que sueña y el asesino que aparece en la historia de la muchacha), los cuentos serán revelados, y así las mujeres podrán obtener reconocimiento en el orden simbólico. Al final de la descripción del crimen, saturado de contenido mítico y bíblico, el asesino comenta: "Y allí, arriba, entre las vigas, la sombra de mi madre me espía, clavada a una cruz digital" (186). La transformación del género sexual de Cristo, junto con una imagen electrónica que moderniza la escena de crucifixión, desplaza el material estático de su eterno dominio y feminiza la autoridad religiosa. De ese modo se vuelve una *cruci-ficción* en el sentido doble del término: evoca tanto la escena de la Pasión de Cristo como el lugar donde se cruzan las varias ficciones del relato.

Eltit presenta estas historias entrelazadas como "actos", tres actos que subrayan la escenificación desplegada en el relato de la muchacha. Continuando con esta estructura tripartita, añade un epílogo titulado "Los Príncipes de las Calles", lo cual sugiere el triunfo popular de la versión de la muchacha sobre la que ofrece el hombre autoritario que sueña. En esta última sección la muchacha manca se encuentra en medio de la algarabía de un mercado público donde los vendedores pregonan sus mercancías y los mendigos piden limosna, donde el robo menor es la regla del día y la policía circula para imponer la ley. Ésta no es la plaza pública de debate que era, en su modelo iluminista, delimitada por una cultura de elites; más bien, Eltit nos retrotrae a un sentido más arcaico del espacio público, cuando el mercado era el centro de la polis. Aquí, el mercado como espacio habitado por gente pobre –personas que venden sus mercancías baratas y que expresan sus necesidades– se define como la polis, claro recordatorio de una cofradía de identidades cuyo vínculo ha desaparecido hace ya mucho tiempo, pero augurio al fin de una versión revitalizada de la esfera pública urbana.

Peter Stallybrass y Allon White nos recuerdan que el mercado es el epítome de las identidades locales e, igualmente, el lugar donde las categorías de la identidad se cruzan (1986: 27). Criticando la lectura demasiado elemental de Bajtin, que localizó el mercado *fuera* de la égida del gobierno, recuperan el sentido original del mercado como lugar de la política, crucial para el orden del Estado. El mercado de Eltit, descrito en el epílogo de *Los trabajadores de la muerte*, es también una intensa escena de movilidad, que enfoca el intercambio de cuerpos y voces, la venta y robo de mercancías. Otorga significado político a una observación del asesino potencial: "Comprendí que lo único que se puede admitir como victoria pasa por el despojo" (70). En este caso, el robo en el mercado y el comercio rápido de objetos crean su propia ficción, mientras anuncian el triunfo de una voz popular competente en la economía de los detalles menores. Así, la muchacha del brazo mutilado camina por una plaza en que todo está en venta, donde el intercambio es feroz y las reglas de la competencia son salvajes. En ese aspecto, evoca la última escena de *El cuarto mundo*, donde Eltit concluye dramáticamente que todos los cuerpos tienen un destino en común, parecido al de la sudaca que será puesta en venta. ("La niña sudaca irá a la venta", 1988: 128). Aquí, Eltit nos dice que toda la cultura está en venta bajo la economía neoliberal, pero en *Los trabajadores de la muerte* muestra también una agrupación de sujetos populares con el propósito de plantear el cuestionamiento de la acción política desde la perspectiva de su campo imaginativo. La novela insiste, en particular, en la recuperación de un pensamiento radical sobre nuestro propio poder de compra y consumo, y nuestro uso de los objetos prefabricados en una cultura dominada por la mirada, donde las calcomanías reducen las ideas complejas y los productos con marca de fábrica prometen la felicidad.

El mercado es el sitio para el debate público pero también para una economía de intercambio, un lugar donde el comercio está en manos del actor popular. Los sudorosos comerciantes son descritos a partir de las imágenes representadas en las remeras que llevan puestas: uno tiene la imagen de un signo monetario; otro, el rostro de un héroe asiático desconocido rodeado de estrellas; otro, la efigie de un nacionalista africano que incita a la rebelión de masas. Irónicamente, la revolución política sólo se encuentra viva en una imagen impresa en la producción masiva. Y los pobres, que se creían los beneficiarios de las figuras rebeldes cuyos emblemas portan, son representados aquí como sujetos sin historia, comprometidos en un carnaval de intercambios siempre presente, no incorporados y fuera de la ley. De esta manera, los programas políticos fundamentales para los proyectos de liberación de otros tiempos, se ven reducidos aquí a las calcomanías de las remeras. Eltit las presenta como íconos sin ningún significado evidente. Más bien, sirven como etiquetas para distinguir a un vendedor de otro, y nos recuerdan que nuestra cultura se define como un mar de signos. Simplemente, estos íconos cubren los cuerpos desnudos. Como un efecto residual de las políticas de planificación neoliberal, las calcomanías remiten al poder político vaciado de las imágenes que abundan por todas partes en los centros de venta. Pero Eltit también nos permite ver múltiples ficciones en los lugares públicos, pequeños relatos que necesitan ser incorporados a historias más amplias y que exigen, una vez más, un auditorio. Con respecto a esto, el trabajo narrativo de la muchacha es una forma alternativa de heroísmo, otro tipo de acción política no capturada en los circuitos de fabricación en serie. Se trata del triunfo del arte.

Más allá de las calcomanías en las remeras, Eltit retorna al valor narrativo de la copia fabricada en serie. Aquí, acude una vez más a la paradoja: no sólo es la repetición el principio de la historia mítica, orquestada en el relevo de la muchacha, sino también el principio de una estética de mercado en la que la originalidad carece de valor. En el epílogo, estos temas reaparecen relacionados con la circulación de imágenes en la plaza. Alude así a los ratones mecánicos y pájaros, los cuchillos, el peine y los espejos, los cosméticos y los *souvenirs*, todas las chucherías populares que circulan en cualquier mercado. La muchacha camina a través de este campo densamente poblado de vendedores ambulantes, mientras ve a un niño de ocho años y a una mujer mayor que se mira en el espejo y se alisa el cabello. Estas imágenes descritas en el epílogo son extrañamente familiares: Eltit señala los objetos que todos hemos visto en las tiendas, vendidos bajo condiciones de transacción controladas por la ley (190); en el mercado público, sin embargo, adquieren una pulsación no reglada por el negocio formal. Más importante aún, Eltit crea la ilusión de un *dejà vu* o simulacro de segundo orden cuando, como lectores, reconocemos imágenes que habían aparecido en los capítulos anteriores de la novela. Por ejemplo, el cuchillo que está en venta en el mercado es similar al cuchillo del asesinato utilizado en Concepción y también al cuchillo blandido por el hombre que sueña; las ratas vivas que se echaron a correr a través del prólogo y fueron abrazadas por la muchacha, ahora aparecen como juguetes electrónicos que bailan en el suelo gracias al control remoto; el niño de ocho años que atraviesa el mercado evoca al niño que exasperó a su madre en uno de los capítulos anteriores. Entre estas imágenes no hay vínculo alguno, no están conectadas a la estructura de la novela, de modo que nos hallamos ante una sucesión temporal no resuelta. ¿Las historias anteriores inspiraron las imágenes del mercado? ¿El mercado del epílogo suministra a la muchacha las imágenes para su ficción preliminar, tal como fue establecida en el prólogo? ¿Se trata de una sucesión cronológica interrumpida, en la que el último capítulo precede al primero? ¿O Eltit quiere decirnos que todas estas imágenes constantemente circulan en la imaginación popular sin tener en cuenta el orden de los acontecimientos ni las limitaciones espaciales que las contienen? Eltit, en efecto, nos recuerda que los elementos de ficción no respetan las reglas de la lógica, ni la secuencia entre el objeto original y su copia. Si la cronología y la sucesión fueran los únicos puntos de perturbación narrativa, la fuerza vertiginosa de la novela sería triunfante, pero estas imágenes nos remiten al mismo tiempo a las primeras novelas de la autora: la plaza de *Lumpérica* y *Por la patria* vuelve como una escena clave. L. Iluminada, que en la primera novela de Eltit se peinó en la plaza y verificó su imagen en el espejo, ahora aparece en el epílogo de este texto como una mujer mayor, dispuesta a contar sus fantasías a quien quiera escucharla mientras se rasca la cabeza sin parar. El incesto y la cultura sudaca del *Cuarto mundo* también dominan este último texto; la violencia de la pareja de *Vaca sagrada* se anticipa a los asesinatos planeados en *Los trabajadores de la muerte*, como también el viaje al Sur; la relación opresiva entre madre e hijo, tan importante en *Los vigilantes*, surge aquí una vez más; y, finalmente, la muchacha del brazo mutilado evoca la autorrepresentación de la misma Diamela Eltit, quien mutiló sus brazos como parte de una *performance* escenificada en Chile durante la época de Pinochet. El *antes* y el *después* se cruzan eficazmente en el proyecto de construir una ficción. Eltit elimina la distancia entre el modelo original y su copia, entre la autenticidad y su simulacro. En efecto, la prueba de autenticidad a la que se someten los simulacros pierde todo significado y, en este caso, es adaptada a una operación que, parecida a una banda de Moebius, sostiene principios de continuación y autorreferencialidad. De esta manera, la galería de espejos que apuntala *Los trabajadores de la muerte* crea una conciencia lúcida de las condiciones de producción y de los materiales que utilizan quienes se dedican al arte de narrar. En lugar de insertarse en los intersticios abiertos entre discursos dominantes, la novela funciona a partir del cuerpo literario y del propio cuerpo de Eltit. El "entre lugar" y el "simulacro", como bases del proyecto posmoderno, aquí ceden a una visión totalizadora que sostiene la integridad de la intervención femenina en la producción de cultura.

Así como la muchacha del brazo mutilado insiste en su derecho de narrar su historia, reconstruida a partir de los restos prefabricados de la cultura, Eltit insiste en un proyecto que recupera los fragmentos de significado para llegar a la totalidad. Como el mito y el sueño, su ficción llena el espacio de la ciudad; encuentra en la voz popular una respuesta al Estado censor y restituye el aspecto creativo de la inventiva en contraposición al proyecto deslucido y aséptico del mercado neoliberal. Eltit nos dice que la plaza pública ofrece una riqueza de imágenes para cuentos futuros, una manera de estructurar los relatos de historias alternativas. En lugar de volver a la tiranía de teatro orquestado por el mercado, Eltit defiende el teatro de las tradiciones populares, mientras celebra el sentido original del mercado *qua* polis como fuente de inventiva y arte.

Comencé este capítulo con una referencia a una instalación de Gonzalo Díaz en la que los hilos irresueltos de significado produjeron una crisis de interpretación, instando a los espectadores a reconstruir la totalidad de la escena visual. De manera similar, la ficción de Ricardo Piglia y Diamela Eltit contiene enigmas que exigen al lector elaborar la historia y resolverla. El enigma aquí, sin embargo, se encuentra en poder de la imaginación popular y la cultura de las calles. Da ímpetu a relatos nuevos e inaugura un campo creativo. Esta incógnita exige una resemantización de la esfera pública, obligándonos a reflexionar sobre los espacios donde se encuentran ciudadanos y subalternos; forzándonos a rastrear las encrucijadas donde nacen la estética y la política; exhortándonos a buscar el lugar para llevar a cabo la revisión histórica. Si la crítica cultural se resiste hoy a defender los espacios populares, alegando que están sumidos en la nostalgia de un pasado heroico perdido, la literatura responde con fuerza y sostiene la vitalidad de la imaginación y de la forma popular. A partir de un ensamblaje de fragmentos, el texto literario transmite todavía una esperanza de reconstrucción.

Capítulo VI

Del museo a la calle: poesía para el nuevo milenio

Altera el orden: la creación empieza.

DIANA BELLESSI, *Eroica*

...las grietas hablan y golosas las palabras dicen más...

CARMEN BERENGUER, *A media asta*

Dentro de las posibilidades vanguardistas que presenta el montaje, la artista chilena Catalina Parra logra coser con hilo un *collage* de fotografías y diversos recortes de prensa. Los hilos también corren por entre los titulares periodísticos y slogans populares, frases tomadas de la publicidad o de los edictos oficiales. Todas esas expresiones aluden a los imperativos más banales de nuestro mundo moderno: "Alive with Pleasure", "Let's Talk Dirty", "The Human Touch" ("Vivamos con placer", "Hablemos sucio", "El toque humano"). Éstos son algunos de los clips en lengua inglesa que se entrelazan en el interior de los marcos de Parra. Las palabras se yuxtaponen a fotografías de sucesos políticos conocidos y cuerpos mutilados. De ese modo, la sutura le permite a la artista hilvanar diferentes miradas textuales sobre la experiencia y la memoria histórica. Incita también a trazar conexiones entre los poderes globales y locales, entre el pasado y el presente. No nos sorprende, en este contexto, que los *collages* de Parra aparezcan con frecuencia en primer plano en el candelero internacional. Las crisis bancarias, el fundamentalismo religioso, la tortura y el desastre ecológico son guías que vertebran los temas de su trabajo. Parra así nos recuerda la indiferencia frente al horror y sugiere nuestra común inmunidad a la manipulación de los medios masivos. Además, Parra hace que nuestra relación con el contexto local se vuelva extraña, experimentando con los aspectos absurdos del lenguaje que dan forma a nuestras vidas modernas y que censuran nuestras voces de protesta. Trabaja, como lo describió Ronald Christ, a partir de una "investigación artística sobre los modos de censura" (22). Por esta razón, Parra utiliza pieles de animales, lana y alambrado de campo como residuos arcaicos de la experiencia rural. Constituyen un desafío a la dominación de los medios masivos y logran atravesar nuestra indiferencia ante el horror.

En una presentación de su obra, Parra explicó que los materiales más comunes que había utilizado en su trabajo tenían en Chile un enorme significado social: "Las vendas hablan de los hospitales, los cueros de animales y las bolsas de plástico hablan de los cadáveres, y el hilo utilizado invoca una leyenda chilena, la del imbunche. Se refiere a los brujos hechiceros que cosieron los orificios del cuerpo de la persona cautiva. Con todos los agujeros bloqueados, los espíritus diabólicos no podían salir de su cuerpo. Por lo tanto, se trataba de una censura de expresión" (1987, s/p). La presencia visible del hilo sobre la tela de Parra es una manera de recordarnos los modos de silenciar el placer y de suprimir la protesta, pero también se abre a la posibilidad de lecturas insospechadas. En otras palabras, a pesar de la escena de la represión identificada con el imbunche, esta práctica ritual permite el acceso a nuevas formas de mirar. La tela de Parra nos enseña a leer entre líneas la historia oficial, a superar los efectos enfermizos de los medios y a exponer la banalidad de la cultura consumista. Nos obliga a repensar el lenguaje que usamos y la venta, a nivel global, de nuestros valores éticos a través de los medios de comunicación masivos. Aun más, a partir de los fragmentos presentados en la tela de Parra, se hace necesaria una recomposición de una totalidad insospechada. La aguja es el arte de este telar, la que lleva a nuevas maneras de ampliar el potencial cognoscitivo. Aprendemos así que el instrumento y el deseo no son una misma cosa.

El ejemplo inicial suministrado por la obra de Parra permite abrir una discusión sobre la poesía contemporánea y sus estrategias para manejar las crisis que emergen en el campo de la representación. En un momento en que las consecuencias de la representación son especialmente importantes en los foros políticos y artísticos, la poesía, por su mediación y su transformación del mundo contemporáneo, ofrece miradas importantes que no podemos ignorar. Sin embargo, plantea interrogantes inevitables. ¿Qué forma puede tomar el lenguaje poético al comenzar el nuevo milenio? ¿Cuáles son las armas de la poesía? ¿Cuáles son sus tretas? ¿Cuál su resonancia en calidad de género marginado por la crítica y por la compra y venta del mercado, más aún cuando se trata de la producción de mujeres poetas, las que se mueven decididamente al borde del canon cultural? Aquí quisiera señalar, desde el espacio del texto poético, una serie de tensiones entre los mapas establecidos y los saberes informales, entre el sonido y su disposición gráfica sobre la página en blanco. El tema también es repensar el quehacer de la poesía de mujeres como signo de interrogación frente a la falta de valores pertenecientes al programa neoliberal.

En estas páginas quisiera referirme a los modos en que la poesía escrita por mujeres retoma la problemática de la historia y la identidad, planteando interrogantes sobre la interrelación entre la experiencia y la representación. Más allá de las especulaciones que ofrecen algunos representantes de la teoría crítica, cuya inquietud por estos temas es harto conocida, el discurso poético en manos de las mujeres se abre a una problemática diferente, trazando la memoria tal como está grabada en el sonido y en la lengua, y ligando las tradiciones populares con las de la alta cultura. Por otra parte, nos recuerda los efectos somáticos de la geografía y la política sobre el cuerpo sexualizado. La indagación poética resulta llamativa, sobre todo porque hay una puja por la autoridad que se desarrolla a través del lenguaje. Finalmente, esto nos confirma las capacidades teóricas del arte para lidiar con cuestiones políticas que los críticos apenas pueden comenzar a identificar.

Cada vez que se aborda el tema de la representación en el neoliberalismo, afloran una serie de tensiones. Entre ellas podemos mencionar, por un lado, la circulación de las reproducciones massmediáticas y las demandas del mercado por una "diferencia" normativizada frente a la circulación de identidades heterogéneas, aún no asimiladas y, por el otro, la orquestación, por parte del Estado, de proyectos culturales homogeneizantes. Sin embargo, el tema de la representación frecuentemente da posibilidades para pensar en las voces alternativas que ponen en tela de juicio los paradigmas dominantes, obligando a nuevas lecturas. Finalmente, se abre a cuestiones básicas relacionadas con al acción individual. La poesía contemporánea aborda estos temas de un modo más oblicuo, ya que hace que emerjan preguntas sobre el sonido y el significado, los lazos entre la voz y la memoria, y la conflictiva relación entre lo idéntico y lo diferente. En el proceso, se acerca a la relación fundamental sobre la responsabilidad y el compromiso entre el poeta y el público lector. Más allá de ese debate entre los críticos al que aludimos en el primer capítulo, la poesía emplaza de un modo contundente e inmediato a los lectores, transforma las connotaciones de la escritura y provoca condiciones propicias para el diálogo. De ese modo, no sólo se anuncia una crisis del lenguaje, sino también la urgencia para afrontarla. Finalmente, la poesía produce un tipo de sabiduría que habitualmente no está cartografiada en el debate público de hoy.

Para profundizar en ese proyecto, deberíamos primero averiguar cuáles son los espacios a partir de los cuales la poesía habla. En los Estados Unidos, estamos experimentando una revitalización de la poesía, desde las muchas lecturas públicas, los "*poetry slams*" de los escritores no iniciados, los trozos de poesía que ocupan el espacio de los avisos publicitarios en los medios de transporte público, los programas televisados sobre escritores y, en general, el auge massmediático del verso (pensar que el *Beowulf*, en la traducción de Seamus Heaney, ha ocupado la lista de los *best sellers*). La poesía ha llegado a un público no especializado sin precedentes en este siglo. También, bajo el rubro de un "esteticismo restringido", que se expresa a través de la distribución de las pequeñas editoriales especializadas, los talleres de los escritores y los recitales independientes, la poesía vive actualmente una época de entusiasmo sin parangón. Es evidente que la escritura experimental, desde los "neoformalistas" al "hip-hop", goza hoy de buena salud.

En América Latina, donde la novela siempre brindó una matriz para explicar la historia, la producción poética generalmente fue opacada, especialmente en los años del *boom* de la década del sesenta. Pero también podría alegarse que, junto con estos relatos sobre las fundaciones nacionales y su derrumbamiento, se fue tejiendo simultáneamente una saga paralela mediante la poesía. Esto fue evidente sobre todo en la Argentina y Chile en los años posteriores al retorno de la democracia. Sería errado suponer que el género poético no existió como tal durante los años de la dictadura. Esto lo atestigua, por ejemplo, en la Argentina, el intenso ritmo de publicaciones de Ediciones de Tierra Firme bajo la dirección de José Luis Mangieri; y, en Chile, los intensos textos de Parra, Rojas y Lihn o, en líneas diferentes, las propuestas de J. L. Martínez, Millán y Zurita durante el gobierno de Pinochet. A pesar de que algunos hubieran preferido caracterizar a los poetas que trabajaron bajo la dictadura como la "generación N.N."[1] –implicando, así, que el poeta estaba entre los desaparecidos–, sus textos sin embargo han tenido una enorme resonancia entre los intelectuales de vanguardia en Chile y en el extranjero. La poesía escrita bajo el régimen militar instaló visiones alternativas de la alianza social y revisó la condición del lenguaje frente a la codificación del habla común. A partir de la década de los setenta hasta los años de redemocratización, y como un modo de compensar la cultura basada en el mercado, con su énfasis en los textos fácilmente digeribles que entraban en circulación sin provocar ningún conflicto ni señales radicales de disenso, la poesía continuó actuando, desquiciando una preferencia finisecular por el confort de las narraciones totalizadoras. Habló desde lugares no legitimados por el Estado y, en su desafío a la masificación, exacerbó la inquietud y el desorden.

---

1. El término pertenece a Jorge Montealegre, quien en 1983 describió una generación perdida de poetas (citado por Tomas Harris 1998: 92).

La proliferación de textos poéticos ha sido impresionante en ambos lados de la cordillera, en la Argentina y Chile. Esto se deduce del incremento de la producción de libros y periódicos consagrados a la poesía, de los sitios de poesía en Internet y los muchos recitales poéticos. Los talleres de poesía que fueron concebidos, durante los años de la dictadura, como un modo de resistencia a los espacios públicos también abundan en nuestros días como centro de discusión y entrenamiento, y ofrecen una alternativa a los sistemas comerciales de promoción. Los ciclos de lectura de poesía, entre ellos, "La voz del erizo", en el Centro Cultural Ricardo Rojas, la Casa de la Poesía de la Municipalidad de Buenos Aires y, en su extensión más amplia, la Casa Nacional de la Poesía auspiciada por la Secretaría Cultural de la Nación, han logrado reunir a los más interesantes poetas experimentales del país. Daniel Freidemberg (1993: 141) menciona la publicación de doscientos libros de poesía en un año en la Argentina. También señala que, con el regreso a la democracia, circuló una energía en estado puro, un "auge de la poesía", heterogénea, múltiple, sin coordinación ni centro fijo. Ésta no parece ser la expresión de intelectuales marginados que se retiran al santuario privado de sus casas para consagrarse a la tarea arcaica de medir rimas y metros a la espera de una catástrofe milenaria. Más bien, la poesía está expresando un grado de inestabilidad con respecto a las corrientes dominantes: hace su política en el espacio público. De hecho, en un ambiente de ventas y promociones como éste, la poesía ocupa un lugar importante para denunciar la falta de autenticidad en la lengua y anunciar una crisis de autoridad y voz.

Adrienne Rich se ha referido con suma elocuencia a los espacios que llena la poesía. Mientras los individuos son expulsados del debate público y se ven marginados con respecto a las verdades de la lengua, se quedan sin ninguna estructura para expresar su incomodidad (1993: 78). Para compensar este vacío, la poesía ofrece una amplia posibilidad de investigar las prácticas del lenguaje, de poner a prueba el velo de palabras que encubre –y limita– la imaginación. Más aún, promete otros caminos de investigación, escapándose de la instrumentalidad de la cultura que tanto es precisada por el Estado neoliberal.

Con el retorno de la democracia en el Sur, Daniel Freidemberg observó que la poesía había experimentado un auge extraordinario; pero el auge de la poesía también fue acompañado por una crisis general "de paradigmas", la marca del estilo posmoderno (1993: 141). Un proyecto generacional logró descentralizar el idioma público y su voz triunfalista. Es decir, la poesía, luego de la dictadura, se rebeló contra el idioma pragmático y también contra los confesionalismos y las leyendas heroicas. Los poetas de los años ochenta y noventa investigan los desafíos en la superficie y las profundidades, las máscaras y la identidad, el artificio y el orden. De ese modo, se alejan de las presunciones más estereotipadas sobre los usos funcionales del discurso y reflejan la energía de un amplio espectro, disperso y heterogéneo, de escritores experimentales, todos ellos ávidos de forjar una reflexión teórica sobre el idioma, la sociedad y la cultura. En lugar de abordar este tema exclusivamente a partir de la política, buscan transgredir las fronteras que obedecen al eje Norte/Sur a través del discurso poético; intentan abrir las puertas del lenguaje a sus más amplias posibilidades. A ambos lados de la cordillera y en la más vasta gama de estilos, los poetas ofrecen posibilidades radicales para reflexionar sobre las crisis recientes y sobre los modelos alternativos que representan la teoría cultural. Por los intersticios y las fisuras que ellos abren en las prácticas poéticas, estos escritores insertan un cordón de protesta en la lógica férrea que domina la lógica oficial de nuestros días.

Es asombroso el alcance de la poesía argentina en la última década en el contexto de una tradición nacional consagrada (o así se dice) a la novela y al ensayo intelectual. Apoyado en parte por el *Diario de Poesía* (1986), una revista con formato del periódico que alcanza una circulación trimestral de cinco mil ejemplares, o las entusiastas pequeñas revistas que también llevan muchos años de publicación, entre ellas *Último Reino* (1979), *Xul* (1980), *La Danza del Ratón* (1981), y más recientemente, *El Desierto* (1994), *El Jabalí* (1994) y

Tokonoma (1993), esta corriente de fervor poético genera una nueva conciencia de la destreza literaria y la autoridad de la invención poética en el contexto globalizado. Hablando en nombre de Nusud, el grupo de escritores argentinos que publican *El Desierto*, la poeta Ana Lia Schifis dice:

> ...el desierto como lugar de percepción de lo mínimo. Desde allí funcionan los integrantes del grupo editorial, desde el diálogo incitado por la evocación, y no por posturas a ser definidas que posibiliten toma de posiciones. Es así que surgió la necesidad de publicar una revista, de aquellas raíces involuntarias –la literatura del continente– más allá de las diferentes modalidades y aproximaciones a la misma, como manifestada por cada uno de su miembros. También el desierto, como lugar donde la discusión cultural parece clausurada en países como el nuestro, donde la falta de incentivos y respaldo institucional a los espacios de cultura, lleva al desánimo y al silencio de los que, sin medios económicos y de difusión, intentan mantenerla viva (1994: 3).

Resulta difícil creer que precisamente es en este contexto donde la poesía florece. Algunos han vinculado el auge de la poesía reciente a la inspiración musical del rock y el blues; otros hablan de la poesía como una intermediaria entre los diversos mundos de la radio, el video, el arte de la actuación y la fotografía. Otros, incluso, persiguen las huellas de la relación recíproca de la poesía local con el contexto internacional. Estos caminos, por supuesto, son los más predecibles entre las opciones que se presentan, sobre todo si se tiene en cuenta nuestra memoria histórica de la intervención del gobierno en el mundo cultural, como también los factores de destierro y de desplazamiento que reestructuraron nuestras comprensiones globales y las alianzas interdisciplinarias que los intelectuales encuentran naturalmente a través de sus trabajos en colaboración. Éstas son las condiciones preliminares que resultan más útiles para nuestros objetivos a la hora de reflexionar sobre la convergencia de la voz poética (y privada) en el espacio público de la cultura.

Con respecto a la poesía chilena de los años ochenta, la crítica Soledad Bianchi (1990: 162) observa la circulación de poesía en fotocopias, la naturaleza volátil de las sociedades literarias, la reducción de las vías de acceso para la publicación, el debilitamiento de las instituciones académicas.[2] Sin embargo, la poesía fue capaz de encontrar una apertura en los sitios alternativos, a través de lo que Jorge Montealegre llamó "una escritura entre las líneas" (1998: 18) o directamente a través de un nuevo espacio público en formación. Con respecto a esto, piénsese en la escritura en el cielo, experimento de Raúl Zurita en Nueva York en 1982, o en las inscripciones del mismo poeta en el desierto de Atacama.[3] Cabe recordar también las actuaciones de poetas más jóvenes en los lugares de actividad más *underground* de esos días. Todavía hoy, editoriales como "El Cuarto Propio" y "Lom" son responsables de la circulación de algunos de los textos poéticos más innovadores, mientras las nuevas revistas culturales como *Posdata, El Espíritu del Valle, Aérea* y *101 Y Matadero* intercalan la poesía con las polémicas que surgen en las otras artes. Éstos son proyectos que hacen hincapié en los aspectos más performativos de la poesía. Sin embargo, también señalan la necesidad de espacios alternativos que el Estado debería conceder a la escritura experimental.

¿Pero qué sucede, entonces, con la cuestión de la *comunidad*, la relación entre los poetas y sus públicos, la función pública de la poesía? Lucien Goldmann había observado que "la consecuencia más importante del desarrollo de una economía del mercado es que el individuo se vuelve un elemento inde-

---

2. En relación con la dura crítica a las políticas de mercado de la actualidad que han limitado la circulación de poesía, véase también a Bianchi (1998).

3. Irónicamente, a pesar de su postura transgresora –o quizás debido al éxito de su anterior posicionamiento en los márgenes– se considera a Zurita como el poeta más prominente de Chile desde la vuelta a la democracia. Él recibe el apoyo activo del gobierno. *La vida nueva* (1994), su monumental obra épica sobre el paisaje latinoamericano, y en particular el de Chile y su gente, ha sido señalado como el texto representativo de un Chile nuevo, democrático.

pendiente, una clase de mónada, *un punto de partida*".[4] La actividad poética revierte a menudo ese individualismo, pero creando otras formas de complicidad, otras oportunidades para el diálogo y el debate que superan el aislamiento. Es sobre todo en los talleres donde esta alternativa gana potencial. Los talleres privados en las casas de escritores eran al principio un fenómeno propio de la Argentina. Más tarde se extendieron a toda América Latina. Esta práctica, que comenzó en los años treinta bajo los auspicios del Hogar Obrero, convirtió a los talleres en un punto de reunión y, también, por supuesto, en una fuente de ingreso para los escritores que habían sido excluidos de todo apoyo institucional. Alejados de las plazas universitarias, muchas veces a causa de su disidencia política, las figuras principales de la vida intelectual forjaron sus identidades en talleres que funcionaban en casas privadas. Esto fue evidente sobre todo durante los años de la dictadura, cuando las universidades estaban vigiladas y la producción intelectual pública había disminuido considerablemente, y mientras la literatura sufría la coacción de la censura y las sanciones económicas. En este contexto, la literatura se mantuvo viva, generando propuestas teóricas y diálogos, desde el espacio de la casas de los escritores donde funcionaban los talleres literarios. Muchos adquirieron esta práctica en el exilio, sosteniendo así la tradición del taller en otros países, especialmente en México y España. Aun ahora, después del retorno de los exiliados, la práctica de los talleres todavía subsiste. En la Argentina y Chile, algunos talleres editaron las publicaciones de los textos escritos por los estudiantes bajo el formato de revistas o de antologías que alcanzan la extensión de un libro. Esto es un ejemplo que sirve como testimonio del proyecto de reorganizar los espacios públicos a partir de la esfera privada.[5] Liliana Heker

---

4. Citado en Robert McDowell (1991: 41).

5. El "taller" es una característica importante de la vida intelectual, como lo demuestran las publicaciones en grupo que son el resultado de tales encuentros. Por ejemplo, pienso en las antologías producidas por los miembros del taller de Pía Barros en Chile.

(1993: 188), respecto de esto, observa el taller como el espacio en que el estilo se crea y se sostiene, el lugar para la invención y experimentación con el idioma. En Chile, ciertos talleres pasaron a la radiodifusión. Tal fue el caso de la Casa de la Mujer la Morada, una ONG consagrada a la cultura feminista, cuyos talleres cobraron voz a través de Radio Tierra, una vía de circulación que continúa sosteniendo su compromiso con programas para la poesía y las artes. Estos proyectos tienen éxito indudablemente como una academia sin paredes. Abren espacios donde la identidad grupal se construye fuera de las instituciones tradicionales. También permiten la posibilidad de que la actividad literaria pueda reconocer una interacción más compleja entre sus defensores, dando cauce a preguntas que fueron ignoradas en los foros más convencionales para el debate público.

En la creación de esferas intelectuales alternativas, la poesía de fines del siglo XX se propone superar los aspectos negativos de una estética universalizante. Por ende pluraliza las posibilidades expresivas y la multiplicidad de los lenguajes, interrumpe la relación "naturalizada" que la lengua sostiene entre una nación y sus sujetos. A partir de una visión parcializada, invita la emergencia de voces locales, registros insospechados. Y también obliga a reorientar la mirada hacia las cuestiones del género sexual que salen de la poesía.

La consolidación de la poesía de mujeres marca un rasgo especial, propio de las últimas décadas. Gwen Kirkpatrick observa un verdadero "estallido" de la poesía de mujeres que empieza a fines de la década del setenta, cuando las mujeres vuelven a escribir los mitos heredados y transforman las expresiones poéticas de la memoria colectiva (1989: 132). Diana Bellessi insiste en la defensa de la poesía de mujeres como la marca más firme de la cultura literaria argentina de los años ochenta. Ella observa que las mujeres ofrecen una "mezcla de erudición y salvaje originalidad" (1986: 149). Bellessi agrega, irónicamente, que las mujeres parecen constituir un *lobby* como si quisieran parodiar la manera en que los poetas del Neobarroco también habían anunciado su propio *lobby* en otro momento. Raquel Olea, refiriéndose a Chile, observa que hasta los años finales de la dictadura, la poesía de hombres y mujeres era básicamente indiferenciable ya que todos los autores –sin considerar el género– percibieron su marginalidad con respecto a los discursos del Estado impuestos sobre las artes y las letras (1994b: 1998). Entonces, se entiende el énfasis en el fragmento, en los elementos residuales de una sociedad defectuosa, se comprende la necesidad de las críticas multifacéticas con respecto a la vida social y las tradiciones opresivas heredadas. Sin embargo, en los años siguientes, el análisis del género llegó para responder a las lecturas alternativas de la tradición patriarcal; permitía conceptualizar la escritura tal como estaba arraigada en el cuerpo y la diferencia sexual, y abrió un diálogo dentro de la comunidad intelectual sobre las exclusiones que ejerce la teoría.[6] Eugenia Brito reconoce los roles codificados por el género como un legado de una cultura cuestionable. Pero también reconoce el estudio de la poesía de mujeres en la medida en que nos permite alcanzar la parte oculta del patrimonio nacional. La poesía hace uso de una reserva de significantes que han sido ignorados por una visión singular de la historia política y literaria (1998b: 7-19). Alicia Genovese explica esta multiplicidad de una manera diferente, describiendo las ventajas de las mujeres que escriben como poseedoras de una doble voz:

> ...una segunda voz afinada al escribir, que da otro sentido a la primera, que organiza la textura del texto, como una voz de contralto que no sigue las notas de la melodía principal, del *mainstream* o corriente central [...] una voz que da cuerpo, un cuerpo extraño que marca desde su biología (entendida como una compleja estructura corporal y libidinal) y desde su posicionalidad dentro de una cultura (1998: 16).

---

6. Sobre la relación entre género y poesía en Chile, *cf.* Olea (1998), y las antologías de Brito (1998b), Koski (1998) y Villegas (1985, 1993).

Por su duplicación o su exceso, la poesía de las mujeres es también un acto de interrupción irreverente, una intervención en las tradiciones canónicas de la escritura nacional, un modo de reflexionar sobre el acceso a la autoridad verbal que ha definido a los intelectuales.

Quisiera afirmar en estas páginas que la poesía de mujeres contemporáneas constituye un esfuerzo muy importante para interrogar la situación del conocimiento y la historia a través del espacio compositivo y sonoro del poema. La poesía utiliza la página literaria para mostrar la inestabilidad y las contradicciones de múltiples lenguas en convergencia y registrar –a partir de los márgenes de una esfera pública debilitada– la inquietud sobre la función que cada uno de nosotros cumple tanto en la producción cultural como en su interpretación. Las poetas, insatisfechas con los fragmentos, expresan un nuevo acercamiento a visiones sociales y culturales alternativas. La poesía mantiene así esa tensión peculiar entre la *permanencia* y el *desorden.*

Esta clase de relaciones incómodas sirven para explicar bien la historia de la poesía desde la época de los trovadores. Sin embargo, si tomamos esa ansiedad contemporánea por la representación como una inflexión específica del género, producimos una visión del lenguaje y de la forma que se desliza hacia los márgenes no legitimados por la cultura oficial. En este aspecto, cuando las mujeres poetas alteran los espacios más convencionales de la representación, su trabajo nos lleva a cuestionar el orden del lenguaje, el impacto cruel del mercado, las tradiciones de la naturaleza y las realidades urbanas que estructuran la imaginación política. No estoy defendiendo, sin embargo, una representación directa de lo político, sino, más bien, un enfoque en las maneras en que la forma y sonido surgen en la página, produciendo así una traducción de los esquemas imaginativos existentes, una conceptualización de la vida pública que conocemos. El trabajo cultural desarrollado en los talleres, en los espacios cerrados de la casa, o en otros sitios excéntricos alejados de las instituciones formales, se introduce en la poesía de maneras insospechadas, produciendo nuevas formas de leer, nuevas voces, nuevos conflictos. La poeta chilena

Cecilia Vicuña incluso se refiere a la necesidad de crear "metáforas espaciales" que alteren la construcción urbana del espacio y vuelvan a trazar de manera novedosa la representación de las ciudades (Bianchi, 1990: 111). La poesía de hoy también ha cobrado otras dimensiones. Sin abandonar su propuesta inicial de reestructurar los espacios urbanos, le agregó a este propósito otra clase de disputa territorial sobre la naturaleza de la lengua. Aprovechando las tensiones entre estilos y expresiones que compiten entre sí, la poesía nos obliga a dirigir otra mirada a los idiomas ocultos; atrae la visión y la escucha a las palabras y a la sintaxis ocluidas por los discursos del Estado. Esto es más que la heteroglosia usada en las prácticas de ruptura; es una oferta para establecer la propia autoridad en el proceso de representación, aunque frecuentemente a través de la producción de una subjetividad muy conflictiva.

He elegido abordar la producción poética contemporánea de las mujeres argentinas y chilenas, alternando sus respectivos logros en las páginas de este capítulo. Puede alegarse, por supuesto, que las tradiciones nacionales de cada país requieren tratamientos separados e individuales, ya que el eje vertical de la influencia histórica conforma demandas intelectuales y comunidades sumamente diferentes.[7] Por ejemplo, en Chile, "un país de poetas", como se ha dicho tantas veces, el poeta asumió una autoridad sin precedentes en América Latina.[8] Por eso no nos sorprende que ya en su primer libro Malú Urriola

---

7. Para una observación irónica de las diferentes tradiciones que separan a la Argentina de Chile, véase el comentario de Jorge Fondebrider con relación a la primera Bienal de Poesía Latinoamericana realizada en Valparaíso. Fondebrider observa que la tradición poética chilena, a diferencia de la argentina, se estructura alrededor de grandes figuras que crean un cuerpo de lecturas exclusivista y localizado; también observa con cierto grado de aspereza que en Chile "existe la tradición de confundir la figura del poeta con la poesía". En la Argentina, por el contrario, Fondebrider nota que la influencia cosmopolita en la poesía se debe a una tradición local menos canónica (1992: 33).

8. Para obtener una crítica interesante sobre la circulación de este término, especialmente bajo las condiciones de la actual economía de mercado, véase Soledad Bianchi (1997: 36).

escribiera: "la mistral ha muerto / lihn ha muerto / neruda ha muerto / sólo quedamos los necios" (1988: 49). Inevitablemente, la tradición descansa pesadamente en los hombros de los escritores de hoy. También conlleva un miedo a la derrota. Los comentarios de Urriola parecen encapsular un sentimiento sostenido por muchos escritores chilenos de que los fantasmas de su pasado nacional los persiguen y que tal vez inhiben la producción cultural contemporánea. En la tradición argentina, en cambio, donde la novela y el ensayo dan habitualmente el tono del debate político y registran críticas intelectuales poderosas que han sido cruciales para definir la nación, el discurso poético fue a menudo reservado para un grupo limitado, un contrapunto frente a la hegemonía narrativa que domina el campo literario.[9]

Las tradiciones en la Argentina y Chile también están separadas por un reconocimiento diferente del rol del poeta para intervenir en los asuntos de la nación. En Chile, las poetas insisten en la geografía e historia de su país como el terreno temático que les corresponde por derecho propio. En ese sentido, siguen un modelo de autoridad instaurado por Gabriela Mistral y continúan escribiendo sobre el paisaje y la política nacional como temas de su poesía. Sin embargo, su mirada siempre es oblicua. Mary Pratt (1990) observó cómo el paisaje chileno absorbido por Pablo Neruda fue transformado por las manos diestras de Gabriela Mistral. En lugar de mirar desde las alturas del promontorio andino el paisaje nativo que yace debajo, como hizo Neruda en su *Canto general*, Mistral habló desde los valles y los ríos, trastocando de ese modo la perspectiva poética. Abandonó la cima de la montaña para descender al llano de la naturaleza. Este terreno dividido se volvió una metáfora del derecho propio para hablar sobre la

---

9. Nótense, sin embargo, las tradiciones del poeta nacional politizado, como en el caso de Lugones en la primera mitad del siglo veinte, o más recientemente, el rol ocupado por Juan Gelman, primero como poeta argentino en el exilio y opuesto a la dictadura, y, en la actualidad, celebrado con honores como el poeta nacional de la Argentina.

nación, aunque el punto de vista varía según la autoridad exigida por el portavoz. Indudablemente influenciadas por el legado de Mistral,[10] las escritoras de hoy en Chile también se sienten con derecho a la palabra pública, aunque a menudo sus puntos de partida sean insólitos. Reaccionan frente a la dureza del régimen neoliberal reclamando el poder de la lírica. De ese modo, apuntan a las exclusiones y silencios forjados por los años de la posdictadura, la marginación de los sectores populares y las tensiones entre la cultura global y la experiencia local que determinan la voz de la poesía. Carmen Berenguer, Eugenia Brito, Soledad Fariña y Elvira Hernández están entre las poetas contemporáneas más prominentes que han hablado sobre estos temas. Responden a la voz de la tradición dominante y consagrada al referirse al detalle menor, a las texturas heterogéneas que pertenecen al paisaje nacional, al incluir a los sectores marginados en las páginas de su poesía. Sus obras más recientes mantienen esta dirección mientras recuperan los legados del pasado indígena en Chile.

En la Argentina, por el contrario, las mujeres nunca tuvieron asegurada su autoridad poética, sobre todo a partir de los años veinte, cuando Norah Lange y Alfonsina Storni se vieron relegadas a un papel secundario en las actividades literarias de su época. Aún hoy, a pesar de las evocaciones frecuentes de las precursoras locales, las argentinas dudan de sus derechos de participación en el mundo de la poesía. No sorprende, en consecuencia, la ironía punzante que se expresa a través de sus textos bilingües, su énfasis tenaz en la mirada cosmopolita frente a la cultura local, sus relatos poéticos de viaje y huida, la evocación insistente de la máscara y el disfraz. Éstos también van acompañados de frecuentes inversiones y desafíos a las tradiciones masculinas canónicas. No es raro, pues, el uso del seudónimo empleado por las mujeres como manera de responder a la subjetividad hendida

10. La influencia de Mistral es absolutamente legítima. Véase, por ejemplo, el tributo a Mistral ofrecido por autores cuyas intervenciones fueron publicadas por Olea y Fariña (1997).

de la mujer que escribe. Sería demasiado fácil (y erróneo) explicar la tradición argentina como tributaria del cosmopolitismo europeo. Lo que sí está claro es que la poeta se encuentra perdida en el idioma que habla, en busca de una voz que a menudo la lleva más allá de las fronteras nacionales. Con respecto a esto, Alicia Genovese define a la escritora como una "extranjera en su propia lengua" (1992: 71). Con esta problemática en mente, se verá que la relación de las poetas argentinas con el paisaje difiere bastante de la que sostienen sus hermanas chilenas. Con pocas excepciones, las poetas argentinas raramente eligen el terreno nacional como lugar para preguntarse sobre la historia; más bien, usan el paisaje para poner a prueba las premisas éticas dentro del poema mismo. Diana Bellessi es ejemplar en este caso; como poeta consagrada a este tipo de pregunta debido a su énfasis en el paisaje y a su pasado americano arcaico, se acerca a la temática de las escritoras chilenas, pero su representación del terreno local conduce, de manera más fundamental, a la evolución de los saberes y a la consolidación de las formas poéticas. Esta investigación del vínculo entre la epistemología y la lengua poética es compartida también por María Negroni, Mirta Rosenberg, Mercedes Roffé y Mónica Sifrim. Sus poemas recomponen la memoria y el espacio a través de su elevada atención a la forma. La rima, el sonido, los acentos internos, las alteraciones del verso español clásico, y un respeto confesado por las estrategias literarias de las poetas de lengua inglesa, son evocados en sus diversos proyectos. Estos recursos les permiten a las poetas argentinas señalar tanto el artificio de la lengua como las estrategias del conocimiento.

Las chilenas llevan esta investigación por un camino diferente, al enfatizar las muchas lenguas populares que llenan el texto poético. Carmen Berenguer, cuya escritura ofrece el ejemplo más convincente de esta clase de experimentación en verso, ha señalado la importancia de la "mancha" de lo popular sobre la tela del habla; insiste en la hibridez del lenguaje y no en su homogeneidad: "Las hablas, materiales del injerto se reproducen a través de una productividad de la violencia y de la afasia: praxis racial maquillada en el relato y correlato desde sus lugares comunes" (1994: 11). Una multiplicidad de voces cubre el espectro cultural; como fuentes subterráneas, son el origen de la lengua nacional. Más aún, trabajan contra la ubicación céntrica de cualquier voz dominante; desafían los códigos comunes de la referencia y minan la confianza puesta en el relato singular y homogéneo sobre la patria y el hogar. Con esta pluralidad agresiva, se interrumpe la historia coherente del pasado; también le recuerda a la poeta su presencia como intrusa, como figura marginal en el espacio nacional. Escribe Eugenia Brito: "Yo, la residuo, la pura perdida / Mi mente no puede soportarme / Pues soy su espasmo / su traicionado y solitario espasmo" (1984: 72). Al tiempo que la lengua crea esta condición residual, permite a la poeta desmontar cualquier concepto esencializado del yo. Brito alude así a los efectos somáticos del lenguaje sobre todos los escritores.

Como parte de una recomposición poética puesta en evidencia tempranamente por Mistral y Storni, el uso estratégico del fragmento corporal y su reestructuración adquiere resonancia en la obra de Marina Arrate. Dirige la mirada en particular a las formas y las fronteras del cuerpo humano, a las habitaciones y los paisajes que han sido abandonados por la historia. Estas partículas aisladas, escenas en descomposición, se reúnen para ofrecer una nueva perspectiva sobre la cultura chilena, observada ahora desde el punto de vista de los que se han quedado al margen del poder.

El espacio se vuelve un rasgo importante de esta poesía: no es simplemente el paisaje de la nación, sino el espacio de las casas y los marcos lo que da sentido al reino de lo compositivo. Puede alegarse, por supuesto, que la escritura de fines del siglo XX insiste en el régimen escópico. Fredric Jameson, por ejemplo, había ofrecido un argumento de peso sobre el movimiento contemporáneo, alejándose de la profundidad psicológica en el arte y la literatura, para deslizarse hacia las formas de superficie que entran en perpetua colisión (1993: 15). Sin embargo, las celebraciones de la esfera visual ya no son consideradas como una actividad agresivamente juguetona, como lo fueron en la primera vanguardia de los años veinte, al estilo de los experimentos de Vicente Huidobro u Oliverio Girondo. El retorno al placer estético es visto ahora como un reto al Estado, un gesto antiautoritario que reemplaza a la hipótesis racional.

Esta posibilidad se construye, paradójicamente, en la poesía de las mujeres, a través de las deformaciones del espacio doméstico. Curiosamente, el espacio del hogar, la metáfora que se presta tan fácilmente a la escritura femenina, no es evocado con gravedad confesionaria en la poesía femenina; más bien, se señalan allí ciertos componentes formales de pastiche o del *collage* espacial que interrumpen la presunta unidad de un espacio protegido dentro del hogar. El ambiente doméstico, un sitio tradicional de la creatividad femenina –y ésta es una metáfora que muchos críticos todavía quieren usar–, está así abierto al debate. La poeta argentina Tamara Kamenszain es un ejemplo de esta tendencia. En *El texto silencioso* insiste en que la base de la escritura es materna por naturaleza. Lo materno es concebido como el sitio del discurso infantil, como un signo de la importancia de la oralidad en las mujeres y del papel pedagógico asumido por ellas como maestras. Todas contribuyen a lo que la poeta llama un "vanguardia doméstica" en la literatura (1983: 81). En todas las épocas –la autora nos recuerda–, la costura, el tejido y el bordado han proporcionado abundantes metáforas para describir el arte de la escritura (76-77). Kamenszain señala que este trabajo artesanal es la base misma de la poesía, una imagen femenina útil para recordarnos la rebeldía de la poesía frente a la eficacia del mercado.

Paradójicamente, sin embargo, Kamenszain se niega en su poesía, incluso en el ensayo arriba citado, a utilizar el hogar como un sitio apto para la poesía confesional. Toma la casa como pretexto para una investigación del proceso poético. Se vale de la domesticidad para expresar una ironía punzante acerca de las inhibiciones que pesan sobre la voz de las mujeres. En *La casa grande* (1986) y *Vida de living* (1991), libros donde la domesticidad incluso se proyecta desde los títulos, Kamenszain se aproxima a ciertos significados alternativos de las palabras "casa" y "familia". En *La casa grande* comienza con una evocación del ojo y el oído. La casa poética se construye a partir de un legado de límites espaciales y ritmos predeterminados. Allí, los sujetos se observan en el acto de mirar y escuchar:

Vitral es el ojo dibujado, un
cuadro de interiores con ventana
que por la vista filtra lo que pasa
en el dibujo, afuera, de la casa (1986 13).

Esta casa no es un espacio para reflexionar sobre los sentimientos, sino para revisar los parámetros espaciales inherentes a nuestra mirada. El hogar es, en consecuencia, un instrumento para el arte de ver.

Con mayor aspereza, otras escritoras como María Negroni y Carmen Berenguer rechazan los saberes adquiridos a través de modelos domésticos. Consideran que representar las miserias de la casa es apenas el primer paso para una reescritura de la historia. En sus textos, la casa es a la vez una jaula y una célula, una condición de destierro interior. Ni siquiera nos impresiona la versión grotesca de lo doméstico. En la poesía de la argentina María del Carmen Colombo, por ejemplo, aparecen los cuadros de Brueghel y Bosch para representar a la familia. Esto confiere un carácter decididamente extraño a la casa que ella construye. Y, más recientemente, se burla del exotismo, completamente ajena a la fantasía nacional, cuando describe a las familias chinas que habitan en los barrios argentinos (1999). La poeta chilena Nadia Prado hace surgir lo doméstico a través de las ruinas y el desperdicio: "corres a casa / a tu gran casa caja de piedra jaula loca / cárcel hecha de tus propias tripas" (1992: 17). La mayoría de las veces, la figura de la casa como un enclave en disolución emite un conjunto de imágenes agresivas. Le falta también esa resonancia íntima que otros podrían desear asignarle. Para Carmen Berenguer en *Naciste pintada* (1999), la casa es al mismo tiempo la morada de la poesía, la guarida del encarcelamiento y la tortura, el lugar de la memoria desconsolada. La casa de Berenguer también es lo que se denomina una "casa de citas". Más allá de su connotación común de burdel, una casa de citas es, literalmente, un punto de reunión de textos diferentes que se unen bajo el tejado de la escritura. Para otras, la domesticidad tradicional es invertida por una poética lesbiana: las argentinas Diana Bellessi, Mercedes Roffé y Mirta Rosenberg ofrecen una versión de las obsesiones domésticas donde los hombres (con la excepción del padre) rara vez están presentes. Ellas toman la figura de la casa en la poesía como una excusa para la epistemología, para una filosofía de la forma. Esta casa alternativa rara vez es modesta y tímida. Sirve más bien como un campo espacial para orientarnos hacia los múltiples regímenes lingüísticos y visuales que interactúan en el proceso poético. La "vanguardia doméstica" aludida por Kamenszain parece derrumbarse en el interior de la casa de la poesía.

En ese contexto, ¿qué se ha hecho del cuerpo de las mujeres tan celebrado por los críticos en los ultimos años? ¿Resulta un cliché a estas alturas hablar de la corporalidad como principio básico de la literatura femenina? ¿O acaso será posible que la producción poética encuentre sus orígenes en otra zona? Eugenia Brito, Carmen Berenguer, Mirta Rosenberg y María Negroni procuran situar la relación entre la madre y la hija como gesto de iniciación a la vida intelectual y a la lengua. Ese lazo habrá de generar una ácida crítica a la sociedad y sus valores. Así, los cuerpos poéticos de la madre y su criatura registran los conflictos entre las diferentes subculturas de la sociedad. En Chile, estas relaciones son pretextos para narrar historias diferentes de la nación. En la Argentina, son intentos por situar la subjetividad corporal en la página. No son sólo un gesto para entender la pose posmoderna, sino también un puente que se tiende entre las vidas privadas y la comunidad.

Es raro que estos senderos de la búsqueda poética de las mujeres se agrupen prolijamente según líneas nacionales. Encontramos, en cambio, una superposición de problemas en tanto comparten visiones similares sobre el drama de la lengua. Esto conduce a las teorías sobre el valor simbólico que registran las voces poéticas y las identidades de los sujetos nacionales en el mundo contemporáneo de las letras. Las páginas que siguen representan una revisión de esta odisea intelectual. Conecta las contribuciones de la poesía con los debates contemporáneos sobre la experiencia y la representación.

Sobre museos y "murmullos salvajes"

Para abordar la transmisión de la sabiduría heredada que ha estructurado la memoria histórica, las poetas se vuelcan con frecuencia a la imagen del museo y su función en la cultura nacional. Por su condición de depósito de la cultura y de institución que ordena la mirada, el museo evocado en la poesía le permite a la escritora cuestionar tanto la producción de categorías de conocimiento, como los códigos de inclusión y exclusión que regulan su orden. El museo construye una relación de dominación jerárquica patriarcal sobre los objetos que allí se representan. Crea al mismo tiempo, para los artistas excluidos de su lista, una "angustia de las influencias" con respecto a la tradición. En referencia a la construcción del museo, Néstor García Canclini escribe:

> El museo es la sede ceremonial del patrimonio, el lugar en que se le guarda y celebra, donde se reproduce el régimen semiótico con los grupos hegemónicos que lo organizaron. Estar en el museo no es simplemente ingresar en un edificio y mirar obras, sino en un sistema ritualizado de acción social (1992: 158).

Más allá de las observaciones de García Canclini, el museo pone en contacto a la naturaleza y al artificio, mostrando las transformaciones de la cultura popular a la luz de las disciplinas formalmente constituidas. En este caso, los museos recuerdan la colisión de los conocidos extremos de la civilización contra la barbarie, traduciendo las lenguas de ésta en beneficio de aquélla.

A partir de esta contradicción fundamental, Diana Bellessi

presenta la imagen del museo como un lugar donde la cultura oficial domina a los sujetos marginales; más aún, toma en cuenta el poder de las voces marginales para transformar el significado y el status del arte. En "Manhattan revisited", un poema que aparece publicado en su libro, *El jardín* (1992), Bellessi se refiere a los objetos antropológicos exhibidos en el Museo Metropolitano de Arte de Nueva York. Vistos desde la periferia, los tesoros del museo hacen que los sujetos vitales y activos entren en contradicción con sus artefactos estériles guardados en vitrinas. Para Bellessi, ésta es también la poderosa tensión que se produce en el encuentro entre el Norte y el Sur:

Gano las calles
por la basura. Pasión
de cazar de no
terminar de más
de servidumbre
La vida tranquila no es
para el puma. Le lleva
a muerte y siempre
recuerda ¿qué? la jungla
Singular
estado presente
donde se es, nadie
Partida en dos
por el verde
tierno de los parques
tienden un lecho
para ambos
lados del horror. País
hambriento
de servidumbre
coloreada. Como los
Asmat
de Nueva Guinea. "Están
hambrientos" dijo
la guardiana del Metropolitan
"se comieran al antropólogo

–un tal Rockefeller– mire
sus caras, usted puede
verlas, gente desagradable" dijo
[...]
nosotros los comimos
a ellos dije
y todo lo que poseen –sus naves
maravillosas de veinte
metros de largo hechas de una
sola pieza con gárgolas de
niños en las proas
abrazados, sus tótem
de falos erectos
convirtiéndose en
pequeños equilibristas
en la cima
[...]
Reino
inestable del puma
los barrios abigarrados como frutas
ácidas que calman la sed:
"Pepe se está culiando en el rufito"
–he is taking cool on the roof–
está tomando fresco en la terraza dijo
la vecina puertorriqueña. Castellano
disolviéndose en la ciénaga. "Today
I walked into the sunset"
Es nuestra esta ciudad (107-110).

Desde la perspectiva de los Asmat, la tribu acusada de haber matado a un miembro de la familia Rockefeller, el canibalismo que ejecuta la alta cultura excede ampliamente los gestos rituales de supervivencia que protagonizan los grupos indígenas. La poeta relaciona las poblaciones cuyos artefactos culturales aparecen en los museos con los mendigos, los habitantes hispanoparlantes del barrio, los desclasados de Nueva York. Se entreveran las jerarquías de los idiomas: una lengua dominante se usa para definir la cultura de las ciudades; otra lengua, más subversiva, abre espacios para las poblaciones marginales. Incluso vincula la cita, "Today I walked into the sunset", en la promesa de la otredad. De esta manera, la traducción y la práctica bilingües son usadas como signos de provocación; pertenecen a la experiencia de la poeta, el *puma*, la gente de la calle. A partir de esta yuxtaposición, se oye la voz de la subalternidad; el poema cobra forma en torno a sujetos no controlados por el edificio del museo. Esto transforma incluso los usos del español y el inglés.

Para otras poetas como Bellessi –pienso, por ejemplo, en la escritura de Genovese y Roffé–, el museo es una imagen inaugural con la que se puede iniciar una crítica del conocimiento organizado. Condiciona los espacios donde los individuos podrían hablar, impone restricciones a la memoria, limita la posibilidad de debate entre la cultura oficial y la periférica, entre las voces populares y las lenguas de la elite. De esta manera, el museo, al apropiarse de las identidades sociales y aislarlas, separándolas de su entorno habitual, poniéndolas en exhibición sin tomar en cuenta su historia, congela también los movimientos sociales y ritualiza los mitos y las leyendas. En lugar de un diálogo posible, abierto al futuro, el museo exhibe bagatelas u objetos indefinidos cuyo propósito es el de "autenticar" la experiencia del pasado. Así, su presencia detiene la circulación de la palabra. Sin embargo, en el poema citado, florecen los lenguajes y proliferan los idiomas sin barreras. Los vecinos, el guardia, la poeta que habla, todos ofrecen un contrarrelato coloquial que se opone a la autoridad instituida.

El texto de Bellessi, que pertenece a la parte final de *El jardín*, intenta encontrar un camino hacia el interior del orden institucional, llevando las voces de origen popular al sitio donde rigen la autoridad y el conocimiento tradicional. En realidad, el libro de Bellessi, íntegramente, es una búsqueda de las voces populares perdidas. Sus poemas cuestionan las estructuras rígidas del conocimiento que inhiben la comprensión abierta de la historia, el lenguaje y la forma. Con todo, se niega a promover el binarismo simplista que opone la sociedad culta y "civilizada", pero inhumana, al mundo popular y "salvaje" en el que predominan los sentimientos. En consecuencia, la poeta amalgama las culturas del pasado y las contemporáneas, presta atención a los antiguos mitos heroicos de conquistas marciales y a su influencia en las tradiciones poéticas modernas. Bellessi pone a prueba el valor del conocimiento científico y lo contrasta con nuestro propio sentido de justicia. Reflexiona sobre la pérdida de un pasado desestructurado y posiblemente "bárbaro" que ha sido devorado por la cultura contemporánea común. Por eso, confunde deliberadamente las fronteras entre el Sur y el Norte: "es sur / el continente entero", escribe en *Sur* (1998: 122), una obra que recorre la cordillera desde la Argentina hasta Arizona en busca del paisaje y de las lenguas compartidas. La suya no es una poesía didáctica; Bellessi, por el contrario, insiste en el poder del oído y del ojo para alterar las tradiciones oficiales, y ubica de ese modo el valor de la cultura dentro y fuera del museo y el mapa. Su proyecto enfatiza el intercambio de lenguas y voces, los encuentros de la forma específica con lo informe, la convergencia de las fisuras y la visión totalizadora. Como escribe en uno de los poemas de *El jardín*:

Tras la anécdota
el vacío se revela:
datos visibles que componen
una imagen
que compone
la metáfora completa (11)

El círculo se define, en este caso, mediante la revelación y el secreto. Las esferas de significado, las visibles y las ocultas, convergen para definir la imagen poética, a través de un sistema de sonidos y la repetición de ciertas palabras. Así, la /*v*/ de *vacío* reaparece en las palabras vecinas de plenitud como *visible* o *revela.* Al mismo tiempo, la poeta utiliza dos veces el verbo *componer* seguido de la palabra *completa.* No se trata de una repetición defectuosa, sino de la manera en que la poeta acentúa el progresivo acto de la composición: *com* +

poner –palabra compuesta– resalta los vínculos secretos entre la imagen visible y el significado oculto. Éstos, a su vez, producen lo *"completo"* mediante una cadena de imágenes contiguas. La conexión entre elementos dispares es, para Bellessi, lo que realmente importa.

La tensión entre contrarios organiza *El jardín*; se trata de una tensión entre el jardín y la selva, entre las raíces y el aire libre, entre la forma y lo informe. Al mismo tiempo, aparece el conflicto entre la lucha por el dominio intelectual y la resistencia de la forma inasible a ser contenida por la palabra:

A punto de apresar una certeza
se vuelven ceniza
imagen e idea. La pregunta apela
en aquello que la origina
hallar respuesta
El mundo entero de las formas
expresa
un plan y gloria
aciertos en la fuente donde
chopos de la vida y
la muerte
tejen agua (49).

Bellessi busca las raíces del conocimiento en la conciliación de términos opuestos, escudriña los fundamentos de la experiencia en la infinita circularidad de las formas. Frente a este deseo utópico se encuentra la estructura rígida de un mundo arcaico, dominado por el discurso paterno:

atiendo
ahora al reino del padre
El sintagma claro, el sentido
salvador en un mundo que se disgrega (23).

A pesar de su ironía flagrante, no hay ni defensa ni acusación pueril al poder patriarcal. El texto propone la recombinación de tradiciones y formas, la disolución de las categorías del conocimiento o de los sistemas de identificación.

Me detengo en los versos de Bellessi con el objeto de reflexionar sobre el lenguaje poético que colisiona, cambia y vuelve a emerger contra un fondo de tradiciones heredadas. Su ejemplo es aleccionador, ya que nos induce a pensar en las genealogías del estilo literario que, en manos de las poetas mujeres, se recombinan y renuevan, evocando sin cesar las tradiciones antiguas, obsesivamente, siempre en movimiento, aquel que surge de las posibilidades estéticas del cuerpo, del lenguaje y del sonido.

Cuerpos y paisajes

Las escritoras ofrecen diversas soluciones para contrarrestar el peso de la autoridad y el orden, ya sea a través de la ironía y la parodia o por medio de las investigaciones serias sobre la formación de la memoria histórica. Aquí, tanto la imagen como el sonido combaten las lenguas de tradiciones anteriores. La chilena Malú Urriola transforma la temática del famoso análisis de Jakobson sobre "Les Chats" –el poema de Baudelaire– en una composición sobre gatos techeros y niños de la calle saltando de tejado en tejado. En *Piedras rodantes* (1988) señala que Jakobson, en un acceso de elevada devoción estructuralista, olvidó la corporalidad de la aventura urbana, y sin embargo, lo que subyace en los versos de Baudelaire no es otra cosa que la atención fundamental al cuerpo. Urriola retoma estas obsesiones de la representación, y dedica íntegramente su libro a las lecturas erróneas realizadas por Jakobson de "Les Chats", lo cual más tarde le permitirá evocar los ritmos de la calle y la violencia de los intercambios lingüísticos. Urriola se pregunta cómo conciliar la abstracción de las palabras con la realidad de la existencia cotidiana. En esa misma obra dice:

> La malú no existe, como la casullística (*sic*), sucede; pero es sólo una proyección inanimada más en esta gran pantalla indefinible y abstracto logos: VIDA. Donde cada elemento y secuencia está fotografiada, a punto de verbalizarla y transformarla así en movimiento, que no es otra cosa que representar la palabra y ni siquiera y a la palabra, sino el maldito enjambre del código alfabético u otro

aun más carajo... ¿cómo también tragarse esta necesidad de lenguaje anexo al habla normal? (25).

Urriola reflexiona sobre los proyectos de representación, el apareamiento heterogéneo de sonidos y palabras que pretenden dar forma a la vida y que no obstante descuidan las expresiones que provienen de la marginalidad, en particular la escritura realizada por mujeres. Esta preocupación continúa en su último volumen, *Hija de perra*: "Estoy sola y las palabras terminan consumiéndome, promoviendo en mí un estado de total decrepitud" (1998: 13). A pesar de la alienación provocada por el entorno verbal, reconoce, no sin incomodidad, su propia urgencia de superar el silencio.

¿Pero qué sucede con el material de la poesía? ¿Y qué ocurre con nuestra capacidad analítica para darle sentido al discurso poético en una época de mercantilización? La argentina Irene Gruss se concentra en la naturaleza del objeto poético desde una perspectiva diferente: elige un recipiente plástico como tema de estudio para un poema. En un texto mayormente narrativo, Gruss habla de una escena bucólica en un parque público donde hay un lago, patos, niños. Un recipiente de plástico desechado y flotando en el agua se convierte en un tema de reflexión: "Para algunos filósofos y poetas / esto era / una imagen de lo real miserable" ("Pesca en el lago", 1991: 11). Pero la poeta se niega a restarle valor a este objeto comercial; flotando con gracia en el lago, atrayendo a los pájaros y niños, la botella adquiere belleza, como consta en la respuesta de los espectadores con que Gruss concluye el poema:

Los chicos veían cómo se alejaba su botella
hacia el centro del lago,
maldijeron al viento
y sólo atinaron a sufrir
y a sonreír (11).

Lo sublime está inspirado por un objeto de producción masiva que hace sonreír y sufrir a los niños. Se ve con claridad que, en nuestros tiempos, los condiciones para la poesía son otras. Y sin embargo, Gruss no da muestras de desencanto o de ironía; propone, por el contrario, que consideremos este suceso como una demostración de nuestra capacidad para ampliar el campo estético. El retorno a los hechos vulgares en la poesía es, en parte, una continuación del proyecto de los poetas coloquialistas de los años sesenta y setenta, pero también implica un esfuerzo combinado dirigido a rediseñar los objetos estéticos, incorporando no solamente los detalles prosaicos, las lenguas populares y las frases triviales, sino también la pronunciación de una voz femenina que podría invertir o ampliar las tradiciones literarias. Susana Thénon y Susana Villalba, en la Argentina, y Marina Arrate y Carmen Berenguer, en Chile, se inspiran frecuentemente en las cosas comunes de la vida urbana, para encontrar temas y palabras poéticas alejados de los parámetros convencionales del arte.

Huellas de siglo (1986) representa la investigación de Berenguer en la cultura popular, los trozos de vida callejera urbana, las tradiciones del *punk* traídas del extranjero que configuran la lengua y la poesía chilena. En sus versos resuenan la música del rock, los clips cinematográficos, la indumentaria del *jet-set* y los automóviles de último modelo. De ese modo se producen los sonidos y visiones de una cultura urbana a punto de estallar. El primer poema de ese volumen, "Santiago Punk", evoca los ritmos en *staccato* de la cultura global de fin de siglo:

Punk, Punk
War, war. Der Krieg, Der Krieg
Bailecito color obispo
La libertad pechitos al aire
Jeans, sweaters de cachemira
Punk artesanal made in Chile
Punk de paz
La democracia de pelito corto (11).

Paradójicamente, la alusión a las juventudes posmodernas de los versos de Berenguer también ataca a otro sistema semiótico que articula las esperanzas democráticas de todos los sectores populares: paz, libertad y participación popular son parte integral de la cultura musical de la juventud. Pero, en este caso, anulan el significado de las composiciones tradicionales. Berenguer cruza los sistemas oposicionales de sonido para dirigir la atención a las paradojas de la democracia (inexistente en Chile en 1986 y neoliberalizada en los años noventa), deformada bajo el peso de una cultura consumista y banal. Su poesía confronta el referente histórico con la materialidad del sonido. De esta manera, no denuncia de manera directa al régimen militar, sino que alude a los ritmos en *staccato* de un tren (¿símbolo de un poder perpetuo?), a las visiones fraccionadas de una ciudad disoluta, a los compases de una cultura juvenil alternativa. Las afirmaciones de los jóvenes son yuxtapuestas a menciones esporádicas del ejército, la policía y los cadáveres. El lector es invitado a juntar los fragmentos y dar sentido a los ritmos del horror.

En *Sayal de pieles* (1993), Berenguer da a este proyecto una orientación diferente y expresa lo que podría ser considerado un *ars poetica* cuando se refiere a los elementos que ingresan de manera arbitraria en su texto:

Esto podría ser la telaraña de una carretera
un tendón o un llamado a cruzar, un pendón,
una basurita en el ojo, un insecto; ahí mismo.
Pero es un batir de olores, perfumes, no,
pescado, rayas, rémoras que hacen pic-nic (11).

Todos los elementos triviales de la vida cotidiana, incluso una partícula de polvo en el ojo, son la base de su estilo poético. Brindan estímulos para la mirada poética y el sonido, que son parciales e incompletos. Evocan, asimismo, los versos de poetas anteriores como Gabriela Mistral, para estructurar nuevas maneras de ver. El modo en que elegimos colocar estas imágenes está completamente dentro de nuestro control. Éste es un principio para el arte alternativo; además, exige la participación. Esta estrategia, por supuesto, no pertenece exclusivamente a las mujeres, pero en la medida en que las escritoras adoptan este discurso agresivo, restituyen la calidad auditiva de la poesía en relación con el cuerpo de la mujer. El nexo entre los dos suscita un tipo de subjetividad que no es muy habitual en la poesía.

En ese aspecto, *Sayal de pieles*, es una realización magistral de las posibilidades sociales de la poesía cuando surge de las temáticas de la carne. El título mismo sugiere una tela de piel que se desdobla como un palimpsesto, pero Berenguer da un paso más allá para discutir las texturas, las resonancias y los olores de la piel, los sonidos múltiples que los registran, uniendo el cuerpo al paisaje y a la nación. "Sudales" es el subtítulo que introduce la primera parte del libro. Connota tanto la idea de *sudor* corporal que cae gota a gota sobre las páginas como el paisaje del *sud* de América que resbala en sus versos. La poeta procederá a configurar el mapa de las aberturas del cuerpo/tierra y a descubrir los sonidos que ambos nos brindan:

En un cruce vórtice fijeza
allí en un abrir
Encerrar el fulgor su estambre.

Roce que al rozar se aciaga
deslizando brote
Abrir apenas terso la rodilla
crujir tramado damasco ciérrase
ábrase rocíese (19).

El movimiento y la sexualidad se dibujan con la oposición cerrado/abierto que responde al deseo. Esto también se ve reforzado por el cruce de sonidos sibilantes: la */s/* (vórtice, fijeza, el encerrar, roce, rozar, deslizado) y la */o/* (vórtice, fulgor, roce, rozar, brote, terso, rodilla, damasco). Cada sonido tropieza literalmente con el otro en una fricción de movimientos rápidos.

Sayal del pieles es un proyecto de aliteración e inversión en que la autora busca delinear los sonidos producidos y registrados por los tejidos y los órganos. La primera parte cierra con una afirmación: "El clic del oído es un clic en el piélago / basurita en la fijeza" (14). Berenguer reúne, en estos poemas, las imágenes evocadas en las primeras páginas del volumen, pero aquí asocia el "clic" a la oreja y a la piel; hasta el más imperceptible de los sonidos resuena mientras flota a la deriva al igual que un desperdicio sobre el agua. Más aún, el "clic" es un punto de unión y de síntesis. Alude a un proceso poético que une en un mismo movimiento el sonido y la lógica. Pero también investiga, a partir de este esquema, la colisión entre las formas materiales y las abstractas, y la continuidad que adquieren en la carne de la página. "Piele(s)" invoca, en la segunda parte, y con mayor énfasis, la piel y el *piélago,* las superficies que recogen el sonido. Nuevamente, Berenguer persigue el detalle trivial, nimiedades como el grano y los piojos que se instalan en la piel. Primero la piel aparece como *cuero* y *tajo* (términos que remiten no tanto a la piel humana como a la de los animales), y luego como *hoja* (esta vez, refiriéndose a los pétalos de una flor o la hoja de papel).

Las múltiples superficies nombradas en este libro despiertan un mar de sonidos, reiterados en los diversos poemas para proporcionar a los lectores una sensación de amplitud y continuidad. Se extienden en "Sura(L)", la tercera parte del volumen de Berenguer, en la que se agregan aun más voces y partes del cuerpo: la pantorrilla, los extremos australes de la tierra que sudan minerales como el cuerpo suda fluidos, las lecciones de Sura impartidas por el libro sagrado, el Corán. La letra "L", omnipresente en el libro como apéndice y señalador, es lo que Berenguer ha llamado "la letra de la infamia en Chile". Se refiere al modo en que el gobierno designaba a los ciudadanos que dejaron su país y buscaron refugio en el destierro durante los años de Pinochet.[11] Juntos, el cuerpo, la voz y el paisaje se conjugan en una sola imagen, y transpiran sonido. Por esa razón, esta sección silabea aliteraciones de sonidos sibilantes representados gráficamente por la letra */s/* con hipercorrecciones poco habituales en el

---

11. "La 'L', también es el digital de la infamia, l, es la letra del exilio, que se le imponía al ciudadano chileno, para impedirle entrar en el país. [Es] el establecimiento de la inestabilidad, en una geografía temblorosa, donde la razón es por la fuerza" (extracto de la correspondencia personal con la autora, 6 de junio de 2000).

idioma español, como "quedoses", que recuerda la tenacidad pegajosa de los que insisten en permanecer en su propio lugar –"quedarse"– y la densidad de los "quesos".

Allí quedoses sudando
oh fragorosos tumbados
enhierbados suda
leprosos de hierba suda
volcanos de piedra suda
sulfur de hierba letosos
escalpados de suda sodados
[...]
turbados y sudales
salar quedose la turba
salares los paisajes quedos
Quedose de jugo los carnos jugos
De piedra jugos
[...]
o todo o nada,
o azar.
de quesos.
del (24).

Berenguer vincula la carne, el paisaje y el sonido como si enhebrara guirnaldas de canciones en un mismo cordón. Las reiteraciones sonoras de "sal" y "sudor", cuerpos y "turba", describen una escena que evoca la relación sexual. Pero el poema concluye con la contracción "del", como si quisiera hacernos pensar en cuerpos cansados. Aquí, el lenguaje también ha alcanzado un punto de extenuación. No hay más sangre en la carne, ningún suero en el queso, ningún hálito en el espíritu. Se han agotado los recursos que servían para producir sonido a partir de la carne. En consecuencia, el poema debe concluir, cerrarse con una preposición aislada que no tiene sentido. De ese modo, Berenguer parece sugerir que el destino del arte es equivalente a su origen: ser residuo o desperdicio.

La poeta aborda este proyecto a través de una exploración topográfica de las superficies, todas unidas al cuerpo humano y a su producción de sonidos y formas. Incluso el modelo médico ingresa en el poema para puntualizar la carne manchada del texto con sus *staccatos* alternativos. El sida y sus síntomas se relacionan con el discurso alfabético. Sus curas de laboratorio se apoyan en la oralidad o en la dicción poética en sí: "Zeda papiloma intraoral / por ceda y suda en ceta. / ZETA ORAL" (37). Irónicamente, el único remedio disponible aquí es la dicción poética, particularmente en una época en que prevalecen las curas dirigidas por los intereses del mercado que bastardean todas las relaciones entre los cuerpos y las voces. En su periplo, a través del cuerpo enfermo –emblema de la cultura de fin de siglo–, Berenguer cierra su volumen con una referencia claramente autobiográfica, y en alusión a la identidad prefabricada impuesta a la mujer-poeta. La sociedad exige una poeta de subjetividad escindida ("Beren Guer"), una mujer con la piel arruinada. Pero sobre todo, Berenguer resalta la transformación cosmética que altera el cuerpo femenino del mismo modo que el ritmo del poema altera el cuerpo del texto:

blanqueadas nalgas sajada, rapen la nariza
y suban los ojos con tirantes por las orejas
tejidas; pelos de silicona.
Manos revoladas estiran la estética
y hormonas pegadas en el culo harpan,
doblando los recortes de sobras;
hierben, hierban
ácidos y engasten los pómulos más arriba,
por la piel, piren la rastra facial;
papiro de pielas, peldefebre sin escote
manga, mangan
porcelana hendida en las grietas mapas
mapean pieses flacas, flecan (56-58).

En este poema se lleva a cabo una cirugía estética que brinda un nuevo aspecto a la apariencia y al deseo, reformando así los cuerpos de las mujeres, mientras reinventa la forma poética.

Berenguer nos recuerda que la transformación quirúrgica es de hecho un forcejeo destinado a lograr la autonomía del escritor, un proyecto diseñado para reafirmar la maleabilidad de la oreja y de la carne ante el escalpelo y la pluma.

Marjorie Perloff observa: "¿Cómo es posible que a finales del siglo XX estemos una vez más enfatizando el sonido de la poesía?" (1996: 14). La lengua poética, por supuesto, siempre estuvo basada en el habla, pero a fines de siglo, la preocupación por el sonido es una manera de agudizar nuestra conciencia respecto a los falsos mensajes con que nos fustigan los discursos contemporáneos. La poesía no establece una interrelación exclusiva con los lenguajes de los medios masivos o del paisaje nacional, sino –lo que es más importante aún– con la poesía misma, con las tradiciones más antiguas del género. En este contexto, el lenguaje –y no solamente los modos de representación– es el escenario de una nueva batalla. En manos de las escritoras que luchan con la tradición, la intertextualidad se vuelve a veces una práctica agresiva, paródica en extremo, mientras la poesía, la escritura, sigue preguntándose de qué modo el lenguaje puede ser utilizado y leído por fuerzas antagónicas.

Marina Arrate, por ejemplo, vincula las tradiciones históricas formales del verso a la representación de las telas y texturas que adornan el cuerpo humano. Su volumen *Tatuaje* (1992) evoca la tradición arcaica de marcar la piel de las personas: "Y desde el siglo diez y seis / se taracean los soldados, los marinos, los mineros, / las prostitutas, los obreros y los criminales / sobre la espléndida epidermis" (12). Como en la poesía tradicional, los versos de Arrate surgen de una historia de marcas corporales: sonidos, vestimentas y texturas se inscriben en el cuerpo del poema. Así, bosqueja los sonidos del satén y el terciopelo que remiten tanto a las historias de la vestimenta como a la expresión lírica (15-16); reconstruye los rugidos de los animales predadores cuyos movimientos onomatopéyicos se asemejan a la voz humana. Al mismo tiempo, los metros clásicos, las baladas populares y el mito evocan las formas humanas que rigen la estética. El proyecto poético amplio y totalizador de Arrate se vuelca a estas investigaciones.

En *Este lujo de ser* (1986), reeditado en *Máscara negra* (1990), Arrate presenta una serie de ocho poemas interrelacionados que exploran la transformación cosmética de una mujer que se para frente a un espejo. Una lectura superficial de estos versos puede sugerir que las mujeres escriben para ver sus propias reflexiones proyectadas sobre el espejo textual. Pero las páginas de Arrate –todas ellas de tono coloquial– nos muestran cómo se lleva a cabo la tarea, compleja y a menudo extenuante, de juzgar las propias imágenes corporales y de corregir sus imperfecciones. En consecuencia, esta serie de poemas pone de relieve otra magnitud relacionada con la disposición formal del espacio del texto y con las transformaciones de los planos visuales. "Escribir a partir del cuerpo" –una frase clave pero demasiado común en nuestra jerga crítica– adquiere aquí el valor de una estética altamente cargada de significados. El ojo humano que la mujer ve en el espejo es el pretexto de Arrate para estudiar las líneas y los vórtices, los reflejos, los dobleces y el ritual. Acercarse al cuerpo con adornos cosméticos es similar a las tradiciones rituales de una práctica escritural que produce y transforma el objeto señalado. En última instancia, logra estimular el placer. El poema, por lo tanto, concluye cuando la observadora, que ve con agrado la transformación lograda, responde con satisfacción:

Al igual que con el izquierdo
se desliza algunos milímetros más
alargando la comisura exterior del ojo
y simulando una extraña oblicuidad
penetra en el espejo el símil soñado
de una idea figurada.
La boca emite guturales sonidos placenteros,
una boca mojada y untuosa
desde ese ojo y medio semeja (1986: 12).

En este caso, la poeta pelea con las formas, tomando la cara humana como base de su investigación: ¿qué es el rostro humano sino la superficie en la que emerge el significado, el sitio específico que despierta una disputa sobre el orden formal, la subjetividad y el cambio? Arrate se dedica al acuciante tema de las transmutaciones formales, ya sea en la cosmética o en la indumentaria. Buena parte de su obra recuerda la primera etapa de la pintura vanguardista en la que pequeñas acciones (un desnudo descendiendo por una escalera, en el ejemplo de Duchamp: un hombre ascendiendo por ella, en un poema de Arrate) son el pretexto para yuxtaponer planos formales e investigar la relación entre el ojo y la tela. La figura escultural de la mujer que emerge de los textos de Arrate sirve de base para el estudio de las propiedades formales de la obra de arte, un punto de reflexión sobre las posibilidades de transformar un objeto estético dado. Esto conduce a una condición vertiginosa en la que todos los paisajes, animales y sujetos humanos son intercambiables: "Seré gato, mula, elefante, jirafa, araña..., aceituna, calambre, rayo" (15).

Pero hay otro elemento en juego en los poemas de Arrate, también señalado por Gruss y Bellessi: me refiero al poder de la *emoción* capaz de alterar la mirada. En *Tatuaje*, Arrate retoma la cuestión de las marcas corporales: "Se taracea / por punción / con aguja o punzón / ...o con pincel de fibra de coco / o con pluma de la cola del Trópicas, / o con ascuas" (9). El juego de palabras sobre la transformación reside en el doble sentido del final del verso en el que "ascuas" remite tanto al carbón ardiente como a la ansiedad erótica de las personas. ¿Acaso el cambio ocurre sólo por mutilación física, o puede la pasión también marcar el cuerpo?

En *Uranio* (1999), el cuerpo humano es cadavérico, materia en decadencia, descrita por Arrate en diversas fases de descomposición, con el fin de atacar nuestras ideas preconcebidas acerca de la belleza. En la misma vena de extrañeza, Arrate construye un mundo poblado de fantasmas persecutores, para lo cual utiliza un lenguaje denso y excesivo, sin ninguna transparencia. Hace una radiografía de la ciudad y la familia, del amor y sus espectros, preguntando a propósito de estos espíritus si no son, después de todo, "vestigios de ilusiones muertas" (1999: 14). El cruce entre inscripción y sentimiento conduce a una reflexión sobre la tarea poética en tanto agita las emociones y a menudo genera un impacto perturbador. Las inscripciones que imprimen un tatuaje sobre el cuerpo y la mente son frecuentemente recuerdos del pasado. En el epílogo de su libro más reciente, *Carnal*, la chilena Nadia Prado invierte esta lógica: "Mi letra es invisible, pero las palabras me pertenecen. / Y aunque mi mano no tenga fuerzas para levantarse, sé que estoy completamente escrita por dentro" (1998: 92). Prado está inquiriendo sobre un tema persistente en el discurso poético: la relación entre la materialidad del texto y los lazos emocionales e invisibles que generan la inscripción. La suya es una pregunta dirigida al revés de la tela, a la subjetividad que se niega a ser nombrada y a la distancia irreconciliable entre el deseo y la representación.

Versos que (re)suenan

¿Cómo se escribe a través de la tradición? ¿Dónde están los recursos para construir un objeto de estudio a partir de un poema? ¿De qué modo en el nuevo milenio, en que la autoridad intelectual de décadas anteriores ha sido atacada sin tregua, podrá el escritor experimental conservar la fe en alguna vanguardia artística? Acaso sea cierto que, tal como señaló Beatriz Sarlo (1994), el liderazgo de los intelectuales de ayer está ahora perdido irremediablemente, sometido a los medios de comunicación masiva en América Latina bajo el régimen del libre mercado. Y ¿cómo afecta este cambio a las mujeres, a las que nunca habían tenido una posición de liderazgo en esas vanguardias históricas que ahora, supuestamente, ya han sido superadas? ¿De qué modo se resuelve esto a través de la poesía? Para las escritoras, el proyecto consiste todavía en establecer una tradición, construyendo un linaje aún no dominado por la nostalgia sino por el propio arraigo en fuentes alternativas de identidad e imaginación. Gerda Lerner (1986) ha insistido en la necesidad de recuperar un pasado feminista para armar un bagaje intelectual adecuado para las mujeres en el presente. Esta idea, que no es nueva, está en concordancia con las búsquedas de las feministas en las Américas, devolviéndoles un sentido de identidad a partir del pasado reconocible y, al mismo tiempo, reactivando un sentido de la crítica individual frente a las tradiciones pasadas. En Chile, la deuda con Gabriela Mistral puede verse en todas partes. En la Argentina, la vuelta a la lectura de Lange y Storni y, más aún, la reverencia expresada hacia figuras menos lejanas, como Olga Orozco y Alejandra Pizarnik, son muy difundidas. La devoción por las norteamericanas vanguardistas de los años veinte también es notable por su intensidad. No resulta sorprendente en estas tradiciones toparse con un interés renovado por escritoras de lengua inglesa como Djuna Barnes, Mina Loy, Hilda Doolittle y Gertrude Stein, autoras que dejaron su marca en un proyecto de vanguardia que se ha perdido en el Cono Sur. Estas precursoras inspiran un campo temático y práctico, y también permitieron a las escritoras contemporáneas constatar la historia de colisiones entre la escritura literaria feminista y la dominación de una vanguardia masculina que deslegitimó a las voces femeninas. Al mismo tiempo, alientan a las escritoras de hoy a valorizar otro estilo de dicción y de escritura. A la hora de organizar esta perspectiva, las poetas dan un primer paso productivo al desenmarañar las fuentes literarias heredadas que habían condenado a las mujeres al silencio.

La muda encarnación (1993) de María del Carmen Colombo pone en evidencia el deseo de las escritoras de oponer resistencia a una voz poética dominante que ha limitado la subjetividad femenina. Colombo entabla un diálogo juguetón con la poesía de vanguardia argentina, rechazando la exclusión de las mujeres de los círculos literarios conocidos y reclamando el derecho al libre juego de la *écriture* tan frecuentemente identificado como privilegio masculino. *La muda encarnación* es, por consiguiente, un reconocimiento poderoso de los placeres del texto, de la construcción de un sistema de sonidos que destaca el festín del lenguaje. Igualmente es un compromiso directo, pero sin nombre aún, con la obra de los grandes poetas de la tradición argentina: Lamborghini,

Gelman, y en especial, Oliverio Girondo, el que experimentó más activamente con la escritura lúdica de vanguardia de los años veinte, pero también el autor que denigró la escritura de las mujeres, un hecho que difícilmente podría ser ignorado por una poeta como María del Carmen Colombo.

El epígrafe de *La muda encarnación* está tomado de Nietzsche: "La mujer sigue siendo gata y pájaro. O, en el mejor caso, vaca". Indirectamente, está evocando a Girondo, en su conocido texto "Interlunio", que usa una vaca ("la vaca madre") como inspiración materna en su obra. Colombo intentará revisar los discursos telúricos que definen a gran parte de la poesía argentina, y toma a la vaca, el caballo y la gallina para referirse a los ritmos de la escritura femenina. No hay en esto ninguna nostalgia, ningún sentimentalismo hacia un pasado rural; más bien, la fuerza agresiva de los sonidos se establecen como base de la poesía misma. En segundo lugar, aporta una crítica vengativa a la misoginia de las tradiciones de vanguardia. Por eso, Colombo anuncia la muerte de la "vaca ancestral"(25) y vuela libremente entre otros imaginarios posibles (31). Parodiando incisivamente a Girondo hasta las últimas consecuencias, asume incluso el rol de su "triste yovaca", con neologismos al estilo de la obra de Girondo. Traslada el escenario de referencia poética de la casa a las pampas, burlándose del tono sacrificial con que esa imagen siempre ha sido evocada (21).

De este modo, Colombo intenta incluirse en esa tradición canónica de hombres que han utilizado el paisaje para hablar de su propia condición de poetas, pero también expone el uso de la imaginería animal, una suerte de "bestiario" que le sirve para sostener la identificación de las mujeres con la naturaleza. Girondo en "Campo nuestro" tomó la tierra como pretexto para la escritura y reconstruyó el galope de los caballos sobre la llanura como base de su métrica.[12] Colombo también utilizará las imágenes del caballo y la vaca para organizar un *ars poetica.*

---

12. Sobre "Campo nuestro" de Girondo, véase Masiello (1999).

un caballo
en la pampa
de papel
nervioso inquieto
movimiento
del sonido
sin parar en la noche
en el desierto pozo oscuro
el eterno (13).

Por sus versos cortos, es clara la influencia de *En la masmédula,* aunque la imaginería evoca "Campo nuestro". Colombo tomará el galope del caballo para reflexionar sobre el impulso de la escritura. En un poema posterior, escribe "Un caballo / de luz / un espejismo / fluyendo / sin parar / llama de coces voces / ese torrente / ese sonoro / llamado / caballo" (15). Nuevamente, el caballo organiza el texto, pero, esta vez, por su velocidad y por los ruidos que su galopar produce, lo cual permitirá a Colombo hacer hincapié en el quehacer de la poesía como acto que relaciona el sistema auditivo con la imagen nombrada. Escribe entonces: "un modo de montar / cuando fundó la palabra / confundo caballo con jinete" (17). El referente y el sonido se intercambian a la hora de escribir; una confusión desestabilizadora ingresa en el texto. De esta manera, Colombo asienta sus estrategias poéticas sobre las implicancias filosóficas de las influencias y la continuidad, el origen y la reproducción, pero siempre sin caer presa del facilismo del juego subyacente en la copia posmoderna. La autora de estos poemas, por ende, reconoce sus deudas, pero sobrepasa las tradiciones que la limitan.

Hay dos hilos, por lo tanto, en las discusiones organizadas por las poetas con respecto a la interrelación entre la obra y el cuerpo. Por un lado, su trabajo incita a una correspondencia entre la materialidad de la carne y lo concreto del lenguaje. Por el otro, la lengua poética a menudo está separada de la presencia *carnal.* Las dos vertientes entablan un diálogo con la tradición literaria. En *Matar un animal,* Susana Villalba escribe: "Aunque el cuerpo no olvida / no encontrás el argumento" (1997: 47). El lenguaje y el tema frustran a la poeta, pero el cuerpo prevalece en el registro de la experiencia. En efecto, para producir una correspondencia directa entre el cuerpo y la lengua, la poeta debe recurrir a la violencia. *Matar un animal* reproduce las tensiones entre una poeta en busca del lenguaje y los conflictos agresivos que a menudo conducen a los muertos. Su volumen está sembrado de cadáveres, víctimas del acoso y la violencia. Sin embargo, los cadáveres son la base de un *corpus* literario. Le prometen a la poeta el acceso al mundo del lenguaje, a la autoridad en la representación: "Se despedaza para unir / una voz / que no te pertenece" (1997: 119). De este modo, parecería que el orden en la literatura está basado en la absorción de un pasado en común que no obstante resulta sospechoso.

Mujeres viajadas. Culturas traducidas

Con respecto a las relaciones intertextuales y la formación de la subjetividad, Derrida (1985) se interroga sobre el oído que vincula al emisor y al receptor. Relaciona este problema con un principio básico de la autobiografía, que él denomina en este caso la "otobiografía". El terreno auditivo disputado entre el que habla y el que escucha establece los términos para una subjetividad alternativa. Más aún, permite pensar el oído como la base de la subjetividad y de la creación del significado. Lo que capta el oído reordena nuestra sensación de lo que se hace pasar por lo auténtico o lo falso. La poesía escrita por mujeres en los últimos tiempos en Chile y en la Argentina muestra la precariedad de los significados tradicionales y busca a menudo una "raíz autenticada" de significado en la formación de sonidos, ecos y repeticiones que se despliegan en la página del poema. De esta manera, la esfera auditiva sirve como acceso a la subjetividad en formación.

Este conflicto de sonidos se expresa a veces como una competencia entre lenguajes distintos, como una negociación del espacio poético a través de la práctica auditiva. Eugenia Brito identifica esta manera de negociar con la tradición como una herida en el cuerpo, un modo de desafiar la "lengua madre" y al mismo tiempo absorber sus tradiciones:

> Este trabajo con la sintaxis desmonta los pilares mismos de apoyo de la lengua madre para producir, paragramáticamente, sobre ella, una lengua "otra" capaz de enfrentarse con la anterior, opacarla y promover un juego de sentidos cuya característica es la insistencia del significante por apuntar hacia una herida; y desde ella llamar la atención hacia la grieta que genera el vacío en el interior del cuerpo agrietado. Ello provoca la fascinación hacia los bordes: no ver el corte, el tajo, sino más bien irse hacia los márgenes, desarmando de este modo por dentro el sistema dominante (1990: 173).

Brito insistirá en el valor de los márgenes, los efectos residuales de lo "real", el poder de los discursos periféricos a partir de los cuales se pone en marcha un desafío para la tradición y se reconceptualiza la lengua y la herencia. Como escribe en el mismo libro: "Melodía, puntuación, silencio, van a ser alternativas al lenguaje oficial" (72). Para Brito, las demarcaciones de los "otros" lenguajes o silencios van a producir una herida abierta sobre la carne del texto, cultivarán vías alternativas de resistencia para engendrar una fuga hacia los márgenes. Regresaré a la poesía de Brito en las páginas posteriores de este capítulo, pero por el momento quiero hacer hincapié en los diferentes sistemas lingüísticos que componen un texto, notablemente a través del uso de citas y el desafío al pasado literario. En este caso en particular la poesía depende del arte de la expresión bilingüe y muestra la inadecuación de cualquier lenguaje primario para dar cuenta cabalmente de los sentimientos o la inteligencia. Por eso, Tamara Kamenszain acude al ídish, Marina Arrate y Mónica Sifrim se apoyan en juegos de palabras en inglés, Elvira Hernández se vuelca al alemán, Mercedes Roffé cita el latín y el griego, María Negroni toma del italiano; Diana Bellessi y Mirta Rosenberg muestran sus dotes como traductoras de la literatura escrita en inglés y trasladan esas capacidades a sus poemas. Por su parte, Brito, Berenguer y Vicuña prestan atención a las voces populares.

Estos entrecruzamientos globales nos recuerdan que el oficio de traductor está en la base misma de la práctica poética, como para armar un *mapamundi* que transforme los paisajes nacionales y los distantes, y que atente contra las certezas de la voz. Nos señala también que, probablemente, una nueva lengua irrumpa a partir de la antigua. Como escribe Tamara Kamenszain: "un lenguaje antiguo que ató el cordón al cinturón del habla... se descarga" (1991: 29). La poesía es causa de un movimiento proteico que libera los significados habituales y emancipa las formas literarias cerradas.

La poeta argentina Lelé Santilli observa que cuando un niño llega al mundo, está sumergido en un mar de lenguas; entre ellas, una, la lengua materna emerge para prevalecer sobre las otras. Pero residualmente, otros sonidos y otras lenguas fluirán también para irrumpir y colisionar con las otras. La poesía puede reponer este auge de múltiples diferencias para ser no sólo una condición de universalismo posible, sino además una marca de la experiencia individual.

> Debemos apropiarnos de las lenguas. Las lenguas nos pertenecen por derecho propio. Si un bebé nace con la posiblidad de hablar TODAS las lenguas y la lengua materna hace uno de los recortes posibles, el sujeto hablante hará todos los recortes y entrenamientos que necesite. La retórica está enraizada en la misma condición de posibilidad, por eso la poesía se hace universal a la vez que nos individualiza/subjetiviza cuando la escribimos (1998).

El cruce de lenguas universales y privadas en la literatura pone al pasado y al presente en contacto, pero también brinda una curiosa corriente subterránea para diferenciarse de las prácticas de la globalizacion política, para ofrecer una contrainflexión sobre los temas de la semejanza y la otredad.

En una sección del libro *Anónima* (1992), Genovese nota la sincronicidad de esta experiencia y dirige su atención al proceso accidentado de la traducción que sostienen los textos poéticos. Insiste en la distancia que siempre media entre la memoria y el referente: "quiere escribir su realidad / reescribe ficciones" (57). La poeta mantiene gestos de equilibro entre el pasado y el presente, la verdad y la distorsión que corren a través del oficio de la escritura: "dice que era / un camino de robles / que el otoño enrojecía / un mar con peces amarillos / y algas púrpuras / es decir / escribe en pasado / sobre las cosas inmediatas / marca sobre el papel / un tiempo que clausura el paisaje" (58). En este poema, la inmediatez de la visión se refuerza a través de la introducción de la frase "es decir". La reinterpretación y la traducción difieren del significado; evocan una historia pero también estimulan la producción de las lenguas y la percepción de las temporalidades. De esta manera, logran producir combinaciones insospechadas. Esta situación rinde una irreprimible circulación de sentidos. *El borde es un río* es el título que Alicia Genovese da a su libro de poemas, como para señalar el movimiento permanente entre el lenguaje y las formas.

Las poetas latinoamericanas a menudo retornan a este tema, con el que expresan su preocupación por el entorno políglota que sostiene una relación resbaladiza entre la palabra y el referente. En particular, revelan la cualidad tentativa de los significados tradicionales, la disyunción entre las palabras y las cosas, los lazos arbitrarios entre el sonido y la significación, así como las violentas perturbaciones de la oralidad ejercidas por la letra impresa. Todas las escrituras, por supuesto, están basadas en este drama lingüístico, pero la exclusión de las mujeres latinoamericanas del canon literario agudiza aun más este conflicto y pone en tela de juicio, nuevamente, el status del conocimiento y de la tradición heredada.

A causa de la reciente experiencia del exilio, el desplazamiento geográfico y la pérdida, la temática del viaje ha permitido a las poetas explorar los límites de este problema, particularmente su condición bilingüe. Luisa Futoransky, por ejemplo, es arrastrada a la cultura asiática a través del exilio; Elvira Hernández en *Carta de viaje* (1989), Diana Bellessi en *Crucero ecuatorial* (1981), Alicia Genovese en *Anónima* (1992), insisten en la temática del viaje con el fin de explorar nuevos lenguajes y formas. El viaje también les permite someter a prueba la utilización de voces fijas o subjetividades estereotipadas y, al mismo tiempo, reflexionar sobre el sentido del *hogar*. Elvira Hernández, por ejemplo, reconstruye el viaje a través de algunos movimientos puestos en evidencia por Huidobro y Valéry. Enfoca así las alturas alcanzadas por el vuelo aéreo en contraste con el descenso al cementerio marino. En *Carta de viaje*, estas oposiciones se unen para describir la experiencia vertiginosa de la viajera sudamericana. Un poema del libro, fechado el 12 de octubre –como para recordarnos el día del descubrimiento de América–, inaugura, paradójicamente, el viaje literario a Europa. El tema del viaje permite volver a la cuestión del descubrimiento de un yo, pero ahora mutilado a través de tantos años de violencia extranjera. La nieve nórdica transforma el yo, convirtiéndolo en un golem. Asimismo es transformada por la blancura de la página ("Die junst zu reisen, hermano / el acto y el arte de partir / de confundirse con el blanco", 19). El viaje además hiere la lengua. "Soy lengua ampollada por la electricidad", dice en el texto (11), como señal de la intervención tecnológica extranjera que altera el habla y la producción del lenguaje local. El viaje, entonces, aparece como altamente perturbador.

La relación del viaje con la lengua se repite como motivo constante en la poesía actual. En *Viaje de la noche* (1994b), María Negroni utiliza la odisea poética para juntar experiencias nómades y reconstruir la memoria de la historia. "Es un riesgo. Se parte, sin entender por qué. O más bien, en su vagar inmóvil, de cautiverio en cautiverio, extraviado en el rostro oscilante de la noche, el viajero busca signos, como quien busca su figura en la figura de la ausencia, sin reconocer su propio hogar" (82). El viaje a que alude Negroni toma forma a través de una serie de tensiones entre la experiencia local y la globalizada, entre las artes visuales y la escritura, entre los distintos idiomas de la literatura que le permiten construir un yo. Negroni busca la "ciudad cursiva" (82), un complemento paradójico de la ciudad letrada de Ángel Rama, la cual le facilita otras miradas a la metrópoli y a la historia. La poeta pide prestados a las tradiciones medievales de la literatura española los conceptos petrarquistas, las leyendas nórdicas y la poesía en lengua inglesa así como la fuerte influencia de las artes visuales. El mapa se construye, además, por las referencias a muchas ciudades, entre ellas Venecia, París y los centros metropolitanos de los Estados Unidos. Es un viaje a través de culturas prestadas, sobre todo por las culturas escritas.

En otro texto, *Islandia* (1993), un texto épico sobre el exilio y la migración, Negroni parte de las leyendas nórdicas de viaje y exploración, conocidas en la literatura argentina gracias a las traducciones de Borges. Pero Negroni invierte el tema clásico al construir en sus textos una imagen de la metrópoli moderna con sus rascacielos, aeropuertos y avances tecnológicos. El uso de premisas altamente masculinas sobre la condición del viaje le sirven para investigar los efectos del desplazamiento sobre el individuo y la expresión de la voz de la mujer. De ahí que las citas implícitas nos lleven a otra versión de la historia, versión que recuerda la trilogía de Hilda Doolittle donde se corrigen las herencias de versiones autorizadas de la verdad a través de nuevos códigos de lenguaje, y se le permite hablar a la voz femenina sobre el drama del exilio y la migración.

El texto se organiza a través de una serie de pequeños escritos en prosa que narran, desde una voz supuestamente neutral y sin indicios del género del hablante, una historia de heroísmo masculino; frente a éstos, se deslizan breves poemas desde los cuales brota una voz femenina, descrita en su condición de nómade y sin casa. Del conflicto de voces surgen preguntas sobre la construcción de una subjetividad literaria que depende del género sexual, la relación entre el ojo que ve y la voz que describe, las maneras de viajar por el mundo que pertenecen al hombre y a la mujer. Al yuxtaponer los textos líricos a los segmentos en prosa, al combinar diferentes idiomas a través de las páginas del volumen, Negroni señala la ineficacia de la sinopsis telegráfica y breve de los acontecimientos de la historia oficial. Más aún, demuestra cómo la poesía permite registrar voces escondidas y otras versiones del pasado. La voz femenina propone así una intimidad exenta de historia masculina. De esta manera, aun cuando el primer texto (en prosa) de *Islandia* comienza con la llegada de los migrantes, sus ambiciones y deseos, el segundo texto (en verso) recupera otra experiencia relacionada con la partida y el descubrimiento:

En el teatro lírico de Islandia
–naturaleza muerta en primer plano–
su propio autorretrato la sosias,
de trazo en gramática releva,
en retazos. En lullaby que dice:
sabidurías no fueron hechos para mí.
[...]
A Islandia no se llega atravesando
fiordos sino membranas de espacio:
dalias, lamés en demasía
y una fanfarria de aeropuertos
cuyas luces, con franjas de espuma
pudieron confundirse o vanagloria.
¿Laborioso derroche de soportes
o escritura flagrante
de lágrimas cansadas? (14).

El verso en primera persona asume el control del texto poético para ofrecer una lógica alternativa con respecto a la conquista. Cruza los fiordos, pero también las membranas de espacio. Asimismo cuestiona su exclusión de un proyecto histórico al insertarse como protagonista en el campo de la representación. Aquí, Negroni evoca el sosias, esa figura de la antigüedad clásica que representa el juego teatral de las inversiones. Como imagen central en el libro de poemas, y a través de numerosas referencias a las máscaras y disfraces, al travestismo y el teatro, el sosias sirve para recordar al lector la doblez del discurso de la historia y también lo que se pierde en el momento de su narración. La presencia femenina altera la totalidad del relato sobre el viaje y su representación.

La figura enmascarada es importante para poner en duda la autoridad de los grandes relatos. Logra suplementar el discurso épico, ofreciéndonos otra manera de acercarnos al pasado. En este aspecto, el sosias logra transformar la representación de la naturaleza al proponer que miremos no sólo el territorio sino también sus tenues fronteras. Al mismo tiempo, se transforma el género literario. Frente a la épica fundacional como forma –Negroni cita del teatro lírico–, se refiere a la naturaleza muerta en pintura, repite las canciones de cuna. Estos géneros desarman el discurso patriótico y fundador a la vez que proponen escaparse de las "estrategias de contención" y represivas que ofrece este género literario consagrado.[13] Otra vez el poder del género literario se tantea por la cuestión del género sexual.

El volumen de Negroni permite reflexionar sobre el poder de la palabra femenina para redefinir nuestro pasado. No sorprende, entonces, que cada una de las secciones de *Islandia* comience con una cita de un poeta viajero –desde Borges a Elizabeth Bishop– para señalar los diversos acercamientos al tema del exilio y el desplazamiento. La presencia de estas figuras también nos recuerda que los principios culturales de la nación se inspiran en la práctica poética. La poesía es el primer gesto, la primera afirmación de la autonomía nacional, pero también señala una duda sobre el progreso logrado por el conjunto social. La poesía, en consecuencia, contiene el susurro de una lengua alternativa que socava el triunfalismo perteneciente a cualquier relato magistral sobre los orígenes de un pueblo. También sugiere otro acceso a la memoria:

De su isla, la fugitiva per se
enciclopedia aprende de memoria.
Despistes y estrategia que en sintaxis,
en descripción meticulosa, su juego
al contrincante han de ocultarle.
Maliciosa tarea, adelantarse
hacer de la alusión un recuerdo (46).

Aquí, la figura femenina invierte la gramática de la memoria

---

13. El término "strategies of containment" pertenece a Niranjana (1992), en su estudio sobre colonialismo y traducción.

reglada por la enciclopedia. Al mismo tiempo, Negroni altera la sintaxis común y moderna para recordar sus raíces arcaicas. Con el propósito de desplazar al lector de su anclaje en la actualidad, Negroni construye una versión de la historia basándose en fuentes diversas, como los trovadores medievales y los maestros del Siglo de Oro español. De la misma manera, interrumpe la tradición masculina heredada al recordarnos el poder de lo femenino en la lectura de la historia.

Memoria y estructura

La relación entre la poeta y la herencia literaria depende de la convergencia de distintos sistemas literarios y de la práctica de la traducción. También se ve afectada por los usos de la memoria. Mercedes Roffé introduce este problema en un estilo muy distinto del de María Negroni. Recurre a las tradiciones literarias desde la antigüedad clásica hasta el Renacimiento español para pensar la relación de la voz lírica con respecto al espacio idealizado del hogar: "Se dibuja un paisaje de retorno / Voces / Idioma nacional la música de las esferas" (1987: 9). En *La noche y las palabras*, Roffé asocia el trabajo con la memoria a la magia verbal, como una manera de captar el tiempo y la distancia a través de los efectos transformadores del lenguaje. "Cómo retomar el hilo" será su gran obsesión (1996: 8). De esta manera, se acerca a los detalles menores del recuerdo, los que estallan, como gotas de agua, para convertirse en castillos o ciudades sumergidas:

como un tick
como un hipo
como un bajo continuo
gotas hay que horadan
aguas hay que corren
ciudades sumergidas
y castillos de arena
castillos en el aire
fosos hay que aíslan y aseguran
y torres de homenaje –como ésta
y puentes levadizosy hay cadenas (8).

Roffé abre su texto a imágenes basadas en la experiencia cotidiana y en las tradiciones literarias cultas, en busca de los vínculos entre pasado y presente, entre las temporadas del año, entre Norte y Sur. Su volumen reitera esta preocupación por el vínculo entre mundos dispares que conducen a un enfoque sobre la compatibilidad de distintas estructuras métricas. De esta manera, compagina versos cortos –con ritmos métricos en *staccato*–, dentro de versos largos de arte mayor. Esta yuxtaposición produce el efecto de enfrentar la contemporaneidad del momento de la composición poética a la tradición métrica de las tradiciones heredadas; viene a ser un acercamiento sonoro al problema de vincular distintas localidades y distintos momentos de la historia que han permanecido alejados entre sí.

En los poemas de *La noche y las palabras*, Roffé evoca la cultura de Oriente Medio y de Asia, las religiones cristianas y la judía, los roles de madre e hija. La genealogía familiar también encuentra su articulación a través del conflicto de tradiciones diversas, pero al final se explica como la transformación del lenguaje a través de la historia. De esta manera, la poeta señala cómo un castellano arcaico se manifiesta y se abre a diversas generaciones futuras, creando un linaje nuevo cuando se encuentra con la lengua actual. Asimismo el encuentro de estilos y voces desiguales logra introducir en el espacio del poema una reflexión sobre la manera de recuperar una voz inalcanzable: "recordad que en mí cualquier vosotros no es más que una ironía / el tú un resabio y vos la única voz verdadera" (10). Roffé investiga el alcance paradójico de las palabras arcaicas que nos llevan de orillas conocidas a destinos todavía inciertos, pregunta por la formación de un yo hablado por una lengua nueva. Esta doble función del lenguaje como comprobante de un deseo de autenticidad e indicio de un movimiento continuo constituye la base de una serie de equívocos que construyen una cadena de significados. Como en el ejemplo del poema arriba citado, este doble movimiento vincula al mismo tiempo pasado y presente, y a su vez pone a la poeta en duda.

El doble movimiento de imágenes y voces condiciona la búsqueda de la memoria perdida y la construcción de un pasado viable. También obliga a la pregunta sobre la castidad de la lengua y del yo. ¿Existe, de hecho, una pureza identitaria, un discurso válido sobre el mito de los orígenes? ¿Se puede volver a casa o, en última instancia, superarla? Para responder a estas preguntas, Roffé nos recuerda la fragilidad del pacto lingüístico, basado en el consenso, e integra delicadamente el pasado y el presente, el conflicto entre tradiciones nacionales distintas. La segunda sección de *La noche y las palabras* se organiza en dos componentes, con una serie de poemas en prosa al lado de citas de otros autores. "Se escribe en contra", insiste, reconociendo la presencia necesaria de otro todavía sin nombre, que puede señalar la herencia cultural o el pasado personal de cada uno. A través de su libro, propone la necesidad de la diferenciación (27) aunque en el último poema nos recuerde los límites de este intento. Así, en el poema epónimo, Roffé vuelve a hacerse cargo de la capacidad limitada de las palabras para encontrar su referente preciso. "A la luz de las velas / las palabras / iban perdiendo toda realidad / ese poco de peso que arrastran en sus ruedos / como cuelgan de las eses / de hierro las reses y sus moscas" (51). Aquí, Roffé vuelve a los primeros poemas de su libro en los que había propuesto la necesidad de vincular distintas tradiciones literarias a pesar de las influencias que éstas hubiesen ejercido sobre ella. Sin embargo, después de haber afirmado los vínculos, se da cuenta de que el trabajo con la materia verbal continúa pese a la realidad que la antecede. El lenguaje se independiza, pone en duda lo real.

La poeta argentina Mirta Rosenberg se acerca a este problema desde otro ángulo cuando pregunta si la poesía es capaz de teorizar las operaciones de la memoria. A pesar de la gran preocupación por la memoria que se ha expresado en países como la Argentina y Chile después de los años de la dictadura, Rosenberg aborda el tema desde el énfasis en la imaginación más allá de la secuencia del recuerdo. Como escribe en *Teoría sentimental* (1994): "La imaginación, decía, plantea más problemas que la memoria / que podría ir de Sófocles a Auschwitz, sobrevivir a su historia / y no decir palabra" (15). El retorno a una forma de inventar que supera la verdad de la historia también privilegia los ritmos alternativos de la vida cotidiana, propone otra esfera de reflexión no atada necesariamente a las exigencias de la cronología ni a las demandas por la completud. La libertad sin límites de la imaginación es el eje de su poesía:

Pero la imaginación no tiene tema sino la varia
materia de la noria personal: no se memoriza una araña,
se la sueña o se la ve en la hebra. Yo trabajo con sobras
y con saña (15).

En *Teoría sentimental*, Rosenberg retoma los temas de la memoria al repensar la familia, la genealogía y el objeto del deseo; también vincula la tradición lírica, mediante la evocación de los juegos, al sonido y a la métrica, que provocan otra línea en la dimensión temporal, es decir, la reconstrucción de la historia a través del recuerdo auditivo. En los versos arriba citados, por ejemplo, la repetición constante de la "*ia*" final (*varia, materia, noria*) remeda las palabras *araña, sueña, saña*, y señala los pasos de la imaginación a través de una familia de sonidos. Además, como la voz poética trabaja con las sobras de la memoria –con los efectos de la memoria todavía no cartografiados–, su labor se asemeja a la de la araña nombrada en el verso anterior. La imaginación es su fuente de inspiración, teje su propia telaraña. Estos versos ilustran el propósito de Rosenberg de construir y expandir la forma poética de sus textos, que nacen de un pequeño núcleo métrico originador: el haiku entonces se convierte en un poema en prosa; un verso de arte mayor alcanza, con frecuencia, una línea de dieciocho sílabas. De esta manera, logra exceder las formas métricas más comunes de la tradición hispana, organizando sus versos con frecuentes repeticiones de sonido y una cuidadosa atención a las cesuras. En un estilo que pudiera llamarse neoformalista, pone a prueba los límites expresivos del idioma aunque vuelve, inevitablemente, a las fuentes literarias consagradas para recordar la precisión de la métrica y la circularidad resonante de los sonidos que pertenecen a la versificación clásica, en particular a la lírica española del Siglo de Oro y la inglesa de los años veinte.

El equivalente temático se anuncia a través de su persistente búsqueda de los orígenes, sobre todo con referencia a la familia. El legado escritural de la familia organiza los puntos de referencia de su poesía mientras logra consolidar pasado y presente:

Me quedo aquí, te vas de viaje. En lo que a mí respecta,
no me has abandonado: es tan sólo el dolor del padre en su certero
viaje solitario, como semilla-lápida y así, en mí,
los restos de Europa se terminan como punta de un lápiz agotado
por fatiga del grafito, debilidad del leñador o el carpintero (47).

Las construcciones poéticas de Rosenberg enfatizan la convergencia formal de las genealogías en el punto mismo de la escritura. Logran vincular tradiciones dispares, la vida y la muerte, el pasado y el futuro. Por esta razón, el linaje de familia es útil para armar un *ars poetica*, una teoría posible de la escritura:

Aquí llegué, lo sé, para escalar esta altura consecuente,
este lingam de blindada superficie, este monte de las rosas,
arrasado, que en mi padre es punto de partida y en mí,
punto de caída. Te amo: sólo el vacío es exacto,
punto de giro (33-34).

Sin duda, el "monte de rosas" es un juego con el apellido de la poeta, táctica que abunda entre los muchos juegos de palabras bilingües de la poesía de Mirta Rosenberg. Más importante aún, su vuelta a los orígenes queda trazada mediante una serie de movimientos en contrapunto que logran yuxtaponer la sensación de plenitud y vacío que caracteriza a la voz poética. En su volumen más reciente, *El arte de perder* (1998), una evocación de la madre fallecida, concentra en el texto poético las tensiones entre la revelación y el secreto: "Ahora soy la fotografía / y vos el líquido revelador. Tu muerte / me convierte en yo: como una ciencia aplicada / soy la causa y el efecto, / el ensayo y el error, este vacío / de la nada que golpea el corazón / como una cáscara vacía" (1998: 51-52). El sujeto escribiente otra vez avanza por el espacio y el tiempo donde se invierte el orden de los orígenes en el de la muerte, donde se mezcla el momento actual con la ausencia de la otra evocada. Esta corriente poética se sostiene, además, en la percepción de los procesos de madurez observables en el mundo natural: la semilla y la fruta, el árbol y la hoja, la larva y el insecto se equilibran. En cierto modo afín a Diana Bellessi por su persistente atención a la dinámica que se desarrolla entre la expresión formal y la epistemología, Rosenberg evoca este repertorio de imágenes para recordar las simetrías de la imaginación y también para obligarnos a pensar en el arte de la poesía que tantas veces se vincula al ejercicio de la memoria y los mitos del eterno retorno:

Y me excuso de tener oficio, sudo, porque cualquier cuerpo
me da pena y ejercicio, casi siempre fortaleza.
Sacudida-sístole, insegura, por tener todo anotado
en los márgenes de una historia mayor, por más vieja
o por más grande (47).

La voluntad sintética de Rosenberg, expresada a través de la métrica y el material temático, impone una convergencia de formas distintas, anotada, como ella misma dice, "en los márgenes de una historia mayor". Sin embargo, tampoco confía en la eficacia estable de la palabra (aunque, como poeta, reconoce irónicamente sus limitadas alternativas a la expresión verbal):

Un sol exprimido para mi tesoro, y sin embargo estoy cansada
de la apariencia de las cosas y los nombres que les damos.
Cada sol, un don, y su tesoro, sinónimos calculados para acopio
[del vacío.
Semilla-tornasol, morir como reflejo y es verdad (44).

En estos versos, el problema filosófico con respecto a la relación constatada entre el objeto y sus significados posibles, está en juego: ¿las palabras se inspiran en las cosas observadas o son las palabras las responsables de asignar sentido al objeto percibido? En nuestra búsqueda por la representación precisa, ¿encontraremos la palabra exacta para nombrar la fragilidad de lo bello? En los versos citados, Rosenberg opone el sol y la semilla, y se pregunta si el exceso lingüístico matará finalmente la magia del mundo natural. Al convertir la imagen, como tesoro, en un tesoro del idioma, ¿se oscurecerá la fuente natural que al principio nos iluminó? En última instancia, sólo queda la emoción.

Al investigar las múltiples facetas del significado de las palabras, las poetas aquí presentadas estudian la máscara y la genealogía, las superficies y las profundidades. Cuestionan la autoridad de una historia heredada que establece el significado de la palabra. Con razón, entonces, la memoria de la familia es mucho más que una preocupación nostálgica. Construye un espacio poético alternativo para poner a prueba la línea entre la realidad y la ilusión en las cadenas de significantes que nos pertenecen. Mónica Sifrim enfatiza este punto en su volumen *Laguna* (1999), un texto cuyo título ya anuncia los vacíos de la memoria, pero también la brecha entre mundos impares, un juego entre la laguna de significados que se encuentran en el mundo natural y una mirada oblicua al fenómeno del lapsus de sentido entre la palabra y el pensamiento. En ambos aspectos marca la interrupción en el fluir del lenguaje y de la historia. Para Sifrim, la laguna da forma a la experiencia de la memoria, privilegia los mundos autónomos de sentido que se desprenden de la forma original y fija de la palabra. Este espacio de exploración se delinea, al principio, sobre la imagen del padre cuya memoria vacía vulnera tanto la estructura lingüística como la gramática usual de las relaciones de familia. Evocando posiblemente el epígrafe de Wordsworth en su "Oda a la inmortalidad" ("el hijo es el padre del hombre"), Sifrim comienza su volumen con la descripción de la inversión de la historia actualizada por la hija-poeta: "*Hoy lo llevo de la mano por primera vez.* / Un anciano pequeño con los ojos azules... Todo lo olvida" (9). ¿Quién es capaz de traducir la memoria del otro? ¿Quién está autorizado para dar sentido a las formas? Estas preguntas yacen en el fondo de la exploración poética de Sifrim, aunque, en la superficie, el pretexto del volumen sea describir la situación familiar.

Si bien la memoria perdida del padre es la anécdota inaugural de *Laguna*, queda claro que Sifrim se aprovecha de esta crisis para articular el drama de la no correspondencia entre lenguaje e imagen. El agua y el vacío, los dos términos sugeridos por la palabras "laguna", establecen la base metafórica de la obra de Sifrim. "Una laguna nos enlaza / un hueco recatado en la ilación. / Escenas pantanosas nos completan / con agua / lo que no se recuerda" (11). La lucha por recordar es la clave de la tarea de la poeta: cada texto alinea un enfrentamiento entre la experiencia y el sentido. También logra articular una ironía impactante al señalar la línea oscura entre la perspicacia y la ceguera, como se observa en el último poema: "Qué desatino / sujetar con tizas / lo fluido"(67). El desafío de la poesía es sostener este tenue juego entre la palabra y el significado huidizo, poner en crisis la comodidad de la lógica clara y perturbarla a través de la forma poética, provocar un nuevo *sensus communis* basado en la experiencia del arte verbal.

Disfraz, duda y artificio

Charles Bernstein se ha referido al poder de la "cultura oficial del verso" al describir la manera en que se ha determinado el lenguaje institucionalizado de la poesía (1990). Las poetas responden a estas coordenadas con una constante subversión de las imágenes, destruyendo las expectativas que pertenecen tanto al género sexual como al género literario. De esta manera, surge su reescritura de la historia y del mundo doméstico, su repudio del verso confesional, la sátira de los autores canónicos identificados con las tempranas tradiciones nacionales. Rechazando las normas de todo lenguaje perteneciente a la dicción poética, las poetas se resisten a las imposiciones de la herencia y abren sus textos a un espectro más amplio de conocimiento, a menudo poniendo en tela de juicio la sabiduría aceptada como tal y la racionalidad del Estado y del mercado. Aquí, lo femenino en sus varias formas se esparce sobre todo orden fijo del discurso, abriendo sus posibilidades de conocimiento y subjetividad en el ambiente del fin de siglo. Sin embargo, y como parte de esta misma lucha, la poeta se define a sí misma como una impostora.

Contra un pasado de inmigración y de tradiciones políglotas insertas en la historia nacional de la Argentina, Tamara Kamenszain insiste en las visiones duales, una "doblez del lenguaje", necesarias para la escritora (1991: 230). Implica la pregunta por el status de la poeta-impostora en relación con la experiencia. ¿Dónde se encuentra la línea divisoria entre la voz original y la copia artística? ¿Dónde está el "verdadero" cuerpo femenino en un texto sobre los lazos de familia? En *Tango bar* (1998) Kamenszain continúa expresando esas dudas al iniciar el volumen con el siguiente verso: "*Decime quién sos vos.* No me falle mascarita" (11). En un trabajo sobre la tradición lírica que hunde sus raíces en el tango, un mundo en el cual las mujeres están decididamente reducidas a ser un silencioso objeto de deseo; la poeta busca un punto original de ser que desafíe las ideologías del verso popular. De este modo, explora el territorio más allá del hogar, para viajar hacia un espacio más precario, a saber, la tradición cultural nacional. Como Colombo, que cuestiona las tradiciones pastorales del pasado rural argentino, o Bellessi, que mira con desconfianza el legado del archivo del museo, Kamenzsain nos recuerda la máscara falsa que la escritora asume cuando se involucra en el legado de la cultura nacional.

Mirta Rosenberg también oscila entre la duda y la autoafirmación cuando se describe a sí misma como una escritora enmascarada portando credenciales falsas. La extraña voz de inautenticidad es obvia en *Madam* (1988), un libro que le permite a Rosenberg especular sobre la serie de expresiones que la escritora podría reclamar como propias. En "Madam", el primer poema de ese volumen, aborda el tema del sujeto escritural no autorizado, constituido en y por el lenguaje:

En el momento de nacer, poco más tarde,
no hubo sentidos revelados. Lo auspicioso
de ese día fue una luz de neón, perecedera,

incandescente, enrarecida, dibujando el signo
de la palindromía –Madam, I'm Adam– más perfecta
en otro idioma y más sombría
que dominar los sentidos. El reflejo
intermitente tornó inútil el espejo; demorado, ¡ay!
el círculo callado, sorprendido
de los cuerpos que buscándose se evitan
en el calor de lo íntimo. ¡Haber nacido
bajo ese signo! haber nacido. A diario
el tedio vuelve del revés el derecho natural,
y el asedio es del sitio de lo mismo:
Al no desear, me muero. Quiero a ese pájaro
de mal agüero, al que amenaza Mad am I
con énfasis vital y tanto élan... madam ¡ay!,
perdamos tiempo si todo está perdido, hablemos
trivialmente del paso, del abismo (11).

El sujeto de la escritura aquí está presente tanto como original y como copia, construido como un palíndromo andrógino –ella es tanto Madam como Adam–, una expresión al mismo tiempo de raciocinio y locura ("Mad am I"). En su aliento polisemántico, "madam" nos lleva a una mayor ambivalencia en todo el texto. En el poema, se pasa primero de la luz natural del día a la brillantez de los carteles de neón como fuentes alternas de significado. Los *reveses* llenan ahora el teatro textual; como lo trivial evocado en el verso final, la creación se instala entre la promesa del futuro y el colapso del abismo. Todo el libro *Madam* nos plantea este reto lingüístico y, como una bisagra, permite una apertura pivotal y un cierre de significados. Tal como el "Madam" nos recuerda la fuerza original del Adán (Adam, en inglés) bíblico, también apunta a un futuro. Los reveses permiten el avance. El sistema sonoro de este poema innombrado revela un movimiento en zigzag entre las palabras, indicando diferentes estados mentales y diferentes direcciones de significado a pesar de las afinidades sonoras que los unen (por ejemplo, "tedio/asedio", "reflejo/espejo", "me muero/mal agüero", "demorado/callado", "élan/Madam").

El significado también reposa sobre un quiasmo de ritmo interno ("énfasis vital y tanto élan"; "perdamos tiempo si todo está perdido") a menudo traicionando la irregularidad de los versos libres de Rosenberg y descuidando los quiebres de los versos irregulares. En otras palabras, el poema es conducido por ritmos cuidadosamente controlados, lo cual contribuye a una permanente oscilación del yo.

El discurso y el pensamiento son constantemente separados, y construyen una subjetividad dual: la que escribe es puesta en contraste con la que sobrevive a las rutinas de la vida diaria. Pero es la indignación la que inserta un arma de doble filo en el cuerpo del sujeto que habla, como escribe Rosenberg en otro texto del mismo volumen:

la voz que habla
no es sedante pero arrecia, pues es ella
y es aquélla de su propia madre invitándose
a sí misma a una conversación que cuadre
a esta ocasión tan íntima en que en una
se han juntado dos en sumo grado separadas
por la vida, perpetuada como estigma
que somete lo que prende, consumida
en fertilidad que enciende muerte, sumándose
a la suerte de decir, de dirimir, de ser
la indigna (1988: 13).

El poema elabora el juego de palabras, que depende de la relación entre el sonido y el sentido: *decir, dirimir, indigna*, cada una de estas palabras contiene la marca de la doblez señalada por el prefijo /*di-*/. Se habla desde la dualidad de la indignación y, en ese proceso, el ser se divide en dos y recompone la suma total; la poeta entonces engendra un segundo sujeto, gemelo del lenguaje de la rabia. La dualidad es el principio operador del poema, la condición de la escritura poética en la que dos voces, cada una el desafío y el sustento de la otra, dan origen a un solo texto. De manera similar, Mónica Sifrim escribe: "Poesía –te dije– arma de doble filo. Mientras te cicatriza te desdice" (1999: 68). Por medio de gestos contrarios que a la vez marcan y borran, que separan la unidad mientras le extraen significado, la poeta hace del conflicto entre identidad y diferencia la fuente misma de su poesía.

La ironía de textos como éstos está determinada por un mundo poético de identidades nunca del todo completas. Olvido y presencia, vacío y plenitud, el contraste entre la piedra y el agua son la base de estos trabajos: aquellos elementos nos llevan a una reflexión sobre la tensión entre autenticidad y falsedad. De manera igualmente importante, están conectados a la identidad de la poeta: ¿es el impostor el que habla o el que se refugia en el silencio? Más aún, nos llevan a otra pregunta: ¿puede una mujer hablar a través de las prohibiciones de una nación y una tradición?

Identidades y sujetos populares

En su búsqueda de un lenguaje original capaz de reconstruir la memoria, en su utilización del artificio para expresar los límites formales entre lo que está prohibido y lo que es accesible para los lectores, las mujeres argentinas y chilenas traen a colación en repetidas ocasiones la pregunta sobre la autenticidad con el propósito de reflexionar sobre su relación con la historia reciente. Este problema, por cierto, está ensombrecido por situaciones contradictorias: por un lado, en las tradiciones líricas del Cono Sur, donde existen figuras dominantes como Neruda, ¿cómo puede una mujer sentirse autorizada para repasar el pasado nacional? Por el otro, ¿qué mejor campo para esta exploración, qué mejor ventaja que la apertura de las subalternidades que modifiquen los lenguajes y los paisajes del Sur? Estas investigaciones son esenciales para los tropos de identidad femenina y ayudan a conformar una poética basada en las múltiples posibilidades del lenguaje, el artificio y la voz. A este respecto, una estética basada en el género representa mucho más que el desafío frontal a la lírica convencional; inserta fragmentos de experiencias diversas en las distintas áreas de la tradición sudamericana, en tanto produce un fruto híbrido marcado por su diferencia, difícil de nombrar y difícil de clasificar por el conocimiento enciclopédico. Al evocar paisajes prohibidos, al fijarse en acontecimientos marginales de la conciencia nacional, al llamar la atención hacia los elementos que no caben en el canon nacional, esta poesía altera las categorías de la información, propone otras formas de saber, permite que otras lenguas hablen. Por este motivo, la poesía de las décadas recientes expone con frecuencia el lado no visto de un proyecto nacional coherente; sus bordes son irregulares, sus temas a veces sórdidos. Como proyecto, sin embargo, estos textos exponen las ambigüedades del lenguaje como espacio en pugna entre el Estado y sus varios constituyentes marginales; también fraguan una visión diferente sobre una comunidad *auténtica*.

La bandera de Chile, volumen poético de Elvira Hernández (1991), es aleccionador en este sentido. Escrito durante el período dictatorial, al mismo tiempo en que poetas como Raúl Zurita estaban también experimentando con la posibilidad radical de la mezcla de géneros literarios con el fin de desestabilizar cualquier centro de verdad oficial, Hernández evoca en su libro la bandera chilena, símbolo de patriotismo y unidad nacional, deformada por los que apoyaban a Pinochet de diversas maneras. La negación total abre el poema:

Nadie ha dicho una palabra sobre la Bandera de Chile
en el porte en la tela
en todo su desierto cuadrilongo
no la han nombrado
La Bandera de Chile
ausente (1991: 9).

La bandera chilena está ausente porque su tradicional contenido simbólico ha sido vaciado. Sin embargo, la hablante lírica observa cómo la bandera está puesta en las ventanas y pintada en los muros, cómo se muestra en programas de televisión o se eleva en el Estadio Nacional. En cada ocasión, la bandera sirve literalmente para cubrir los significados ocultos y proteger los siniestros saberes del Estado desprovistos de todo valor ético. El poema muestra los múltiples mecanismos de un proceso simbólico en el que la ciudadanía ha sido vendida, doblegada y resquebrajada tanto en su concepto como en sus formas. La poeta mujer se incorpora a este paisaje para señalar la necesidad de transformar la tradición, de interpretar variaciones del símbolo patrio y denunciar la violencia engendrada por el Estado. El resultado es un poema de géneros mezclados, de voces múltiples y de espectáculos de destrucción que registran los alcances de la corrupción en el discurso patriótico.

Bajo la democracia, las poetas chilenas y argentinas continúan manisfestando sus preocupaciones por la oposición entre la identidad conferida por el Estado y las expresiones simbólicas alternativas. Por este motivo, la cuestión de las voces populares aparece tan frecuentemente como tema; cuestiones como el mestizaje y el enraizamiento en la nación acompañan las múltiples voces que resuenan en los textos de estas mujeres.[14] Soledad Fariña integra tradiciones indígenas en su trabajo al referirse al *Popol Vuh* en *El primer libro* (1985), y a un pasado cultural andino en su último volumen, *En amarillo oscuro* (1994). Buscando la precisión en la palabra poética –una conexión directa entre el lenguaje de la representación y los alcances de la experiencia latinoamericana–, Fariña va en busca del habla popular, de los ritos paganos y de los paisajes de una experiencia andina particular que pueda plasmarse en la página. Así, la clara presencia de los cuerpos en sus primeros libros es tan importante como la corporalidad del habla en sus últimos trabajos. *En amarillo oscuro* corrige una búsqueda comenzada en *El primer libro,* donde la poeta puso a prueba los límites de su poder de representación:

---

14. No es mi intención afirmar que la incorporación de voces populares en la poesía constituye un proyecto exclusivo de las mujeres. Los esfuerzos contemporáneos de Zurita en *La vida nueva* y, en un estilo diferente, de José Luis Cuevas en *Diario de* la *ciudad ardiente* demuestran que no es así. Un rasgo que emerge sólo en la poesía femenina al tratar temas populares es la alianza social que une a diversos grupos –mujeres de todas las clases sociales–, a través de una política de la corporalidad y de la subjetividad femenina.

Había que pintar el primer libro pero cuál pintar
cuál primer tomar   todos los ocres   también
el amarillo oscuro de la tierra (1985: 9).

En su libro más reciente, Fariña investiga los profundos matices de la naturaleza como pretexto para introducirse en los múltiples lenguajes que circulan en Chile, en los glifos con que se forman los sistemas de escritura, en las cadencias que unen sonido y sentido, en la luz que le da significado al color. Se trata, claramente, de una búsqueda de los orígenes, de un deseo de encontrar las raíces de un sistema de lenguaje que le confiera identidad a uno mismo y a los otros; así, Fariña describe en tonos minimalistas los paisajes de un pueblo y de una nación. Por esa razón, la poesía de esta autora recupera ritos ancestrales y gestos llenos de múltiples significados. En este proceso, nos muestra cómo los lectores urbanos deben aprender a entrar en ese sistema escritural con diversas formas de demanda, con un nuevo sistema de correspondencias entre los referentes y los signos. *En amarillo oscuro* señala esta problemática con el fin de mostrar la poca competencia de la escritora: "cómo voy a nombrarla / pregunta en espiral el aire de la boca" (1994: 11). ¿Qué otra cosa es, después de todo, un nombre sino la unión de sonidos en el aire? Nuevamente, se pregunta acerca de la articulación de un nombre: "¿en qué hueco en los dientes / se alojaba la lengua / cuando nombraba el rojo?" (14). No podemos hablar sobre el significado, especialmente en el paisaje andino, donde una rica herencia indígena escapa a los talentos de una poeta de la ciudad; por el contrario, esa escritora es dejada sólo con un poco de aire: "paradeando el sonido (Pac Pac / Pec Pec) llena de filigranas / el aire de mi boca" (17).

Robert Pinsky se preguntó una vez cómo hace su aparición lo nuevo en el mundo del texto (1988: 4), pero aquí Fariña propone una cuestión de distinto orden al preguntar cómo el más pequeño detalle de la naturaleza o una práctica arcaica puede ser comprendida por el aliento. Esta pregunta sirve como transición para el tema del mestizaje, una preocupación esencial de su libro. Las tradiciones híbridas de Chile, sus múltiples lenguajes y culturas, están en movimiento como un río de lenguas que eluden la recuperación. Las corrientes que corren a borbotones, las aves y las piedras –el tema visible de *En amarillo oscuro*–, participan de estos esquemas de significado en la medida en que Fariña los desmonta en componentes de color, fragancia, densidad y sonido. Estos elementos son de difícil representación universal –nos advierte constantemente la poeta–; de hecho, pertenecen a tradiciones divergentes que desbordan nuestro lenguaje estándar. Por supuesto, Fariña dibuja en la poesía la forma inadecuada del nombramiento de todo deseo, pero, situada en el mundo natural, exige también un reconocimiento de la rica mezcla de las tradiciones andinas, el mestizaje que subraya toda la experiencia representacional en Chile, la diferencia desde la que emerge el habla.

Cecilia Vicuña también ha dedicado su carrera a este tipo de búsquedas. Poeta y artista visual que de manera constante se ha negado a respetar categorías disciplinarias –en este sentido, su cruce de pasiones culturales tiene una hibridez propia–, desafía los límites de la palabra y la imagen sobre la tela de la cultura andina. La cordillera es su avenida de acceso para ingresar en el paisaje Norte/Sur y para recordarles a sus oyentes y espectadores el mestizaje de las expresiones culturales a través de las Américas. A pesar de su vasta experiencia y del amplio territorio cubierto por sus viajes personales (su partida de Chile la llevó primero a Londres y, después, a Nueva York), Vicuña arraiga la pregunta por la significación en el poder *local* de la tradición, en las palabras precarias que la conducen a un significado mayor. *Precario* (1983) es, de hecho, el título de uno de sus libros más significativos, así como la base de una instalación de arte. El proyecto presenta pequeños detalles del paisaje chileno local en un texto poético, con el propósito de encontrar el sonido transformador y el poder verbal de los objetos. La miniatura, entonces, es una metáfora para los pequeños dramas de la vida popular que perturban el terreno familiar y alientan a construir nuevas comprensiones sobre la sociedad. "Palabra es pala y abra /

para que entre la luz" (1992: 40), escribe en otra ocasión, señalando la violenta desestabilización que la palabra produce en el significado convencional.

Los poemas visuales, las metáforas espaciales y el tejido con restos de la naturaleza crean su propio lenguaje provocador, exponen el drama de la representación, el conflicto del poeta y la cultura marginal, y el tejido que es posible entre ellos. En su arte visual, Vicuña trabaja con telas e hilos (formas de sistematizar el conocimiento en la cultura andina), tejiendo significaciones a partir de mínimos elementos de vestimenta indígena; el hilo, también, le sirve para establecer lazos entre las culturas, y le permite trabajar a través de la posibilidad de unirse a cotos de significado insertos en una totalidad mayor. Desde el detalle menor, en consecuencia, lanza un reto a la autoridad del lenguaje universal y al poder del discurso oficial. Recupera la voz y las tradiciones de los indios aimaras y desubica la comodidad de las prácticas significativas que nos ofrece una lengua dominante; en este sentido, su poesía actúa casi como un ritual curativo chamánico.

El mestizaje de los textos de Vicuña recuerda los cruces de la frontera de los que nos habla Gloria Anzaldúa. Se trata de algo diseñado para impugnar nuestras seguras estructuras de conocimiento, las certezas de nuestro lenguaje; invaden los registros globales que enfatizan la monotonía y proponen así una conciencia alternativa sobre el significado y la forma. Mientras investiga el pasado indígena y su legado híbrido en el campo del lenguaje, la poeta celebra repetidamente el cruce de los sujetos marginales con las esferas de los lenguajes dominantes, poniendo a prueba la porosidad de los tropos retóricos y las figuras de lenguaje. En uno de los textos de *Precario*, escribe:

La metáfora lleva a otro espacio de contemplación:
Contemplar nos templa juntos
O templa simultáneamente lo interior y exterior (1983).

El proyecto híbrido, que resuena con voces indígenas, se presenta como agente de transformación, a la vez que derrumba las categorías de pensamiento y percepción en el interior del *corpus* verbal. Por esa razón, Vicuña, en otros volúmenes (1990, 1992), insiste en incorporar voces quechuas y guaraníes al castellano, del mismo modo que satura un texto en inglés con palabras e imágenes visuales de los Andes (1997). Éstos no sólo desestabilizan el lenguaje dominante; también inyectan nueva vida colectiva en los patrones de sonido más comunes. En esta línea bilingüe, escribe:

Undísono magma
Curvó manantial
Pacha pacarina
Esfera y turbión
Una sola eres
Aguaá
Meandro
Tu kenko
Gozo espiral (1992: 104).

El choque de lenguas crea una nueva fuente de significado, fusionando ritmos indígenas y lengua española. Aquí, la estética referida a la raíz local revitaliza la razón convencional.

Las evocaciones de tradiciones locales circulan incansablemente en la poesía de mujeres. Rosabetty Muñoz, escribiendo desde Chiloé, revisa los retos a la identidad en los términos de la cultura mapuche; Delia Domínguez escribe poesía épica desde el Sur y también se fija en los acontecimientos comunes que hablan de las especificidades de la ciudad de Osorno. Elvira Hernández estructura *Santiago Waria* (1992) alrededor de los orígenes de Santiago, refiriéndose a la palabra indígena "*waria*", literalmente la "ciudad de los otros". Quisiera detenerme brevemente en el texto de Hernández por la atención que pone en el rol del marginal, unido tanto al pasado indígena como al lugar que ocupa el poeta. Su historia, en consecuencia, es sobre la exclusión de los otros, la exclusión del poeta de la sociedad, y las máscaras que se deben usar para hablar en público. Ella es la figura marginal, la voz rechazada, la forastera más allá de las puertas de la ciudad. *Santiago Waria* ofrece una serie de marginalidades, con veintinueve poemas cuyas palabras iniciales están organizadas en orden alfabético, de la A a la Z, como una manera de recordarnos la tiranía del lenguaje del colonizador impuesta sobre los chilenos. En uno de los últimos textos del volumen, la escritora se pregunta sobre su identidad como autora:

Yo, Elvira Hernández, la del bardo estertor, la
que no tiene lugar ni contactos en la Corte, la
que se rompe la piel para salir de sí misma, la
que se droga con el veneno pasado, *la*
que tendría que desaparecer
pronto
se hace humo con un pitillo de sueños

---

cabeza vendada
ojos cerrados
peregrina
un rincón de "A Brasileira"
un pessoa bloody mary doble
un brindis solitario en el boulevard
del Chiado
autora de sí misma
camina por la Coquillé de San Sebastián
repitiendo a media lengua: aitor, aitor
como si dijera: "Padre, por qué me has abandonado"
otro brindis (1992: 46).

Este poema es al mismo tiempo una exploración de la autoridad femenina y de los derechos de pertenencia a una comunidad lingüística. La poeta rechaza credenciales y honores y, en vez de ello, describe su abyección; se trata de un sujeto femenino cuya forma desconocemos, embriagada, destinada a desaparecer, dividida en dos, producto de una intrusión colonial. La poeta dibuja una línea que divide el texto, indicando así una recomposición de la voz. El sonoro "yo" de la primera parte del poema, puesto fuera de una cultura dominante, reaparece en tercera persona, ciego y nómade, asumiendo, sin embargo, el control de la creación ("autora de sí misma").

Mascullando palabras en la lengua vasca ("*aitor, aitor*"), para referirse al primer hombre (Adán), admite la pérdida del padre, pero, al mismo tiempo, reclama sus derechos para llevar a cabo su propia autoconstrucción; Hernández no puede imaginarse la existencia de ambos. Esto es un giro irónico a la ferocidad parricida con la que, como suele decirse, los escritores entierran a sus antepasados literarios: aquí, en el momento en que la poeta adquiere una voz independiente, asume la condición de su duplicidad –se transforma tanto en la huérfana de la tradición como en la gemela de su padre–.

El mestizaje es la voz inaugural de esta poesía, que se mueve entre lenguas, alternancias de prosa y verso, habla coloquial y formas retóricas. El mestizaje nos recuerda, asimismo, el confuso orden de la historia. Fundar una ciudad –parece decirnos Hernández– es sinónimo de fundar un lenguaje, una manera de poner orden a los sonidos y a las diferentes expresiones, dar cuenta de la historia, de la ciudadanía y del habla; pero esto no es prerrogativa del sujeto mestizo. La poeta como huérfana trabaja desde el doble orden de la historia, desde el encuentro de lo español con lo indígena, desde el rastro de lenguas extrañas. Una exiliada de la tribu, perdida y sin acceso a la ciudadanía y al habla, la poeta se desplaza en la híbrida doblez de las culturas.

En *Danzante de doble máscara* (1985), cuyo título ya apunta a la partición de la subjetividad de modo celebratorio, Diana Bellessi explora la entidad de habla doble en relación con el paisaje nacional, a través de diferentes fragmentos sobre la historia de la colonización, desde los diarios de Schmidl, que hablan sobre la expedición de Pedro de Mendoza ("Ulrico"), hasta un texto autobiográfico que describe el arribo de inmigrantes italianos que llegaron para trabajar en el campo ("Detrás de los fragmentos"). Intercaladas están las voces de figuras indígenas que observan la violación de la tierra, que afrontan el peligro de una posible desaparición y que soportan la amenaza a su identidad, primero a manos de los colonizadores y luego a manos de la dictadura militar. Los textos de Bellessi en este volumen enfatizan la hibridez de la conquista y de la integración, el cruce de formas y lenguajes que configuran la base de una subjetividad americana mestiza y la pluralidad de voces. El pasado indígena y el pasado de los inmigrantes se hallan conjugados en este libro, retratados juntos sobre el paisaje de los muertos y los vivos, sobre las máscaras, los linajes y el destino. En este contexto, Bellessi se pregunta sobre el lugar de un auténtico ser americano y también sobre la autoridad para desplazarse por el campo minado de la nación. Este avance rizomático de identidades alternativas tiene como finalidad señalar fronteras movedizas y poco estables, realizar un transplante y una metamorfosis de cualquier definición fija de la identidad a medida que emerja de la historia argentina; también devuelve la poesía a sus raíces populares y propone una apertura cultural para los que fueron abandonados bajo el régimen neoliberal.

Las escritoras latinoamericanas están generalmente pendientes de las posibilidades de transformación histórica y con frecuencia cuestionan su autoridad para absorber lo nacional en sus versos. Las contradicciones de este proyecto se dejan sentir en la escritura de Eugenia Brito. En *Emplazamientos* (1993), dice en el texto inaugural: "América duerme enteramente recostada en mi lengua" (11). Evocando la poesía de Gabriela Mistral –puesto que el libro es una larga reflexión sobre el nexo entre el poeta y el paisaje–, la poeta permite la investigación respecto de los lazos que unen paisaje y escritura, naturaleza y corporalidad. "Andes adentro", repite la poeta a lo largo de su libro, estructurando un *ars poetica* en la que busca apoyo en la tierra, una tierra inscrita en el ser.

Pero la trascendencia de este proyecto se ve rápidamente traicionada por las dudas de la poeta respecto de su autoridad para hablar. Busca su lugar como poeta a través de las fisuras del discurso nacional; se halla interpelada por su propia incompletud: "Debo escribir esos huecos malditos", declara en la primera sección de *Emplazamientos* (32). Brito mira a través del paisaje americano en busca de formas intersticiales, residuos y cavernas ocultas que prometen develar los secretos de la identidad, de la nación y de la poesía. "Sólo el trazo me salva", dice, dibujando una versión alternativa del yo desde los restos de la memoria y los residuos del paisaje (12). Las marcas residuales ofrecen otra versión de la realidad, un susurro latente que trae consigo las posibilidades de una estética:

Estrías grises las latinoamericanas,
fallas de un muro
criptas de un rito:
Es la heredad que nos habla
Gimen
arrodilladas
chispas nacidas en otra historia
casi casi un murmullo
casi casi un lamento
por el que claman las grietas encendidas
tras el pavor de la rosa y el peso de la carne (16).

La obra poética de Brito se dedica a bosquejar las fisuras y la recomposición del paisaje americano; pero también estructura una voz de mujer, definida por su forma fragmentaria, ansiosa por reescribirse: "...abro mi cabellera oscura y me reescribo. / En espacios diseñados mejor / que una fiesta de gala / mi propio día de gloria desde la / medida universal de mis fragmentos. / Yo, partida de mí misma / como un quejido vertical agotado en el puro acto de nombrarme. / Perpendicular paradigma recostado en la nada / de su lenguaje: un cuerpo dormido [...] en ese espejo se me devuelve / se me retira / se me disecta" (1984. 73). En *Filiaciones* (1986), expresa dudas sobre la eficacia de la escritura: "Me tembló el sonoro final de los desbordes / transeúnte travesti marginal mi palabra" (121). Incluso en *Emplazamientos* (1993), continúa escribiendo sobre su miedo a fallar como escritora:

he dejado mi máscara mítica
no soy reina ni tampoco diosa
soy sólo una veta
que quiso ser palabra
y fue gesto (79).

Escribir siendo mujer siempre implica una parcelación de las identidades, un desgarro en la subjetividad que separa el lenguaje privado de la hablante de su rol performativo. Así, evoca la violencia física, la mutilación y otras formas de inevitable daño. Esto es más que la forma de la angustia de la castración que aparece en la escritura de los hombres; aquí, la violación de la mujer es parte inextricable del sujeto que escribe *in potentia*. Para la poeta mujer, entrar en la escena de la escritura puede ser solamente descrito como autodeformación; es confusión, hibridez, el mestizaje de la cultura americana.

No es sorprendente que en *Dónde vas* (1998a) Brito reflexione sobre el dilema de la mujer chilena rural cuya sabiduría ha sido puesta en cuestión. Se necesita otro lenguaje, otra representación del yo, para restaurar su reputación y para recrear las tradiciones arcaicas que constituyen el valor de las voces marginales. Esto se produce a través de un repudio del conocimiento y de las lenguas inadecuadas que originaron la ciudad y la nación: "Loca fue la historia que las cerca, loca su resistencia, cruel la domesticación" (1998a: 124). Las voces alternativas pueden emerger sólo por medio de la recuperación de una tradición oculta en el pasado rural chileno. "Mi guerra ha sido brindar / un nombre al deseo voraz de la memoria / a su obstinación que quiebra sentidos / al milenario goce" (1998a: 57). Como Soledad Fariña y Cecilia Vicuña, que vuelve al paisaje de la cordillera, Brito busca un lenguaje poético desde lo que ella llama "las materias carnales" (91). El propósito es desbordar los lenguajes de las ciudades, buscar un espacio y un verbo que anule las naciones.

Las poderosas representaciones corpóreas del conflicto entre lenguajes y tradiciones son una serie de metáforas que dan forma a textos llenos de múltiples voces, característicos del discurso de fin de siglo, y de especial importancia para las mujeres. Carmen Berenguer ubica esta búsqueda en un lugar diferente, al sugerir que todo sonido y toda habla encuentra sus orígenes no en la tierra, sino en el cuerpo somatizado. Más aún, es el cuerpo violado de la mujer el que provee el material del texto, la fundación del habla y de la visión, con la cual denunciar la violencia del Estado. La poética de Berenguer ofrece una constante atención a la alternancia entre la visión y el sonido y los lenguajes del abuso, de la exclusión y de la victimización. En *A media asta* (1988) aborda estas temáticas bajo la sombra de la bandera nacional, ondeando –como el título mismo del libro sugiere– a media asta en un lamento por Chile. La madre y la hija cuentan la historia de una nación en guerra, uniendo sus voces a las de las mujeres indígenas que poseen un discurso similar sobre la violación del Estado y el abuso. El ojo domina en muchos lugares de este texto: ojos que han visto atrocidades perpetradas a las mujeres, ojos que han sido cegados por la dictadura, que han sido testigos de crímenes edípicos cometidos en contra de la madre. La tradición oral mantiene estas visiones, ligando el habla popular a la poesía, desordenando la sintaxis de la lengua española para preservar la realidad comunal. "Sangratecercadalasangran", escribe la autora (8). Las voces específicas hablan también: la primera sección narra el lamento de una mujer sobre la violación sufrida; la segunda sección está dedicada a la expatriada Raimunda (tomada de una figura de la poesía de Pablo de Rokha), y ahí cuenta una historia sobre lamento y pérdida; la tercera sección permite que las mujeres locas hablen sobre las dolencias de Chile como parte de un diálogo entre la madre y la hija; la cuarta sección nos recuerda un marco cinematográfico que captura la imagen de una mujer congelada en acción, vista en cámara lenta.

Las mujeres de Berenguer son exiliadas de su tierra, privadas de autoridad y voz. Se hallan decididamente ligadas a las voces populares que han sido desterradas del Chile contemporáneo. De esta manera, hablan a través de fragmentos y de una sintaxis no incorporada a la lengua; su discurso marginal está teñido de tabú: "Esto que te escribo chiiit, no se lo digas a nadie calladita porque / si me escuchan me cuelgan: chiiit, son las ventajas de la escritura" (33). En la misma sección, la poeta agrega: "la patria querida es una boquiabierta muralla donde se puede pin- / tar en las periféricas zonas no sonadas por labio alguno no men- / cionada por voz alguna pulsada por cuerdas que nadie mueve al / interior" (34). La bandera de Chile incorpora palabras sin respeto por la sintaxis, diseminadas en la página del libro de manera gráfica, letras y palabras conformando la imagen visual de la bandera. Las canciones populares de la calle se introducen en el texto; incluso, una fea mujer desdentada encuentra su manera de expresarse en palabras. El texto termina: "lloranportiquetelopasasmenstruandopasa" (36). Escrita en la bandera chilena, formando la base de su composición, se halla la narración de una mujer victimizada. Jaime Lizama López (1994: 175-183) ha notado la progresión de las cuatro secciones del poema con el fin de enfatizar una empresa totalizante en la que la poeta desmitifica la historia y descoloniza el lenguaje. Pero la poesía también reorganiza el proyecto de fin de siglo, anclándose en las voces de los marginales, los desclasados, los desposeídos. En las páginas finales de *A media asta*, el deseo es supervisado, la acción es cooptada, y un coro de mujeres viejas cantan sin voz ("Las viejas cantan sin voces", 62). La paradójica vigilancia del ojo del Estado propaga una caricatura de la forma femenina, un grotesco retrato expresionista de las mujeres emitiendo signos no verbales, gritando incansablemente en su primitivo deseo por el lenguaje. Este énfasis en la marginación nos cierra el círculo, de vuelta a donde partimos: el drama de las mujeres y de los sujetos populares encuentra su camino en la literatura como una protesta contra el empobrecimiento y la pérdida. Ésta es la base para una poderosa estética.

A manera de conclusión: ¿un sujeto encontrado?

Estas preocupaciones son como hilos rojos que atraviesan la historia de cualquier literatura nacional, pero en el caso de la cultura del Cono Sur poseen un peso especial desde los años de inicio de las dictaduras. No sólo por la relación del Estado con las prácticas culturales durante y después de las dictaduras, sino también por la aparente duplicidad requerida a la hora de escribir. La escritura es como un arma de doble filo, puesto que corta en dos la identidad de la persona que escribe desde el cuerpo implícito de un autor. Borges dijo esto años atrás en su ensayo "Borges y yo", pero el dilema de los autores –y de las poetas mujeres en general– está muy lejos de resolverse. La crisis de la autoría encuentra su camino en la literatura a través de una tensión entre la mudez y la voz, el abundante uso del seudónimo (Teresa Adriazola como Elvira Hernández; Cristina Forero como María Moreno; Mercedes Roffé como Ferdinand Oziel), una irónica apropiación de la voz masculina que permite a la escritora asumir la identidad de un hombre (para no mencionar a hombres como César Aira, que escribe con una primera persona ficcional femenina). Esto es más que una estrategia de mercado para atraer las miradas hacia el propio trabajo; más bien, se asienta en los controvertidos derechos de los autores para reclamar su parte de la tradición, para establecer su disconformidad con las dudas que ofrece la representación, y, finalmente, para poner en tela de juicio las categorías sociales que nos dividen. La brecha entre la experiencia y el lenguaje nunca está cerrada del todo y, por el contrario, la doble cara de Jano continúa arrojando sombra sobre el paisaje de la sociedad y la cultura.

La máscara, el disfraz, el yo descentrado, todos ellos tratados al comienzo de este capítulo y en algunos anteriores, son también expresiones del conflicto contemporáneo, una no correspondencia entre los saberes del escritor y la indiferencia contemporánea que elimina los debates y el significado, un drama ético creado por la no correspondencia entre verdad y promesa. La persistente inadecuación de estos temas es absorbida por la literatura y el arte. Con razón, entonces, las voces poéticas de Marina Arrate aparecen como actos de ventriloquia; Alicia Genovese se pregunta si la poeta no es siempre una extraña para sí misma; Eugenia Brito observa la transformación cosmética generada sobre el cuerpo del lenguaje: "Mírame detrás de todo el maquillaje que me alquila esta lengua" (1993: 123). Sin embargo, Néstor Perlongher y Arturo Carrera poseen también múltiples voces. Y Juan Gelman y Ricardo Piglia, quienes se incluyen en una tradición literaria y cultural de la que se consideran herederos por derecho propio, se preguntan sobre generaciones de huérfanos que buscan el consuelo del arte. Los enmascaramientos literarios ofrecen un solaz imposible para la disminuida autoridad de los autores; hacia ese punto, incluso la crisis del poder en relación con el género que encontramos en *Plata quemada,* de Ricardo Piglia, sugiere que las poses convencionales de la masculinidad exigen una revisión seria. A través de la doble voz y de las traducciones, de las odiseas que cruzan el Norte y el Sur o el Este y el Oeste, del retorno a las tradiciones mestizas para yuxtaponer temas intelectuales y populares, los escritores desafían las certidumbres que han gobernado el deseo contemporáneo. Pero el fragmento posmoderno difícilmente satisfaga como alternativa de la apremiante necesidad de totalidad. Tal como en el juego entre el original y la copia, entre la autenticidad y los simulacros descansan las falsas contraseñas de la lógica global; también revela la duplicidad exigida a aquellos que buscan el quehacer cultural. ¿Un signo de ansiedad y de no completud? Tal vez. Pero también es una manera de dudar acerca del futuro de la crítica cultural y del arte literario.

No hay forma de escapar a estos dilemas que gobiernan al yo poético. Se puede decir, en la medida en que nos acercamos al comienzo de otro milenio, que *todos* estamos involucrados en una disputa sobre los derechos de administración de la diferencia: el mercado, los medios de comunicación, el Estado, los cánones académicos, todos exigen un posicionamiento de "la otredad" que muchos quisieran controlar. Y, por supuesto, esto señala la impostura que se requiere también para la crítica cultural: ¿cómo llena el crítico los vacíos entre la responsabilidad y la práctica?, ¿con qué tipo de identidad los intelectuales se aproximan a sus objetos de estudio? Y entretanto, ¿cómo se divide el Norte y el Sur sin recurrir a tácticas que lleven a la ganancia individual? Más allá de estas preguntas, los escritores registran también los disturbios de las diferencias internas y la no del todo establecida multiplicidad de voces que llenan la imaginación; la dualidad nos habla de una crisis irresuelta en los campos de la política y el arte. Al mismo tiempo, permite una incesante búsqueda de significados, un deseo de totalidad utópica que no necesite de la ayuda de la nostalgia. Este deseo es lanzado por encima del abismo entre intelectuales y sujetos marginales, entre hombres y mujeres, y entre las comunidades del Norte y el Sur. Como el hilo que Catalina Parra cose sobre la tela, la literatura ofrece también hilos de conciencia tanto para mantener como para suturar este desorden.

Agradecimientos

Este libro enfoca la relación entre la cultura literaria y la transición a la democracia en la Argentina y Chile. Al mismo tiempo, sigue de cerca el desarrollo de las relaciones culturales de aquellos intelectuales, poetas y novelistas cuyas ideas han viajado entre el Norte y el Sur, y las resistencias que ellos mismos proponen frente a una economía de mercado. Este estudio también se ha nutrido de los largos años de amistad con muchas de las personas nombradas en estas páginas. De esta manera, la cartografía trazada es altamente personal, siempre un viaje de aprendizaje acompañado de muchos afectos.

La propuesta de este estudio empezó a cobrar forma durante un viaje a Santiago de Chile en 1994. La gentileza y el estímulo intelectual de Raquel Olea fueron el punto de arranque. Los diálogos allí iniciados con Diamela Eltit, Nelly Richard, Soledad Bianchi y Carmen Berenguer reclaman mi más profundo agradecimiento, sobre todo porque desplegaron ante mí un panorama de polémica y debates muy distinto del que había encontrado años antes durante mis visitas a la Argentina. Sus comentarios posteriores sobre mi proyecto enriquecieron los análisis y las propuestas aquí presentadas. Pero si este libro se ve inspirado por un tema en particular, es por mi retorno a la poesía. Aunque al principio intenté enfocar las políticas culturales de la posdictadura a través de la narrativa reciente, me di cuenta rápidamente de que las respuestas estaban también vinculadas a la producción poética y el poder de la palabra en verso. Por su estímulo e inspiración, agradezco a las poetas y amigas argentinas, Diana Bellessi, Luisa Futoransky, Alicia Genovese, Mercedes Roffé, Lelé Santilli y Mónica Sifrim. Los intercambios que he sostenido con ellas han sido beneficiosos en alto grado. Han compartido conmigo sus amplios saberes en el campo de la literatura, y han prestado un apoyo alentador en la publicación de este estudio. Por sus lecturas rigurosas de algunos de los capítulos en borrador, y a aquellos interlocutores que han entrado en diálogo conmigo con respecto a los temas de este libro, va mi agradecimiento a José Amícola, Diego Armus, Idelber Avelar, Daniel Balderston, Tony Cascardi, Nora Domínguez, Beba Eguía, Fabricio Forastelli, Jean Franco, Myrna García Calderón, Magdalena García Pinto, Lucía Guerra, Tulio Halperín Donghi, Robert Kaufman, Gwen Kirkpatrick, María Inés Lagos, Peter Manoleas, Ricardo Piglia, José Quiroga, Julio Ramos, Julia Romero, Jacobo Sefamí y Mariana Wolfe.

Estoy muy agradecida también a la inteligencia de mis alumnos durante este tiempo de escritura: Isabel Quintana y Marcelo Pellegrini han sido lectores ejemplares; Sergio Waisman, Chris Larkosh, Pilar Álvarez, Amalia Pereira, Virginia Bouvier, Regina West y Francine A'Ness siempre me recordaron las preguntas fundamentales respecto del vínculo entre ética y escritura; Fabián Banga me prestó ayuda en incontables ocasiones al señalarme caminos insospechados a través del ciberespacio.

Logré escribir gran parte de este libro gracias a una beca de la Social Science Research Council y a otra de la Universidad de California. Quedo en deuda asimismo con las universidades donde pude leer secciones de este texto delante de públicos exigentes. Finalmente, la gran inteligencia de Diamela, Gwen y Mariana y su infaltable complicidad me salvaron la vida más de una vez en estos años. En reconocimiento a nuestro mutuo interés por sostener un diálogo entre el Norte y el Sur, les dedico este libro.

Bibliografía

ABRAHAM, TOMÁS (1992): "Entre el sarcasmo y la pedrada", en Raquel Ángel, *Rebeldes y domesticados: los intelectuales frente al poder*, Buenos Aires, El Cielo por Asalto.

ACHUGAR, HUGO (1992): *La balsa de la Medusa. Ensayo sobre identidad, cultura y fin de siglo en Uruguay*, Montevideo, Ediciones Trilce.

———(1994): "Fin de siglo. Reflexiones desde la periferia", en Hermann Herlinghaus y Monika Walter (comps.), *Posmodernidad en la periferia. Enfoques latinoamericanos de la nueva teoría cultural*, Berlín, Langer Verlag.

AIRA, CÉSAR (1988): "Prólogo", en Osvaldo Lamborghini, *Novelas y cuentos*, Barcelona, Serbal.

------(1991): *La liebre*, Buenos Aires, Emecé.

------(1993a): *Cómo me hice monja*, Rosario, Beatriz Viterbo.

------(1993b): "Arlt", *Paradoxa*. 7.

------(1997) *La serpiente*, Rosario, Beatriz Viterbo.

ALARCÓN, NORMA (1990): "The Theoretical Subject(s) of This Bridge Called my Back and Anglo-American Feminism", en Gloria Anzaldúa (comp.), *Making Face, Making Soul: Haciendo Caras*, San Francisco, Aunt Lute.

ALLENDE, ISABEL (1982): *Paula*, Nueva York, Harper Libros.

------(1994): *La casa de los espíritus*, Buenos Aires, Sudamericana.

------(1999): *Hija de la fortuna*, Barcelona, Plaza y Jarnés.

ALTAMIRANO, CARLOS (1999): "Intelectuales y pueblo", en Carlos Altamirano (comp.), *La Argentina en el siglo XX*, Buenos Aires, Ariel.

ÁLVAREZ, SONIA; EVELINA DAGNINO, ARTURO ESCOBAR (comps.) (1998): *Culture of Politics, Politics of Cultures: Re-Visioning Latin American Social Movements*, Boulder, Westview Press.

AMÍCOLA, JOSÉ Y GRACIELA SPERANZA (comps.) (1998): *Encuentro Internacional Manuel Puig*, Rosario, Beatriz Viterbo.

ANDERSON, BENEDICT (1991): *Imagined Communities: Reflections on the rise and spread of Nationalism*, London, Verso.

APPADURAI, ARJIN (1996): *Modernity at Large: Cultural Dimensions of Globalization*, Minneapolis, University of Minnesota Press.

ARGUMEDO, ALCIRA (1993): *Los silencios y las voces: notas sobre el pensamiento nacional y popular*, Buenos Aires, Colihue.

ARRATE, MARINA (1986): *Este lujo de ser*, Santiago de Chile

———(1990): *Máscara negra*, Santiago de Chile, Mirador.

———(1992): *Tatuaje*, Santiago de Chile, Mirador.

———(1999): *Uranio*, Santiago de Chile, LOM.

AVELAR, IDELBER (1997): "Alegoría y postdictadura, notas sobre la memoria del mercado", en *Revista de crítica cultural*, Nº 14, junio.

———(1999): *The Untimely Present. Postdictatorial Latin American Fiction and the Task of Mourning*, Durham, Duke University Press.

BALDERSTON, DANIEL (1998): "Los progresos de la doctora Anneli Taube", en José Amícola y Graciela Speranza (comps.), *op. cit.*

BARBERO, JESÚS MARTÍN (1987): *De los medios a las mediaciones: comunicación, cultura y hegemonía*, México, Gustavo Gili.

———(1993): "Nuevos modos de leer", *Revista de Crítica Cultural*, Nº 7, noviembre.

BARTRA, ROGER (1987): *La jaula de la melancolía: identidad y metamórfosis del mexicano*, México, Grijalbo.

BARRANCO LAGUNAS, ISABEL (1997): "¿Qué pasó en Cartagena, Chile?", *Fem*, Nº 167, febrero.

BAUDRILLARD, JEAN (1983): *Simulations*, tr. Paul Foss, Nueva York, Semiotexte.

BEHAR, RUTH (1993): *Translated Woman*, Boston, Beacon Press.

BELL-VILLADA, GENE (1996): *Art for Art's Sake and Literary Life: How Politics and Markets Helped Shape the Ideology and Culture of Aestheticism, 1790-1990*, Lincoln, University of Nebraska Press.

BELLESSI, DIANA (1981): *Crucero ecuatorial*, Buenos Aires, Sirirí.

———(1982): *Tributo del mudo*, Buenos Aires, Sirirí.

———(1985): *Danzante de doble máscara*, Buenos Aires, Último Reino.

———(1986): "La abdicación de la reina y del maestro", en *Literatura y crítica: primer encuentro*, Santa Fe, Universidad del Litoral.

———(1988): *Eroica*, Buenos Aires, Tierra Firme/Último Reino.

———(1990): "Contra una retórica feminista", *Feminaria*, Nº 6, noviembre.

———(1992): *El jardín*, Buenos Aires-Rosario, Bajo la Luna Nueva.

———(1995): *Diez poetas norteamericanas*. Caracas, Pequeña Venecia.

———(1996): *Lo propio y lo ajeno,* Buenos Aires, Feminaria.
——— ET AL. (1997): "VII Encuentro feminista latinoamericano y del Caribe", *Feminaria,* Nº 19, junio.
———(1998): *Sur,* Buenos Aires, Tierra Firme.
BELLUCCI, MABEL (1992) "El feminismo en estos tiempos neoliberales", *Feminaria,* Nº 8, abril.
———(1996): "Crisis de legitimidad: los avatares de la ciudadania", *Brujas,* 15, Nº 23, junio.
BENJAMIN, WALTER (1978): *Illuminations,* tr. Harry Zohn, Nueva York, Harcourt Brace.
BERENGUER, CARMEN (1986): *Huellas de siglo,* Santiago de Chile, Manieristas.
———(1987): *A media asta,* Santiago de Chile, Cuarto Propio.
———(1993): *Sayal de pieles,* Santiago de Chile, Francisco Zegers.
——— ET AL. (1994): *Escribir en los bordes: Congreso internacional de literatura femenina latinoamericana,* Santiago de Chile, Cuarto Propio.
———(1999): *Naciste pintada,* Santiago de Chile, Cuarto Propio.
BERNSTEIN, CHARLES (1990): *The Politics of Poetic Form: Poetry and Public Policy,* Nueva York, Roof.
BERSANI, LEO (1995): *Homos,* Cambridge, Massachusetts, Harvard University Press.
BEVERLEY, JOHN (1993): *Against Literature.* Minneapolis, University of Minnesota Press.
BHABHA, HOMI (1990): *Nation and Narration,* Nueva York, Routledge.
———(1994): "How Newness Enters the World: Postmodern Space, Postcolonial Times, and the Trials of Cultural Translation", *The Location of Culture,* Nueva York, Routledge.
BIANCHI, SOLEDAD (1990): *Poesía chilena (miradas, enfoques, apuntes),* Santiago de Chile, CESOC.
———(1997): "¿La insoportable levedad...? (imágenes y textos, posdictadura y modernidad en Chile)", *Documentos de Trabajo. Universidad Arcis. Centro de Investigaciones Sociales,* Nº 21, octubre.
———(1998): "Cabos sueltos", *Posdata,* 1, Nº 1-2.
———(1999): "Paisajes (ciudad presente/ciudad distante)", *Revista Chilena de Literatura,* Nº 44 (por aparecer).
BIANCIOTTI, HÉCTOR (1985): *Sans la misericorde du Christ,* París, Gallimard.
BISHOP, JOHN (1986): *Joyce's Book of the Dark: Finnegan's Wake,* Madison, University of Wisconsin Press.
BRATOSEVICH, NICOLÁS ET AL. (1997): *Ricardo Piglia y la cultura de la contravención,* Buenos Aires, Atuel.

BRITO, EUGENIA (1984): *Vía pública*, Santiago de Chile, Editorial Universitaria.

———(1986): *Filiaciones*, Santiago de Chile, VAN.

———((1990): *Campos minados (Literatura post-golpe en Chile)*, Santiago de Chile, Cuarto Propio.

———(1993): *Emplazamientos*, Santiago de Chile, Cuarto Propio.

———(1998a): *Dónde vas*, Santiago de Chile, Cuarto Propio.

———(comp.) (1998b): *Antología de poetas chilenas*. Santiago de Chile: Dolmen.

BRODSKY, MARCELO (1997): *Buena memoria/Good Memory*, Buenos Aires, La Marca.

BRUNNER, JOSÉ JOAQUÍN (1991): *Modernidad y cultura en América Latina: una discusión con J. J. Brunner*, en Enrique Gomariz (comp.), Documento Nº 7, Santiago de Chile, FLACSO.

BUELL, LAWRENCE (1999): "In Pursuit of Ethics", *PMLA* 114, Nº 1.

BUTLER, JUDITH (1993): *Bodies that Matter: On the Discursive Limits of Sex*, Nueva York, Routledge.

———(1997a): "Merely Cultural", *Social Text*, Nº 52-53.

———(1997b): *Excitable Speech: A Politics of the Performative*, Nueva York, Routledge.

———(1997c): *The Psychic Life of Power*, Stanford, Stanford University Press.

CALVERA, LEONOR (1992): "La cosmovisión feminista", *Feminaria* 5, Nº 8, abril.

CAMPRA, ROSALBA (1987): *América Latina: la identidad y la máscara*, México, Siglo XXI.

CÁNOVAS, RODRIGO (1997): *Novela chilena, nuevas generaciones: el abordaje de los huérfanos*, Santiago de Chile, Universidad Católica de Chile.

CARRERA, ARTURO (1982): *La partera canta*, Buenos Aires, Sudamericana.

———(1985): *Mi padre*, Buenos Aires, Ediciones de la Flor.

———(1986a): *Animaciones suspendidas*, Buenos Aires, Losada.

———(1986b): *Ticket para Edgardo Russo*, Buenos Aires, Último Reino.

———(1989): *Children's corner*, Buenos Aires, Último Reino.

———(1993): *Nacen los otros*, Rosario, Beatriz Viterbo.

———(1994): *La banda oscura de Alejandro*, Buenos Aires-Rosario, Bajo la Luna Nueva.

———(1997): *El vespertillo de las parcas*, Barcelona, Tusquets.

CASCARDI, ANTHONY J. (1999): *Consequences of enlightenment*, Cambridge, Cambridge University Press.

CASTAÑEDA, JORGE (1993): *Utopia unarmed. The Latin American Left after the Cold War*, Nueva York, Alfred Knopf.

CASTELLS, MANUEL (1997): *El poder de la identidad*, Madrid, Alianza.

CASTILLO, DEBRA (1992): *Talking Back: Toward a Latin American Feminist Literary Criticism*, Ithaca, Cornell University Press.

CHRIST, RONALD (1987): "Catalina Parra", *Arts Magazine*, febrero.

CIVANTOS, CHRISTINA (1999): "Between Argentines and Arabs: Nation Formation and Immigrant Culture", tesis, Universidad de California, Berkeley.

CLIFFORD, JAMES (1997): *Routes: Travel and Translation in the late Twentieth Century*, Cambridge, Harvard University Press.

COLÁS, SANTIAGO (1994): *Postmodernity in Latin America: The Argentine Paradigm*, Durham, Duke University Press.

———(1996): "What's Wrong with Representation?", en Gugelberger, Georg M. (comp.), *The Real Thing*, Durham, Duke University Press.

COLOMBO, MARÍA DEL CARMEN (1993): *La muda encarnación*, Buenos Aires, Último Reino.

———(1999): *La familia china*, Buenos Aires, Tierra Firme.

COMITÉ DE AMÉRICA LATINA Y EL CARIBE PARA LA DEFENSA DE LOS DERECHOS DE LA MUJER (1996): *La muralla y el laberinto: Huellas de las mujeres en la conferencia de Beijing*, Lima, CLADEM.

CONTRERAS, GONZALO (1991): *La ciudad anterior*, Santiago de Chile, Planeta.

CORNEJO POLAR, ANTONIO (1994): *Escribir en el aire: ensayo sobre la heterogeneidad sociocultural en las literaturas andinas*, Lima, Horizonte.

DAGNINO, EVELINA (1998): "Culture, Citizenship, and Democracy: Changing Discourses and Practices of the Latin American Left", en Álvarez *et al.*, *op. cit.*

DALMARONI, MIGUEL (1993): *Juan Gelman: contra las fabulaciones del mundo*, Buenos Aires, Almagesto.

DEBORD, GUY (1995): *The Society of the Spectacle*, Nueva York, Zone Books.

DELEUZE, GILLES Y FELIX GUATTARI (1988): *A Thousand Plateaus: Capitalism and Schizophrenia*, tr. Brian Massumi, Minneapolis, University of Minnesota Press.

———(1989): *Cinema 2, The Time Image*, tr. Hugh Tomlinson y Robert Galeta, Minneapolis, University of Minnesota Press.

———(1994): *Difference and Repetition*, tr. Paul Patton, Nueva York, Columbia University Press.

DELILLO, DON (1986): *White Noise*, Nueva York, Penguin.

DERRIDA, JACQUES (1981): *Positions*, tr. Alan Bass, Chicago, University of Chicago Press.

———(1985): *The Ear of the Other. Otobiography, Transference, and Translation*, tr. Christie MacDonald, Nueva York, Schocken.

DONOSO, JOSÉ (1995): *Donde van a morir los elefantes*, Buenos Aires, Alfaguara.

DORFMAN, ARIEL (1988): *Máscaras*, Buenos Aires, Sudamericana.

———(1992): "La muerte y la doncella", en *Teatro*, Buenos Aires, Ediciones de la Flor.

ECHAVARREN, ROBERTO (1998a): "Identidad *versus* vapor", en Amícola y Speranza (comps.), *op. cit.*

———(1998b): *El arte andrógino: estilo* versus *moda en un siglo corto*, Buenos Aires, Colihue.

ECHAVARREN, ROBERTO, JOSÉ KOZER Y JACOBO SEFAMÍ (1996): *Medusario: Muestra de poesía latinoamericana*, México, Fondo de Cultura Económica.

EISENSTEIN, ZILLAH (1994): *The Color of Gender: Reimaging Democracy*, Berkeley, University of California Press.

ELTIT, DIAMELA (1986): *Por la patria*, Santiago de Chile, Ornitorrinco.

———(1988): *El cuarto mundo*, Santiago de Chile, Planeta.

———(1989) *El padre mío*, Santiago de Chile, Francisco Zegers.

———(1991a): *Lumpérica*, 1ª ed., 1983, Santiago de Chile, Planeta.

———(1991b): "Las batallas del coronel Robles", *Revista de Crítica cultural*, Nº 4.

———(1991c): *Vaca sagrada*, Santiago de Chile, Planeta.

———(1994): *Los vigilantes*, Santiago de Chile, Sudamericana.

———(1998): *Los trabajadores de la muerte*, Santiago de Chile, Seix Barral.

ELTIT, DIAMELA Y SONIA MONTECINO (1990): "Arte y cultura", en Sonia Montecino y Josefina Rosetti (comps.), *Tramas para un nuevo destino: propuestas de la concertación de mujeres por la democracia*, Santiago de Chile, Arancibia Editores.

FARIÑA, SOLEDAD (1985): *El primer libro*, Santiago de Chile, Amaranto.

———(1994): *En amarillo oscuro*, Santiago de Chile, Surada.

FEIJOO, MARÍA DEL CARMEN (1997): "Ellas no bailan solas", *Clarín*, 16 de octubre de 1997.

FEITLOWITZ, MARGUERITE (1998): *A Lexicon of Terror*, Nueva York, Oxford.

FERMAN, CLAUDIA (1993): *Política y posmodernidad: hacia una lectura de la anti-modernidad en Latinoamérica*, Miami, Iberian Studies Institute.

FERNÁNDEZ, MACEDONIO (1967): *Museo de la novela de la Eterna*, Buenos Aires, Centro Editor.

FERNÁNDEZ RETAMAR, ROBERTO (1971): *Calibán*, México, Diógenes.

FERRER, CHRISTIAN (1996): *El mal de ojo: el drama de la mirada*, Buenos Aires, Colihue.

FLAX, JANE (1990): *Thinking in Fragments: Psychoanalysis, Feminism, and Postmodernism*, Berkeley, University of California.

FLETCHER, LEA (1988): "El sexismo lingüístico y su uso acerca de la mujer", *Feminaria*, Nº 1, junio.
———(1997): "*Feminaria* festeja su primer aniversario", *El Desierto*, 4, Nº 4, noviembre.
FONDEBRIDER, JORGE (1992): "Del otro lado de la cordillera", *Diario de Poesía*, Nº 22.
FONTENLA, MARTA Y MAGUI BELLOTTI (1996): "Políticas feministas", *Brujas*, 15, Nº 23, junio.
FORASTELLI, FABRICIO (1999): "Políticas de la restitución: identidades y luchas homosexuales en Argentina", en Fabricio Forastelli y Ximena Triquell (comps.), *Las marcas del género*, Córdoba, Centro de Estudios Avanzados.
FRANCO, JEAN (1988): "Beyond Ethnocentrism: Gender, Power, and the Third World Intelligentsia", en Cary Nelson y Lawrence Grossberg (comps.), *Marxism and the Interpretation of Culture*, Urbana, University of Illinois Press.
———(1996): *Marcar diferencias, cruzar fronteras*, Santiago de Chile, Cuarto Propio.
———(1998): "The Long March of Feminism", *NACLA, Report on the Americas*, 31, Nº 4, enero-febrero.
FRANZ, CARLOS (1999): "Crónicas del postboom: novelas del fin del mundo", *La Jornada Semanal*, 27 de junio de 1999.
FRASER, NANCY (1997): *Justice Interruptus*, Nueva York, Routledge.
FREIDEMBERG, DANIEL (1993): "Poesía argentina de los años 70 y 80", *Cuadernos Hispanoamericanos*, Nº 517-519.
FUTORANSKY, LUISA (1982): *Partir, digo*, Valencia, Editorial Prometeo.
———(1986): *De Pe a Pa (o de Pekín a París)*, Barcelona, Anagrama.
———(1991): *Son cuentos chinos*, 1ª ed., 1983, Buenos Aires, Planeta.
———(1997): *The Duration of the Voyage/La duración del viaje*, tr. Jacob Weiss, San Diego, Junction Press.
———(1998): "De dónde son las palabras", *De dónde son las palabras*, Barcelona, Plaza y Jarnés.
GAMBARO, GRISELDA (1992): "Del sol naciente", *Teatro 1*, 1ª ed., 1984, Buenos Aires, Ediciones de la Flor.
———(1996):"Es necesario entender un poco", *Teatro 6*, Buenos Aires, Ediciones de la Flor.
GARCÍA CANCLINI, NÉSTOR (1992): *Culturas híbridas: estrategias para entrar y salir de la modernidad*, Buenos Aires, Sudamericana.
———(1995): *Consumidores y ciudadanos: conflictos multiculturales de la globalización*, México, Grijalbo.
GELMAN, JUAN (1982): *Citas y comentarios*, Madrid, Visor.
———(1994): *Los poemas de Sidney West: traducciones III (1968-1969)*, Buenos Aires, Seix Barral.

———(1994): *Dibaxu*, Barcelona, Seix Barral.

———(1997): *Unthinkable Tenderness*, tr. Joan Lindgren, Berkeley, University of California Press.

———(1999): "Temas", *Página 12*, 13 de mayo de 1999.

GENOVESE, ALICIA (1992): *Anónima*, Buenos Aires, Último Reino.

———(1997): *El borde es un río*, Buenos Aires, Tierra Firme.

———(1998): *La doble voz: poetas argentinas contemporáneas*, Buenos Aires, Biblos.

GETINO, OCTAVIO (1995): *La tercera mirada*, Buenos Aires, Paidós.

GIBERTI, EVA Y ANA MARÍA FERNÁNDEZ (1989): *La mujer y la violencia invisible*, Buenos Aires, Sudamericana.

GIL, ANTONIO (1980): *Los lugares habidos*, Santiago de Chile, Ornitorrico, Germinal.

GÓMEZ, PATRICIA (1995): "Mujeres y política en la Argentina de fin de siglo", *Feminaria*, Nº 14, junio.

GONZÁLEZ, HORACIO (1992): *La ética picaresca*, Buenos Aires, Altamira.

———(1997): "Nuevos relativismos culturales", *El Ojo Mocho*, Nº 9-10.

GRAU, OLGA *ET AL.* (s/f): *Discurso, género y poder, Discursos públicos: Chile 1978-1993*, Santiago de Chile, LOM-Arcis.

GRUSS, IRENE (1991): *La calma*, Buenos Aires, Tierra Firme.

GUERRA, LUCÍA (1997): *Frutos extraños*, Santiago de Chile, Cuarto Propio.

GUGELBERGER, GEORG M. (comp.) (1996): *The Real Thing*, Durham, Duke University Press.

HARRIS, TOMÁS (1998): "Desarrollo de la poesía chilena: 1960-1990", *Posdata 1*, Nº 1-2.

HEKER, LILIANA (1993): "Los talleres literarios", *Cuadernos Hispanoamericanos*, Nº 517-519, julio-septiembre.

HERNÁNDEZ, ELVIRA (1989): *Carta de viaje*, Buenos Aires, Último Reino.

———(1991): *Bandera de Chile*, Buenos Aires, Tierra Firme.

———(1992): *Santiago Waria*, Santiago de Chile, Cuarto Propio.

HOLA, EUGENIA Y GABRIELA PISCHEDDA (s/f): *Mujeres, poder y política: nuevas tensiones para viejas estructuras*, Santiago de Chile, CEM.

HOOKS, BELL (1990): *Yearning: Race, Gender, and Cultural Politics*, Boston, South End Press.

HOPENHAYN, MARTIN (1994): *Ni apocalípticos ni integrados: aventuras de la modernidad en América Latina*, México, Fondo de Cultura Económica.

HWANG, DAVID (1988): *M. Butterfly*, Nueva York, Penguin-Plume.

ÍPOLA, EMILIO DE (1997): *Las cosas de creer*, Buenos Aires, Ariel.

JAKOBSON, ROMAN (1959): "Linguistic Aspects of Translation", en Reuben Brower (comp.), *On Translation*, Cambridge, Harvard University Press.

JAMESON, FREDRIC (1986): "Third World Literature as Allegory", *Social Text*, Nº 15, otoño.

———(1992a): *The Geopolitical Aesthetic: Cinema and Space in the World System*, Bloomington, Indiana University Press.

———(1992b): *Postmodernism or the Cultural Logic of Late Capitalism*, Durham, Duke University Press.

———(1993): "Transformaciones de la imagen en la posmodernidad", *Revista de Crítica Cultural*, Nº 6.

JAY, MARTIN (1993): *Force Fields*, Nueva York, Routledge.

KAMENSZAIN, TAMARA (1983): *El texto silencioso: Tradición y vanguardia en la poesía sudamericana*, México, UNAM.

———(1986): *La casa grande*, Buenos Aires, Sudamericana.

———(1991): *Vida de living*, Buenos Aires, Sudamericana.

———(1998): *Tango bar*, Buenos Aires, Sudamericana.

KAMINSKY, AMY (1993): *Reading the Body Politic: Feminist Criticism and Latin American Women Writers*, Minneapolis, University of Minnesota Press.

KIRKPATRICK, GWEN (1989): "La poesía de las argentinas frente al patriarcado", *Nuevo Texto Crítico II*, Nº 4.

———(1995): "El feminismo en tiempos de cólera", *Revista de Crítica Literaria Latinoamericana*, 21, Nº 42.

———(s/f): "Desapariciones y ausencias: 'La Nueva Novela' de Juan Luis Martínez", *Revista de Crítica Literaria Latinoamericana* (por aparecer).

KIRKWOOD, JULIETA (1982): "Feminismo y participación política en Chile", Santiago de Chile, FLACSO.

———(1983): "La política del feminismo en Chile", *Revista Internacional de Ciencias Sociales*, 35, Nº 4, París.

KITTLER, FRIEDRICH A. (1990): *Discourse Networks, 1800/1900*, Stanford, Stanford University Press.

KOSKI, LINDA (1998): *Mujeres poetas de Chile: muestra antológica, 1980-1995*, Santiago de Chile, Cuarto Propio.

KRISTEVA, JULIA (1991): *Strangers to Ourselves*, tr. Leon Roudiez, Nueva York, Columbia University Press.

KUSHIGIAN, JULIA (1991): *Orientalism in the Hispanic Literary Tradition: In Dialogue with Borges, Paz, and Sarduy*, Albuquerque, University of New México Press.

LACLAU, ERNESTO (1990): *New Reflections on Revolution in Our Time.* London, Verso, 1990.

———(1996): *Emancipation(s)*, Nueva York, Verso.

LACLAU, ERNESTO Y CHANTAL MOUFFE (1985): *Hegemony and Socialist Strategy: Towards a Radical* Democratic *Politics*, London, Verso.

LAISECA, ALBERTO (1987): *Poemas chinos*, Buenos Aires, Tierra Firme.

———(1989): *La hija de Kheops*, Buenos Aires, Emecé.

———(1990): *La mujer en la muralla*, Buenos Aires, Planeta.

LAMAS, MARTA (1998): "Scenes from a Mexican Battlefield", *NACLA, Report on the Americas*, XXXI, Nº 4, enero-febrero.

LAMBORGHINI, OSVALDO (1988): *Novelas y cuentos*, Barcelona, Serbel.

LANDI, OSCAR (1987): "La trama cultural de la política", en Norberto Lechner (comp.), *Cultura política y democratización*, Buenos Aires, CLACSO.

LARKOSH, CHRISTOPHER (1996): "Migrant Voices: Translation and Sexuality in Modern Argentine Literature", tesis, Universidad de California.

LARSEN, NEIL (1995): *Reading North by South: On Latin American Literature, Culture, and Politics*, Minneapolis, University of Minnesota Press.

LECHNER, NORBERTO (1990): *Los patios interiores de la democracia: subjetividad y política*, Santiago de Chile, Fondo de Cultura Económica.

LEGUIN, URSULA K. Y DIANA BELLESSI (1996): *The Twins, The Dream: Las gemelas, el sueño*, Houston, Arte Público Press.

LEMEBEL, PEDRO (1994): *La esquina es mi corazón*, Santiago de Chile, Cuarto Propio.

———(1996): *Loco afán (Crónicas de sidario)*, Santiago de Chile, LOM.

———(1998): *De perlas y cicatrices*, Santiago de Chile, LOM.

LEVINE, SUZANNE JILL (1991): *The Subversive Scribe*, St. Paul, Greywolf.

LIDID, SANDRA Y KIRA MALDONADO (comps.) (1997): *Movimiento feminista autónomo, 1993-1997*, Santiago de Chile, Ediciones Tierra Mía.

LINK, DANIEL (1994): *La chancha con cadenas: doce ensayos de literatura argentina*, Buenos Aires, Ediciones del Eclipse.

LIZAMA LÓPEZ, JAIME (1994). "'A media asta' o 'la lengua maldita-'(poema de Carmen Berenguer)", en Berenguer *et al.*, *op. cit.*

LIU, LYDIA (1995): *Translingual Practice: Literature, National Culture and Translated Modernity, China 1900-1937*, Stanford, Stanford University Press.

LLOYD, DAVID Y PAUL THOMAS (1998): *Culture and the State*, Nueva York, Routledge.

MAFFIA, DIANA (1994): "Lógica, sexualidad y política", *Feminaria*, Nº 12, mayo.

MAGLIE, GRACIELA (1990): "Bajo sospecha", *Feminaria*, Nº 5, abril.

MAQUIEIRA, DIEGO (1983): *La tirana*, Santiago de Chile, Edición Tempus Tacendi.

MARTÍNEZ, JUAN LUIS (1985): *La nueva novela*, Santiago de Chile, Archivo.

MASIELLO, FRANCINE (1994a): "Estado, género y sexualidad en la cultura del fin de siglo", en Josefina Ludmer (comp.), *Las culturas de fin de siglo en América Latina*, Buenos Aires, Beatriz Viterbo.

———(1994b): *La mujer y el espacio público, El periodismo femenino en la Argentina en el siglo XIX*, Buenos Aires, Feminaria.

———(1997a): "Gender, Dress, and Market: The Commerce of Citizenship in Latin America", en Daniel Balderston y Donna Guy (comps.), *Sex and Sexuality in Latin America,* Nueva York, New York University Press.

———(1997b): "Las mujeres como agentes dobles en la historia", *Debate Feminista* 8, Nº 16, octubre.

———(1999):"Oliverio Girondo: naturaleza y artificio", en Raúl Antelo (comp.), *Oliverio Girondo, Obra completa,* Nanterre, Colección Archivos.

———(2001): "Conhecimento suplementar: queering a eixo norte/sul", *Estudos Feministas,* 8, Nº 2.

MASSEY, DOREEN (1994): *Space, Place, and Gender,* Minneapolis, University of Minnesota Press.

MAZO, MARIANO DEL (1999): "Entrevista a Charly García", *Clarín,* 16 de febrero de 1999.

MCDOWELL, ROBERT (comp.) (1991): *Poetry after Modernism,* Brownsville, Oregon, Story Line Press.

MERCADO, TUNUNA (1989): "Atravesar el espejo", *Feminaria,* Nº 3, abril.

———(1994): *La letra de lo mínimo,* Buenos Aires, Beatriz Viterbo.

MOHANTY, S. P. (1989): "Us and Them: On the Philosophical Bases of Political Criticism", *Yale Journal of Criticism,* 2, Nº 21-31.

MONSIVAÍS, CARLOS (1986): *Amor perdido,* México, SEP, Consejo Nacional de Fomento Educativo.

———(1987): *Entrada libre: crónicas de la sociedad que se organiza,* México, Era.

MONTALDO, GRACIELA (1999): "Intelectuales y artistas en la sociedad civil argentina en el fin de siglo", *Latin American Studies Center* (University of Maryland), Working Paper, Nº 4.

MONTEALEGRE, JORGE (1998): "Poesía en transición", *Posdata,* 1, Nº 1-2.

MONZÓN, ISABEL (1992): "Psicoanálisis y mujer", *Feminaria,* Nº 8, abril.

MORAÑA, MABEL (1997): "El *boom* del subalterno", *Revista de Crítica Cultural,* Nº 15, noviembre.

———(1993): "Postdictadura y reforma del pensamiento", *Revista de Crítica Cultural,* Nº 7, noviembre.

MOREIRAS, ALBERTO (1996): "The Aura of *Testimonio",* en Gugelberger, *op. cit.*

———(1999): "The Order of Order: On the Reluctant Culturalism of Anti-Subalternist Critiques", *Journal of Latin American Cultural Studies,* 8, Nº 1.

MORENO, MARÍA (Cristina Forero) (1992): *El affair Skeffington,* Buenos Aires-Rosario, Bajo la Luna Nueva.

———(1997): "Editorial", *La Gandhi Argentina,* 1, Nº 1, abril.

———(1999): "Lolas y besos", *LAS/12,* 12 de noviembre de 1999.

MOULIÁN, TOMÁS (1997): *Chile actual: Anatomía de un mito,* Santiago de Chile, LOM-Arcis.

———(1998): *Conversaciones con Allende,* Santiago de Chile, LOM-Arcis.

MUÑOZ, GONZALO (1981): *Exit,* Santiago, Archivos.

———(1987) *La estrella negra,* Santiago de Chile, F. Zegers.

NARI, MARCELA (1997): "En busca de un pasado: revistas, feminismo y memoria: una historia de las revistas feministas, 1982-1997", *Feminaria,* 10, Nº 20, octubre.

NEGRONI, MARÍA (1991): *La jaula bajo el trapo,* Buenos Aires, Tierra Firme.

———(1993): *Islandia,* Murcia, Carabelas.

———(1994a): *Ciudad gótica,* Rosario-Buenos Aires, Bajo la Luna Nueva.

———(1994b): *El viaje de la noche,* Barcelona, Lumen.

NIRANJANA, TEJASWINI (1992): *Siting Translation: History, Post-structuralism, the Colonial Context,* Berkeley, University of California Press.

NOVARO, MARCOS (1997): "El liberalismo político y la cultura política popular", *Nueva Sociedad,* Nº 149, mayo-junio.

O'CONNELL, JOANNA (1995): *Prospero's Daughter: The Prose of Rosario Castellanos,* Austin, University of Texas Press.

OLEA, RAQUEL (1991): "El feminismo, ¿Moderno o postmoderno?", *Mujeres en Acción,* Nº 1, Santiago de Chile.

———(1994a): "Libertad de arte y otros imaginarios", *La Época,* 19 de agosto de 1994, Santiago de Chile.

———(1994b): "Recitales de poesia femenina. Un escenario por construir", en Carmen Berenguer *et al.* (comps.), *op. cit.*

———(1998): *Lengua víbora, Producciones de lo femenino en la escritura de mujeres chilenas,* Santiago de Chile, Cuarto Propio.

———(2000): "Femenino y feminismo en transición", en Raquel Olea (comp.), *Escritura de la diferencia sexual,* Santiago de Chile, LOM-La Morada.

OLEA, RAQUEL Y SOLEDAD FARIÑA (comps.) (1997): *Una palabra cómplice: Encuentro con Gabriela Mistral,* 1ª ed., 1990, Santiago de Chile, Isis-Cuarto Propio.

OLIVERA, GUILLERMO (1999): "Políticas de la representación homosexual en la Argentina", en Fabricio Forastelli y Ximena Triquell (comps.), *Las marcas del género,* Córdoba, Centro de Estudios Avanzados.

OROZCO, OLGA (1998): *Eclipses y fulgores,* Barcelona, Lumen.

ORTIZ, RENATO (1996): *Otro territorio. Ensayos sobre el mundo contemporáneo,* Buenos Aires, Universidad Nacional de Quilmes.

O'SULLIVAN, CHARLOTTE (1998): "Happy Together", *Sight and Sound,* 8, Nº 5, mayo.

OYARZÚN, KEMY (1996): "Estudios de género: saberes, políticas, dominios", *Revista de Crítica Cultural,* Nº 12.

OYARZÚN, PABLO (1987-88): "Arte en Chile de veinte, treinta años", *Chile 1968-1988*, volumen especial de la *Georgia Series on Hispanic Thought*, vol. 22, Nº 5.

———(1998): "La cuna del Delfín: sobre *Quadrivium* de Gonzalo Díaz", *Quadrivium*, Santiago de Chile, Galería Gabriela Mistral.

PARRA, CATALINA (1987): "Plaquette for Terne Gallery Exposition", tr. Kevin Mathewson, Nueva York.

PASQUINI, GABRIEL (1998): "El poder no tiene cara de mujer", *La Nación*, 8 dc marzo de 1998.

PAULS, ALAN (1986): *Manuel Puig: La traición de Rita Hayworth*, Buenos Aires, Hachette.

PERLOFF, MARJORIE (1996): *Poetic License, Essays on Modern and Postmodern Lyric*, Evanston, Illinois, Northwestern University Press.

PERLONGHER, NÉSTOR (1991): "Los devenires minoritarios", *Revista de Crítica Cultural*, Nº 4.

———(1993): *La prostitución masculina*, Buenos Aires, Ediciones de la Urraca.

———(1997a): *Prosa plebeya. Ensayos 1980-1992*, Buenos Aires, Colihue.

———(1997b): *Poemas completos*, Roberto Echavarren (comp.), Barcelona, Seix Barral.

PIGLIA, RICARDO (1980): *Respiración artificial*, Buenos Aires, Pomaire.

———(1986): *Crítica y ficción*, Santa Fe, Universidad Nacional del Litoral.

———(1992): *La ciudad ausente*, Buenos Aires, Sudamericana.

———(1993): *La Argentina en pedazos*, Buenos Aires, Ediciones de la Urraca.

———(1994): "Sarmiento the Writer", *Sarmiento, Author of a Nation*, en Tulio Halperín Donghi, I. Jaksic, G. Kirkpatrick, F. Masiello (comps.), Berkeley, University of California Press.

———(1997): *Plata quemada*, Buenos Aires, Planeta.

PINSKY, ROBERT (1988): *Poetry and the World*, Nueva York, Ecco Press.

PODLUBNE, JUDITH (1996): "César Aira: la lógica del continuo", *Paradoxa*, 10:8 .

———(1998): "El pensamiento de la crítica (Beatriz Sarlo y Horacio González)", *Boletín*, 6, Rosario, octubre.

PORTER, CAROLYN (1994): "What we Know that We Don't Know: Remapping American Literary Studies", *American Literary History*, 6, Nº 3.

PRADO, NADIA (1992): *Simples placeres*, Santiago de Chile, Cuarto Propio.

———(1998): *Carnal*, Santiago de Chile, Cuarto Propio.

PRATT, MARY LOUISE (1990): "Women, Literature, and National Brotherhood", en *Women, Culture, and Politics in Latin America*, Seminar on Feminism and Culture in Latin America, Berkeley, University of California Press.

PUIG, MANUEL (1976): *El beso de la mujer araña*, Barcelona, Seix Barral.

———(1980): *Maldición eterna a quien lea estas páginas*, Barcelona, Seix Barral.

———(1990): "El error gay", *El Porteño*, IX, septiembre.

RADCLIFFE, SARAH Y SALLIE WESTWOOD (1996): *Remaking the Nation: Place, Identity and Politics* in *Latin America*. Nueva York, Routledge.

RADWAY, JANICE (1984): *Reading the Romance: Women, Patriarchy, and Popular Literature*, Chapel Hill, University of North Carolina Press.

RAMA, ÁNGEL (1982): *La transculturación narrativa en América Latina*, México, Siglo XXI.

———(1984): *La ciudad letrada*, Hanover, Ediciones del Norte.

———(1985): *Las máscaras democráticas del modernismo*, Montevideo, Arca-Fundación Ángel Rama.

RAMOS, JULIO (1996): "El proceso de Alberto Mendoza: poesía y subjetivación", *Revista de Crítica Cultural*, Nº 13, noviembre.

———(s/f): "Dispositivos del amor y la locura", *Nomadías* (por aparecer).

RAMOS OTERO, MANUEL (1979) *Cuentos de la mujer del mar*, Río Piedras, Huracán.

RICH, ADRIENNE (1976): *Of Woman Born*, Nueva York, Norton.

———(1993): *What is Found There, Notebooks on Poetry and Politics*, Nueva York, Norton.

RICHARD, NELLY (1986): *Márgenes e instituciones*, Melbourne, Art and Text.

———(1989): *La estratificación de los márgenes*, Santiago de Chile, F. Zegers.

———(1991): "Latinoamérica y la post-modernidad", *Revista de Crítica Cultural*, Nº 3.

———(1993): *Masculino/Femenino*, Santiago de Chile, Francisco Zegers.

——— *ET AL.* (1994a): "El 'caso' Simon Bolivar", *Revista de Crítica Cultural*, Nº 9, noviembre.

———(1994b): *La insubordinación de los signos*, Santiago de Chile, Cuarto Propio.

———(1996): "Chile, Women, and Dissidence", en Gerardo Mosquera (comp.), *Beyond the Fantastic: Contemporary Art Criticism from Latin America*, Cambridge, MIT Press.

———(1998): *Residuos y metáforas (ensayo de crítica cultural sobre el Chile de la transición)*, Santiago de Chile, Cuarto Propio.

———(1999): "Reescrituras, sobreimpresiones: las protestas de mujeres en la calle", *Revista de Crítica Cultural*, Nº 18.

RINESI, EDUARDO (1993): *Seducidos y abandonados: carisma y traición en la 'transición democrática' argentina*, Buenos Aires, Manuel Suárez.

———(1994a): *Ciudades, teatros, balcones: un ensayo sobre la representación política*, Buenos Aires, Paradiso.

———(1994b): *Buenos Aires salvaje*, Buenos Aires, America Libre.

ROFFÉ, MERCEDES (1983): *El tapiz, de Ferdinand de Oziel*, Buenos Aires, Tierra Baldía.

———(1987): *Cámara baja*, Buenos Aires, Último Reino, 1987.

———(1996): *La noche y las palabras*, Buenos Aires-Rosario, Bajo la Luna Nueva.

ROMERO, JULIA (s/f): "Manuel Puig: del delito de la escritura al error gay", *Revista Iberoamericana* (por aparecer).

ROSA, NICOLÁS (1996): "Una ortofonía abyecta", en Adrián Cangi y Paula Siganevich (comp.), *Lúmpenes peregrinaciones, ensayos sobre Néstor Perlongher*, Rosario-Buenos Aires, Beatriz Viterbo.

ROSENBERG, MIRTA (1988): *Madam*, Buenos Aires, Tierra Firme.

———(1994): *Teoría sentimental*, Buenos Aires, Tierra Firme.

———(1998): *El arte de perder*, Rosario-Buenos Aires, Bajo la Luna Nueva.

ROWE, WILLIAM Y VIVIAN SCHELLING (1991): *Memory and Modernity: Popular Culture in Latin America*, London, Verso.

———(1992): "War and Cultural Studies: Reflections on Recent Work in Peru and Argentina", *Travesía*, 1, Nº 1.

RUIZ, RAÚL (1995): *Poetics of Cinema I*, tr. Brian Holmes, París, Dis Voir.

RUSCONI, GIAN ENRICO (1984): *Scambio, Minaccia, Decisioni*, Milano, Il Mulino.

SAFRANCHICK, GRACIELA (1993): *Kadish*, Rosario-Buenos Aires, Bajo la Luna Nueva.

———(1995): *El cangrejo*, Buenos Aires-Rosario, Bajo la Luna Nueva.

SAID, EDWARD (1990): *World, text, critic*, Harvard University Press.

SALESSI, JORGE (1995a): *Médicos, maleantes, maricas*, Rosario-Buenos Aires, Beatriz Viterbo.

———(1995b): "'Carlos: devolvéme mis fotos, Esteban' (simulación y travestismo)", *Revista de Crítica Cultural*, Nº 10.

SAMUELS, SHIRLEY (1992): *The Culture of Sentiment: Race, Gender, and Sentimentality* in *nineteeth-century America*, Nueva York, Oxford.

SANTA CRUZ, GUADALUPE (1992): *Cita capital*, Santiago de Chile, Cuarto Propio.

———(1997a): *El contagio*, Santiago de Chile, Cuarto Propio.

———(comp.) (1997b): *Veredas por cruzar*, Santiago de Chile, Instituto de la Mujer.

SANTIAGO, SILVIANO (1975): "O entre lugar do discurso latino-americaNº" *Uma literatura nos trópicos*, Rio de Janeiro, Editora Perspectiva.

———(1993): "Reading and Discursive Intensities: On the Situation of Postmodern Reception in Brazil", *The Postmodernism Debate in Latin*

America, Boundary 2, 20.

SANTILLI, LELÉ (1998): "La poesía en el mundo", conferencia inédita, Universidad de California, Berkeley, 1998.

SARDUY, SEVERO (1967): *De dónde son los cantantes*, México, Joaquín Mortiz.

SARLO, BEATRIZ (1990): "Basuras culturales, simulacros políticos", *Punto de Vista*, Nº 37, julio.

———(1992): *La imaginación técnica: sueños modernos de la cultura argentina*, Buenos Aires, Nueva Visión.

———(1993): "¿Arcaicos o marginales? Situación de los intelectuales en el fin de siglo", *Punto de Vista*, Nº 47, diciembre.

———(1994): *Escenas de la vida posmoderna: Intelectuales, arte y videocultura en la Argentina*, Buenos Aires, Ariel.

———(1997): "Los estudios culturales y la crítica literaria en la encrucijada valorativa", *Revista de Crítica Cultural*, Nº 15, noviembre.

———(1998a): *La máquina cultural: Maestras, traductores y vanguardistas*, Buenos Aires, Ariel.

——— *ET AL.*(1998b): "Debate sobre política e ideas", *Punto de Vista*, Nº 61, agosto.

SCHAFFAUER, MARKUS KLAUS (1998): "La 'farmacia' del diálogo criollo: la innovación de un género a través de la oralidad", *Cuadernos de Recienvenido*, 9, Universidade de São Paulo.

SCHIFIS, ANA LÍA (1994): "Editorial", *El Desierto*, 1.

SCHILD, VERONICA (1998): "Nueva Subjects of Rights? Women's Movements and the Construction of Citizenship in the Nueva Democracies", en Álvarez *et al.*, *op. cit.*

SCHWARZ, ROBERTO (1992): "Brazilian Culture: Nationalism By Elimination" , 1ª ed., 1986, *Misplaced Ideas*, London, Verso.

SENNETT, RICHARD (1990): *The Conscience of the Eye: The Design and Social Life of Cities*, Nueva York, Knopf.

SHEPER-HUGHES, NANCY (1992): *Death Without Weeping*, Berkeley, University of California Press.

SHÚA, ANA MARÍA (1992): *Casa de geishas*, Buenos Aires, Sudamericana.

SIGANEVICH, PAULA (1998): "Brasileridad, traducción y género en la escritura de Manuel Puig", en Amícola y Speranza, *op. cit.*

SIFRIM, MÓNICA (1999): *Laguna*, Rosario-Buenos Aires, Bajo la Luna Nueva.

SPIVAK, GAYATRI (1998): "Responsibility", *Gendered Agents: Women and Institutional Knowledge*, en Silvestra Mariniello y Paul A. Bové (comps.), Durham, Duke University Press.

STAHL, ANNA KAZUMI (1997): *Catástrofes naturales*, Buenos Aires, Sudamericana.

STALLYBRASS, PETER Y ALLON WHITE (1986), *The Politics andPoetics of*

Transgression, Ithaca, Nueva York, Cornell University Press.

STEPHEN, LYNN (comp.) (1994): *Maria Teresa Tula: Hear My Testimony*, Boston, South End Press.

SUBERCASEAUX, BENJAMÍN (1989): *Chile o una loca geografía*, 1ª ed., 1943, Santiago, Editorial Universitaria.

SUBERCASEAUX, BERNARDO (1991): *Historia, literatura, sociedad: Ensayos de hermenéutica cultural*, Santiago de Chile, CESOC/CENECA.

TAYLOR, DIANA (1997): *Disappearing Acts: Spectacles of Gender and Nationalism in Argentina's "Dirty War"*, Durham, Duke University Press.

THÉNON. SUSANA (1987): *Ova completa*, Buenos Aires, Sudamericana.

TIERNEY-TELLO, MARY BETH (1999): "Testimony, Ethics, and the Aesthetic in Diamela Eltit", *PMLA*, 114, Nº 1, enero.

TREVISÁN, LILIANA (1997): *Política / sexualidad. Nudo en la escritura de mujeres latinoamericanas*, Lantham, Maryland., University Press of America.

URRIOLA, MALÚ (1988): *Piedras rodantes*, Santiago de Chile, Cuarto Propio, 1988.

———(1998): *Hija de perra*, Santiago de Chile, Cuarto Propio.

VALENZUELA, LUISA (1990): *Novela negra con argentinos*, Buenos Aires, Sudamericana.

VELÁSQUEZ YEBRA, PATRICIA (1996): "César Aira: soy un escritor circunstancial", *El Universal*, México, 30 de noviembre de 1996.

VERBITSKY, HORACIO (1995): *El vuelo*, Buenos Aires, Planeta.

VEZZETTI, HUGO (1998): "Activismos de la memoria: el 'escrache'", *Punto de Vista*, Nº 62, diciembre.

VICUÑA, CECILIA (1983): *Precario/Precarious*, tr. Anne Twitty, Nueva York, Tanam Press.

———(1990): *La Wik'uña*. Santiago de Chile, Francisco Zegers.

———(1992): *Unravelling Words and the Weaving of Water*, tr. Eliot Weinberger y Suzanne Jill Levine, St. Paul, Greywolf.

———(1997): *"Quipoem", The Precarious, The Art and Poetry of Cecilia Vicuña*, M. Catherine de Zegher (comp.), Hanover, Wesleyan University Press.

VILLALBA, SUSANA (1997): *Matar un animal*, Rosario-Buenos Aires, Bajo la Luna Nueva.

VILLEGAS, JUAN (1985): *Antología de la nueva poesía femenina chilena*, Santiago de Chile, La Noria.

———(1993): *El discurso lírico de la mujer en Chile: 1975-1990*, Santiago, Mosquito.

VIÑAS, DAVID (1982): *Indios, ejército y fronteras*, México, Siglo XXI.

WAINFELD, MARIO (1993): *Los que quedaron afuera*, Buenos Aires, Ediciones Unidos.

WALKER, JAYNE Y DAVID REID (1993): "Cornell Woolrich and the Abandoned City", en Joan Copec (comp.), *Shades of Noir*, London, Verso.

YÚDICE, GEORGE (1994): "Estudios culturales y sociedad civil", *Revista de Crítica Cultural*, Nº 8, mayo.

———(1996): "*Testimonio* and Postmodernism", en Gugelberger, *op. cit.*

ZAIDMAN, SAMUEL (1999): "La interrogación", en Ana María Zubieta (comp.), *Letrados iletrados*, Buenos Aires, Eudeba.

ZIZEK, SLAVOJ (1992): *The Sublime Object of Ideology*, London, Verso.

ZURITA, RAÚL (1979): *Purgatorio*, Santiago de Chile, Editorial Universitaria.

———(1983): *Literatura, lenguaje y sociedad (1973-1983)*, Santiago, CENECA.

———(1994): *La vida nueva*, Santiago de Chile, Editorial Universitaria.

SIN FIRMA (1996): *Ajuste estructural: debate y propuestas*, 2, Lima, Ediciones Mujer y Ajuste.

———(1997): "Mujer y violencia, problema social", *Clarín*, 30 de octubre de 1997.

———(1998): "El crimen de Maria Soledad", *Clarín*, 28 de febrero de 1998.

———(1998): "La justicia cuestionada", *Clarín*, 2 de marzo de 1998.